D1665443

SV

Karl Heinz Bohrer

Mit Dolchen sprechen

Der literarische Hass-Effekt

Suhrkamp

Erste Auflage 2019
© Suhrkamp Verlag Berlin 2019
Alle Rechte vorbehalten, insbesondere das der Übersetzung,
des öffentlichen Vortrags sowie der Übertragung
durch Rundfunk und Fernsehen, auch einzelner Teile.
Kein Teil des Werkes darf in irgendeiner Form
(durch Fotografie, Mikrofilm oder andere Verfahren)
ohne schriftliche Genehmigung des Verlages reproduziert
oder unter Verwendung elektronischer Systeme
verarbeitet, vervielfältigt oder verbreitet werden.
Satz: Satz-Offizin Hümmer GmbH
Druck: CPI – Ebner & Spiegel, Ulm
Printed in Germany
ISBN 978-3-518-42881-8

Inhalt

III

Vorwort

»The tigers of wrath are wiser than the horses of instruction.«
So der große englische Dichter William Blake, Advokat der Französischen Revolution. Aber der Satz kündigt nicht bloß einen aggressiven aufständischen Willen an. Er ist in seiner Aggressivität auch schön. Und so geht es im folgenden nicht um den Hass als politisch-weltanschauliches Gebräu, sondern um seinen literarischen Ausdruck als ein Mittel intensiver Poesie.

Seit dem ersten Satz der europäischen Literatur, seit Homer seine Göttin anrief, den Zorn des Achill zu beschwören, der zum Hass wird, seit diesem Anruf, »mēnin aeíde theá«, ist das Wort zu einer zentralen Ausdrucksform der Literatur geworden. Und seit Archilochos' Hass-Lyrik wusste die griechisch-römische Klassik, warum sie diesem Gefühl den Vorrang vor allen anderen Emotionen gab. Und so Blake. Und so die Großen der europäischen Literatur in ihren Epochen: Christopher Marlowe, William Shakespeare, John Milton, Jonathan Swift, Heinrich von Kleist, Charles Baudelaire, Richard Wagner, August Strindberg, Louis-Ferdinand Céline, Jean-Paul Sartre. Schließlich: Thomas Bernhard, Peter Handke, Elfriede Jelinek, Michel Houellebecq.

Das Wort »Hass« hat kürzlich eine Karriere an öffentlicher Bedeutung hinter sich gebracht. In der publizistischen und sozialhistorischen Kritik an der in Deutschland und Europa verbreiteten Reaktion auf die Flüchtlingskrise rückte es in die Reihe von Begriffen wie »Identität«, »Rassismus«, »Nationalismus«. Um dieses ideologiekritische Verständnis des Wortes oder des Begriffs »Hass« geht es im folgenden also nachdrücklich nicht.

Auch nicht um eine psychologische Identifikation. Vielmehr wird die poetologische Signifikanz des Hasses im Werk bedeutender europäischer Dichter zwischen Renaissance, klassischer Moderne und Postmoderne dargestellt, wobei seine imaginativ-poetische Aura zu entdecken sein wird, nämlich wie der Affekt der Person zum Effekt der Sprache transzendiert.

Insofern ähnelt die Frage nach dem Hass in der Literatur der Frage nach dem Interesse für die Gewaltdarstellung seit dem 16. Jahrhundert in Literatur und Malerei.[1] Nicht nur die privilegierte Rolle von Charakteren des Hasses, ihr Ausdrucksvermögen, ist zu befragen, sondern das mit ihrer Hilfe gewonnene Ausdrucksvermögen der literarischen Sprache selbst. Daraus folgt, dass literarische Werke, die dem politisch-kulturellen Hass nur anlässlich eines kriegerischen Konflikts dienen, nicht zum Thema gehören.

Der poetische Hass-Ausdruck, so wird sich zeigen, bedarf eines doppelten Grundes: des Antriebs zum Pathos des Ungewöhnlichen und der existentiellen Hass-Empfindung im Dichter selbst. Letztere deutet sich im 16. und 17. Jahrhundert an (Marlowe/Milton), gewinnt im 19. Jahrhundert an Stärke (Kleist/Baudelaire) und wird im 20. Jahrhundert zu einem radikal-subjektiven Code (Céline/Sartre).

Émile Zola, der dem Hass in seinem Werk ebenso wie Maupassant keine poetische, sondern eine politische Stimme gegeben hat, fand gleichwohl für den existentiellen Hass des Schriftstellers und Künstlers auf das Banale die diagnostisch schärfste Charakterisierung. Er war es, der den imaginativen Hass als existentiellen Selbstausdruck zwar nicht literarisch dargestellt, sich wohl aber in einer Adresse an die Zeitgenossen provokativ zu ihm bekannt hat: Sein Prosastück *Mes Haines* beginnt mit diesen Sätzen: »Der Haß ist heilig. Er ist die Indignation der star-

---

1 Karl Heinz Bohrer, *Stil ist frappierend. Über Gewalt als ästhetisches Verfahren.* In: ders., *Imaginationen des Bösen. Zur Begründung einer ästhetischen Kategorie.* München und Wien 2004, S. 188-203.

ken und mächtigen Herzen, die militante Verachtung derer, die die Mittelmäßigkeit und Dummheit nicht ertragen. Hassen heißt lieben, seine heiße und großmütige Seele spüren, mit Verachtung gegenüber den schändlichen und dummen Dingen leben.«[2] Eine solche erst im 19. Jahrhundert in dieser Form ausgedrückte Identifikation lässt sich allerdings auf alle literarischen Hass-Reden seit dem 16. Jahrhundert beziehen: Shakespeares Richard, Miltons Satan und Baudelaires *poète maudit* ragen aus dieser Tradition heraus.

Nicht zufällig ist Zolas Stimme eine französische. Seit der Großen Revolution war im öffentlichen Pariser Diskurs das Hass-Wort geläufig. Aber es nahm neben dem politischen bald einen existentiellen Klang an, dem Baudelaire den bedeutendsten literarischen Ausdruck verliehen hat.

Auch in der theologisch-religiösen Tradition spielt die Hass-Rede eine hervorragende Rolle: so in den Psalmen und vor allem in Dantes Darstellung des Infernos und darin der entsetzlichen Strafen für berühmte Sünder. Diese Darstellung ist zwar ausgesucht poetisch, aber das Motiv ist kein ästhetisches, sondern ein moralisches und gehört daher nicht im spezifischen Sinn zur Thematik dieses Buches.

Schließlich die Frage danach, was aus dem literarischen Hass nach dem Zweiten Weltkrieg wurde. Die Antwort darauf ist geeignet, unser Gegenwartsbewusstsein zu perspektivieren.

Der Hass-Imagination eignete seit jeher eine fast sakrale Abgrenzung der eigenen Existenz gegenüber der Welt. So – mit national bedingten Unterschieden – bei Marlowe, Milton, Swift und gewagter noch bei Baudelaire. Hier sind die Vorzeichen von Célines und Sartres Hass-Metaphorik zu erkennen: Deren deutschsprachige Versionen, einerseits bei Bernhard, Handke und Jelinek, andererseits bei Brinkmann und Goetz, werden

---

2 Émile Zola, *Mes Haines* (1866). In: ders., *Le bon combat. Anthologie d'ecrits sur l'art*. Édition critique par Jean-Paul Bouillon. Paris 1974, S. 31 (Übersetzung des Verfassers).

durch kulturkritische und ideologiekritische Motive der Nachkriegsmentalität noch verschärft. Und Houellebecq? Existentieller Hass verschmilzt hier mit bösartiger Affirmation des Hassenswerten. Er ist unser Zeitgenosse.

I

Kyds und Marlowes Hass-Effekte
Anstatt einer Einleitung

Die Darstellung des Hasses ist ein Effekt des literarischen Stils. Das ist zu erkennen bei der Unterscheidung von imaginativer und diskursiver Hass-Rede. Erstere ist auf die Gefangennahme unserer Phantasie aus, letztere auf die Besetzung unseres Denkens durch politisch-ideologische Stereotype. Was es mit der imaginativen Hass-Rede in der großen Literatur auf sich hat, was im Inneren ihres Helden psychisch vorgeht, ist ein leicht zu verfehlender Vorgang, abhängig vom historischen Status des Helden. So ist der Hass, der das erste Literaturstück der Europäer, Homers *Ilias*, auszeichnet, nicht intern psychologisch, sondern extern götterentsprungen begründet. Homer spricht nicht vom »Hass«, sondern vom »Zorn«. Aber der »Zorn« des Achill zeigt, wie zwei fundamentale emotionelle Zustände eine einander integrierende Bewusstseinszone ausmachen.[3] Agamemnon nennt im ersten Gesang Achill den »Verhassten«, weil dieser den Hass immer suche. Der Zorn führt auf seinem jeweiligen Höhepunkt zum Hass-Affekt: Zu Beginn, wenn er beinahe den Zweikampf zwischen Achill und Agamemnon auslöst; am Ende, wenn er nach Patroklos' Tod bei Achill die Rage des Tötens provoziert. Entweder erscheint der Hass als das vom Dichter charakterisierte Gefühl oder als eine von ihm beschriebene Handlung, deren Intensität und Zielgerichtetheit den Leser durch ihren sprachlichen Ausdruck in Beschlag nehmen. Dann nämlich, wenn der Affekt zum Effekt wird. Nicht bloß als Span-

---

3 Vgl. Peter Sloterdijk, *Zorn und Zeit. Politisch-psychologischer Versuch*. Frankfurt am Main 2006, S. 90f.

nungsfaktor einer Handlung, sondern als Auslöser von Vorstellungsketten.

Am stärksten wird die Intensität der Hass-Rede spürbar in Achills letzten Worten an Hektor, wie Homer sie ihm in den Mund legt, wenn Achill Hektors Bitte verwirft, ein jeder von ihnen möge im Falle des Sieges den toten Körper des anderen der Familie zur rituellen Bestattung übergeben. Statt dessen die ausgesuchteste, die bösartig-grausamste Ablehnung, gipfelnd in der Erklärung, die Achill dem von ihm tödlich mit der Lanze durchbohrten Sterbenden mitgibt: dass er nicht begraben werde, wie es sich zieme, sondern die Hunde und Vögel ihn in Stücke reißen würden.[4] Bevor Achill dem toten Hektor die Füße durchbohrt, um ihn am Streitwagen festzubinden, und den von griechischen Kriegern noch einmal durchbohrten Körper von den Toren Trojas zu den griechischen Schiffen schleift, ist die hasserfüllte Handlung in der Hass-Rede schon vollzogen. Die Rede gibt – vor den Darstellungsformen der Charakteristik und des Handlungsberichts – dem Effekt des Affekts die stärkste Wirkung. Die historisch bedingte, von den Göttern geleitete Subjektivität ist dem Effekt des Hasses nicht abträglich. Seine ästhetische Wirkung ist nicht zu unterscheiden von der Begründung der Emotion Achills. Die Wirkung kommt vornehmlich vom Ausdruck seiner Rede.

Doch was für eine Wirkung hat sie? Shakespeares Hass-Reden sind zu Beginn der Moderne das sprechendste Beispiel, aus dem sich die offensichtliche Faszination des Lesers bzw. Zuschauers durch eine hasserfüllte Sprache erklärt. Denn Geschehen und Rede auf der Bühne bleiben eine grandiose Erscheinung, die unsere Vorstellungskraft als ein »Wunder«, nicht bloß als eine Handlungsfolge besetzt, eine Unterscheidung, die Nietzsche bezüglich des dionysischen Effekts der griechischen Tra-

4 Homer, *Ilias*. Neue Übertragung von Wolfgang Schadewaldt mit zwölf antiken Vasenbildern. Frankfurt am Main 1975 (insel taschenbuch 153), S. 375.

gödie traf.[5] Diese faszinierende Erscheinung erklärte er mit der Hass-Sprache des griechischen Lyrikers Archilochos.[6] In einem doppelten Schlag wider das moralisch-idealistische Kunstverständnis beförderte Nietzsche so zum einen den Begriff der schieren Imagination in den Vordergrund der Tragödien-Debatte, zum anderen ließ er die Imagination auf dem Hass-Ausdruck der archaisch-poetischen Rede beruhen.

Martin Scorsese, Erfinder abgründiger Filmgangster blutigsten Ausmaßes, überschrieb einen 2017 erschienenen Aufsatz zum Filmemachen als Kunstform mit dem Wort »imaginations«: Immer seien es die »images« der großen Filme gewesen, die ihm in Erinnerung blieben.[7] Sei es Peter O'Toole, wenn er in David Leans *Lawrence of Arabia* ein Zündholz ausbläst, sei es das Blut, das sich in Stanley Kubricks *The Shining* aus dem Fahrstuhl ergießt, oder sei es der explodierende Bohrturm in Paul Thomas Andersons *There Will Be Blood*. Diese einzelnen »images« sind inkorporiert in eine Folge anderer Filmbilder, die sie vorbereiten oder denen sie ein Echo geben. Worauf Scorsese aus ist – ohne dies theoretisch zu erläutern: die Struktur jedes großen »image« als des entscheidenden Moments im zeitlichen Ablauf, das unsere Phantasie in Bewegung setzt. Dasselbe gilt auch für das Drama, für die Literatur. Die unsere Phantasie in Bewegung setzende Kraft des »phantom image«, die besonders her-

5 Friedrich Nietzsche, *Die Geburt der Tragödie aus dem Geiste der Musik*. In: ders., *Kritische Studienausgabe in 15 Bänden*. Hrsg. v. G. Colli und M. Montinari. München 1980, Bd. 1, S. 145 f.

6 Ebd., S. 43. Zur poetologischen Funktion von Hass-Ausdruck und Aggressivität in der römischen Dichtung seit Catull vgl. Jürgen Paul Schwindt, *»Autonomes« Dichten in Rom? Die »lex Catulli« und die Sprache der literarischen Phantasie*. In: ders. (Hrsg.), *Klassische Philologie »interdisciplinas«. Aktuelle Konzepte zu Gegenstand und Methode eines Grundlagenfaches*. Heidelberg 2002 (Bibliothek der klassischen Altertumswissenschaft, Bd. 110), S. 73-92.

7 Martin Scorsese, *Illuminations. On the Power of Film-Making as an Art Form*. In: *The Times Literary Supplement*, 2. Juni 2017, S. 3 f.

ausragende Bild-Erfindung, ist Scorseses Kriterium, ein Kriterium also, das nicht selbstverständlich ist, obwohl es sich zunächst so anhört. Man könnte auf ein anderes, psychologisches oder politisch-ideologisches Ausdrücklichkeitskriterium verfallen. Wenn der Film als Kunstform an Bedeutung verloren habe, dann, so Scorsese, weil er der Imagination nichts mehr zu tun lasse und nur einen zeitlichen oder vordergründigen Zauber über den Zuschauer werfe.

Nietzsche hat vom »Kunstzauber« gesprochen und diesen schließlich aus der Struktur des »Wunders« erklärt, das über den »ästhetischen Zuschauer« komme im Unterschied zum gewöhnlichen Zuschauer, der vor allem am psychologischen und historischen Handlungsablauf interessiert sei.[8] Das ist gewiss etwas anderes als der vordergründige Kinozauber. Offensichtlich versteht auch der amerikanische Regisseur ein bedeutendes Film-Image nicht als ein solches, das den Zuschauer als schiere Bildmontage überfällt, sondern als dasjenige, das ihn selbst wiederum zum Produzenten von Imagination erhebt. Darin liegt – ohne dass wir Nietzsches Begriff des »Wunders« reflektieren müssten – eine überzeugende Aktualisierung des Begriffs »Imagination«, auf den in der Folge zurückzukommen sein wird, vor allem bezüglich der imaginären Bildlichkeit der Hass-Rede einerseits und deren imaginativer Wahrnehmung durch Leser und Zuschauer andererseits.[9]

Wenn die Imagination des Theaterbesuchers vornehmlich von der grausamen Rede inspiriert wird und diese ihren großen Ausdruck in Shakespeares Monologen und Dialogen des Hasses gefunden hat, dann wird man ihrer besonderen Subversivität gewahr, sieht man auf die Hass-Rede und Hass-Szene seiner

8 Vgl. Nietzsche, *Die Geburt der Tragödie*, S. 145.
9 Zur Geschichte des Imaginationsbegriffs als Vermögen, als Vorstellungskraft, als radikal Imaginäres vgl. Wolfgang Iser, *Das Fiktive und das Imaginäre. Perspektiven literarischer Anthropologie*. Frankfurt am Main 1993 (suhrkamp taschenbuch wissenschaft 1101), S. 292-377.

unmittelbaren Vorläufer und Anreger: Thomas Kyd, Christopher Marlowe sowie auch Ovid, Vergil, Seneca, Lucan und Machiavelli. Die griechischen Tragiker waren vor Thomas Stanleys Übersetzung von Aischylos' Dramen 1663 in England nur vom Hörensagen bekannt. Vor allem in Aischylos' 458 v. Chr. aufgeführter *Orestie* tritt aus Klytämnestras lustvoller Beschreibung der blutigen Details ihres Mordes an Agamemnon der Hass als rhetorisch-ästhetisches Stimulans hervor, gefolgt von der Rede ihres Liebhabers Aigisthos, der den Hass seines Vaters Thyestes gegen dessen Bruder Atreus, den Vater des Agamemnon, erinnernd aufruft. Atreus hatte die Söhne des Thyestes getötet bzw. geschlachtet und sie dem Vater als Fleischgericht vorgesetzt. Das grauenhafte Motiv kannten Marlowe und Kyd sowohl aus der Lektüre von Senecas Drama *Thyestes* als auch in seiner mythologisch variierten Form aus dem sechsten Buch der *Metamorphosen* Ovids. Insofern dessen artifiziell gesetztes Grauen ein poetisches Leitmotiv der europäischen Literatur produziert hat, hört es auf den Namen »Itys«:[10] Dessen erschreckende Bedeutung wurde sowohl in Aischylos' *Agamemnon* als auch in T. S. Eliots *The Waste Land* evoziert und hat gerade die Schrecken der elisabethanischen Tragödie um signifikante Phantasmen bereichert. Das Itys-Motiv hat seine archaisch-mythologische Herkunft also nicht bloß überlebt, es kam der modernen Literarisierung besonders entgegen: Ovids Interesse an Grausamkeit[11] war ein ausschließlich literarisches, er glaubte nicht mehr an die Götter.

Der Hass-Rede Klytämnestras war die der Elektra gefolgt,

---

10 »Itys« ist der Name des Sohnes des thrakischen Fürsten Tereus und der athenischen Königstochter Prokne, die ihren eigenen Sohn schlachtet und ihrem Gatten als Speise vorsetzt – aus Rache, weil dieser ihre Schwester Philomena vergewaltigt und ihr die Zunge abgeschnitten hatte, damit sie die Untat nicht erzählen könne. Vgl. Ovid, *Metamorphosen*. Übersetzt und hrsg. von Hermann Breitenbach. Mit einer Einleitung von L. P. Wilkinson, Stuttgart 1988, S. 201-206.
11 Hierzu Karl Heinz Bohrer, *Ist Kunst Illusion?*, München 2015, S. 44-56.

sowohl der Elektra im zweiten Teil der *Orestie* als auch der Elektra in Sophokles' gleichnamigem Drama. Es folgte als theatralischer Höhepunkt der Hass-Chor der asiatischen Mänaden gegen den König Pentheus in Euripides' Tragödie *Die Bakchen*. Ob bei Aischylos, Sophokles oder Euripides – immer produzieren diese Tragödien ein obsessives Ausmaß an poetischen Bildern, welche die Rolle der Hass-Rede in der modernen Literatur schon vorbereiten. Das elisabethanische Theater erreichte seine frühe Wirkung im Hass-Effekt vor dem Auftreten Shakespeares auch deshalb bereits, weil sich die Hass-Motive der römischen Literatur – bei Ovid, Seneca, Vergil und Lucan – wie aus Füllhörnern mit ihren bizarren, unerhörten Bildern auf die englischen Renaissance-Dramatiker ergossen.

I

Hierfür steht pars pro toto Christopher Marlowes Drama *Tamburlaine the Great* von 1587/88. Bevor Marlowe das von hasserfüllten Reden strotzende Werk und die beiden anderen ebenso im Hass schwelgenden Dramen *Doctor Faustus* (um 1592) und *The Jew of Malta* (um 1589) schrieb, hatte er neben Ovids *Amores* das erste Kapitel der epischen Beschreibung des Bürgerkriegs zwischen Caesar und Pompeius von Lucan (Marcus Annaeus Lucanus) übersetzt, einem Neffen Senecas. Marlowes Interesse an Lucans Epos *Pharsalia* ist aufschlussreich für seine eigene künstlerische Affinität zur Grausamkeit, denn dieses Werk beeindruckt oder überwältigt durch die Schilderung grässlicher Szenen von Seekampf und Landgemetzel, durch einen auf das Abnorme abzielenden Stil, der das Heroische noch in Vorgängen erkennt, für welche die semantische Synonymität der deutschen Wörter »Schlacht« und »schlachten« vielsagend steht. Deshalb wurde Lucans Werk von John Dryden, dem neben Milton das englische 17. Jahrhundert beherrschenden Epiker, Lyriker und Dramatiker, verworfen, während der romantische Percy Bysshe Shelley es aus dem gleichen Grund bewunderte.

Damit ist der Kontext unserer Frage nach den Hass-Reden von Marlowe angedeutet, der durch Mord zu Tode kam, wofür das Motiv lange umstritten blieb.[12] Es genügt hier, die elisabethanische Epoche, den Hof von London, als Zeit und Ort permanenter Gewalt und Gefahr, nicht zuletzt extrem sadistischer Hinrichtungspraktiken an Hochverrätern oder des Atheismus Angeklagten und (immer) Überführten, herauszustellen, um gleichzeitig Marlowes Stil der aggressiven Darstellung zwischen Realismus und Imagination abzuwägen. Hier eröffnet sich auch schon die Perspektive auf Shakespeares Hass-Rede. Seit Stephen Greenblatts Buch *Shakespearean Negotiations* (1988), das »Innenansichten der englischen Renaissance« vorführt,[13] ist das, was Greenblatt »Zirkulation der sozialen Energie« nennt, als Widerspiegelungstheorie rezipiert worden: Shakespeares Text liefere authentische Spuren des Lebens, die »soziale Energie« habe ihre ästhetische Entsprechung gefunden.[14] Die machiavellistisch beeinflusste Diagnostik von Subversion und Unordnung im Bericht des bedeutenden Mathematikers und Kartographen Thomas Hariot über die englische Kolonie Virginia[15] lasse sich auch – so die These Greenblatts – in Shakespeares historischen Dramen wiederfinden.

Erklärt das, abgesehen von der Thematik, aber ihren einmaligen Stil der Gewalt? Wie viel davon steckt in Marlowes Tragödie, der – wie der des Atheismus angeklagte Thomas Kyd un-

---

12 Vgl. Charles Nicholl, *The Reckoning. The Murder of Christopher Marlowe*. London 1992.

13 Stephen Greenblatt, *Verhandlungen mit Shakespeare. Innenansichten der englischen Renaissance*. Aus dem Amerikanischen von Robin Cackett. Frankfurt am Main 1993.

14 Ebd., S. 9-33.

15 Thomas Hariot, *A Brief and True Report of the New Found Land of Virginia* (1588).

ter Folter – die göttliche Schöpfermacht mit religionstheoreti-
schen Argumenten in Frage gestellt hatte, angeregt durch die
Schriften Thomas Hariots, der ebenfalls in den Geruch des
Atheismus geraten war?

Eine erdrückende Faktenflut aus Zeitgeschichte und Zeit-
theorie hat sich also vor das englische Renaissance-Drama geschoben: Marlowes *Tamburlaine the Great* zeigt das in besonderem Maße. Das beginnt mit dem Namen und der Geschichte
seines Helden, der das 16. Jahrhundert fasziniert hat. Wie Eric
Voegelin zeigen konnte, war der asiatische Herrscher Fürst Ti-
mur, Vorbild für Tamburlaine, neben die großen Herrscherfigu-
ren der Antike, Alexander den Großen, Hannibal und Caesar,
als Archetypus des Eroberers getreten. Dietmar Herz, der Herausgeber von Voegelins Studien zu Machiavellis und Thomas Morus' Herrschaftskonzept, zitiert Verse aus Marlowes *Tamburlaine*[16] als Paradigma für den kulturgeschichtlich-historischen
Neuansatz im pragmatischen Politikverständnis der Renais-
sance-Denker. Poggio Bracciolini, seit 1453 Kanzler und Histo-
riograph von Florenz, hat die militärischen Siege Timurs als alles bis dahin Überlieferte übertreffend geschildert: Bracciolinis
Charakterisierung Timurs als Eroberer und Zerstörer, als Plün-
derer und gleichzeitig kultivierter Städtebauer – wobei die Städ-
te Monumente seines eigenen Ruhms sein sollten – gipfelte
schließlich in Enea Silvio Piccolominis *Vita Tamerlani*. Die autonome Machtpolitik ohne moralische Manschetten war erfunden und wartete auf ihre Dramatisierung.

Diese Vorgeschichte ist auf Marlowes Interesse für das Thema und die Bedingungen für den gewählten Stil zu beziehen. Denn
im Unterschied zu Shakespeares vielfältiger Unterrichtung durch
dichterische und historische Quellen – letztere im Sinne der Tu-

---

16 Eric Voegelin, »*Die spielerische Grausamkeit der Humanisten*«. *Studien
zu Niccolò Machiavelli und Thomas Morus.* Aus dem Englischen und mit
einem Vorwort von Dietmar Herz. Nachwort von Peter J. Opitz.
München 1995, S. 21 f.

dor- oder Stuart-Regierung gelesen – ergab sich aus Marlowes Stoff eine noch massivere Vorgabe aus geschichtlichen und kulturtheoretischen Motiven, die einer neuen Theatralik den Weg bahnten: das mythische Bild eines Schreckens aus dem Nichts. Es wurde zur dramaturgischen Achse für sein zweiteiliges Drama *Tamburlaine the Great*. Tamburlaine wurde zur aktualisierten Gestalt, die ihre Ausstrahlung vom neuen, innerweltlich begründeten Ruhmesverständnis und der machttechnologischen Politikdiagnose empfing. Marlowes Inszenierung böser Gewalt und exorbitanter Machtgefühle – prominent unter ihnen der Hass-Ausbruch – ist also die theatralische Ausarbeitung der schon vorgefundenen Dämonisierung der Machtausübung. Wenn dem so ist, dann wäre die Hass-Rede in Marlowes *Tamburlaine*-Drama als imaginatives Oratorium historisch vorgegebener politischer Diskurse zu verstehen, die der belesene Dichter theatralisierte. Er würde etwas *darstellen*, von dessen Geschichte man schon viel gehört hatte. Hier liegt – um es vorwegzunehmen – eine entscheidende Differenz zu Shakespeares Figur von Richard III. Diese war wohl eine zeitpolitisch inspirierte, aber künstlerisch erst wirklich begründete Erfindung! Marlowe, in Cambridge erzogen, verdächtig, mit allen Wassern theologischer Häresie gewaschen zu sein, und deshalb wahrscheinlich ermordet worden, war ein genuiner Adressat des Tamburlaine-Themas. Wenn diesem auch die theologische Subversivität der *Faust*-Geschichte fehlte, kam Marlowe mit Tamburlaines partiell gotteslästerlichem Affront (zum Beispiel gegen die muslimische Religion) dennoch auf seine Kosten. Hass-Reden, keine Schlachten, drücken dem ersten Teil des Dramas ihren Stempel auf. Nach dem Sieg des ehemaligen Hirten Tamburlaine über die persischen und ägyptischen Könige konzentriert sich die Handlung auf Tamburlaines letztes Opfer: den türkischen Sultan. Die bösartigen Dialoge werden aufgrund ihrer Metaphorik zum dramatischen Höhepunkt.

Tamburlaines erste üppige Reden entfalten ihre Aggression

als weltherrschaftlichen Anspruch, der für das Londoner Publikum um so aufregender wirkte, als der Anspruch mit seiner Herkunft aus einem skythischen Hirtenleben begründet ist. Die physische Übermächtigkeit – und es bleibt eine physische –, wortreich beschrieben von einem persischen Höfling, dessen König Tamburlaine brutal überwunden hat, kündigt an, dass von Tamburlaine, der sich als »terror to the world« bezeichnet,[17] keine Reflexion wie von Faust oder dem Juden von Malta zu erwarten ist. Und so ist absehbar, dass die Hass-Rede vornehmlich dem sexuellen oder machtgierigen Antrieb entspringen wird. Diese Motivation ist früh erkennbar, wenn Tamburlaine die Tochter des Sultans von Ägypten, die sofort in ihn verliebte Zenokrate, einerseits verlangend umwirbt, andererseits den zornentbrannten Blick auf einen ihrer Nächsten richtet: Diese »fury of his heart«,[18] Tamburlaines »wrath« sind immer wiederkehrende Charakterisierungen seines Auftretens, nachdem er die persische Krone erobert hat und daran geht, seinen eigentlichen Gegenspieler im Hass, den türkischen Sultan, »emperor« genannt, zu entmachten. An ihm, Bajazeth, lässt Marlowe seinen Helden die sadistischen Reden und bedrohlichen Einfälle exerzieren, die sich zum Hass-Dialog zwischen Henker und Opfer steigern. Der entmachtete türkische Herrscher, in einem Käfig eingesperrt und ohne Nahrung gelassen, wird in die Entscheidung zum Selbstmord getrieben. Dieser ist zum grässlichen Spektakel ausgestaltet. Nachdem er seinen Bezwinger und Quäler verflucht hat, nimmt Bajazeth sich das Leben, indem er mit dem Kopf gegen die Eisenstäbe des Käfiggitters rennt, so dass sein Hirn heraustritt, wie er selbst es sogar vorausgesagt hat: »And beat thy brains out of thy conquered head«.[19] Die dieses

17 Christopher Marlowe, *Tamburlaine the Great, Part One*. In: ders., *The Complete Plays*. Edited by Frank Romany and Robert Lindsey. London 2003, S. 82 (v. 38).
18 Ebd., S. 111 (III, 2, 73).
19 Ebd., S. 146 (I, 1, 287).

Bild aufwerfende Rede steigert sich zur hasserfüllten Rachedrohung, wobei der Hass sein volles Potential realisiert: »That in this terror Tamburlaine may live, / And my pined soul resolved in liquid air, / May still excruciate his tormented thoughts.«[20]

Man erkennt beim Zusammenhang von Hass-Rede und poetischer Metapher schon das entscheidende Kriterium: Die Hass-Rede schuldet ihre Intensität weniger der Kenntnis des Charakters der Hauptfigur als vielmehr den semantischen Überraschungen, mit denen sie aufwartet. Da es im Falle des Dramas *Tamburlaine* vor allem und ausschließlich um die Hauptfigur geht, wird man in Tamburlaines eigener Rede, in der sich der Zorn zum Hass steigert, anstelle realitätsbezogener Motive eher die exzessive Rhetorik erhöht finden.

Der Typus der Hass-Rede tritt charakteristischerweise mit anspruchsvollen sprachlichen Allusionen im Dialog zwischen Tamburlaine und seinem Opfer vor dessen Selbstmord auf. Das Bild der körperlichen Vernichtung wird im hasserfüllten Austausch der Sätze zwischen beiden grotesk vorweggenommen. Ihrer beider zynische Reden kreisen um die Vorstellung, den eigenen Körper zu essen. Der dem gefangenen Sultan zugedachte Hungertod ist das besondere Schaustück innerhalb der Akkumulation sadistischer Bildeindrücke, das mit der englischen Hinrichtungspraktik des Aufhängens, Ausweidens und Vierteilens vor großem Publikum zu wetteifern scheint. Wenn es auch nicht die gleichen Zuschauer waren, die ins Theater gingen, so ist der Zusammenhang doch offensichtlich. Das Horrorpanorama, in dem die *Tamburlaine*-Szene gipfelt, ist der exuberanten Droh- und Gewaltrede des Helden förderlich. Doch eine Mentalität, die nur Selbstüberhebung und das Gefühl der eigenen Übermacht kennt, bedarf des Hasses eigentlich nicht, weil dieser psychologisch meist in der Konkurrenz mit anderen begründet ist. Analog zum unmittelbaren Ausdruck von Tamburlaines

20 Ebd. (v. 299-301).

Begierde – im Unterschied zu Fausts ironischer Verherrlichung Helenas – entbehrt der Ausdruck des Zorns und der Aggression bei Tamburlaine denn auch auf erste Sicht das Element des Hasses. Dass die Hass-Rede sich nur im Dialog zwischen dem physisch und psychisch gefolterten türkischen Herrscher und seinem Peiniger Tamburlaine sowie in der Wechselrede zwischen Tamburlaines Geliebter Zenokrate, der Tochter des Sultans von Ägypten, und Zabina, der Frau Bajazeths, vollzieht, ist charakteristisch: Hier können ob der signifikanten Situation die für die Hass-Semantik sowohl sprachlich ausgesuchte Bildlichkeit als auch eine gezielte Finesse der Drohung aufkommen. Die Bildlichkeit ist konzentriert auf die Zerfleischung des Körpers, sei es darin, vom Schwert durchstochen zu werden, so dass die Eingeweide hervortreten und das Herz herausgerissen wird; sei es, dass der Gefangene Stücke seines eigenen Fleisches verzehrt. Tamburlaine empfiehlt dem verhungernden Gefangenen, alternativ zum eigenen Fleisch die Ehefrau zu schlachten, solange sie noch fett sei. Denn wenn sie noch länger lebe, verfalle sie der Auszehrung. Und so hört sich das an und liest sich, was der dem Tode geweihte Türkenherrscher und Tamburlaine sich vor dem Selbstmord zu sagen wissen:

> Ye holy priests of heavenly Mahomet,
> That, sacrificing, slice and cut your flesh,
> Staining his Altars with your purple blood,
> Make heaven to frown, and every fixed star
> To suck up poison from the moorish fens
> And pour it in this glorious tyrant's throat![21]

Tamburlaine droht, den Gefangenen als Fußbank zu missbrauchen, woraufhin dieser (wiederum mit Metaphern des Fleisches) antwortet:

---

21 Ebd., S. 125 (IV, 2, 2-7).

First shalt thou rip my bowels with thy sword
And sacrifice my heart to death and hell
Before I yield to such a slavery.[22]

Tamburlaine nimmt dieses Bildarsenal auf: »Stoop, villain, stoop, stoop for so he bids / That may command thee piecemeal to be torn / Or scattered like the lofty cedar trees.«[23] Später wiederholt sich im Dialog beider diese blutige Metaphorik wie folgt:

Auf Tamburlaines Frage: »And now, Bajazeth, hast thou any stomach?«[24] antwortet Bajazeth: »Ay, such a stomach, cruel Tamburlaine, as I could willingly feed upon thy blood-raw heart«.[25] Daraufhin Tamburlaine: »Nay, thine own is easier to come by; pluck out / that, and 'twill serve thee and thy wife. Well, Zenocrate, / Techelles, and the rest, fall to your victuals.«[26] Und Bajazeth gibt zurück:

Fall to, and never may your meat digest!
Ye Furies, that can mask invisible,
Dive to the bottom of Avernus' pool,
And in your hands bring hellish poison up
And squeeze it in the cup of Tamburlaine!
Or, winged snakes of Lerna, cast your stings,
And leave your venoms in this tyrant's dish.[27]

---

22 Ebd., S. 126 (IV, 2, 16-18).
23 Ebd., S. 126 (IV, 2, 22-24).
24 Ebd., S. 132 (IV, 4, 10).
25 Ebd. (v. 11-12).
26 Ebd. (v. 13-15).
27 Ebd. (v. 16-22). Die Ehefrau des türkischen Kaisers Zabina, die dem Selbstmord ihres Mannes später folgen wird, fügt das kannibalistische Thema aus Ovids *Metamorphosen* hinzu: »And may this banquet prove as ominous / As Procne's to th'adultrous Thracian king / That fed upon the substance of his child.«

Tamburlaine entgegnet darauf höhnisch, er finde nur Ruhm in den Flüchen seiner Feinde. Vor dem Selbstmord dann ein brutaler Wortwechsel, in welchem des Türken eigenes Fleisch als essbar thematisiert wird: »Sirrah, why fall you not to? / Are you so daintily brought up you cannot eat your own flesh?«[28] Es folgt Tamburlaines Einfall: »Here, eat, sir. Take it from my swords point, or I'll thrust it to thy heart.«[29] Es handelt sich dabei um ein wirkliches Stück Fleisch, das Tamburlaine dem Gefangenen entgegenstreckt. Als dieser es unter seinen Füßen zertritt, repliziert Tamburlaine mit dem Wutausbruch: »Take it up, villain, and eat it, or / I will make thee slice the brawns of thy arms into carbonadoes / and eat them.«[30]

Wenn der türkische Herrscher sich zum Selbstmord anschickt, klingt sein Abschiedsfluch so:

> Now, Bajazeth, abridge thy baneful days,
> And beat thy brain out of thy conquered head,
> Since other means are all forbidden me
> That may be ministers of my decay.
> O highest lamp of ever-living Jove,
> Accursed day, infected with my griefs,
> Hide now thy stained face in endless night
> And shut the windows of the lightsome heavens!
> Let ugly darkness with her rusty coach,
> Engift with tempests wrapped in pitchy clouds,
> Smother the earth with never-fading mists,
> And let her horses from their nostrils breath
> Rebellious winds and dreadful thunderclaps,
> That in this terror Tamburlaine may live,
> And my pined soul, resolved in liquid air,
> May still excruciate his tormented thoughts!

28 Ebd., S. 133 (IV, 4, 36-37).
29 Ebd. (v. 40-41).
30 Ebd. (v. 44-46).

Then let the stony dart of sencelesse cold
Pierce through the center of my withered heart
And make a passage for my loathed life.[31]

Die Hass-Rede zwischen Tamburlaines Zenokrate und der Gemahlin des türkischen Sultans Zabina ist ausschließlich auf
Pointen der Beleidigung und Drohung aus, die eine andere, kon-
ventionellere Art dramaturgisch notwendiger Spannung erzeu-
gen. Sie ergibt sich ausschließlich aus der gegenseitigen Feindseligkeit der Personen. Die ambivalente Metaphorik bezüglich
des Fleisches, das man isst, und des eigenen Körperfleisches entwirft hingegen eine Atmosphäre der absoluten Vernichtungs-
drohung. Die dazu aufgerufenen Bilder übersteigern sich ins
Phantastische.

Es fragt sich, ob Marlowe bei der Beschreibung des zerstük-
kelten Körpers die Art der Todesfolter im Kopf hatte, die ihn
erwartete, sollte sich die Verdächtigung gegen ihn verschärfen
und er wegen Atheismus oder Hochverrats (als heimlicher Ka-
tholik) angeklagt werden: nämlich lebendigen Leibes ausgewei-
det und geviertelt zu werden, bevor ihm der Kopf abgeschlagen
würde – bei einer solchen Anklage die übliche Hinrichtungsart
von Nichtadligen, die erst Ende des 17. Jahrhunderts abgeschafft
wurde. Zugleich enthalten die Vorstellungsvarianten von losge-
lösten einzelnen Körperteilen noch eine andere subversive At-
traktion: Sie implizieren sowohl sexuelle als auch theologische
Allusionen. Die Tötung gilt einem Körper, dessen Entblößung
im Liebesakt üblich ist; auch Jesus hatte seine Jünger aufgefordert, sie möchten von seinem Fleisch essen und von seinem Blut
trinken. Und die Präsenz der durch Ovid und Seneca überlieferten kannibalistischen Motive verleiht der so ausgerüsteten
Hass-Rede noch eine Patina antiker Hochkultur. Diese Stilhö-
he wird unterstützt durch den Rhythmus der Verse. Die Rhe-

31 Ebd., S. 146 (V, 1, 286-304).

torik ist gespannt zwischen dem Pathos des vornehmen Blank-verses und dem Überfall ausgesuchter, exzessiver Bilder. Dabei wird auch deutlich, dass erst die Hass-Reden dem theatralischen Triumph des Kolossalen, der absehbar historischen Thematik des Dramas seine Energie geben. Zwar beherrscht die Theatralik des Kolossalen die Szenen beider Teile des Dramas, nicht zuletzt die Darstellung von Tamburlaines stolzem Sterben. Hätte sich Marlowe aber nicht die aggressiven Dialoge und ihre bösartigen Argumente und Provokationen einfallen lassen, wäre die Tragödie *Tamburlaine* nur ein – wenn auch immer noch worterfinderisches – Spektakel oder Panorama der die Epoche fesselnden Geschichte eines asiatischen Tyrannen, wohlberechnet für ein auf diese Thematik erzogenes Publikum.

2

In Marlowes Drama *The Jew of Malta* bildet die Hass-Rede in noch größerem Maße die thematisch und formal ausschlaggebende dialogische Achse zwischen dem bösen Helden Barabas und seinen Opfern, bevor der Jude auf grausige Weise selbst in einem kochenden Kessel, den er eigentlich für seine Feinde, ob Christen oder Türken, vorbereitet hatte, zum Opfer wird. *The Jew of Malta* ist eine zum Rachedrama umschlagende Farce über einen von allen Menschen isolierten, raffgierigen Bösewicht, ein groteskes antisemitisches Stereotyp. Um des Geldes willen begeht er jeden Mord und hofft sogar auf eine politische Karriere mit Hilfe der Türken, welche die christliche Insel angreifen. Marlowes satirische Perspektive tut dem Pathos von Barabas' Hass-Reden keinen Abbruch. Die Wörter »Hass« (»hate«), »verhasst« (»hateful«) oder »hassen« (»to hate«) treten im Vokabular des jüdischen Kaufmanns – im Unterschied zu den Reden von Tamburlaine und Faust und abgesehen vom entscheidenden Unterschied, dass Barabas' Denken und Reden permanent ausschließlich Hass ausdrücken, auch ohne dass das Wort ausgesprochen würde – buchstäblich sehr häufig auf. Die den Prolog vortragende Figur des »Machevil« (Marlowes provokative Referenz an den als Immoralisten gedeuteten Autor des *Principe*) führt zum ersten Mal das Wort »hate« im Munde und bekennt, dass Religion etwas für Kinder sei und es keine andere Sünde gebe denn Ignoranz: »I count religion but a childish toy / And hold there is no sin but ignorance«.[32]

Ein Introitus also, der es in sich hat, denn es bleibt durchaus der Entscheidung des Zuschauers oder des Lesers überlassen, ob dieses atheistische Bekenntnis eine Rollencharakteristik ist oder aber ein hinter dieser verborgenes, skandalöses Bekenntnis des Autors. Sind Tamburlaine und Faust unterschiedliche Versionen der heroisch-titanischen Anmaßung, der auch ihr erhabenes und tragisches Ende entspricht, dann ist Barabas, der Jude von Malta, eine groteske Abweichung davon, wie sein grausiges Ende zeigt. Dass Marlowe ihm den Namen des unter Mordverdacht stehenden jüdischen Anführers des Aufruhrs gegen die Römer gegeben hat, den Pilatus auf Verlangen der Menge freigab, um an seiner Stelle Jesus kreuzigen zu lassen, liefert eine beiläufige Pointe: Möglicherweise handelt es sich um eine der ironischen Marloweschen Subversionen des theologischen Kontexts, liebte der Dichter doch zweideutige Identifikationen. Barabas' Hass-Reden entsprechen dem: Es geht in diesem Stück vorerst nicht um Leib und Leben, sondern nur oder besonders um Geld. Um dessentwillen erfindet Barabas alle seine Intrigen. Allerdings mit tödlichem Ausgang für die Betroffenen. Die berühmt gewordene Selbstbeschuldigung als Urheber der übelsten Schandtaten (in der dritten Szene des zweiten Akts) und

---

32 Christopher Marlowe, *The Jew of Malta*. In: ders., *The Complete Plays*, S. 248 (v. 14-15).

jene als Mörder im letzten Augenblick seines Lebens (V, 5) zeigen – als Hass-Rede verstanden – Marlowes Lust, eine negative Existenz, ja Ontologie, sprachlich zu zelebrieren. Der selbst am meisten Gehasste kann nicht anders als hassen. Außerdem: Fast alle wichtigen Akteure des Dramas sind Bösewichter. Wenn Marlowe die Welt besonders hier mit zynischem Einverständnis als böse darstellt, dann geschieht dies auch in der Absicht, daraus einen ästhetischen Effekt zu gewinnen. Das eine ist vom anderen nicht zu trennen. Nicht weil der Dichter sich mit dem Bösen metaphysisch identifizierte. Es zeigt sich vielmehr, dass das eine, die Bestrafung eines Übeltäters durch andere Übeltäter, nur um des anderen willen, zum Zweck der Erfindung ausgekochter, aggressiver Reden, vorgeführt wird.

Eine der ersten Identifikationen mit dem Hass liefert ein Selbstbekenntnis Marlowes zu einer negativen Anthropologie. Es lautet:

Who hateth me but for my happiness?
Or who is honoured now but for his wealth?
Rather had I, a Jew, be hated thus
Than pitied in a Christian poverty;
For I can see no fruits in all their faith
But malice, falsehood and excessive pride.[33]

Die Provokation hier also, dass das Selbstverständnis als sich bereichernder Jude auf der Einsicht in die Amoral jener beruht, an denen er sich bereichert. Diese amoralische Übereinstimmung mit sich selbst wird ohne große Geste als *fait accompli* ausgesprochen. Es ist im Unterschied zum expressiven Hass-

---

33 Ebd., S. 253 (I, 1, 110-115). – »Wer haßt' mich außer wegen meines Glücks? / Wen ehrt' man jetzt als wegen seiner Schätze? / Ein Jude bin ich lieber, so gehaßt, / Als christlich arm, ich mag bedauert sein: / Denn keine Frucht seh' ich von ihrem Glauben, / Als Bosheit, Falschheit, unermeßnen Stolz.« (Christopher Marlowe, *Der Jude von Malta*. In: ders., *Eduard II. Der Jude von Malta*. Deutsch von Eduard von Bülow. Buchholz 2008 [Nachdruck der Ausgabe von 1831], S. 118)

Dialog von Tamburlaine und Bajazeth ein introvertiertes Hass-Bewusstsein, das unsere Aufmerksamkeit erregt. Das eigene Glück beruht auf der selbstverständlichen Vereinbarung mit der Amoral der Gesellschaft – wie in dem Fall, dass die Türken die christliche Insel Malta erobern, auf der Barabas wohnt: »Why, let 'em come, so they come not to war; / Or let 'em war, so we be conquerors. / (Aside) Nay, let 'em combat and kill all, / So they spare me my daughter and my wealth.«[34] Der immer erneuerte Ausdruck des Bösen soll im Zuschauer den Funken einer immer erneuerten Neugierde und Verblüffung schlagen: anlässlich des Verbotenen, von ihm noch nicht Gewussten, von dem aber noch viel zu erwarten ist.

Es ergibt sich aus dem Charakter des Helden, dass seine Hass-Reden nicht wie im Fall Tamburlaines durch Körper- und Zerstückelungsvorstellungen geprägt sind, sondern eher im traditionellen Verfluchungston gehalten werden:

The plagues of Egypt, and the curse of heaven,
Earth's barrenness, and all men's hatred
Inflict upon them, thou great Primus Motor!
And here upon my knees, striking the earth,
I ban their souls to everlasting pains
And extreme tortures of the fiery deep,
That thus have dealt with me in my distress.[35]

34 *The Jew of Malta*, S. 255 (I, 1, 148-151). – »Ei, laß sie kommen, wollen sie nicht Krieg; / Laß sie auch kriegen, wenn wir Sieger sind: / Ja, laß sie kämpfen, siegen, alles morden, / Werd' ich, mein Reichtum und mein Kind verschont.« (*Der Jude von Malta*, S. 119)

35 *The Jew of Malta*, S. 262 (I, 2, 163-167). – »Egyptens Plagen und des Himmels Fluch, / Der Erde Dürr' und aller Menschen Haß, / Verhänge über sie den primus motor! / Und hier auf meinen Knien, die Erde schlagend / Verwünsch' in ew'ge Qual ich ihre Seelen, / Und alle Martern in der heißen Tiefe, / Die so in meiner Not mit mir verfuhren.« (*Der Jude von Malta*, S. 127)

Vom dritten Akt an verschiebt sich die alttestamentarisch be-
gründete Hass-Rede jedoch hin zu einer existentiell auswegslo-
sen: Barabas' erste Reaktion auf den sich ihm andienenden Erzbösewicht Ithamore findet nur noch Wörter, die diesem und der
eigenen Tochter Hass unterstellen: »Ithamore, entreat not for
her, I am moved, / And she is hateful to my soul and me / And
'less thou yield to this that I entreat, / I cannot think but thou
hat'st my life.«[36]

Ithamore hatte sich selbst der Szene angekündigt, indem er
seine Kriminalität anpries: »Why, was there ever seen such vil-
lainy, / So neatly plotted and so well performed? / Both held in
hand, and flatly both beguiled?«[37]

Alle Untaten, alle Morde, die Barabas und sein neuer Helfer
Ithamore noch begehen, ersetzen von nun an die Hass-Rede. Sie
taucht nur mehr auf als Rückversicherung eines Prinzips, das
auch dann noch gilt, nachdem Barabas es von türkischen Gna-
den auf Kosten seines christlichen Vorgängers zum Gouverneur
Maltas gebracht hat. Seitdem weiß er: »I now am governor of
Malta, True / But Malta hates me, and in hating me, / My live's
in danger.«[38]

Im Fall Tamburlaines und Bajazeths brillierte der Dialog
durch exzentrisch inhumane Bilder. Im Fall von Barabas entwickelt sich das Hass-Motiv – sei es als Thema der Rede, sei
es als die hassvolle Rede selbst – zu einer Lebensphilosophie,
deren Ausdruck ebenfalls gefangennimmt: als Angriff auf eine
moralisch gedeutete, aber in Wahrheit unmoralische, korrupte
Wirklichkeit, die gemeinhin zumindest als eine verbesser-
bare verstanden wird. Das ist Marlowes eigener Affront. Es

---

36 *The Jew of Malta*, S. 298 (III, 4, 35-38). – »Ithamore, bitte nicht, ich bin
erzürnt, / Und sie ist in der Seele mir verhaßt; / Und gibst du nicht
dem was ich ford're nach, / So denk' ich auch daß du mein Leben has-
sest.« (*Der Jude von Malta*, S. 163)
37 *The Jew of Malta*, S. 294 (III, 3, 1-3).
38 Ebd., S. 328 (V, 2, 29-31).

ist also nicht die böse Lehre allein, sondern zunächst die höhnische Energie, mit der sie sich in Worte kleidet und unmittelbar in die Szene eingreift, die den Ausschlag zum Bösen gibt.

Diese Differenz kann man sich am Gegenbeispiel des barokken deutschen Trauerspiels, sogar noch fünfzig Jahre später, veranschaulichen: Das Böse wird dort immer nur reflexiv erzählt, greift aber nicht eigentlich qua Rede unmittelbar in die Szene ein. Darüber wird noch zu reden sein. Man kommt nicht umhin, eine kaum verhüllte eigene Anerkennung des Dichters für die Redelust am Komplott zu entdecken. Insofern lässt sich das Auftreten des im Prolog zu Machevil umgedeuteten Machiavelli als eine selbstreferentielle Affirmation an den aus der Erkenntnis des Bösen gewonnenen Stil der energetischen Hass-Rede verstehen.

Wenn sich Barabas im kochenden Wasserkessel schließlich gegenüber seinen christlichen und türkischen Feinden zu seinen Untaten bekennt, dann wird auch diese letzte Rede eine vom Hass inspirierte sein: ein letzter Triumph über das, was er den Zuhörenden angetan hat, die Barabas' böse Autorschaft erst jetzt erfahren. Hierin ähnelt Barabas' rhetorische Antwort – wie sich weiter unten zeigen wird – der Rede von Hieronimo, dem Rächer in Kyds *The Spanish Tragedy*:

Then, Barabas, breath forth thy latest fate,
And in the fury of thy torments strive
To end thy life with resolution.
Know, Governor, 'twas I that slew thy son;
I framed the challenge that did make them meet.
Know, Calymath, I aimed thy overthrow,
And had I but escaped this stratagem,
And would have brought confusion on you all,
Damned Christians, dogs, and Turkish infidels!
But now begins the extremity of heat

To pinch me with intolerable pangs,
Die, life! Fly, soul! Tongue, curse thy fill, and die![39]

Marlowe – indem er den in die Hölle fahrenden Teufel des mittelalterlichen *morality plays* zu zitieren scheint – gibt der Hass-Rede des im kochenden Wasser Sterbenden noch eine groteske Note: Sogar dieser aussichtslosen Lage setzt er noch einen drauf, indem er weitere Verfluchungen erfindet.

Barabas' Hass-Rede kommt wie die des Tamburlaine aus weltlichem Interesse. Im Fall von Faust ist das weltliche Interesse, die Sinneslust, hingegen eng verknüpft mit der Begierde nach Wissen, das ihm Mephistopheles vermitteln kann. Wenn hier Hass-Rede zu inszenieren möglich ist, dann vornehmlich im Kontext der theologischen Frage nach Gott und Teufel. Insofern steht Marlowes ureigenes Interesse auf dem Spiel. Fausts Tragödie konnte Marlowes Impuls zur Blasphemie reizen. Hier ist nicht der »Pomp stolzer kühner Taten« zu erwarten, von dem der Anfangschor kündet. Marlowes Faust besitzt aber im Unterschied zu Goethes schon die »Unerschrockenheit und Diesseitigkeit Shakespearescher Bösewichter«, wie Erich Trunz vermerkt hat.[40] So boten sich polemische Dialoge an. Faust schwört der heiligen Dreifaltigkeit ab und betet zum Fürsten der Hölle. Eine subkutane Spannung entsteht zwischen der blas-

---

39 Ebd., S. 337 (V, 5, 76-87). – »Dann, Barabas, hauch aus dein letzt Geschick, / Und streb' in deiner Qualen Heftigkeit, / Dein Leben mit Entschlossenheit zu enden. / Ich war's, der deinen Sohn schlug, Gouverneur; / Ich schmiedete die falsche Aufforderung, / Wiss', Calymath, ich sann auf dein Verderben, / Und wär' ich diesem Anschlag nur entgangen, / Bracht' ich Verwirrung auf Euch alle noch, / Verdammte Christen, Hund' und türk'sche Heiden, / Doch nun beginnt das Übermaß der Hitze / Mit Qualen, unerträglich, mich zu peinigen, / Stirb, Leben, Seele, flieh, Fluch, Zunge, stirb.« (*Der Jude von Malta*, S. 202 f.)

40 Vgl. Anmerkungen zu *Faust. Eine Tragödie*. In: *Goethes Werke*. Textkritisch durchgesehen und kommentiert von Erich Trunz, 10. Aufl. München 1976, Bd. 3, S. 464.

phemischen Leugnung Gottes und dem verkappten Glauben an ihn, die Ambivalenz der Sensualität zwischen der Lust auf Helena und der auf einen Geist.[41] Das impliziert ebenfalls die Hass-Potenz. Sie deutet sich schon an, wenn Faust gegenüber Mephisto höhnt, die Hölle sei nur eine Farce (Szene 5), also die gleiche theologische Blasphemie ausspricht wie die Figur des Machevil im Prolog zu *The Jew of Malta*. Insofern besitzt Marlowes Faust a priori die Subversivität, die in den bisher zitierten Hass-Reden ihre spezifische Form findet.[42]

Fausts Reden nehmen nie das monologische Ausmaß der Hass-Rede an. Die Dialoge zwischen ihm und Luzifer in *The Tragical History of the Life and Death of Doctor Faustus* (1604) sind durch feindselige Unterbrechungen der höllischen Übereinkunft geprägt und gewinnen hierdurch die Intensität einer sich plötzlich ankündigenden Wendung. Zum Beispiel dann, wenn Faust dem noch nicht als Mephistopheles erkannten Teufel empfiehlt, er möge sein Aussehen mit dem eines Franziskanermönchs tauschen, er sei sonst zu hässlich, um vor ihm erscheinen zu können. Ein heiligmäßiges Äußeres stehe einem Teufel am besten.[43] Und so wird die siebte Szene, in der Faust die Möglichkeit, zu bereuen, zur Debatte stellt, durch Fausts Verfluchung des Mephistopheles eingeleitet, den er »wicked« nennt.[44] Seine anschließende Diskussion über die Welt als eine Schöpfung Gottes, die Mephistopheles nicht zugestehen kann, endet

---

41 Vgl. hierzu W. W. Greg, *The Damnation of Faustus*. In: *The Modern Language Review*, Vol. 41, No. 2, April 1946; außerdem: *Introduction to Christopher Marlowe, The Complete Plays*, S. XXV; ebenso: Graham L. Hammill, *Sexuality and Form: Caravaggio, Marlowe, and Bacon*. Chicago und London 2000, S. 97-127.

42 Man hat in den Sinnlichkeitsdarstellungen Caravaggios, eines ebenso zur Gewalt neigenden Künstlers wie Marlowe, eine Parallele gesehen. Vgl. Hammill, *Sexuality and Form*, S. 63ff.

43 Marlowe, *Doctor Faustus*, In: ders., *The Complete Plays*, S. 354 (Szene 3, 225-226).

44 Ebd., S. 367 (Szene 7, 2).

in Fausts Ausbruch: »Ay, go, accursed spirit, to ugly hell! / ›Tis thou hast damned distressed Faustus‹ soul«.[45] Der Wortwechsel enthüllt blitzartig den Abgrund zwischen beiden und den Abgrund, in den Faust schon gefallen ist. Aber Faust kann Mephistopheles nur noch verfluchen. Der auftretende böse Engel, ein Gehilfe Luzifers, droht dem die Reue erwägenden Faust gar an: »If thou repent, devils shall tear thee in pieces.«[46] Wieder erkennen wir den für Marlowe typischen inneren Zwiespalt: In diesem Faust ist die provokative Leugnung der Theologie vereint mit dem auf dem Sprung liegenden Hass-Ausbruch gegen den höllischen Anwalt solcher Leugnung. Dabei tauchen die gleichen Verleugnungswörter auf wie in den weltlichen Hass-Reden von *Tamburlaine* und *The Jew of Malta*.

Marlowes Faust ist – im Unterschied zu Goethes Helden – nicht bloß angespannt in einem unlösbaren theologischen Konflikt, sondern die permanenten Wechselreden gegensätzlicher Emotionen zerreißen ihn schon physisch, bevor er von Mephistopheles, wie vom bösen Engel angekündigt, tatsächlich zerrissen wird. Während Goethes Faust einen ironischen, keinen gehässigen Dialog mit Mephisto führt, sein Pakt um den erfüllten Augenblick wohlverstanden als eine Wette abgeschlossen wird und dieser Augenblick der höchsten Erfahrung gilt, ist die Lust von Marlowes Faust von Beginn an zur Hölle verdammt. Der Glaubenszweifel von Goethes Faust bleibt integriert in ein intaktes göttliches Universum, das die Abmachung mit Mephistopheles nicht relativiert, sondern im Dialog mit diesem immer wieder bestätigt. Dagegen sind die Reden von Marlowes Helden radikal subjektivistisch – anders gesagt: In ihnen drückt sich eine Subjektivität aus, der die Haftung in einer transzendenten Welt fehlt. Gerade deshalb die, wenn auch kurzen, verzweifelt hassvollen Ausbrüche im Dialog mit Mephistopheles,

45 Ebd., S. 369 (Szene 7, 75-76).
46 Ebd., S. 370 (Szene 7, 80).

die sich wie die Stimme des unerlösten, das heißt modernen Zeitgenossen anhören, der Marlowe selber ist.

Und deshalb auch der unerhörte Schrei nach Rettung im Abgesang von Marlowes Faust: keine christliche Rettung, sondern eine solche durch materialistische Verwandlung im Sinne der Lehre des Pythagoras. Gleichzeitig, ähnlich der letzten Rede von Barabas, noch einmal die Verfluchung des Feindes Luzifer und die Selbstverfluchung. Ist die Intensität des Ausdrucks auch hier das artistische Ziel, so ergibt sich dieses aus Marlowes bis dahin unerhört modernem Bewusstsein.

3

Das liegt im Fall von Thomas Kyds *The Spanish Tragedy*, etwa zum gleichen Zeitpunkt wie Marlowes *Tamburlaine* seit 1592 mit fast noch größerer Wirkung aufgeführt, anders, wie machtvoll Kyd auch den Blankvers, Marlowes sogenannte »mighty line«, in Szene setzte. Der Unterschied zu Marlowes Dramen rührt vor allem aus dem Umstand, dass Kyds Erfindung das Paradigma des Rachedramas geworden ist, dem vormoderne Charakteristika zu eigen sind. Seine enorme Wirkung auf nachfolgende Dramatiker, nicht zuletzt auf Shakespeares *Hamlet* (Geist, Schauspiel im Schauspiel), steht dazu nicht im Widerspruch. Zwar ist der Plot zeitgenössisch, unmittelbar bezogen auf den spanisch-portugiesischen Konflikt von 1580, also auch auf die andauernde Drohung, die von Spaniens imperialer Macht für England ausging, nachdem Philip II. Portugal unterworfen hatte. Es ist jedoch die Symmetrie des Racheprozesses, die das Stück prägt: Sie wird im Vorspiel präsentiert in der Figur des Geistes des im Krieg getöteten spanischen Edelmannes Andrea sowie in einer abstrakten Figur der »Rache« (»revenge«) und, im Drama selbst, in der Figur des eigentlichen Rächers, des spanischen

Marschalls Hieronimo, dessen Sohn Horatio vom Neffen des spanischen Königs Lorenzo ermordet wurde.

Dieser Mord begründet die Kette der folgenden Anschläge und Tötungsakte. Horatio liebt Bel-Imperia, die Tochter des Herzogs von Kastilien und Schwester des Lorenzo, die aber auch von Balthazar, dem im Krieg in spanische Gefangenschaft geratenen Sohn des Vizekönigs von Portugal, geliebt wird. Dieser wurde von Horatio besiegt, ist nunmehr aber mit Lorenzo befreundet. Ein Personenpuzzle also, bevor die mörderischen Aktionen einsetzen. Um so mehr, als Balthazar, der Portugiese, es war, der Andrea, den Spanier, der nunmehr nur noch als »Geist« auftritt, in der Schlacht getötet hatte, und Andrea von Bel-Imperia geliebt worden war. Lorenzo, als klassischer Bösewicht gezeichnet, ist interessiert an einer Heirat seines neuen portugiesischen Freundes Balthazar mit seiner Schwester Bel-Imperia. Er entdeckt ein nächtliches Treffen von Horatio mit seiner Schwester, bei dem offenbar beide einander ihre Liebe bekennen. Daraufhin wird Horatio von Lorenzo und Balthazar an einem Baum aufgehängt und erstochen. Hieronimo, der spanische Marschall, entdeckt seinen ermordeten Sohn im Garten und plant – die Täter mit Hilfe Bel-Imperias allmählich ermittelnd – langsam, aber sicher seine furchtbare Rache.

Hass-Reden – nicht zuletzt Hieronimos letzte Rede an die Zuschauer seines Rache-Exzesses mittels eines Schauspiels im Schauspiel – bebildern hier den Hass bzw. die angekündigte Rache-Handlung. Es kann sich deshalb nicht dieselbe überraschende, den plötzlichen Hass auslösende Rede entwickeln wie im Fall des *Juden von Malta* oder im Fall von *Tamburlaine*. Dem entspricht, dass Hieronimos erster kurzer Ausdruck des Hasses und seine erste lange, hasserfüllte Rachedrohung (III, 7) auf kein unmittelbares Gegenüber treffen. Auch Bel-Imperias Rache ankündigende Hass-Rede gegen ihren Bruder Lorenzo trifft kein unmittelbares Gegenüber. Dadurch verliert der Hass-Ausdruck an Unmittelbarkeit und gewinnt statt dessen an Reflexion moralischer Grundsätze bzw. der Gründe für manifeste Anklagen. Statt Unmittelbarkeit der Emotion kurze Dialoge zwischen der Figur des Geistes »Andrea« und der Figur der »Rache« zum Ende jeden Aktes.

Im ersten Akt treten der Geist von »Andrea« und die Figur der »Rache« auf: Die »Rache« kündigt dem ob des Glücks von Balthazar, der ihn getötet hat, Beunruhigten folgendes an: »Be still, Andrea, ere we go from hence, / I'll turn their friendship into fell despite, / Their love to mortal hate, their day to night.«[47]

Das gilt ebenfalls für die Sinngebung der grässlich-blutigen Ereignisse am Ende der *Spanischen Tragödie* durch den noch einmal auftretenden Geist »Andrea« im Gespräch mit der »Rache«. Sie schwelgen im Blut der gerade auf der Bühne umgebrachten Mörder: »Ay, these were spectacles to please my soul.«[48]

Dennoch: Hass und Hass-Ausdruck durchziehen das Stück als Leitmotiv. Darin vereinigen sich Bel-Imperias und Hieronimos Rede, vor allem, wenn sie hierin miteinander wetteifern. Denn zunächst vermutet Bel-Imperia, Hieronimo werde die Ermordung seines Sohnes, ihres Geliebten, ungerächt lassen: »Myself a stranger in respect of thee, / So loved his life, as still I wish their deaths; / Nor shall his death be unrevenged by me, / Although I bear it out for fashion's sake: / For here I swear in sight of heaven and earth, / Shouldst thou neglect the love thou shouldst retain, / And give it over and devise no more, / Myself should send their hateful souls to hell, / That wrought his downfall with extremest death.«[49]

Auf diese Herausforderung antwortet Hieronimo mit der Eröffnung, dass auch er den Plan für den Tod der Mörder seines Sohnes längst gefasst habe. Sie werden als Mitspieler in einem

---

47 Thomas Kyd, *The Spanish Tragedy*. Edited by J. R. Mulryne. With Introduction and Notes by Andrew Gurr. 2. Aufl. London 1989, S. 28 (I, 6).
48 Ebd., S. 125 (IV, 5, 12).
49 Ebd., S. 104f. (IV, 1, 21-29).

von Hieronimo inszenierten Schauspiel mit realen Vorkommnissen in ähnlichen Rollen von Hieronimo und Bel-Imperia erstochen, wonach letztere sich selbst ersticht und Hieronimo,
um beim Verhör nichts verraten zu können, sich die Zunge ab-
beißt. Bevor diese der Ovidschen Horrormotivik entliehene
Schluss-Szenerie abläuft, eröffnet Hieronimo den Zuschauern,
darunter dem spanischen König und dessen Bruder, dem Herzog von Kastilien, dass die vor ihnen auf dem Bühnenboden
liegenden Schauspieler, des Herzogs Sohn Lorenzo und des portugiesischen Botschafters Sohn Balthazar, tatsächlich tot seien.
Anklage und grauenvolle Genugtuung gehen ineinander über:
»And here behold this bloody hand-kercher, / Which at Horatio's death I weeping dipped / Within the river of his bleeding
wounds: / It as propitious, see, I have reserved, / And never hath
it left my bloody heart, / Soliciting remembrance of my vow /
With these, O, these accursed murderers.«[50]

Wie das Spiel geht auch Kyds Sprache über das bloße Arran-
gement der Spannung in der Rache-Handlung hinaus: Auch
hier entsteht durch die gewählten Wörter die Intensität von individueller Emotionalität. Diese ist stärker identisch mit dem
jeweiligen Rollencharakter und seiner Funktion im Rachedrama, als dies bei Marlowes Charakteren der Fall ist, die eine komplexere Individualität ausstrahlen. Gleichzeitig entdecken die
Sprechakte dieser beiden Vorläufer Shakespeares besonders ihre spezifische Aggressivität, vergleicht man sie mit der Sprache
des über ein halbes Jahrhundert später entstandenen schlesi-
schen barocken Trauerspiels: In Gryphius' Märtyrertragödien

50 Ebd., S. 120 (IV, 4, 122-127). – »Und schauet hier dies blutig Taschentuch, /
Das als Horatio starb, ich in den Blutstrom, / Der quoll aus seinen Wunden, weinend tauchte; / Schaut, als ein heilig Pfand hab' ich's bewahrt, /
Und niemals hat's mein blutend Herz verlassen, / Mich mahnend, daß
ich meines Eids gedachte / Ob dieser Mörder, der vermaledeiten.« (Thomas Kyd, *Spanische Tragödie*. In: *Altenglisches Theater*. Übersetzt von
Richard Koppel. Hrsg. v. Robert Prölß. Leipzig o. J., Bd. 1, S. 126f.)

Catharina von Georgien (Erstdruck 1657) oder *Carolus Stuar-dus* (zwei Fassungen 1657 und 1663) gibt es keine Hass-Reden; die Charakteristik ausgesuchter Folter transzendiert zu Emblemen des erlösenden Leidens. Die Darstellung der blutigen Staatsaktion exemplifiziert die Gottgesandtheit des Königs. Dies gilt selbst für Lohenstein, den politisch kundigeren Dichter. Sein bedeutendes Drama *Sophonisbe* (1680) zeigt entfesselte Leidenschaft, wie er sie dann auch in dem fünfzehn Jahre später erschienenen Trauerspiel *Agrippina* thematisierte. Die Sprache nicht bloß der Sinnlichkeit, sondern unverkappter Sexualität reicht aber nicht an Kyds oder Marlowes ähnlich gelagerte Aggressivität im Monolog heran – selbst dort nicht, wo der Einfluss Senecas die Handlung führt. Im Unterschied zum englischen Blankvers unterstützt die gewählte Reimstrophik buchstäblich die gesuchte harmonische Darstellung. Mit anderen Worten: Die von Walter Benjamin vorgeführte Allegorik des barocken Trauerspiels, also die Integration von Handlung und Auslegung, verunmöglicht eine Sprache, in der, anstatt der Trauer, die innerweltliche Tragödie und das ihr eigene Idiom des Hasses als autonome Emotion explodieren. Benjamins Anwendung der »Trauerspiel«-Zeichen auf Shakespeares Tragödien *Hamlet* oder *Richard III*, in denen die Hass-Rede seiner englischen Vorläufer theatralisch vollendet wurde, ist deshalb ein Trugschluss, der auf der falschen Auslegung von Shakespeares spezieller allegorischer Metaphorik beruht.[51]

---

51 Vgl. Walter Benjamin, *Ursprung des deutschen Trauerspiels*. In: ders., *Gesammelte Schriften*. Hrsg. v. Rolf Tiedemann und Herman Schweppenhäuser. Frankfurt am Main 1974, Bd. I, 1, S. 350, 355, 402.

4

Die Hass-Rede in Kyds *The Spanish Tragedy* erreicht nicht die Intensität der Hass-Rede in Marlowes Dramen, weil sie die dargestellten blutigen Handlungen rhetorisch lediglich noch einmal rhetorisch aufgipfeln lässt und der Hass nicht ausschließlich aus der autonomen Wörtlichkeit aufsteigt. Das gilt auch für die anderen elisabethanischen und jakobinischen Dramatiker (John Websters *The White Devil*, 1612, und *The Duchess of Malfi*, 1612/13). Es ist Marlowes Sprache, in der sich Shakespeares Stil der frenetischen Hass-Rede vorbereitet.

Von William Blake, dem Dichter einer prophetischen Lyrik wie Epik und Anhänger der Französischen Revolution, stammt der im Vorwort zitierte Satz: »The tigers of wrath are wiser than the horses of instruction.« Er wollte damit ausdrücken, dass nicht die kritischen Schriften der Aufklärung die Revolution zum Ausdruck gebracht hätten, sondern der plötzlich ausbrechende, in Hass übergehende Zorn der Pariser. Diese Erkenntnis lässt sich auf die Literatur übertragen: Nicht Ideen machen ihren Rang aus, sondern der Effekt ihrer den Affekt auslösenden Sprache. Nietzsches zu Beginn erwähnte Erklärung der »dionysischen« Tragödie im Hinblick auf den »Hass« in der Lyrik des Archilochos konnte sich so auf eine bereits ähnliche Auffassung in der römischen Literatur stützen, ohne dass er, der Altphilologe, diese erwähnte – auch wenn er sie kannte: Schon in der römischen Rezeption wird der »Hass« als fundamentale Energiequelle der Literatur festgestellt, nicht bloß als Charaktermerkmal ihrer Personen.

Wenn hier englische Dramatiker und später auch Prosaisten den Blick auf den »Hass« in der europäischen Literatur eröffnen, dann lässt sich das historisch erklären: Die englischen Epochen zwischen dem 16. und 17. Jahrhundert waren innen- und außenpolitisch geprägt von extremer Gewalt und Grausamkeit. Dem deutschen Barockdrama hat selbst der Dreißigjährige Krieg zwar die Darstellung von Angst und Folter, aber keine Hass-Rede eingeflößt. Das gilt ebenso für die *tragédie classique* von Corneille und Racine. Erst nach der Französischen Revolution taucht in der maßgeblichen französischen und deutschen Literatur die Hass-Rede auf, wobei man zwischen der politisch sprechenden und der rein imaginativen, um die es hier geht, zu unterscheiden hat.[52]

Zugleich begünstigte das angelsächsisch-normannische Idiom den frühen Effekt des Hass-Ausdrucks im englischen Drama: die expressive Lautlichkeit kurzsilbiger und energisch klingender Wörter setzen eine Pointe. Die für die Hass-Rede der europäischen Literatur im 19. und 20. Jahrhundert repräsentativen Dichter Kleist, Baudelaire, Richard Wagner, Strindberg, Céline, Sartre sind alle von großer Bedeutung und großem Einfluss gewesen, historisch und intellektuell. Dass ihre zeitgenössischen deutschen, österreichischen und französischen Nachfolger von Rang ebenfalls die Hass-Rede an sich zogen, spricht für die Signifikanz dieser literarischen Ausdrucksform. Wenn die englische moderne Literatur – trotz Beckett, Joyce und Eliot – zunächst die Hass-Rede nicht wieder aufnahm, folgt dies ihrem spezifischen Zivilisationsprozess. Erst mit den englischen Nachkriegsdramen der 50er Jahre setzt die Hass-Rede dort wieder ein. Umgekehrt entspricht die Häufigkeit der Hass-Rede bei französischen Dichtern seit Baudelaire dem Pariser Modernitätsdiskurs seit der Großen Revolution.

Wenn dagegen die imaginative Hass-Rede in der bedeutenden deutschen Literatur selten erscheint, erklärt sich dies vor allem aus dem Einfluss des deutschen Idealismus. Das Motiv

52 Vgl. Karl Heinz Bohrer, *Erzählter und diskursiver Haß. Zolas, Maupassants, Flauberts und Goncourts Texte zum preußisch-französischen Krieg.* In: Jahrbuch der Bayerischen Akademie der schönen Künste 32. Göttingen 2019.

des »Bösen« und des »Obszönen«, das in der französischen Literatur seit Ende des 18. Jahrhunderts ebenfalls eine signifikante Rolle spielt, bleibt in der deutschen Literatur mehr oder weniger unbekannt.[53] Dafür hat sich der politisch-ideologische Hass in der deutschen Publizistik und Realität des 20. Jahrhunderts ausgetobt. Wahrscheinlich hängt die Anwesenheit von letzterem mit der Abwesenheit von ersterem zusammen.

53 Vgl. Karl Heinz Bohrer, *Die permanente Theodizee.* In: ders., *Imaginationen des Bösen* (s. Anm. 1), S. 33-62.

»I will speak daggers to her«

Hass-Reden in Shakespeares Dramen

Sofern Thomas Kyds und Christopher Marlowes Leben von wilden Gerüchten umstellt war, hat das ihrem literarischen Ruhm sicher nicht geschadet und diesem die auch für die Hass-Rede spezifische Aura gegeben. Beide waren befreundet, ihr früher Tod, der Marlowes im Jahr 1593 und der Kyds 1594, folgte dem auf sie beide gleichermaßen gefallenen Verdacht, in wie auch immer motivierte Konspirationen verwickelt zu sein. Marlowe wurde ermordet, Kyd starb ein Jahr später an den Folgen der Folter, die er in den Verhören erlitten hatte. Die pamphletistischen Papiere gegen die christliche Religion, die bei ihm gefunden wurden, gehörten nach Kyds späterer Aussage Marlowe; sie waren zufälligerweise mit Kyds Notizen vermischt und sind seitdem als Marlowes »atheistic lecture« gelesen worden. Man könnte sagen: Marlowe und Kyd hätten Personen in ihren Stücken gewesen sein können.

Es ist deshalb ein eigentümliches, ja hintergründiges Faktum, dass von der Person William Shakespeare, dem Erfinder der machtvollsten und gleichzeitig subtilsten Hass-Rede, fast nichts wirklich überliefert ist als der Name, der über seinen Stücken steht, und selbst dieser Name ist immer wieder bezweifelt worden. Aber Rückschlüsse auf die Biographie sind über die Motive der Dramen möglich. Dass Shakespeare trotz dieses Mangels an authentischen Zeugnissen seines Lebens inzwischen im Sinne von Stephen Greenblatt als »Will of the World« überall auftreten kann, erklärt sich aus einem ins Kraut geschossenen Populismus: Seine Dramen nämlich als Ausschüttungen eines Füllhorns für jedermanns Weltinteresse aufzulesen, sie als pralle Pakete aufzuschnüren, aus denen die Menschheit kriecht.

Die Hass-Reden, die Shakespeare zunächst für die frühen Historiendramen *Henry VI* und *Richard III* erfand und dann für *King Lear, Macbeth, Othello, Romeo and Juliet* und *Hamlet* variierte, sind in einer neuen Sprache geschrieben, die ihre Intensität aus aggressiver Drohung, sich verbergendem Ablauf und unmittelbarem Ausdruck des Hasses speist. Wenn man vom ersten Stück, *Titus Andronicus*, absieht, gründet ihre Ausstrahlung aber nicht in der Massaker-Thematik und im grässlichen Spektakel, die Marlowe und Kyd von Senecas Dramen und Ovids Lyrik übernahmen. Sie gründet in einem ästhetischen Effekt, in dem imaginäre Bildlichkeit und imaginative Rezeption zusammenkommen. Hass-Rede steigert sich, analog zur Liebes-Rede, zur stärksten Expression semantischer Ausdrücklichkeit. Das historische Interesse des elisabethanischen Zuschauers – vor allem im Falle der die Rosenkriege thematisierenden Tragödien *Henry VI* und *Richard III* – ist nicht ausschlaggebend für die Faszination, die Shakespeares Sprache auslösen kann.[54]

Wenn man also den ästhetischen Effekt vom historischen oder humanistischen Interesse abtrennt, heißt das nicht, die postmodernistische Distanzierung des Selbst/Ich vom Zentrum zu wiederholen.[55] Damit würde man einem kulturkritischen Kompass folgen, der Shakespeares Hass-Idiom für seine Zwecke ausnützt. Dieser Einwand gilt auch für das humanistische Unternehmen à la Harold Bloom,[56] selbst wenn dieser die Theatralität von Shakespeares Dramen so angemessen herausgestellt hat, eine

---

54 Die Shakespeare-Forschung hat sich anlässlich der Historiendramen vor allem auf die Frage nach dem dort entfalteten Patriotismus konzentriert. Vgl. Jeffrey Knapp, *Shakespeare's Tribe: Church, Nation, and Theater in Renaissance England.* Chicago und London 2002.

55 Hierzu kritisch Hugh Grady, *Shakespeare, Machiavelli, & Montaigne: Power and Subjectivity from »Richard II« to »Hamlet«.* Oxford 2002, S. 6ff.

56 Harold Bloom, *Hamlet. Poem Unlimited.* New York 2003, S. 55, 99.

Theatralität, welche die Hass-Rede vor allem beglaubigt und
der in der folgenden Auseinandersetzung Argumente hinzugefügt werden.

I

Wie man bei Marlowe und Kyd sehen kann, tritt die Hass-Rede
als Monolog oder Dialog auf. Der heftige Dialog im Streitgespräch zwischen Klytämnestra und dem Chor, beispielhaft in
Aischylos' *Agamemnon*, entwickelt sich zur Hass-Rede. Nicht
so der heftige Dialog zwischen Antigone und Kreon in Sophokles' *Antigone*. Im Falle von Aischylos kommt der Hass-Ausdruck durch eine intensive Metaphorik zustande. Im Falle
von Sophokles tritt an deren Stelle Argument bzw. Reflexion.
Aber man wird gewahr, wie sich in dieser Form der Rede jene
andere vorbereitet. In Shakespeares beiden zuerst geschriebenen Königsdramen *Henry VI* und *Richard III* ist der Hass-Dialog geradezu gespeichert. Im ersten Akt des dritten Teils von
Henry VI hat er unter den Königsdramen seinen wohl intensivsten Ausdruck bekommen. Er zeigt sich im letzten Dialog zwischen der Königin Margaret, Anführerin der Partei der Roten
Rose, und dem in Gefangenschaft geratenen Herzog von York,
Anführer der Weißen Rose, kurz bevor dieser getötet wird. Yorks
unmittelbar absehbarer Tod unter den Händen seiner Gegner
bereitet als Ereignis selbst schon den spezifischen Tenor der Reden vor: Die Gefangennahme Yorks entfaltet also eine psychische Grenzsituation. Dieser weiß während des Wortwechsels
mit der Königin, dass er nur noch Minuten zu leben hat, nachdem die Königin die Anstalten ihres Verbündeten Lord Clifford, den Verwundeten sofort umzubringen, mit den Worten
unterbricht, sie möchte das »Leben des Verräters« noch eine
Weile verlängern. Sie nennt »tausend Gründe« dafür, meint aber

das Ritual einer besonderen Erniedrigung und eines besonderen psychischen Schmerzes, die sie in Form ihrer nun folgenden Rede York antun wird, bevor man ihn ersticht und der Leiche den Kopf abschlägt, um ihn öffentlich auszustellen.

Zunächst fordert Margaret in ihrer langen Ansprache, der York ebenso lange antwortet, dass man den Herzog auf einen Maulwurfshügel stelle, sozusagen als Ersatz für den Thron, den er vergebens besetzen wollte. Dieser Verhöhnung folgt die zentrale Hass-Rede. Margaret teilt dem Ahnungslosen mit, sein jüngster Sohn, der sechzehnjährige Rutland, sei soeben von Clifford erstochen worden, und reicht ihm das vom Blut seines Sohnes durchtränkte Taschentuch:

> Look, York: I stain'd this napkin with the blood
> That valiant Clifford, with his rapier's point,
> Made issue from the bosom of the boy;
> And if thine eyes can water for his death,
> I give thee this to dry thy cheeks withal.
> Alas poor York! but that I hate thee deadly,
> I should lament thy miserable state.
> I prithee, grieve, to make me merry, York.
> What, hath thy fiery heart so parch'd thine entrails
> That not a tear can fall for Rutland's death?
> Why art thou patient, man? thou shouldst be mad;
> And I, to make thee mad, do mock thee thus.
> Stamp, rave, and fret, that I may sing and dance.[57]

57 William Shakespeare, *King Henry VI. Part 3*. Edited by John D. Cox and Eric Rasmussen (The Arden Shakespeare). London, New Delhi, New York und Sydney 2013, S. 216 (I, 4, 79-91). – August Wilhelm Schlegel übersetzte wie folgt: »Sieh, York! dies Tuch befleckt' ich mit dem Blut, / Das mit geschärftem Stahl der tapfere Clifford / Hervor ließ strömen aus des Knaben Busen; / Und, kann dein Aug' um seinen Tod sich feuchten, / So geb' ich dir's, die Wangen abzutrocknen. / Ach, armer York! haßt' ich nicht tödlich dich, / So würd' ich deinen Jammerstand beklagen. / So gräm' dich doch, mich zu belust'gen, York! / Wie? dörrte so das feur'ge Herz dein Innres, / Daß keine Thräne fällt um Rutlands Tod? / Warum

Dem von der Königin grausam metaphorisch entfalteten Bericht über die Ermordung von Yorks jüngstem Sohn durch Clifford ist eine kürzere Hass-Rede vorausgegangen: die Szene, in welcher der Junge fleht, Clifford möge ihm das Leben lassen. Clifford hatte dem Flehenden geantwortet, selbst wenn er auch den anderen Söhnen Yorks das Leben nähme, ja, die Gräber ihrer Ahnen ausgrübe, würde dies die Furien in seinem Gemüt nicht besänftigen können; vielmehr würde er in der Hölle leben, bis der letzte York tot sei:

> The sight of any of the House of York
> Is as a fury to torment my soul:
> And till I root out their accursed line
> And leave not one alive, I live in hell.[58]

Das Wort »accursed« ist wie das Wort »hell« ein Schlüsselwort der Hass-Rede, das schon in Marlowes und Kyds Dialogen – besonders in *The Jew of Malta* – immer wieder auftaucht. Das blutige Taschentuch, das Königin Margaret dem Herzog von York reicht, nimmt ein Motiv auf, das Shakespeare in Kyds *The Spanish Tragedy* vorbereitet fand. Und so auch das Rache-Motiv: Der Herzog von York hatte den Vater von Clifford getötet. Das offenbart dieser dem Knaben, bevor er ihn ersticht. Indem das Rache-Motiv zurücktritt und der Hass sich sozusagen begründungslos ausdrückt – wenngleich er immer eine Ursache hat –, gewinnt seine Sprache an Komplexität und Intensität. Das gilt vor allem für Margarets Hass-Rede. Aber hat sie wirklich so gesprochen? Gewiss, die letzte Phase des Gemet-

---

geduldig, Mann? Du solltest rasen, / Ich höhne dich, um rasend dich zu machen. / Stampf', tob' und knirsch', damit ich sing und tanze!« Shakespeare, *Heinrich der Sechste*. In: *Shakespeares Werke in vierzehn Teilen*. Übersetzt von Schlegel und Tieck. Herausgegeben, nach dem englischen Text revidiert und mit Einleitungen versehen von Wolfgang Keller. Berlin, Leipzig, Wien und Stuttgart o.J. [im folgenden verdeutlicht: Schlegel/Tieck], Dritter Teil, S. 187f. (I, 4, 80-92).

58 *King Henry VI*, S. 210 (I, 3, 30-33).

zels zwischen Adligen der Weißen und der Roten Rose um die Königskrone, die Auslöschung fast des gesamten englischen Feudaladels Ende des 15. Jahrhunderts, hatte die Feindschaft zwischen nahe verwandten Familien mit einem mächtigen politischen Motiv aufgeladen. Insofern dient das Wort »Hass« zunächst nur als Codewort für den Machtkampf. Der semantische Ausdruck, den Shakespeare für einige seiner Sprecher erfindet, geht über den historischen Anlass aber hinaus: in der Vertiefung der Sprache zu ausgesucht grausamen Bildern, zur Ausdrucksfinesse außerordentlicher psychischer Zustände. Margaret unterbricht ihre Hohnrede, indem sie York auf seinem Maulwurfshügel eine papierene Krone aufsetzt: als symbolische Antwort auf Yorks Vergehen, die wahre Krone angestrebt zu haben, obwohl deren rechtmäßiger Träger, Heinrich VI., Margarets Gemahl, noch lebt. Und abermals unterbricht sie ihren Satz »die Kron' herunter und das Haupt zugleich«, der ihre Rede abschließen sollte, mit dem höhnischen Einfall, zu »hören«, wie der Todeskandidat »betet«. Yorks Antwort ist aber kein Gebet, sondern eine ebenfalls metaphorisch ausgestattete Beleidigung seiner Widersacherin, einer französischen Prinzessin, als »Wölfin von Frankreich«, als »Tigerherz in Weiberhaut gesteckt«, die zudem von zweideutiger Abkunft sei. Jede Menschlichkeit gehe ihr ab, und der Mörder des Sohnes sei schlimmer als hungrige Kannibalen, unmenschlicher als die Tiger von Hyrcania:

> Thou art as opposite to every good
> As the Antipode are unto us,
> Or as the south to the Septentrion.
> O, tigers' heart wrapped in a woman's hide ...[59]

Und an den Mörder des Sohnes gerichtet:

> That face of his the hungry cannibals
> Would not have touch'd, would not have stained with blood;

59 Ebd., S. 218 (I, 4, 134-137).

But you are more inhuman, more inexorable,
O, ten times more, than tigers of Hyrcania.[60]

Danach wird der Herzog von York von Clifford und der König-
in erstochen, und der erste Akt schließt mit dem Befehl, dem
Erstochenen den Kopf abzuschlagen und diesen an die Tore der
Stadt York zu heften:

Off with his head and set it on York gates,
So York may overlook the town of York.[61]

Man mag die Szene als eine angemessene Charakterisierung der
Mentalität des Kriegsadels jener Epoche lesen und hören. Aber
man hat das, was über rein historisches Wissen hinausgeht, als
das eigentlich Entscheidende der Hass-Rede zu verstehen. Ihr
grausames Bewusstsein ist so extrem in Ausdruck und Intensität der gewählten Worte, dass sie die Vorstellung des Hörers,
Lesers und Zuschauers in eine unbegrenzte Bewegung setzt.
Es handelt sich eben um eine literarische, keine historische Charakterisierung. Shakespeare hat diese Literarizität sogar selbstreferentiell kommentiert. Im zweiten Akt von *Henry VI* lässt er
Richard, den zweitjüngsten Sohn des getöteten York und späteren König Richard III., zur Gewalt der gewählten Sprache sagen:

Great Lord of Warwick, if we should recount
Our baleful news, and at each word's deliverance
Stab poniards in our flesh till all were told,
The words would add more anguish than the wounds.[62]

60 Ebd., S. 219 (I, 4, 152-155).
61 Ebd., S. 221 (I, 4, 179f.).
62 Ebd., S. 226 (II, 1, 96-99). – »Wenn wir die grause Zeitung, großer Warwick, / Erzählen sollten und bei jedem Wort / Mit Dolchen uns zerflei-
   schen, bis zum Schluß: / Der Worte Pein wär' ärger als der Wunden.«
   Heinrich der Sechste (Schlegel/Tieck), S. 192f. (v. 96-99).

Es ist der noch junge Richard, der so spricht, der aber schon seine blutige Karriere ahnen lässt, geprägt von Reden, die ebenfalls wirken werden wie Dolche im Fleisch seiner Opfer. Reden, wie er hier sagt, die mehr schmerzen als die Taten selbst. Aus Richards Kommentar zum Verlust von Vater und Bruder spricht gleichzeitig Shakespeares Kommentar zur Ästhetik seiner eigenen Sprache: Dass sie Wörter enthalten solle, welche die Wirklichkeit überbieten. Hamlet wird dieses Prinzip einer als Dolch gebrauchten Sprache noch vor dem Gespräch mit der Mutter benennen und schließlich in die Tat umsetzen. Worin aber unterscheiden sich »der Worte Pein« in den Hass-Reden Heinrichs VI. von denen Kyds und Marlowes? Shakespeares Reden gründen nicht ausschließlich, jedoch im Ansatz in der Sprache selbst, die sich an der Situation eines dramatischen Gegeneinanders auflädt. Im Falle Kyds dienen diese Reden vor allem der Charakterisierung eines schon etablierten Typus, der Charakterisierung eines moralischen Falls. Die psychische Situation steht fest, sie ist integriert in das stereotype Panorama der moralischen Geschichte, die im Drama entwickelt wird. Anders die Situationen bei Shakespeare. Wie immer er dem Londoner Publikum die Exzesse des späten Feudaladels vorführt, haben seine Protagonisten doch nichts eingebüßt an überraschender semantischer Reaktion. Hass-Rede ist hier nicht nur ein historisches oder moralisches Paradigma. Sie entflammt die überraschten Phantasien des Zuschauers oder Lesers weit über das faktische Gerüst des Dramas hinaus.

Das lässt sich gerade an der berühmtesten Selbsterklärung eines Shakespeareschen Bösewichts, am Eingangsmonolog des Helden der Tragödie *Richard III*, erkennen, der – noch vor Hamlet – als junger Kämpfer die Sprache als Dolch bezeichnete, wobei die literarische Selbstbezüglichkeit des Dichters für unser Thema wichtiger ist als das Wissen des Helden von sich selbst.

Selbstbezüglichkeit als Hass-Rede scheint ein Widerspruch

in sich, wie er schon anlässlich von Kyds Hieronimo in *The Spanish Tragedy* und von Marlowes *The Jew of Malta* hervortrat. Aber das, was Richard, Herzog von Gloucester, zu Beginn der Tragödie *Richard III* sagt, gibt mehr für unsere Fragestellung her als die Figuren in jenen Dramen: Die Selbstbezüglichkeit, die nicht an eine andere Figur gerichtete Rede, hat zwar ihren Adressaten im Publikum, aber eher in einem dramaturgisch-technischen Sinn. Eigentlicher Adressat ist das sprechende Ich selbst. Denn was Richard von Gloucester zu sagen unternimmt, um Richard III. zu werden, meint selbst für diesen ein Zuviel an Bösartigkeit. Die Seelen drohender Gegner zu erschrecken (»To fright the souls of fearful adversaries«[63]) ist das eigentliche Geschäft Richards. Da aber Friede eingekehrt ist und der Bruder Edward für die Partei der Weißen Rose den Thron erstiegen hat, plant Richard seine Ersatzbefriedigung: Wenn er, in Gedanken schon unterwegs zu mehreren Morden – die Krone für sich selbst im Sinn –, sich als Teufel in Menschengestalt beschreibt, scheint ausgeprägter Selbsthass am Werk. Die Intensität, mit der er sich über seine körperliche Deformation auslässt (»Deformed, unfinished, sent before my time«[64]), steigert er noch lustvoll und doch zugleich mit dem Gestus der Anklage – als einer, der betrogen wurde – zu einem äußerst erniedrigenden Bild: Die Hunde würden bellen, hinkte er nur vorbei (»That dogs bark at me as I halt by them«[65]). Shakespeare hat in dieser Selbstdarstellung des Helden das ins Extrem gesteigert, was er in Thomas Mores *History of King Richard III* (1543) und bei den Chronisten Hall und Holinshed hatte lesen können. Gewiss, um der – auf den Untergang des Feudaladels folgenden – Tudor-Herrschaft zu schmeicheln. Aber der für ihn entschei-

---

63 Shakespeare, *King Richard III*. Edited by James R. Siemon (The Arden Shakespeare). London, Oxford, New York, New Delhi und Sydney 2016, S. 134 (I, 1, 11).
64 Ebd., S. 135 (I, 1, 20).
65 Ebd. (I, 1, 23).

dende Gewinn daraus war ein literarischer: dass er sich eine ex-
orbitante Metaphorik der Aggression hat einfallen lassen können. Richards Selbstanklage entspricht keinem normativem Verdikt mehr. Dieser Selbsthass ist gleichzeitig ein Triumph, der das
Publikum erschreckt.

Eingedenk des Umstandes, dass Shakespeare, abgesehen von
Mores *History of Richard III*, wegen zwei vorangegangener
Dramatisierungen der Geschichte Richards III. mit einer verbreiteten Kenntnis des Charakters seines Helden rechnen konnte,[66] kam alles darauf an, diese längst etablierte schwarze Gestalt
in eine besonders interessante Farbe zu tauchen. Das gelingt
ihm dadurch, dass sein Richard sich auf ambivalente Weise selbst
denunziert. Denn anders als der Selbstdenunzierung des Juden
von Malta eignet Richards Erklärung, er sei gewillt, sich mit
Falschheit und Verräterei als ein »Bösewicht zu bewähren«,
eine innovative Kraft, welche die gegen alle anderen gerichtete
Aggression zum besonderen Einfall macht. Diese Kraft gipfelt
in der Wiederholung des »Hass«-Wortes. Er selbst »hasse« die
normale Welt, also die müßigen Festivitäten seiner adligen Umgebung (»and hate the idle pleasures of these days«[67]), und er
werde tödlichen Hass (»deadly hate«) zwischen seine Brüder
säen, auf dass seine Absicht, selbst den Thron zu gewinnen, sich
verwirklichen lasse. Diese Absicht äußert er allerdings nicht offen, sondern beschließt den Monolog mit der Selbstermahnung
an sich und seine Gedanken, sie möchten untertauchen: »Dive,
thoughts, down to my soul«.[68] Die Hass-Rede weist abermals
ihren Sprecher nicht nur als Hassenden aus, sondern entfaltet
ihre Abgründigkeit in der Sprache selbst.

Es überrascht nicht, dass Richards schillernde, ja kokette

---

66 Bekannt waren Thomas Legge, *Richardus III* (1579 von Cambridge-Stu-
denten aufgeführt), danach die anonym erschienene *True Tragedy of Richard III*.
67 *King Richard III*, S. 136 (I, 1, 31).
68 Ebd., S. 137 (I, 1, 41).

Selbstdarstellung sehr unterschiedliche theatralische Darstellungen gefunden hat: vom statischen Fürsten der Finsternis bis zum behenden Clown, vom zynisch-ironischen Verrätertyp der Renaissance bis hin zum melancholischen Weltverlorenen. Gewiss ist er nicht, vergleichbar dem »Barabas« am Ende von Marlowes *The Jew of Malta*, ein halbkomischer Teufel des mittelalterlichen Mysterienspiels, wie ihn Walter Benjamin beschrieben hat, um Shakespeares Tragödien fälschlicherweise dem barokken Trauerspiel zuschlagen zu können.[69] Bevor die buchstäbliche Identifizierung mit dem Hass semantisch hervortritt, ist der Hass-Ausdruck bereits am Werk: nämlich in der Zumutung für das Publikum, sein böses Wissen mit ihm zu teilen und den Hass als Akt einer absoluten Isolation zu verstehen: Alles wird verworfen, was das normale Leben ausmacht: die Tanzfeste ebenso wie die Liebesspiele. Die erste Hass-Erklärung (»I hate the idle pleasures of these days«) bietet nicht nur die übliche Variante für den Ausdruck einer starken Aversion, einer gereizten Abneigung. Vielmehr leitet das Wort den hiermit eröffneten Plan des Mordanschlags auf den eigenen Bruder ein.

Man sieht: Im Unterschied zu den eher deklamatorischen Hass-Erklärungen in Kyds und Marlowes Dramen sind die des Herzogs von Gloucester, der bald Richard III. heißen wird, sowohl nuancierter als auch komplexer. Nuanciert im Stil der weiterhin verdeckten Rede, komplex – und das ist entscheidend für den Charakter der Hass-Rede –, indem das Motiv einerseits einer subjektiven Selbstverwerfung, andererseits einer Welterklärung entspringt, die im Hass-Gestus ihr Argument sucht. Derjenige, welcher diese beiden Quellen der Hass-Rede bei seinem ersten Erscheinen ausspricht, wird selbst im Umkreis seiner Mitspieler um die Macht Objekt des Hasses werden, gegenüber den Zuschauern, aber auch Subjekt einer eigentümlichen

69 Walter Benjamin, *Ursprung des deutschen Trauerspiels*. In: ders., *Gesammelte Schriften*, Bd. I, 1, S. 402.

Anziehung: und dies wegen des komplexen Stils seiner üblen, bösen Rede. Shakespeares *Richard III* widerlegt Hegels Satz: »Der Teufel für sich ist deshalb eine schlechte, ästhetisch unbrauchbare Figur; denn er ist nichts als Lüge in sich selbst und deshalb eine höchst prosaische Person.«[70] Richard ist seiner eigenen Auskunft nach buchstäblich nichts als Lüge, aber dennoch eine ästhetisch sehr brauchbare Figur. Er belügt sich aber nicht selbst – er weiß um seinen Charakter und ist deshalb »subtil« und nicht »prosaisch«. Hegel erwähnt an dieser Stelle Shakespeares Tragödie nicht, hat sie aber gewiss im Sinn. Auch Lessing, der Entdecker Shakespeares für die deutsche Literatur und das zukünftige Drama, schloss den Schrecken Richards III. als Modell für eine zukünftige deutsche Tragödie aus, fügte allerdings eine Beobachtung hinzu, die das nicht geleugnete nachhaltige Interesse an diesem Drama erklärt: Der Schauder provoziere ein Erstaunen.[71] Lessings Reflexionen über die Wirkung der Gestalt Richards lassen sich in den Widerspruch aufnehmen: Er erkennt in dem von Richard ausgelösten Schrecken sehr wohl eine »plötzliche, überraschende Furcht«.[72]

Fortan ist der von Richard beschworene Hass jener Stoff, aus dem alle Dialoge gemacht sind, in die er seine Opfer verwickelt. Nicht zuletzt, dass er in den Augen seiner Familie selbst zum Objekt des Hasses wird. Die glänzendste Szene in dieser Hinsicht bietet Richards Gespräch mit Lady Anne, der Witwe des Prinzen Edward, dessen Tod Richard ebenfalls auf dem Kerbholz hat. Im vielleicht berühmtesten Dialog des Stücks (I, 2) ergreift der von Gloucester annoncierte Hass Besitz von

---

70 Georg Wilhelm Friedrich Hegel: *Vorlesungen über die Ästhetik* I. In: ders., *Werke in 20 Bänden.* Hrsg. v. Eva Moldenhauer und Karl-Markus Michel. Frankfurt am Main 1986, Bd. 13, S. 288.
71 Gotthold Ephraim Lessing, *74. und 75. Stück der Hamburger Dramaturgie.* In: ders., *Werke. Dramaturgische Schriften.* Hrsg. v. Herbert G. Göpfert und Karl Eibl. München 1973, Bd. 4, S. 574-578.
72 Gotthold Ephraim Lessing, *Hamburgische Dramaturgie.* In: ders., *Werke,* Bd. 4, S. 575.

der ganzen Szene. Vor allem aber von der Wortwahl Lady Annes, die den offenen Totenwagen König Heinrichs VI., des letzten Lancaster-Königs, begleitet. Richard tritt hinzu und bringt die gesamte Entourage zum Stehen. Lady Anne: »Welch schwarzer Zaubrer bannte diesen Bösen / Zur Störung frommer Liebesdienste her?«[73] (»What black magician conjures up this fiend / To stop devoted charitable deeds?«[74]) In einem langen Monolog hatte sie, am offenen Sarg ihres Schwiegervaters, auch ihres Sohnes, des Prinzen Edward, gedacht und seinen Mörder unter Nennung des Hass-Wortes verflucht.

> O, cursed be the hand that made these holes;
> Cursed the heart that had the heart to do it;
> Cursed the blood that let this blood from hence.
> More direful hap betide that hated wretch
> That makes us wretched by the death of thee
> Than I can wish to wolves, to spiders, toads
> Or any creeping venomed thing that lives.[75]

Der so Verfluchte, der so Gehasste steht nun vor ihr. Annes erster Satz an Richard setzt die Fluchrede mit noch hasserfüllteren Bildern fort. Sie wird bis fast zum Schluss des Dialogs nicht davon ablassen. Es ist »psychologisch« nicht nachvollziehbar, dass der zynischste Zyniker mit einer Liebeswerbung, mit einem sexuellen Begehren an die ihn Verfluchende herantritt, und es ist psychologisch ebenfalls nicht nachvollziehbar, dass Annes Hass-Rede am Ende der Szene zurückgenommen wird mit dem

73 Shakespeare (Schlegel/Tieck), *Richard der Dritte*. In: *Shakespeares Werke in vierzehn Teilen*, Dritter Teil, S. 18 (I, 2, 35 f.).
74 *Richard III*, S. 150 f. (I, 2, 34 f.).
75 Ebd., S. 149 (I, 2, 14-20). – In Schlegels Übersetzung: »Verflucht die Hand, die diese Risse machte! / Verflucht das Herz, das Herz hatt', es zu tun! / Verflucht das Blut, das dieses Blut entließ! / Heilloser Schicksal treffe den Elenden, / Der elend uns gemacht durch deinen Tod, / Als ich kann wünschen Nattern, Spinnen, Kröten / Und allem giftigen Gewürm, das lebt.« *Richard der Dritte* (Schlegel/Tieck), S. 17 (I, 2, 15-21).

Ausdruck eines Zweifels: »I would I knew thy heart.«[76] Sie billigt dem Herzlosen sogar zu, ein »Herz« zu haben. Selbst nach Richards Angebot, sich zu töten bzw. sich von Lady Anne töten zu lassen, ist die Frage nach Richards Herzen durch den argumentativen Ablauf ihres Dialogs nicht eine Spur begründbarer geworden als zum Anfang des Gesprächs. Es ist also allein die Aura der exorbitanten Sprache, die hier wirkt. Sie birgt die dämonische Macht des Teufels und wirkt hierin anziehend.

Es ist früher schon die Priorität der Hass-Rede vor der Hass-Tat erörtert worden. Hier lässt sich ihre Autonomie besonders gut erkennen: zum einen in der Akkumulation der Schlüsselworte des Hasses gegen das abgrundtief Böse, die fortan die Figur Richards im Drama charakterisieren werden: »dreadful minister of hell«,[77] »foul devil«,[78] »lump of foul deformity«,[79] »No beast so fierce, but knows some touch of pity«,[80] »Vouchsafe, diffused infection of man«.[81] Die Nennung solcher Wörter findet kein Ende, bis Lady Anne dem Herzog von Gloucester ins Gesicht spuckt. Unbeeindruckt davon bleibt die Advokatur der scheinbaren Liebesglut und schlagfertigen Gegengründe bis hin zur Überreichung eines Ringes, den Lady Anne zum Erstaunen aller Zuschauer seit Shakespeare sogar annimmt. Auf Annes kurz zuvor geäußerte Schmähung, kein Ort tauge ihm besser als die Hölle oder ein Kerker, hatte Richard mit nur zwei Worten repliziert: »Euer Schlafzimmer«.[82]

Gewiss, hier wird die Hintergründigkeit des Bösen gezeigt. Aber, das ist nochmals zu betonen, nicht als psychologischer Akt. Selbst höfische Frivolität hätte, bei dieser Kaskade von Ab-

---

76 *Richard III*, S. 163 (I, 2, 195).
77 Ebd., S. 152 (I, 2, 46).
78 Ebd. (v. 50).
79 Ebd., S. 153 (I, 2, 57).
80 Ebd., S. 154 (I, 2, 71).
81 Ebd. (I, 2, 78).
82 *Richard der Dritte* (Schlegel/Tieck), S. 20 (I, 2, 116).

scheu, aufgegeben. Beider Rede krönt sich selbst in der macht-
vollen Metaphorik und der überraschenden Dialektik. Auch wenn
das Londoner Publikum an Richards Geistesgegenwart und seiner zu jeder Replik fähigen Reaktion eine Mischung von Vergnü-
gen und Erstaunen empfunden haben wird, so ist das verursacht
durch das literarische Wort, nicht durch die Glaubwürdigkeit
des Dialogs beider Charaktere. Hass und Verachtung, gegen
Lust und Zynismus gesetzt, sähen in einem psychologisch-rea-
listischen Kontext anders aus! Hier werden sie Ausdruck des
dichterischen Willens zu einer höchsten Intensität. Daran erweist sich, dass der Hass-Ausdruck deren angemessene Form
sein kann: Das Pathos, für Nietzsche das Kriterium der Tragödie, ist somit erreicht. Es erhält sich auch im weiteren Verlauf
der mörderischen Entwicklung des Dramas: Die Gewalt der
Bilder des ausdrücklichen Hasses gegen Richard zeigt sich sowohl in den langen Reden aller weiblichen Mitglieder der Häuser
York und Lancaster als auch in den kurzen Befehlen Richards,
eben noch scheinbar Verbündete hinzurichten, wobei Richards
Verlangen nach frischen Erdbeeren auf der Abendtafel sich vereint mit dem Interesse am abgeschlagenen Kopf des unglücklichen Hastings; beide zusammen bilden ein grässliches Oxymo-
ron. Im Gegensatz zu Shakespeares erstem Schauerstück, *Titus
Andronicus*, das mit abgeschlagenen Köpfen und anderen Glied-
maßen prangt, gewinnt hier, bedingt durch die Hoheit der intensiven Sprache, das Schauerstück eine den Schauer hinter sich
lassende Bedeutsamkeit.

Hass (»hatred«) bleibt das immer wieder auftauchende Codewort aller Szenen, die nicht unmittelbar dem Handlungsauf-
bau dienen, sondern dem Vorstellungsvermögen des Zuschauers. Dem dienen die Hinrichtungen oder Ermordungen derer,
die Richard für seine Gegner hält. Der Abgesang im vierten und
fünften Akt emphatisiert das Wort »Hass« charakteristischerweise im Verzweiflungsmonolog König Richards vor seinem
letzten Kampf. Hingegen entfährt es nie dem Mund des siegrei-

chen Richmond, des zukünftigen Heinrichs VII., oder einer Person aus dessen Umgebung. Wenn Elizabeth, die Gemahlin Edwards V., also Gloucesters Schwägerin, Richards drohend beleidigende Rede an einen ihrer Söhne unterbricht und nach einer Erklärung für den »inneren Hass« fragt, den sein ganzes Verhalten verrate, gibt Gloucester hierfür keine eigentliche Begründung: Vielmehr beschwört er seinen Hass auf die ganze Welt, die so verderbt sei, dass Zaunkönige dort hausten, wo Adler sitzen sollten. Das Wort, die Reden und das Verhalten kündigen eine tödliche Drohung an, welche die Königin nur zu gut versteht: »God grant we never may have need of you«.[83] Zur Alteration des Hass-Dialoges zwischen Lady Anne und Gloucester gerät das Gespräch zwischen Gloucester und Margaret, jener nach dem Thronverlust Heinrichs VI. bzw. seiner Ermordung eigentlich vom Hof Verbannten. Dementsprechend steigern sich Rede und Gegenrede so, als wollte Margaret den Hass, den sie beim Yorkschen Adel und bei Richard erkennt, durch hasserfüllte Wörter verzehnfacht zurückgeben. Richard III., den sie am Ende als »Hund« anredet, soll jedes einzelne Wort anhören müssen, bis sie zu Ende gekommen ist mit ihren Wortfindungen:

No sleep close up that deadly eye of thine,
Unless it be while some tormenting dream
Affrights thee with a hell of ugly devils.
Thou elvish-marked, abortive, rooting hog,
Thou that wast sealed in thy nativity
The slave of nature and the son of hell;
Thou slander of thy heavy mother's womb,
Thou loathed issue of thy father's loins,
Thou rag of honour, thou detested –[84]

83 *Richard III*, S. 174 (I, 3, 75).
84 Ebd., S. 183 f. (I, 3, 224-232). – *Richard der Dritte* (Schlegel/Tieck), S. 29 (I, 3, 225-233): »Dein tödlich Auge schließe nie der Schlaf / Es sei denn, weil ein peinigender Traum / Dich schreckt mit einer Hölle grauser Teu-

An dieser Stelle und bei diesem Wort unterbricht Richard jedoch die Frau, die seinen Vater umgebracht hat und die Hass-Rede immer noch beherrscht. Er sagt nur: »Margaret«, und sie antwortet: »Richard«. Die entthronte Königin Margaret verlässt die Szene, warnt aber die Anwesenden vor dem Herzog von Gloucester, da sie alle das Ziel »seines Hasses« seien: »the subjects to his hate«.[85]

Als sich Shakespeare entschied, die Dramen der Rosenkriege zu schreiben, lag die Wahl des Themas auf der Hand. Die Eröffnung der Königsdramen mit *Richard II*, das heißt die Eröffnung des Konflikts zwischen dem Haus Lancaster und dem Haus York, hat sich des Wortes »Hass« sofort angenommen. Wie man sah, gelangt dieses aber zu seiner wahren Bedeutung erst, als die Macht-Thematik sich in Form der Hass-Rede entfaltet. Ästhetisch betrachtet, genügt es nicht, den machiavellistischen Charakter der Machtpolitik im 14. bzw. 15. Jahrhundert darzustellen. Die Reden der in *Richard II* sich gegenseitig zum Zweikampf herausfordernden Bolingbroke, Herzog von Hereford, und Mowbray, Herzog von Norfolk, strotzen vor Beleidigungen. Sie enthalten zwar extreme Beschuldigungen, sind aber keine Hass-Reden im hier verstandenen Sinne: Zwar kündigen sie politische Thematik an, produzieren aber noch nicht den ästhetischen Effekt. Dieser stellt sich erst ein, wenn die Sprache aufgrund des semantisch einfallsreich artikulierten Hasses zu einer unerhörten Rhetorik der Aggression oder Reflexion des Hasses transzendiert.

So geschieht es schließlich in Richards III. Reaktion auf die Geister der von ihm Ermordeten. Was der Geist des Prinzen Edward und Königs Heinrich VI., der Geist der Clarence, Rivers,

---

fel! / Du Mißgeburt voll Mäler! wühlend Schwein! / Du, der gestempelt ward bei der Geburt, / Der Sklave der Natur, der Hölle Sohn! / Du Schandfleck für der Mutter schweren Schoß! / Du ekler Sprößling aus des Vaters Lenden! / Du Lump der Ehre! du mein Abscheu –«.

85 *Richard III*, S. 189 (I, 3, 301).

Grey, Vaughan und schließlich der Geist Hastings, der Prinzessin Anne und des Herzogs von Buckingham dem aus den Träumen aufschreckenden Richard sagen, enthält Drohungen, die von Hass erfüllt sind, ohne dass das Wort selbst ausgesprochen würde. Entscheidend für den Hass-Diskurs am Ende des Stükkes ist das, was Richard III. selbst auf die Geistererscheinungen hin äußert, die ihre Ermordung durch ihn so vehement und drohend in Worte fassen. Die subtile Reflexion, sich als Mörder und gleichzeitig als Nicht-Mörder zu verstehen, gipfelt in der nicht abschließbaren Reverenz gegenüber dem Hass-Motiv:

> What do I fear? Myself? There's none else by.
> Richard loves Richard; that is, I am I.
> Is there a murderer here? No. Yes, I am.
> Then fly! What, from myself? Great reason why?
> Lest I revenge. What, myself upon myself?
> Alack, I love myself. Wherefore? For any good
> That I myself have done unto myself?
> O, no! Alas, I rather hate myself,
> For hateful deeds committed by myself.
> I am a villain. Yet I lie. I am not.[86]

Hatte Richard im Anfangsmonolog den Hass noch auf die ihm an Lust und Leben nicht zugängliche Welt bezogen, so bezieht er ihn jetzt dialektisch direkt auf sich selbst. Doch steckte, wie man gesehen hat, diese Konsequenz schon in seiner Auftrittsrede. Wenn er den Selbsthass nun wieder leugnet, dann deshalb, weil er ihn leugnen muss. Denn es geht um ihn selbst.

86 Ebd., S. 397 (V, 3, 182-191). – *Richard der Dritte* (Schlegel/Tieck), S. 101 (V, 3, 185-194): »Was fürcht' ich denn? mich selbst? Sonst ist hier niemand. / Richard liebt Richard: das heißt, Ich bin Ich. / Ist hier ein Mörder? Nein – Ja, ich bin hier. / So flieh! Wie? vor dir selbst? Mit gutem Grund: / Ich möchte rächen. Wie? mich an mir selbst? / Ich liebe mich ja selbst. Wofür? für Gutes, / Das je ich selbst hätt' an mir selbst getan? / O, leider nein! Vielmehr hass' ich mich selbst, / Verhaßter Taten halb, durch mich verübt. / Ich bin ein Schurke, – doch ich lüg', ich bin's nicht!«

Auch wenn die zur Hass-Welt gesteigerte Szenerie – und diese findet sich in *Richard III* allerorten – mit einschlägigen Taten gepflastert ist, hängt deren Intensität dennoch von der Rede ab. Das erkennt man an dem fast zur selben Zeit entstandenen Drama *Titus Andronicus*, das, ähnlich den Stücken von Kyd und Marlowe, die drastischen Motive Senecas und Ovids zwischen Mord, Kannibalismus und Sexualität wiederholt. Dort ist das Wort »durchstechen«, das in den zentralen Hass-Szenen von *Henry VI* (3. Teil) das grausame Zeichen setzt, an der Tagesordnung, überboten von gewalttätigen Bildern der Zerstückelung: abgeschnittene Zunge, abgehauene Arme, abgeschlagene Köpfe und schließlich die Überbleibsel der geschlachteten Söhne der »Goten«-Königin, die man dieser zur Speise vorsetzt, bevor sie selbst erstochen wird. Die literarischen Quellen – so aufdringlich anwesend – geben den Hass-Reden aber keine andere Bedeutung als jene, die grässliche Thematik zu bebildern. Mit *Henry VI* und *Richard III* dagegen ist die Hass-Phantasie von Shakespeares erstem Stück und den vorangegangenen *Revenge*-Dramen zu einer imaginativen Auslotung des Wortes »Hass« vorgestoßen.

2

Die mit der kulturtheoretischen Lektüre Shakespeares wiederholt aufgeworfene Frage nach dem Anteil Machiavellis sollte die Phänomenologie des Hasses, den ästhetischen Effekt der Hass-Rede nicht überdecken. Shakespeares berühmteste Machtgestalt war nicht bloß Wiedergänger von Machiavellis *Il Principe*. In Shakespeares Sprache verwandelte sich dessen aggressiver Machtdiskurs in ein imaginäres Idiom, das unsere Imagination fesselt. Das gilt ebenso für die – der Tragödie *Richard III* am nächsten kommenden, Machthunger oder Eifersucht in Hass-

Sprache ausdrückenden – späteren Dramen *Macbeth* (1606), *King Lear* (1604/08) und *Othello* (1604). Mit Edmund und Jago lassen sie die neben Richard III. berühmtesten machiavellistischen Figuren auftreten, wenn man Hamlet, dem ebenfalls mit schillernder Sprache Begabten, einen besonderen Status einräumt.

Hass aus Machtehrgeiz oder aus Eifersucht unterscheidet sich häufig im Handlungsverlauf und in der Abfolge des Geschehens. Der Zorn des Achill, plötzlich erweckt durch das arrogante Verhalten Agamemnons, konnte in Hass umschlagen, weil der Pelide entweder vorher schon den Anführer des griechischen Heeres verachtet hatte oder weil er dessen Provokation nicht vergessen konnte. Richards III. Hass war schon bei seinem ersten Auftritt das entscheidende Wort seiner Selbstanzeige. Macbeth' Entschluss zur Ermordung des schottischen Königs entsprang dem gleichen Ehrgeiz. Aber Hass ist zunächst in Macbeth' Worten nicht zu erkennen. Sein Hass, dem die Hass-Reden seiner Gegner vorauseilen, entwickelt sich erst später. Vor allem aber ist Hass vorbereitet in der Antwort der Lady Macbeth ob ihres Mannes Zögern, die Ermordung des Königs auszuführen: »Und ihm den Kopf geschmettert an die Wand, / Hätt' ich's geschworen, wie du dieses schwurst«[87] (»And dashed the brains out, had I so sworn / As you have done to this«[88]). Oder: »Kommt, Geister, die ihr lauscht / Auf Mordgedanken, und entweibt mich hier! / Füllt mich vom Wirbel bis zur Zeh', randvoll, / Mit wilder Grausamkeit! Verdickt mein Blut«[89] (»Come you spirits / That tend on mortal thoughts, unsex me here, / And fill me from the

---

87 Shakespeare (Schlegel/Tieck), *Macbeth*. In: *Shakespeares Werke in vierzehn Teilen*, Achter Teil, S. 28 (I, 2, 67-68).
88 Shakespeare, *Macbeth*. Edited by Sandra Clark and Pamela Mason (The Arden Shakespeare). London, Oxford, New York, New Delhi und Sydney 2016, S. 169 (I, 7, 58f.).
89 *Macbeth* (Schlegel/Tieck), S. 24 (I, 5, 41-44).

crown to the toe top-full. / Of direst cruelty. Make thick my blood«[90]).

Das Wort »Hass« selbst taucht im Drama *Macbeth* buchstäblich nur einmal auf: Wenn Macbeth von seinem jungen Gegner, den er im Zweikampf tötet, als »verhasst wie der Teufel« bezeichnet wird (»The devil himself could not pronounce a title / More hateful to mine ear«[91]). Es ist die gleiche Adresse, die immer wieder an Macbeth gerichtet wird. Zu diesem Zeitpunkt, den Tod vor Augen, ist Macbeth' Sprache von der des Skrupels und der Gewissensangst des vorsorglichen Planens im ersten, zweiten und dritten Akt übergewechselt in die Sprache extremer Aggression und Drohung, die Selbstvernichtung eingeschlossen: »bis mir das Fleisch gehackt ist von den Knochen« (V, 3). Nun klingt aus Macbeth' Worten der Hass als ein Sich-Verhalten zur Welt: Kurze Zeit danach wünscht er, die Erde möge in Trümmer fallen, die Sonne sei ihm unerträglich, eine Sentenz, die in Schlegels Übersetzung lautet: »Das Sonnenlicht will schon verhaßt mir werden«,[92] ein Analogon zum ersten Auftritt Richards III.

Den Anfang der Hass-Rede aber legt Shakespeare der Lady Macbeth in den Mund: Ihr Bekenntnis zu »wilder Grausamkeit«, zur »schwarzen Nacht«, zum »Dampf der Hölle«[93] enthält nicht bloß den Ausdruck eines radikalen Vernichtungswillens. In diesem Ausdruck ist als Mittel zur Selbstbestätigung ein Hass-Element enthalten, dem Lady Macbeth existentiell gar nicht entkommen will: eine komplexe kriminelle Energie. Diese ist wiederum nicht bloß als Charaktereigenschaft festgelegt, sondern entspringt Lady Macbeth' Rede. Deshalb verfiel Baudelaire darauf, im Gedicht *L'Idéal* sein Konzept von poetischer Imagination, das heißt die Vorstellung von der »Unendlichkeit« (»l'infini«), durch den Hinweis auf Lady Macbeth' »Seele des Verbre-

90 *Macbeth*, S. 156f. (I, 5, 40-43).
91 Ebd., S. 292 (V, 7, 7f.).
92 *Macbeth* (Schlegel/Tieck), S. 75 (V, 5, 53).
93 Ebd., S. 24f. (I, 6, 52).

chens mächtig« (»C'est vous, Lady Macbeth, âme puissante au
crime«) zu emphatisieren. Baudelaire vergleicht die Seele der
Lady Macbeth mit dem »Traum des Aischylos«, des ersten Erfinders tragischen Schreckens. Baudelaires poetologisches Verständnis der Hass-Rede erkennt in ihr das intensiv Imaginäre, das
der Dichter zu suchen habe. Baudelaire begründet diese Qualität mit dem Vorstellungsvermögen seines eigenen »abgrundtie-
fen Herzens« (»ce cœur profond comme un abîme«). Demgegenüber stellen nicht die auf der Bühne sichtbaren Akte von Mord
oder Hinrichtung, sosehr sie auf das Londoner Publikum ziel-
ten, die poetische Intensität her, sondern allein die mörderische
Sprache. Die Vorführung von Macbeth' abgeschlagenem Kopf
ist ein Zugeständnis an das seit Kyd und Marlowe darauf erpichte
Publikum, ein Stilmittel des älteren Typs der blutigen Tragödie,
das moralische Verdikt auszusprechen. Hastings abgeschlage-
ner Kopf wird in *Richard III* nicht gezeigt, sondern neben den
roten Erdbeeren auf dem Abendtisch als ein erfreulicher Anblick für Richard erwähnt und mit schönen Worten dekoriert.

Am Ende gewinnt Macbeth' Hass-Rede, wie Richards Selbsthass, eine existentielle Aura dadurch, dass deren Ausdrucksform
die absolute Isolation anzeigt. Sie wird reflexiv nicht benannt,
und es bleibt dem Zuschauer überlassen, sie wahrzunehmen.
Die sich in der Hass-Rede zeigende Isolation – die man, ohne
ihr ein sentimentales Element beizufügen, auch Einsamkeit
nennen kann – korrigiert die bloß moralische Identifikation
des Bösen durch dessen tragische Bedingungen.[94] Ihre Signifikanz bei Shakespeare wird dadurch unterstrichen, dass der
Hass-Ausdruck in thematisch naheliegenden Dramen der deutschen Klassik – ähnlich wie im Barockdrama – nicht anwesend
ist. In Schillers *Jungfrau von Orleans*, *Maria Stuart* und *Wallen-*

---

94 Vgl. im Unterschied hierzu Marjorie Garbers an Freuds Begriff des Unheimlichen orientierte Lesart von Richards Deformation als einer Metapher. Marjorie Garber, *Shakespeare's Ghost Writers: Literature as Un-
   canny Causality.* New York und London 1987.

stein (das Drama, in dem die Macht- und Kriegsthematik das Wort »Hass« mit sich bringt) bleibt es entweder beim politisch-militärischen Terminus oder beim Ausdruck höfischer Verständigung; Hass-Emotion wird durchweg in Reflexion aufgefangen. Goethes oppositionell gestellte Figuren in *Torquato Tasso* und *Iphigenie auf Tauris* sind wiederum von politischer Thematik zu entfernt. In *Egmont* beschreibt der zum Tode verurteilte niederländische Rebell den »Hass« des spanischen Herzogs Alba als Symptom des Ressentiments eines Unterlegenen. Die Sprache des Dramas enthält jedoch keine Silbe von Hass-Ausdruck. Die vom Hass getriebene Handlung des Schauspiels *Clavigo* ist Treibstoff für einen psychologischen Thriller. Nur Kleist führt etwas im Schilde mit der Hass-Rede in seinem misslungenen nationalistischen Drama *Die Hermannsschlacht* (1808). In die erotischen Phantasmen von *Penthesilea* (1808) mischt sich dagegen kein Hass ein. Sehr wohl aber in seine Erzählungen. Georg Büchners *Dantons Tod* (1835) und Friedrich Hebbels *Herodes und Mariamne* (1850) haben eine Mauer um Shakespeares Hass-Reden gezogen und verfolgen ihr eigenes Pathos. Das gilt auch für die wohl von Rache und Ehre, nicht aber von Hass sprechenden Tragödien Corneilles und Racines, den beiden Shakespeare zeitlich nächsten französischen Klassikern. Im Hinblick darauf erklärt sich, warum Shakespeare so lange brauchte, um in Frankreich verstanden zu werden.

Unverzichtbar als poetische Waffe tritt die Hass-Rede machtvoll in den beiden Tragödien Shakespeares auf, die für sie keinerlei politische oder militärische Causa brauchen: in *King Lear* und in *Othello*. Nunmehr ist Eifersucht das Motiv, wenn plötzlicher Hass im Herzen König Lears aufflammt oder, langsam vorbereitet, von Othellos Bewusstsein Besitz ergreift. In beiden Fällen ist der Hass nicht aus dem ehrgeizigen Streben nach Macht entstanden, sondern aus dem Gefühl enttäuschter bzw. verratener Liebe, väterlicher Liebe und erotischer Leidenschaft. Darin findet sich die These abermals bestätigt, dass eigentlich nicht der Charakter, sondern die Rede des Charakters uns ergreift. Unterschiedlicher könnten beide Helden nicht sein, aber in beiden Fällen, dem des alten Herrschers und dem des jugendlichen Feldherrn, ergibt sich aus einer an sich eher banalen, seit jeher bekannten Emotion, die sich leicht sogar der Lächerlichkeit aussetzt, ein unerhörtes Reden: als adäquater Ausdruck eines forcierten Anfalls, als überwältigende Form seiner Darstellung.

Die Themen lagen, wie durchweg bei Shakespeare, in italienischen Novellen und der Holinshedschen Chronik bereit, die von der Geschichte Lears als einem Märchen berichtet. Das integrierte Drama zwischen dem intriganten mörderischen Edmund und dem noblen Edgar und die lange nicht auf der Bühne dargestellte Blendung Gloucesters sind beide eine Zugabe aus der Tradition des Rache- und Horrordramas. Für die Hass-Rede hat man sich auf Lears in der ersten Szene des ersten Aktes zum Hass sich steigernde Enttäuschung zu konzentrieren. Zuerst spricht Lear von seinem Zorn oder Grimm (»wrath«) ob Cordelias unschuldig-wahrhaftiger Antwort auf die Frage des Vaters, wer von den drei Töchtern ihn am meisten liebe. Dieser Frage wird sogleich schon die Richtung der gewünschten Antwort mitgegeben: Die Liebe, die sich mit Worten als größte behauptet, soll mit der »reichsten Gabe« bedankt werden. Nachdem die sich an Liebesbeteuerungen überbietenden Antworten der älteren Schwestern nach ihrer Belohnung oder besser Beute gegriffen haben, leistet Cordelias Antwort eine Kritik am erpressten Gefühl und gleichzeitig die Beteuerung ihres eigenen Gefühls als wahrer Empfindung. Zwar enthält Lears Antwort darauf noch nicht das »Hass«-Wort, wohl aber zeigt sich in dem, was er selbst »wrath« nennt,[95] das erste Aufglimmen von Hass-Rede:

95 Shakespeare, *King Lear*. Edited by R. A. Foakes (The Arden Shakespeare). London, Oxford, New York, New Delhi und Sydney 2016, S. 166 (I, 1, 123).

The barbarous Scythian,
Or he that makes his generation messes
To gorge his appetite, shall to my bosom
Be as well neighbored, pitied and relieved,
As thou my sometime daughter.⁹⁶

Das Wort »Hass« fällt erstmals anlässlich der Verbannung des Grafen von Kent, der es wagt, für Cordelia sein Wort einzulegen. Lear wiederholt die Worte »Hass« und »Ich hasse« im Gespräch mit dem Herzog von Burgund und dem König von Frankreich, um deren Wahl zu beeinflussen. In Cordelias und Kents Fall wird man einer Begründung des Hasses ausgesetzt, die nicht eigentlich verständlich ist: Cordelia wäre besser nicht geboren worden, statt ihm, Lear, nicht zu gefallen! Der Überraschungseffekt solcher Aussage und die extrem exotische Metaphorik stehen am Anfang einer Entwicklung zum sprachlichen Hass-Exzess, der in der Verfluchung der älteren Goneril gipfelt. Auch hier tritt die genannte Ursache, das Streitgespräch über das Verhalten von Lears Kriegern, hinter den dadurch geschaffenen Anlass zurück: der Hass-Rede ein extremes Ausmaß an Drohung und Intensität zu geben:

No, you unnatural hags,
I will have such revenges on you both
That all the world shall – I will do such things –
What they are yet I know not, but they shall be
The terrors of the earth!⁹⁷

---

96 Ebd., S. 165 f. (I, 1, 116-120). – Shakespeare (Schlegel/Tieck), *König Lear*. In: *Shakespeares Werke in vierzehn Teilen*, Siebenter Teil, S. 118 (I, 1, 117-121): »Der rohe Skythe, / Ja, der die eignen Kinder macht zum Fraß, / Zu sätt'gen seine Gier, soll meinem Herzen / So nah' stehn, gleichen Trost und Mitleid finden, / Als du, mein weiland Kind.«

97 *King Lear*, S. 256 (II, 4, 467-471). – »Nein, ihr Teufel, / Ich will mir nehmen solche Rach' an euch, / Daß alle Welt – will solche Dinge tun – / Was,

Die Erklärung für Lears Geisteszustand, der sich zum Wahnsinn auswächst – einem »herzerschütternden Leid«, das seit jeher als tragisches Geschick verstanden wird –, lenkt ab von dem durch den Hass-Diskurs auch hier geleisteten Intensitätsprogramm, das im dritten Akt den endgültigen Grad einer Metaphorik erreicht, die universale Ausmaße beansprucht: »Vernicht' auf eins / Den Schöpfungskeim des undankbaren Menschen«.[98] Es zeigt sich – wie in *Othello* – das Thema der Polarität von »Hass« und »Liebe«. Anders ausgedrückt: Beide Pole sind sich ähnlich im intensiven Ausdruck des Sich-Aussprechens. Aber die Hass-Rede hat in der antiken und modernen Tragödie den größeren Anteil. Wenn beide nun aufeinandertreffen – so in *Romeo und Julia*, in *Othello* und in *King Lear* – gewinnt die eine von der anderen, indem infolge ihrer Gegensätzlichkeit eine jede an essentieller Ausdruckskraft zulegt. Man kann den Vorwurf nachvollziehen, der Shakespeares Stil Chaotik nachsagt. Er hat sich sogar aus dem berufenen Mund T. S. Eliots gegen sein berühmtestes Drama *Hamlet* gerichtet. Eigentlich halten nur Lears hasserfüllte Reden ob ihrer Sprache dieses Drama zusammen, nicht die familiären Intrigen und politischen Machtkonflikte: In Lears Hass-Rede wütet bereits der dann erst einsetzende Gewittersturm.

Othellos Hass-Reden aus dem Missverstehen von Desdemonas Verhalten und aus dem Nichtverstehen von Desdemonas Liebe sind widersprüchlicher Natur. Seit A. C. Bradleys einflussreichem Buch über Shakespeares Tragödien, erstmals 1904 erschienen,[99] haben die unterschiedlichsten Erklärungen von *Othello*, vom Charakter seiner Helden und von deren Motiven ihre Gründe gefunden. Das gilt vor allem für Othello selbst, für

weiß ich selbst noch nicht; doch solln sie werden / Das Graun der Welt.« *König Lear* (Schlegel/Tieck), S. 155 (II, 4, 278-282).
98 Ebd., S. 158 (III, 2, 8-9).
99 Vgl. Andrew Cecil Bradley, *Shakespearean Tragedy: Lectures on Hamlet, Othello, King Lear, Macbeth* [1904]. London 2016.

seine Eifersucht und für Jagos Bosheit: Der Eifersucht, die sich zu extremen Erklärungen steigert, eignen – wie George Bernard Shaw schon sah – komische Elemente, die einer von Shakespeares Komödienszenen gut anstünden. Und das Böse von Jagos Hass-Rede, gemeiner als das Böse Richards und Edmunds, seiner machiavellistischen Verwandten, grenzt an einen ernstzunehmenden intellektuellen Skeptizismus, den Jago sogar mit Hamlet teilt.[100] Abermals also sehen wir uns den ambivalenten und komplexen Elementen der Hass-Rede gegenüber, die vor der üblich gewordenen Deutung des Charakters warnen.

Der Held und sein Opponent liefern sich in der dritten Szene des dritten Aktes einen der aufregendsten Dialoge, die Shakespeare geschrieben hat. Denn beide Kontrahenten sind einander ebenbürtig im Ausdruck ihrer gegensätzlichen Emotion und Kalkulation. Wenn Othellos Leidenschaftlichkeit und Jagos Intelligenz entscheidend für das ebenbürtige Gegeneinander im Dialog werden, der Jago Schritt für Schritt und Othello langsam, aber sicher in die Katastrophe führt, dann ist »Hass« der Schlüssel für die Intensität des Wortwechsels beider Gesprächspartner: Bevor Othello das Wort zum ersten Mal ausspricht,[101] aufs äußerste erregt über die von Jago angeführten scheinbaren Indizien für Desdemonas Untreue, ist es Jago, der in seiner ersten Rede den »Hass« erwähnt, den er für Othello seit jeher gefühlt habe.[102] Ein Hass wie »Höllenqualen«, wie er später wiederholt.[103] Jagos Hass gründet in einer Zurücksetzung auf der erstrebten militärischen Laufbahn, gleichzeitig verbindet er sich mit seiner Verachtung der angeblich schwülstigen

---

100 Vgl. hierzu Millicent Bell, *Shakespeare's Tragic Skepticism*. New Haven und London 2002, S. 88f.

101 Shakespeare, *Othello*. Revised Edition. With a New Introduction by Ayanna Thompson. Edited by E. A. J. Honigmann (The Arden Shakespeare). London, Oxford, New York und New Delhi 2016, S. 242 (III, 3, 452).

102 Ebd., S. 119 (I, 1, 6f.).

103 Ebd., S. 130 (I, 1, 151).

Arroganz Othellos. Man erinnert sich, dass sich der Hass Richards III. nicht nur aggressiv äußert, sondern sich auch hinter dem Zynismus seines schmeichlerischen Werbens um Lady Anne verbirgt, auf die sich sein sexuelles Begehren richtet. Ebenso verbirgt sich der Hass in Jagos scheinbar besorgt-umsichtigem Tonfall – einer besonderen Variante des Hasses, denn um so nachdrücklicher betreibt der Intrigant Othellos Untergang.

Hier nun gewinnt die Hass-Rede entscheidende Bedeutung: Trotz Intrigenspiel, Taschentuch und zufälligen Zwischenkünften – von wem auch immer – schlägt sie als das eigentliche Ereignis aller Szenen durch. Wir werden nicht einfach in ein Mitleiden hineingezogen, dem sich die Komik des gehörnten Ehemannes leicht beimischen würde. Die vom Zorn zum Hass sich steigernde Rede Othellos – sich plötzlich besinnend, dann wieder voranrasend – muss vielmehr den Ausschlag dafür geben, dass man seine Geschichte eine »Tragödie« nennen kann. Die erste schon erwähnte Rede dieser Art lautet: »Arise, black vengeance, from the hollow hell, / Yield up, O love, thy crown and hearted throne / To tyrannous hate! Swell, bosom, with thy fraught, / For ›tis of aspics‹ tongues!«[104] Ludwig Tieck übersetzte diese Zeilen so: »Auf, schwarze Rach'! aus deiner tiefen Hölle! / Gib, Liebe, deine Kron' und Herzensmacht / Tyrann'schem Haß! Dich sprenge deine Last, / O Busen, angefüllt mit Natterzungen!«[105]

Rhetorisch gefragt: Ist es nicht die Metaphorik, welche die allzu bekannte, vielbelästerte, banale männliche Eifersucht auf das Plateau eines anderen Zustands hebt? Und Othello ist darin äußerst erfinderisch: »Like to the Pontic sea, / Whose icy current and compulsive course / Ne'er keeps retiring ebb but keeps due on / To the Propontic and the Hellespont, / Even so my bloody thoughts with violent pace / Shall ne'er look back, ne'er

104 Ebd., S. 242 (III, 3, 450-453).
105 Shakespeare (Schlegel/Tieck), *Othello*. In: *Shakespeares Werke in vierzehn Teilen*, Siebenter Teil, S. 63 (III, 3, 451-454).

ebb to humble love / Till that a capable and wide revenge / Swallow them up. Now by yon marble heaven, / In the due reverence of a sacred vow / I here engage my words.«[106]

Andererseits: Ist das nicht bloße Rhetorik? Die in dieser Frage enthaltene Kritik traf die bisher erörterten Tragödien nicht: Es ist die Frage danach, ob sich das Hass-Gefühl hier nicht mit zu üppigem Bildungsgut aufschmückt, wie auch in den anderen Tragödien der Zeit Vergleiche und Charakterisierungen im Stil der manieristischen Renaissance, des frühbarocken Steigerungsbedürfnisses omnipräsent sind. Aber Marlowe gab Tamburlaines üppigen Reden ein konventionell-rhetorisches Maß. Es kommt jedoch darauf an, ob die metaphorisch ambitionierte Hass-Rede ihre Intensität, ihre Bannkraft durch eine in ihr verborgene Reflexivität erreicht, in welcher der Hass das Weltverhältnis des Hassenden fundiert. In den Othello zugedachten Ausdrucksanfällen verhält es sich so. In seinem berühmtesten Satz – der Frage: »Hast du zur Nacht gebetet, Desdemona?« (»Have you prayed tonight, Desdemona?«) – spricht Othello ihren Namen zum letzten Mal aus. Dem ist der hasserfüllte Dialog mit ihr in der zweiten Szene des vierten Aktes vorausgegangen. Desdemona kommentiert Othellos Hass-Ausdruck mit den Worten: »I understand a fury in your words / But not the words.«[107] Darin liegt zugleich ein Kommentar Shakespeares zur Ambiguität der Redeform, die er erfindet. Othellos Antwort enthält das Argument des Stückes: Umschlag von Liebe in Hass, eine Wandlung vom Engel zum Teufel. Er verfällt dar-

---

106 *Othello*, S. 242f. (III, 3, 456-465). – *Othello* (Schlegel/Tieck), S. 64 (III, 3, 457-464): »So wie des Pontus Meer, / Des eis'ger Strom und fortgewälzte Flut / Nie rückwärts ebben mag, nein, unaufhaltsam / In den Propontis rollt und Hellespont: / So soll mein blut'ger Sinn in wüt'gem Gang / Nie umschaun, noch zur sanften Liebe ebben, / Bis eine vollgenügend weite Rache / Ihn ganz verschlang / … Nun, beim marmornen Himmel, / Mit schuld'ger Ehrfurcht vor dem heil'gen Eid / Verpfänd' ich hier mein Wort.«

107 *Othello*, S. 278 (IV, 2, 32f.).

73

auf, die Teufel könnten vor Desdemonas engelsähnlicher Schönheit zittern. Sie möge ihre Treue schwören, damit sie um so mehr verdammt werde: »Come, swear it, damn thyself; / Lest, being like one of heaven, the devils themselves / Should fear to seize thee: / Therefore be double-damned, / Swear thou art honest!«[108]

Othello wiederholt den höllischen Vergleich: Der Himmel wisse, dass Desdemona falsch wie die Hölle sei. Seine Fassungslosigkeit ob der von ihm unterstellten Untreue erfindet sich die fortschreitende Metaphorik für den Widerspruch von Erscheinung und Wesen: »… wie Sommerfliegen auf der Fleischbank, / Die im Entstehn schon buhlen. O, du Unkraut, / So reizend lieblich und von Duft so süß / Daß du den Sinn betäubst – o wärst du nie geboren!«[109]

Wenn Othellos Ausbrüche in den aufgeführten extremen Vergleichen, die er für Desdemona erfindet, keinen Hinweis auf die von Jago gelieferten Indizien enthalten, wenn Othellos Befehl an Desdemona, zu Bett zu gehen, psychologisch unverständlich bleibt und wenn schließlich Jagos Beschwichtigung, es handele sich bloß um eine Laune, von allem, was Othello sagt, widerlegt worden ist – dann fallen abermals die schwachen Handlungselemente hinter die Hass-Rede zurück, ohne deren Kraft zu beschädigen. Othellos Rede entfaltet sich nicht in einem realistischen Kontext und erreicht gerade dadurch ihre Fallhöhe. Othellos »Eifersucht« hat sich vor der Mordszene im fünften Akt vom plausiblen Ressentiment oder von plausibler Trauer in eine nie zuvor so ausgedrückte autonome, keiner Begründung mehr bedürftige semantische Gewalt verwandelt. Deshalb können Othellos letzte Sätze an Desdemona zwischen Mordrede und Liebesrede hin und her wechseln. Dass der Mord einem Irrtum entspringt, birgt einen eher sentimentalen Effekt,

---

108 Ebd., S. 278f. (IV, 2, 36-38).
109 *Othello* (Schlegel/Tieck), S. 80 (IV, 2, 66-69).

der nicht den tragischen Anspruch seines Erfinders begründet. Das Tragische liegt in der Selbstüberhebung durch die Worte.

Othellos Sprache gibt abermals, und zwar ganz besonders, Anlass, die sich auf den »Charakter« konzentrierende Diskussion bei T. S. Eliot, Jason Harding, F. R. Leavis und anderen Experten für Shakespeares Tragödien als eine in die Irre führende Lektüre zu korrigieren: Gewiss fällt das, was Othello sagt, auf ihn als Charakter zurück. Aber *was* und *wie* er es sagt, transzendiert die Charakterfrage. Sowohl die Struktur der aufeinanderfolgenden Hass-Reden als auch die Bewusstseinstiefe ihrer Bilder leisten das. Der Shakespearesche Blick auf den Zusammenhang von Hass-Rede und Liebesrede mit demselben Entzündungsgrad ungeheurer Wörter lässt die Charakterfrage als geradezu trivial erscheinen.

3

Die berühmteste Liebestragödie der europäischen Literatur – nicht *Othello*, sondern *Romeo und Julia*, obgleich beide im Motiv des Missverständnisses einander verwandt – ruft im kurzen Prolog des Chorus dreimal ein unterschiedliches Gegenwort zum Wort »Liebe« auf (»grudge«, »strife«, »rage«). Es zeigt sich darin, wie das Wort »Hass« zum einen ein alltägliches Faktum benennen, zum anderen einen heroisch-erhabenen oder pathologischen Sinn enthalten kann. Alltäglich ist, dass in der antiken und noch vormodernen europäischen Gesellschaft, einschließlich jener der Renaissance, das Wort »Hass« als Terminus technicus die mit Waffengewalt und Mord geregelten Machtkämpfe konventionell benennt. Heroisch-erhaben oder pathologisch klingt das Wort, wenn der extreme Geisteszustand eines darin Verstrickten benannt wird. Es gibt in allen Sprachen verschiedene Wörter hierfür, sei es »Zorn«, »Ingrimm« oder »Wut«, häufig unmittelbar mit dem Wort »Rache« verbunden. Aber »Hass« ist zweifellos das ranghöchste unter solchen Wörtern. Es enthält im Unterschied zu den vergleichbaren Wörtern auch den Anspruch von »Ehre« – wie es in *King Lear*, *Othello*, aber auch in *Richard III* zu erkennen war. Nobilitiert wurde das Wort in der römischen Literatur. Lucan, dessen von Marlowe partiell übersetztes Epos *Pharsalia* Shakespeare kannte, schmückte die grauenhaftesten Bilder seiner Darstellung des Bürgerkriegs mit dem Wort »Hass«. Es verweist dort auch auf das Unvermeidliche des Gemetzels zwischen den Bürgerkriegsparteien, ja zwischen gleichen Familien, und markierte dabei eine stoische Haltung, die Lucan von seinem Onkel Seneca übernommen hatte. Ein stoisches Pathos war auch in den Hass-Reden Macbeth', Othellos und vor allem bei Richard III. zu spüren.

Die Tragödie *Romeo und Julia*, die bei bekannten englischen Zusammenfassungen von Shakespeare-Tragödien häufig nur beiläufig erwähnt oder ganz beiseite gelassen wird, verdient der ausdrücklichen Erwähnung, gerade auch des Wortes »Hass« wegen. Das wiederum von der römischen Literatur angeregte, zum Kitschbild geronnene Ende des Liebespaares im gleichzeitigen Selbstmord – hier liegt die Parallele zu *Othello* – folgt der Konvention eines Genres. Aber die Thematisierung der Feindseligkeit zweier Patrizierfamilien Veronas ist von Belang, weil dadurch sich in den ersten drei Akten der Aufbau der Katastrophe als dargestellte Dialektik der Wörter »Liebe« und »Hass« methodisch-strategisch vollzieht. Die Hass-Rede gewinnt durch die ihr implizit entgegengesetzte Liebesrede an Komplexität: Sie wird noch stärker erkennbar als extremer Emotionsausdruck, als ein artistisches Mittel zur Erzeugung von Intensität. Gerade weil die Hass-Rede der Liebesrede frontal gegenübersteht, gewinnt sie an poetischem Format, wie sich am Beispiel von *King Lear* zeigte.

Nicht von ungefähr ist der wilde, aggressive Tybalt aus der Familie Capulet die theatralisch wichtigste Figur neben dem

Liebespaar, ja, in modernen Inszenierungen übertrifft seine Erscheinung oft die des Romeo. Tybalts erstes Wort in der ersten Szene des ersten Akts, seine Antwort auf die Bitte eines Montague-Neffen um Frieden, lautet: »What, drawn and talk of peace? I hate the word, /As I hate hell, all Montagues, and thee.«[110] Es ist fast die gleiche Rede wie die des jungen Gegners von Macbeth, bevor er von diesem im Zweikampf erschlagen wird. Es geht hier auch nicht bloß um ein Schaufechten eleganter Jünglinge, sondern um ein Fechten mit Tötungsabsicht von seiten Tybalts. Deshalb besetzt er im Stück eine zentrale Rolle, obwohl er so wenig spricht. Aber *wenn* er spricht, spricht er im Affekt des Hasses – und dies mit der Macht eines großen theatralischen Effekts. Mit dem Wort »Hölle« ist abermals die finstere Aussicht, wenn auch konventionell, angesagt. Tybalt und der den Frieden anbietende Benvolio fechten, ohne dass einer von beiden verletzt oder verwundet wird. Jetzt noch nicht: Statt dessen stellt der auftretende Prinz von Verona den »Hass«,[111] ihn buchstäblich nennend, sollte er sich noch einmal in Gewalt ausdrücken, unter Todesstrafe. Der Prinz beschreibt den »Hass«, der auch in der Negation die Kraft seines Ausdrucks behält: »You men, you beasts, / That quench the fire of your pernicious rage / With purple fountains issuing from your veins«.[112]

In Romeos erstem Monolog kündigt sich nun das dialektische Thema des Stückes, die Spannung zwischen dem Ausdruck der Liebe und dem Ausdruck des Hasses, an:

Here's much to do with hate, but more with love.
Why then, O brawling love, O loving hate,
O anything of nothing first create,

110 Shakespeare, *Romeo and Juliet.* Edited by René Weis (The Arden Shakespeare). London, New Delhi, New York und Sydney 2012, S. 128 (I, 1, 68f.).
111 Ebd., S. 131 (I, 1, 93).
112 Ebd., S. 130 (I, 1, 81f.).

O heavy lightness, serious vanity,
Misshapen chaos of well-seeming forms,
Feather of lead, bright smoke, cold fire, sick health,
Still-waking sleep, that is not what it is.
This love feel I that feel no love in this.[113]

Shakespeare hat seine tiefsinnige Auffassung des Oxymoron-Charakters von Liebe und Hass – ein Paradox, das Frank Kermode nachdrücklich erwähnt, indem er auf die Herkunft dieser Vorstellung von Petrarca hinweist – ausgerechnet dem naiven Liebeshelden in den Mund gelegt, der, bevor er Julia von Angesicht zu Angesicht gegenübersteht, mit hintersinnigen Formulierungen aus dem Reservoir manieristischer Erotik über die Integration von Hass und Liebe spricht, nicht aber aus der eigenen Erfahrung des Verliebtseins. Auch Julia setzt am Ende des ersten Akts, nachdem sie Romeo auf dem Fest ihrer Familie erstmals gesehen und den Namen seiner Familie erfahren hat, das Thema fort: »My only love sprung from my only hate, / Too early seen unknown, and known too late! / Prodigious birth of love it is to me / That I must love a loathed enemy.«[114]

Schlegels Übersetzung läuft auf eine kompromisslerische Version der Pointe des Originals hinaus, wonach Liebe und Hass dasselbe sind, insofern sie beide eine extreme Empfindung in sich wachhalten. Romeo hatte im Gespräch mit Mercutio während des Festes gefragt: »Is love a tender thing? It is too rough, /

---

113 Ebd., S. 136f. (I, 1, 173-180). – »Haß gibt hier viel zu schaffen, Liebe mehr. – / Nun dann: liebreicher Haß! Streitsücht'ge Liebe! / Du alles, aus dem Nichts zuerst erschaffen! / Schwermüt'ger Leichtsinn! ernste Tändelei! / Entstelltes Chaos glänzender Gestalten! / Bleischwinge! Lichter Rauch und kalte Glut! / Stets wacher Schlaf! dein eignes Widerspiel! / So fühl' ich Lieb', und hasse, was ich fühl'.« Shakespeare (Schlegel/Tieck), *Romeo und Julia*. In: *Shakespeares Werke in vierzehn Teilen*, Sechster Teil, S. 90 (I, 2, 167-174).

114 *Romeo and Juliet*, S. 178 (I, 5, 137ff.).

Too rude, too boisterous and it pricks like thorn.«[115] Die Härte in der Verbindung des Liebesstichs mit dem Stich des Hasses wird durch Mercutios ungewöhnliche Rede über »Träume«, »Feenwelt« und »Phantasie« – Bilder, die im gleichzeitig entstandenen *Sommernachtstraum* ebenfalls auftauchen – zwar wieder aufgehoben, gibt der Ambivalenz der Liebesthematik aber zusätzlichen Stoff.

Dass im zweiten und dritten Akt die Bedingung der Liebe durch Hass eingelöst wird – und keineswegs die novellistische Überraschung des vierten und fünften Aktes, übernommen von antiken, mittelalterlichen und zeitgenössischen italienischen Autoren, so von Matteo Bandellos 1562 von Arthur Brooke ins Englische übersetzter Novelle *Giulietta e Romeo* –, verleiht dem ganzen Stück die Spannung: Die Inszenierung der paradigmatischen Liebe-Hass-Beziehung ist sein eigentlicher Inhalt. Zwar enthält die Liebestragödie *Romeo und Julia* gewiss keine Theorie Shakespeares zum Thema des Hasses. Dennoch verhält es sich nicht so, dass Liebe rhetorisch als Moral zur Überwindung des Hasses, wie sie am Ende zelebriert wird, entwickelt würde. Vielmehr vollstreckt die Intensität beider Empfindungen in den Worten derer, die sie aussprechen, das, was hier artistisch-sprachlich von Rang ist: Romeos Liebesrede über den Hass (II, 2) und Tybalts gewaltsamer Tod durch die Hand Romeos im Rausch derselben leidenschaftlichen Hass-Empfindung (III, 1).

Romeo gibt im Garten des Capuletschen Hauses auf Julias Frage, wer er sei, keine einfache Antwort, sondern eine, die seine Identität in Frage stellt mittels der beiden oppositionellen Wörter: »By a name / I know not how to tell thee who I am. / My name, dear saint, is hateful to myself, / Because it is an enemy to thee. / Had I it written, I would tear the word.«[116] Romeo

---

115 Ebd., S. 158 (I, 4, 25 f.).
116 Ebd., S. 190, (II, 2, 53-57).

lässt sein Selbstgefühl, weil abhängig von der Liebe Julias, Tochter der feindlichen Familie, in die Selbsthass-Geste übergehen. Im Dialog mit ihr wird zweimal der »Hass« ihrer Vettern der Liebeshoffnung gegenübergestellt: als eine durch die Liebe wirkungslos gemachte Feindschaft[117] und als ein wegen abwesender Liebe tödlich werdender Hass.[118] Allein schon die Nahpräsenz beider Wörter, ihre absichtsvoll hergestellte Bezogenheit aufeinander, bewirkt, dass die so naheliegende moralisierende Alternative des Entweder-Oder hier nicht zum Zuge kommt.

Tybalts erneutes Erscheinen im dritten Akt nimmt zwar noch nicht das mörderische Ende vorweg, es bringt die Liebe-Hass-Opposition an einem Pol aber zu ihrem stärksten Ausdruck. Am Ende wird Romeo den von der Familie als Julias zukünftigen Gatten Auserkorenen erstechen, ohne eigentlich zu wissen, wen er vor sich hat. Es folgen Romeos Selbstmord durch Gift und der Julias durch den Dolch. Ein Schlussgemetzel alter Sorte eigentlich. Das entspricht dem novellistischen Stoff und ebenso dem seit der griechischen Tragödie für die Gattung vorgesehenen und vom Publikum erwarteten blutigen Ende. Insofern bleibt Tybalts erneutes und letztes Erscheinen nicht bloß eine Episode jenseits des eigentlichen Kernbereichs, des Liebesdramas. Tybalts Rückkehr nach seinen beiden Auftritten im ersten Akt verleiht dem Hass – vom Prinzen zwar moralisch verworfen, aber eben nicht unterbunden – seine thematische Nachdrücklichkeit: »als Fluch«, der auf dem »Hass« liegt.[119] Wenn Tybalt bei seinem letzten Erscheinen zunächst von Mercutio, keinem Mitglied der Capulet-Familie, aber einem Freund Romeos, noch in Romeos Abwesenheit ironisch zum Duell provoziert wird, bleibt der spielerische Wortwechsel ohne Hass-Ausdruck! Das ändert sich mit Romeos unerwartetem Auftritt, den

117 Ebd., S. 191 (II, 2, 73). Statt »hate« findet sich an dieser Stelle auch »enmity«.
118 Ebd., S. 191 (II, 2, 77ff.).
119 Ebd., S. 337 (V, 3, 292f.).

Tybalt als neu sich bietende Möglichkeit der Aggression wittert, wozu er von Mercutio wortspielerisch ermuntert wird. Fast noch eine Komödienszene, die aber die kommende Katastrophe langsam vorbereitet. Und so lautet Tybalts Anrede an Romeo denn auch: »Romeo, the love I bear thee can afford / No better term than this: Thou art a villain.«[120] Es ist die auf die äußerste Beleidigung verkürzte Hass-Rede, die im Wort »villain« dem Wort »love« antwortet, in Gestalt also einer bewussten Opposition, welche die schon erörterte dialektische Thematisierung beider Wörter wiederaufnimmt. Das jähe Duell zwischen Tybalt und Mercutio, von letzterem erzwungen, dient nur als Vorbereitung auf das kommende Desaster, das die Tragödie fortan steuert. Mercutio, eher durch Zufall tödlich von Tybalt getroffen und sterbend fortgetragen, hat noch die Kraft, diesen als »Prahler, Schurke, Bösewicht« (»braggart«, »rogue«, »villain«) zu beleidigen,[121] gleichzeitig aber auch auf beide einander feindlichen Familien die Pest herabzuwünschen. Die Spannung der Hass-Rede hat sich über diese Szene und ihre Mitspieler hinaus ausgedehnt zur Bedingung des Dramas. Und so richtet Romeo – der vergeblich seinen Freund vor Tybalts Degen zu retten versucht – an den zunächst geflohenen, dann wiederkommenden Tybalt die folgende Rede:

Alive, in triumph! and Mercutio slain!
Away to heaven, respective lenity,
And fire-eyed fury be my conduct now.
Now, Tybalt, take the »villain« back again
That late thou gavest me, for Mercutio's soul
Is but a little way above our heads,
Staying for thine to keep him company.
Either thou or I, or both, must go with him.[122]

---

120 Ebd., S. 237 (III, 1, 59f.).
121 Ebd., S. 240 (III, 1, 103).
122 Ebd., S. 242 (III, 1, 123-131). – *Romeo und Julia* (Schlegel/Tieck), S. 125

Das ist in der Tat nun Sprache, die Feindschaft, Hass und vor allem Tötungsabsicht in kostbaren Charakteristika zelebriert, die in den für die Hass-Rede zuständigen, schon erörterten Tragödien zu nennen waren. Tybalt hatte nur noch Zeit, Romeo verächtlich als »wretched boy« zu adressieren und ebenfalls die Tötungsabsicht auszusprechen, um nach kurzem Kreuzen der Klingen getroffen niederzufallen und, ohne noch etwas zu sagen, zu sterben. Das lässt die Situation einer von jeder Hoffnung entleerten Grausamkeit des Lebens und des Sterbens zurück, welche die am Anfang und am Ende gehaltene humane Rede des Prinzen überdeckt, auch wenn der Getötete der zentrale Autor der Hass-Rede ist.

Shakespeare lag offensichtlich daran, diese zu variieren: Er musste Romeo ebenfalls mit der den Intensitätseffekt garantierenden Redeweise auszeichnen, ansonsten wäre Romeo in einer Liebhaberrolle verschwunden. Das heißt: Romeo musste sich nicht bloß als mutig erweisen, sondern musste, der Hass-Rede mächtig, zum Schuldigen werden können! Erst als Schuldiger ist er ein tragischer Held geworden, der zweimal jemanden erstochen hat, bevor er selbst stirbt. Es schien Shakespeare notwendig, in Julias Dialog mit ihrer Mutter, der sich an den aus der Stadt geflohenen Romeo richtet, die Zusammenkunft der Wörter »Hass« und »Liebe« noch einmal zu ermöglichen und im vierten Akt den Verzweiflungsgesang der Capulets ob Julias vorgetäuschtem Tod mit den Wörtern »verhasst« und »gehasst« zu belegen.

Die Tragödie *Hamlet* ist wie *Romeo und Julia* das Drama, in dem man Hass-Reden eigentlich gar nicht vermutet. Einmal ist

(III, 1, 124-131): »Am Leben! siegreich! und mein Freund erschlagen! / Nun flieh gen Himmel, schonungsreiche Milde! / Entflammte Wut, sei meine Führerin! / Nun, Tybalt, nimm den Schurken wieder, den du / Mir eben gabst! Der Geist Mercutios / Schwebt nah noch über unsern Häuptern hin / Und harrt, daß deiner sich ihm zuselle. / Du oder ich! sonst folgen wir ihm beide.«

es die »Liebe«, dann wiederum die »Reflexion«, die daran hindern könnte. Ins kulturelle Gedächtnis sind »Romeo« und »Julia« als Repräsentanten der ewigen Liebe, »Hamlet« als Repräsentant der reflexiven Melancholie eingegangen. Das war die lange sich haltende romantische Wahrnehmung.

Erst 1965, mit Jan Kott, änderte sich das zumindest im Falle Hamlets. Kott betonte in seiner Veröffentlichung *Shakespeare heute* eine moderne, eher an Brecht, Ionesco, Camus und exzentrischen Regisseuren wie Stanisław Wyspiański orientierte Perspektive denn eine, die sich an der Fachphilologie orientierte. Sein Hamlet ist »sarkastisch, leidenschaftlich und brutal«.[123] Das war er aber immer schon. Die finale Duellszene, in der Hamlet endlich den König ersticht, Laertes tödlich verwundet (wenn auch wider Willen) und selbst stirbt, ist allein der Höhepunkt nach vorangegangenen Tötungsakten Hamlets. Er erstach Polonius, ohne zu wissen, wer hinter dem Vorhang stand, also in Kauf nehmend, irgendwen erwischt zu haben. Er ließ Rosencrantz und Guildenstern heimtückisch an seiner Stelle töten, Ophelia im Wasser sterben, in das sie durch seinen Zynismus getrieben worden war, und den König hat Hamlet nur deshalb nicht längst schon von hinten erstochen, weil er den Betenden nicht in den Himmel, sondern zur Hölle senden wollte.[124]

Hier wird nicht danach gefragt, wer Hamlet ist, sondern, wie er redet. Inwiefern ist der Sucher nach Wahrheit auch Autor der Hass-Rede? Diese Frage ist verstellt, wenn man die Tragödie vor allem als Meisterstück des *Revenge*-Dramas wahrnimmt.[125]

---

123 Jan Kott, *Shakespeare heute*. Mit einem Vorwort von Peter Brook. Erweiterte Neuausgabe. Aus dem Polnischen von Peter Lachmann. Berlin und Köln 2002, S. 76.

124 Hamlets Täterschaft ist inzwischen Gemeingut der Forschung. Vgl. Bloom, *Hamlet. Poem Unlimited*; R. A. Foakes, *Shakespeare & Violence*. Cambridge 2003; Anselm Haverkamp, *Hamlet. Hypothek der Macht*. Berlin 2001.

125 Zur Geschichte der *Revenge*-Dramatik in England vgl. Foakes, *Shakespeare & Violence*, S. 113. Außerdem René Girard, der in *Hamlet* die Re-

Es geht dann nicht darum, dass Rache angekündigt wird, sondern darum, inwieweit Hass, Aggression, Vernichtungswille
und Unglück in einer unsere Phantasie ansprechenden Form ausgedrückt sind. Je mehr die Begierde nach Rache, ein moralischer Treibsand, nicht mehr spürbar ist, um so stärker kommt
die sarkastische und mörderische Sprache zum Vorschein.
Dr. Samuel Johnson hat von »Hamlet's poetical violence« gesprochen. Diese wirke um so mehr, als sie von entgegengesetzten
Stimmungen umfasst werde, die Johnson als »merryment« (Lu-
stigkeit) charakterisierte. Förderlich ist der Hass-Rede vornehmlich die neuerdings hervorgehobene Theatralität von Hamlets
Sprechweise.[126] Die andere Voraussetzung der Hass-Rede ist
Hamlets schon erwähnter Skeptizismus, der sich in seiner Sprechweise mit dem Weltpragmatismus des machiavellistischen Höflings berührt.

Es hat den Anschein, dass je länger die entscheidende Tat aufgeschoben ist, um so stärker das Hass-Element als Treibstoff
der Handlung hervortritt.[127] Häufig allein durch die theatralische Situation, der die Reaktion des Beobachters im Theater antwortet.[128] So bekommt gerade jene Szene, die Hamlets schwarze
Trauer als seine Existenzform berühmt gemacht hat, sein erster
Dialog mit der Mutter, eine verkappte Spannung, weil in ihr
die Aggression auf dem Sprung liegt, auch wenn sie sich noch
nicht offen zu erkennen gibt. Auf die Frage der Königin an

venge-Thematik relativiert sieht im Kontext seines eigenen Opfer-
Theorems, wonach der Bruder den Bruder tötet. Vgl. René Girard, *A
Theatre of Envy.* New York und Oxford 1991, S. 273.

126 Vgl. Bell, *Shakespeare's Tragic Skepticism,* S. 34; ebenso Bloom, *Hamlet.
Poem Unlimited,* S. 55, 99.

127 G. Wilson Knight hat schon 1949 vom »Hass« Hamlets im Kontext der
Untreue der Mutter gesprochen. Vgl. Wilson Knight, *The Wheel of Fire.*
Cleveland und New York 1930. Vgl. auch Theodor Lidz, *Hamlets Feind.
Mythos und Manie in Shakespeares Drama.* Aus dem Amerikanischen
von Lutz-W. Wolff. Frankfurt am Main 1980, S. 120, 138.

128 Bell, *Shakespeare's Tragic Skepticism,* S. 35 f.

Hamlet, warum er den Tod des Vaters, der doch jedermanns
Schicksal sei, so besonders zu beklagen »scheine«, antwortet
Hamlet:

> »Seems,« madam – nay it is, I know not »seems«.
> 'Tis not alone my inky cloak, cold mother,
> Nor customary suits of solemn black,
> Nor windy suspiration of forced breath,
> No, nor the fruitful river in the eye,
> Nor the dejected haviour of the visage,
> Together with all forms, moods, shapes of grief,
> That can denote me truly: these indeed »seem«,
> For they are actions that a man might play,
> But I have that within which passes show,
> These but the trappings and the suits of woe.[129]

Dies ist keine Hass-Rede. Noch weiß Hamlet nicht, dass der Vater ermordet wurde und wer der Mörder des Vaters ist. Bevor
Hamlet die Racheforderung des Vater-Geistes gehört hat, verdeckt die sich nicht offen aussprechende, aber schon anwesende Feindseligkeit hinter der Maske des »Scheins«, der »Gebärde«, welche die Königin und der König missverstehen. Bereits
der Schein enthält den Hass, der im ersten großen Monolog explodiert, mit den Worten beginnend: »O that this too too sallied

---

129 Shakespeare, *Hamlet*. Revised Edition. Edited by Ann Thompson and
Neil Taylor (The Arden Shakespeare). London, Oxford, New York,
New Delhi und Sydney 2016, S. 201 f. (I, 2, 76-86). – Shakespeare (Schle-
gel/Tieck), *Hamlet*. In: *Shakespeares Werke in vierzehn Teilen*, Sechster Teil, S. 184 (I, 2, 78-88): »*Scheint*, gnäd'ge Frau? Nein, *ist*, mir gilt
kein scheint, / Nicht bloß mein düstrer Mantel, gute Mutter, / Noch
die gewohnte Tracht von ernstem Schwarz, / Noch stürmisches Ge-
seufz beklemmten Odems, / Noch auch im Auge der ergieb'ge Strom, /
Noch die gebeugte Haltung des Gesichts, / Samt aller Sitte, Art, Gestalt
des Grames / Ist das, was wahr mich kundgibt; dies scheint wirklich: /
Es sind Gebärden, die man spielen könnte. / Was über allen Schein, trag'
ich in mir; / All dies ist nur des Kummers Kleid und Zier.«

flesh would melt …«.[130] Das ist nicht mehr Trauer, sondern Aggression. Diese Reflexion ist von einer solchen Intensität, dass ihre stilistische Einzigartigkeit immer schon hervorgehoben wurde.[131] Sie ist es, weil der Aufruhr gegen König und Mutter charakterisiert wird durch hasserfüllte Bilder: der Onkel, ein »Satyr« »auf inzestuösen Bettlaken«. Ein solches Vokabular regt die Phantasie an. Der Ekel, die Vorstellung vom König im Bett der Mutter, schießt schon hier in den Gedanken an den Selbstmord auf. Hamlet wählt das Wort »self-slaughter«, als wolle er die gegen sich selbst gerichtete extreme Metapher auf den beziehen, den er sich bald zum Ziel solch eines »slaughter« bestimmt.

Hamlets komplexe Hass-Rede zwischen Reflexion und Angriffsimpuls realisiert sich in zwei voneinander divergierenden Ausdrucksformen: zum einen in metaphorisch ausdrucksvoller Aggressivität, so im Ekel-Monolog und in der Anklage gegen die Mutter, nachdem er Polonius erstochen hat. Selbst der »Sein-oder-Nichtsein«-Monolog zeigt bei all seiner Innerlichkeit der Selbsterforschungsgeste das energetische Element eines erwogenen Angriffs auf die Mächtigen, also einen über die Rache am König hinausgehenden radikalen Impuls. In der Anklage gegen die Mutter stellt sich der Hass semantisch besonders drastisch aus. Zum anderen in der wortverspielten, Verachtung verbergenden Ironie der beiden Dialoge mit Guildenstern und Rosencrantz (II, 2 und III, 2) und des kurzen Dialoges mit dem König, der nach dem Verbleib von Polonius fragt (IV, 3). Hier verbirgt sich der Hass in der Rede. Diese den Hass verbergende Ausdrucksform scheint für die Rache des Helden die interessantere zu sein. Sie schließt die melancholische Existenzform mit ein. Bei der metaphorisch expressiv sich aussprechenden Hass-Rede ist die Grausamkeit das auffällige Element. Das zeigt sich sprachlich dramatisch darin, wie Hamlet mit der Mutter ver-

---

130 *Hamlet*, S. 205 (I, 2, 129).
131 Vgl. *General Introduction*. In: *The Oxford Shakespeare: Hamlet*. Edited by G. R. Hibbard. Oxford 1998, S. 45.

fährt, nachdem er für den wie zufällig erstochenen Polonius, den er als eine Figur der höfischen Intrige ansieht, nur eine zynische Zwischenbemerkung übrig hat. Grausamkeit heißt hier auch, das Unglück über eine gänzlich der Würde und Wahrheit entglittenen Welt nicht mehr anders beantworten zu können als durch die besondere Aggression, mit der Hamlet gegenüber allen Personen des Hofes, ausgenommen seinem Freund Horatio, verfährt. Und ganz besonders gegenüber seiner Mutter. Er kündigt den Stil der Grausamkeit selbst an, bevor er zu ihr geht: »I will speak daggers to her but use none.«[132] Ausdrücklich will Hamlet »grausam« sein (»let me be cruel, not unnatural«). Er hat wenige Minuten zuvor den König um ein Haar umgebracht: Hinter dem Betenden stehend, schob er den Mord auf, um sich sicher zu sein, dass der König wirklich zur Hölle fahre und nicht etwa, weil betend, noch den Himmel erreiche. Für die Demütigung der Mutter erfindet er sich erhabene Exemplifizierungen ihrer Schande, nachdem der Hass gegen den König nicht wirklich zum Zuge gekommen ist. Wenn er die beiden Bilder, das des ermordeten Vaters und das des usurpierenden Königs, miteinander vergleicht, dann um Wörter zu erfinden, welche die Schönheit des Vaters ins Göttliche erhöhen (»See what a grace was seated on this brow«),[133] und um die Erniedrigung der Mutter ins Extreme treiben zu können: sie soll sich im Sumpf der Schande wälzen.

Die Königin fleht Hamlet an, nicht mehr weiterzusprechen (»O Hamlet, speak no more, / Thou turn'st my eyes into my very soul«).[134] Sie thematisiert also ausdrücklich die Form von Hamlets Rede, indem sie so seine Absicht, »mit Dolchen« zu sprechen, sogar bestätigt. Hamlet folgt dieser flehentlichen Bitte nicht nur nicht, sondern intensiviert das Ausmaß der grandios beleidigenden Sprachbilder (»Nay, but to live / In the rank sweat

---

132 *Hamlet*, S. 355 (III, 2, 386).
133 Ebd., S. 369 (III, 4, 53).
134 Ebd., S. 372 (III, 4, 87f.).

of an enseamed bed / Stewed in corruption, honeying and making love / Over the nasty sty«).[135] Nochmals fleht die Königin Hamlet an, in seiner Rede einzuhalten, und wiederholt jetzt sogar buchstäblich das Wort von den »Dolchen«, die in ihr Ohr drängten.

Freuds Erklärung dieses Exzesses obszöner Bilder als ödipale Reaktion blendet die subtile Kraft der autonomen Potenz des Hasses aus. Indem eine analytische Erklärung gegeben wird, fällt die Ausdrucksintensität zurück in einen psychologischen Kontext. Und wenn man nicht Freuds Erklärung folgte, dann gäbe die bloß Hamlet treibende moralische Entrüstung ebenso eine die Wildheit der Rede mäßigende Motivation ab. Aber Hamlets Sprache ist a priori nicht mäßig, sondern von einer Schärfe gekennzeichnet, die kein Motiv zu brauchen scheint. Sie kann sich an unterschiedlichen Motiven bewähren. Denn warum sonst verfällt er im Gespräch mit Ophelia auf die bösartigen Empfehlungen? Sie hat ihm keinen Anlass dazu gegeben. Um die heimlichen Zuhörer der Szene fehlzuleiten?

Es ist – wie man sieht – für Hamlet immer ein Anlass da, den Dialogpartner zu irritieren, ihn zu verletzen, zu verhöhnen. Er hat diesen generellen Anlass im Monolog von der Welt als »wüstem Garten« (I, 2) und im »Sein-oder-Nichtsein«-Monolog (III, 1) ausgesprochen: den prinzipiellen ontologischen Verdacht. Die Mordtat des Königs und die Schande der Mutter sind die wiederholten Paradigmen hierfür. Die Hass-Rede kann expressiv direkt sein, oder sie kann den Hass verbergen: Hamlet spricht nur mit einem einzigen Menschen offen, mit Horatio, mit dem er auch seine letzten Worte wechselt. Alle anderen bekommen – wenn sie nicht direkt aggressiv behandelt werden – durch Ironie, Sarkasmus, rätselhafte Wortspiele vergiftete Fragen und Antworten zu hören, ob Polonius, der König, Ophelia, Osric. Der einzige, der sich Hamlets verkapptem Sprechen ge-

135 Ebd., S. 373 (III, 4, 89-92).

wachsen zeigt, ist charakteristischerweise der erste Totengräber, der Yoricks Schädel ausgräbt.

Die repräsentativsten Opfer von Hamlets Furor sind natürlich Rosencrantz und Guildenstern. Bei der ersten Unterhaltung mit den beiden Höflingen, Hamlets ehemaligen Studienkollegen, zeigt sich hinter deren Fähigkeit des höfischen Parlierens in gebildeten Verzierungen die Konventionalität jenes Weltverständnisses, das Hamlet – aus Hass? – gerade untergräbt. Gewiss, aus Welthass. Im ersten Gespräch vor dem Schauspiel im Schauspiel, das den König entlarvt, erklärt Hamlet Dänemark zum Gefängnis. Es ist eine sein Gegenüber überfordernde Behauptung. Oder besser: Sie wird es, sobald darauf die Erläuterung folgt, dass eine Sache immer ihre Eigenschaft durch denjenigen bekommt, der sie charakterisiert. Damit charakterisiert sich Hamlet selbst als Montaigne-Leser, dessen Skeptizismus den objektiven Wahrheitsanspruch einer Behauptung in variierten Reflexionen seiner *Essais* zu diesem Thema in Zweifel zog. Was immer die beiden Höflinge angestrengt den Pointen Hamlets entgegenzusetzen versuchen, bleibt befangen im Jargon jovialer Affirmation der Welt. Und natürlich der jovialen banalen Affirmation der Reden Hamlets, dessen Geist zu groß sei, um sich in Dänemark nicht wie in einem Gefängnis zu fühlen. Das Ganze ist ein Geplänkel von banal-höfischen, gleichzeitig tiefsinnig vergifteten Wörtern, bei dem Hamlet sich darüber im klaren ist, dass Rosencrantz und Guildenstern vom König geschickt wurden, um ihn auszuhorchen.

Das wird im zweiten Gespräch mit den Höflingen (III, 2) erhärtet: Hamlet verbirgt seine Drohung gegen den König hinter dem Wort »Reinigung« (»purgation«), die er dem Herrscher, da dieser sich nach dem Schauspiel nicht wohl fühlte, verabreichen könne. Die gesteigerte Verachtung gegenüber den vom König instruierten Dialogpartnern gibt Hamlet die gefährliche Anspielung auf seine mörderische Absicht ein. Die Verachtung erlaubt ihm auch, von seinem »kranken Verstand« zu sprechen

(»my wit's diseased«),[136] während er doch gerade seinen »Witz« – im Englischen als intellektuell-geistiges Vermögen zu verstehen – an den ihn Vernehmenden auslässt. Und zwar nachdem Polonius Hamlets Benehmen gegenüber Ophelia als das eines »wahnsinnig« Gewordenen charakterisiert und Ophelia selbst Hamlets zynische Ratschläge in ihrem berühmten Satz mit einer Verwirrung des Verstandes erklärt hatte (»O, what a noble mind is here o'erthrown!«).[137] Nur der weltkundige König bezweifelt, dass es sich um Wahnsinn handele, vermutet vielmehr, dass etwas noch Unbekanntes in Hamlet stecke, was Gefahr mit sich bringe.[138] Selbst Polonius befand ja, dass es, wenngleich es Wahnsinn sei, dennoch Methode habe.

Die Thematisierung von Schein und Wahrheit, Maske und dem, was die Maske verbirgt, bekommt in einem Wortspiel Hamlets die Charakteristik, die zum Sprechendsten von Shakespeares Pathos in der zweideutigen Aggressivität gehört: Zuerst fragt Hamlet, Guildenstern beiseite nehmend, warum dieser um ihn herumgehe, als wolle er »Witterung« bekommen, ihn »in ein Netz treiben«. Dann benutzt er die Musikpfeifen der Schauspieler, welche die Szene betreten, als Metapher für Rosencrantz' und Guildensterns Absicht, ihn auszuhorchen:

> Why, look you now how unworthy a thing you make of me: You would play upon me! You would seem to know my stops, you would pluck out the heart of my mystery, you would sound me from my lowest note to the top of my compass.[139]

Die stolze Beschuldigung findet ihre metaphorisch angemessene Pointe darin, dass beide Aushorcher das Instrument nicht zum Sprechen bringen können: »Though you fret me you can-

---

136 Ebd., S. 350 (III, 2, 313f.).
137 Ebd., S. 322 (III, 1, 149).
138 Ebd., S. 323f.
139 Ebd., S. 352f. (III, 2, 355-359). Schlegels Übersetzung: »Nun, seht Ihr, welch ein nichtswürdiges Ding Ihr aus mir macht? Ihr wollt auf mir

not play upon me.«[140] (»Ihr könnt mich zwar verstimmen, aber nicht auf mir spielen.«)

4

Nein, es ist dies kein einfacher Hass gegen Rosencrantz und Guildenstern. Es ist etwas radikaler Greifendes. Es ist das abermals aktiv werdende Reservoir einer Erkenntnis, die den Hass als Kennzeichen der Rede produziert. Hamlets entlarvende poetische Adresse an die beiden, die auf ihm »spielen« wollen, gibt sich selbst ebenfalls als eine Maske zu erkennen: Hamlet täuscht alle, wie Richard III. alle täuscht, durch scheinbar liebenswürdige Rede. Eine Rolle, wie gemacht für Burbage, den Tragödienhelden der elisabethanischen Epoche, der besonders als Hamlet und Richard III. glänzte. Laurence Olivier verkannte Hamlets Gewalttätigkeit, indem er behauptete, diese Rolle sei eigentlich zu lyrisch für ihn, als er die Tragödie im Film von 1948 inszenierte, mit sich selbst in der Titelrolle.

Wir Zuhörenden, Zusehenden, Lesenden bekommen in Wirklichkeit selten einen Stil der Maske präsentiert, hinter der sich eine solche Drohung verbirgt. Maskerade impliziert extreme Gefahr. Gefahr, die den Maskierten bedroht, und Gefahr, die von ihm ausgeht. Es ist die Maskerade in der Rede selbst, die fasziniert. Die Verrätseltheit der ironischen Rede gewinnt ihren energetischen Effekt, weil wir in ihr die Potenz zu einem überraschenden Ausschlag genießen, die kunstvolle Verzögerung des Ausbruchs, der gewiss aber kommen wird, die verkappte

spielen; Ihr wollt tun, als kenntet Ihr meine Griffe; Ihr wollt in das Herz meines Geheimnisses dringen, Ihr wollt mich von meiner tiefsten Note bis zum Gipfel meiner Stimme hinauf prüfen.« *Hamlet* (Schlegel/Tieck), S. 233 (II, 2, 371-380).
140 *Hamlet*, S. 353 (III, 2, 362f.).

Drohung. Nicht gegen Rosencrantz und Guildenstern, aber gegen die Welt, die beide harmlos-harmvoll repräsentieren. Es heißt, Shakespeare oder Hamlet philosophierten für uns. Aber das ist nicht das, was uns anzieht. Wenn Hamlets Skepsis die Skepsis von Montaigne wiederholt, dann ist der unmittelbare Effekt des Paradoxes in Hamlets ausgeliehener Rede nicht das Wissen darum, woher die Rede kommt, das dramatisch Entscheidende: Denn in diesem Paradox – dass es keine objektive Wahrheit gibt, sondern nur unsere jeweilige Ansicht von ihr – steckt wiederum Hamlets aggressiver Witz, der die übliche Wahrheitsauffassung düpiert.

Wenn ein solch Maskierter die Maske abnimmt, dann um der Hass-Rede praktisch Genüge zu tun. Mit den beiden Höflingen fertig und auf dem Weg zur Mutter, sagt Hamlet dann auch, um sich zu entladen: »Nun ist die wahre Spukezeit der Nacht, / Wo Grüfte gähnen und die Hölle selbst / Pest haucht in diese Welt. Nun tränk' ich wohl heiß Blut / Und täte bittre Dinge, die der Tag / Mit Schaudern säh'.«[141] Und das erste, was ihm zu dieser Absicht einfällt, ist, mit »Dolchen« zu der Mutter zu sprechen.

Gehen wir noch einmal der bereits aufgeworfenen Frage nach, in welchem Verhältnis Hamlets verborgene und unverborgene Aggressivität und ihr Ausdruck in der Hass-Rede zum vielerörterten Bewusstsein von sich selbst stehen, das, wie man sah, diese Aggressivität in den großen Monologen ja begründet. Ein Bewusstsein, welches das Stück zum berühmtesten Drama der Weltliteratur gemacht hat.[142] Und was hat es mit Hamlets Wahnsinn in diesem Zusammenhang auf sich, von dem die anderen und er selbst sprechen? Bewusstsein von sich selbst und Wahnsinn – sind das nicht letztlich Geisteszustände, die den Hass-Affekt als einen angemessenen Zustand des Gemüts ausschließen?

---

141 *Hamlet* (Schlegel/Tieck), S. 234 (III, 3, 397-401).
142 Vgl. Bloom, *Hamlet. Poem unlimited*, S. 143.

Der Wahnsinn ist, sofern bloß vorgegeben,[143] ein aggressiver Akt. Ob Hamlet ihn spielt, bleibt nur scheinbar offen. Seine Rede an Ophelia ist, was immer die heimlichen Zuhörer aus ihr machen, eine Variante der Weltverachtung und Menschenfeindlichkeit. Von Wahnsinn ist nichts darin, wie der clever-misstrauische König dem schlichter denkenden Polonius vorhält. Auch die gegenüber Polonius angenommene Narrenattitüde (»you're a fishmonger«) verbirgt kalkulierte bösartige Allusionen. Hamlets Selbstdenunziation gegenüber Ophelia vertritt die charakteristische Redeform von großen Hassfiguren des elisabethanischen Dramas, etwa von Kyds Barabas und Shakespeares Richard III. Wenn Hamlet gegenüber Rosencrantz und Guildenstern von seinem »kranken Geist« spricht, dann deshalb, um ihrem Auftraggeber zu denken zu geben und sie selbst ins dialogische Hintertreffen zu setzen. Mit anderen Worten: Was Hamlet »Wahnsinn« nennt, verweist auf die anderen Ausdrucksformen seiner hypokryphen, bizarren oder offen hassvollen Rede. Ihr feindseliges Idiom ist das eigentliche Ereignis des Dramas, in dem die entscheidende Handlung sich aus einem bloßen Zufall am Ende ergibt. Der dem ihm zugedachten Tod auf der Reise nach England Entkommene scheint die Rache nicht mehr im Sinn zu haben. Aber nicht deshalb, weil er wahnsinnig wäre. Wer hier auf Handlung setzt, kommt nicht auf seine Kosten.

Hamlets Selbstreflexion wiederum ist nicht nur die Schatztruhe reiner Gedanken, als die sie immer wieder zitiert wird. Das nähme ihr jenen *assault*, der den Himmel einstürzen lässt. Die intensive Wirkung seiner Selbstreflexion hat vielmehr etwas zu tun mit der Einsamkeit, aus der heraus Hamlet spricht. Sie ist keine bloß kontemplative. Sie hat Ähnlichkeit mit der Einsamkeit Richards III. und mit Macbeth' Abgetrenntheit von den anderen Menschen, die eine andere Form von Hass hervorbringt. Einsamkeit erscheint – besonders im Falle von Hamlet –

---

143 Hierzu Bell, *Shakespeare's Tragic Skepticism*, S. 36-39.

als Quelle des Unbekannten, Unerforschten. Dieser Eindruck wird verstärkt durch Shakespeares Gebrauch neuer Wörter, die er vor der Niederschrift von *Hamlet* nicht benutzt hat,[144] auch wenn man dies selbst als englischer Leser nicht weiß. Die Ähnlichkeit so unterschiedlicher Figuren in Shakespeares Tragödien im Hervorbringen des »Unbekannten« ist ein weiteres Argument dafür, dass es auf die Wahrnehmung der Sprache, nicht auf die Identifikation eines »Charakters« in seiner absehbaren Psychologie ankommt.[145] Wir können uns keineswegs also mit Hamlets Selbstreflexion und seinem Bewusstsein von sich selbst so identifizieren, wie es eine romantische Lesart von ihm als Vorläufer des modernen Individualismus, einer vorromantischen Subjektivität, meint. Das würde auch die Wirkung des Unbekannten, Unerforschten auflösen. Genauer: Die Rede, in der diese Art der Selbstreflexion ihren Ausdruck findet, hat einen imaginativen Effekt, und das ist etwas anderes als das Identifikationsangebot mit einem Charakter. Hamlets Rede enthält als Hass-Rede selbst einerseits ein imaginäres Vokabular, das andererseits wiederum uns Zuschauer und Leser einer Imagination aussetzt, die etwas anderes ist als die »Einfühlung selbstbezogener Leser«.[146] Aber auch etwas anderes als kulturtheoretisches Wissen über die Bedingungen von Hamlets Denken oder über die Geschichte der intellektuellen Rezeption dieses Dramas.

Die Imagination besteht vielmehr in der Produktion von Vorstellungsbildern, die an Shakespeares Wörter anschließen und genuin unendlich fortsetzbar sind, sofern sie intellektuell kontrolliert bleiben. Das macht Hamlets Hass-Rede zu einem extremen Modus der Intensität, zum Stupor des theatralischen Kosmos. Denn wenn wir uns auch nicht mit den Gedanken

144 Hierzu *General Introduction.* In: *The Oxford Shakespeare Hamlet,* S. 30.
145 Zur diesbezüglichen Interpretationsgeschichte vgl. William Kerrigan, *Hamlet's Perfection.* Baltimore 1994, S. 1-33.
146 Vgl. Haverkamp, *Hamlet. Hypothek der Macht,* S. 69.

Hamlets oder Richards III. oder König Lears identifizieren, so werden wir doch affiziert vom geheimnisvoll oder abenteuerlich wirkenden Effekt ihrer Sprache.

Literarische Imagination ist also dann gegeben, wenn die Bildlichkeit der Rede selbst imaginär wird und dadurch zur Produktionsstätte imaginativer Vorstellungen des Zuschauers oder Lesers. Baudelaire berief anlässlich des Verbrechens von Lady Macbeth, wie wir eingangs erwähnten, die Kapazität für das »Unendliche«. Dieser hier poetologisch verstandene, nicht metaphysische Terminus zielt auf den Begriff des Imaginären. Welche Imagination des Lesers oder Zuschauers steckt in den einschlägig imaginativen Einfällen von Shakespeares Hass-Reden, besonders denen Hamlets? Was leistet der Satz: »I will speak daggers to her« für die Einbildungskraft des ihn Hörenden oder Lesenden? Der Satz bietet ja nicht bloß eine metaphorische Umschreibung der Absicht, die Königin mit Worten zu töten. Der Satz hat nicht nur eine Mitteilungsfunktion. Er besitzt eine Ausdrucksfunktion: Und dieser Ausdruck löst komplexere Assoziationen aus, als sie das Verständnis von Hamlets Absicht enthält.

Das ist die Qualität poetischer Sprache überhaupt. Diese Qualität ist nicht beschränkt auf die aggressiven Ausdrucksformen in Shakespeares Dramen. Aber diese Ausdrucksformen sind, wie man sah, singuläre Paradigmen für Qualität. Um so mehr, als man geneigt ist, das sogenannte Poetische eher in einem Liebesgedicht oder einer Naturschilderung denn in der Hass-Rede zu finden.

Erhabener Hass

Satans Tragödie in Miltons *Verlorenem Paradies*

Der »Teufel in Menschengestalt« ist eine Redeweise, um eine abgründig böse Person zu charakterisieren. Richard III. und Macbeth sind, wie wir sahen, von ihren Gegnern und Opfern so angesprochen worden. Dabei ist die Pointe, dass man das Böse in ihnen nicht sofort erkennt. Der Teufel selbst ist hingegen bis zu den Darstellungen der Renaissance und darüber hinaus als hässliches Ungeheuer dargestellt worden. Beispielhaft in Albrecht Dürers Kupferstich *Ritter, Tod und Teufel* von 1513 oder in Michelangelos Darstellung der prallen Schlange, die bei der Vertreibung Adams und Evas aus dem Paradies ihren mächtigen Leib um den verhängnisvollen Baum windet (1508). Auch der in Marlowes *Faust* (1604) und selbst noch zweihundert Jahre später in Goethes Tragödie auftretende Teufel ist bei aller Verführungskunst nicht attraktiv. Unter den intellektuellen Masken und Kostümen lugen noch immer die Hörner, der Schwanz und die Bocksbeine hervor. Seit den mittelalterlichen Mysterienspielen bis zu Marlowes teuflischem Barabas im Kochtopf war vergessen worden, dass der Teufel einmal den Namen des lichttragenden Erzengels, »Luzifer«, trug, des strahlendsten aller Engel, der den Aufstand gegen Gott gewagt hatte, dargestellt im *Alten Testament.*

John Milton hatte es aber nicht vergessen. Der nach Shakespeare als größter englischer Dichter der klassischen Periode Angesehene war ein revolutionärer Geist, Anhänger des Cromwellschen Aufstands gegen den prächtigen ersten Tudor-König Karl I. und Befürworter von dessen Hinrichtung 1649. Das soll nicht erklären, dass Milton den Aufstand Luzifers gegen die himmlischen Mächte zum Thema gemacht hat. Dagegen stehen allein schon die in sein Werk eingegangenen theologischen Referenzen. Aber das Wagnis, noch 1660, am Vorabend der Tudor-Restauration, in der Schrift *The Ready and Easy Way to Establish a Free Commonwealth* gute Gründe für den Republikanismus zu finden, zeigt die subversive Affinität. Als er daranging, sein bis heute unvergessenes Hauptwerk *Paradise Lost* zu beenden, dessen Niederschrift er 1658 begonnen und 1663 abgeschlossen hatte, da mussten die blutigen Ereignisse des Bürgerkriegs und sein eigenes politisches Engagement auf seiten der puritanischen Cromwell-Partei seine Phantasie beeinflusst haben. Der Pamphletist für politische und religiöse Freiheit, vor allem gegen die Orthodoxie der katholischen Kirche, war zum Erfinder unorthodoxer Ideen geworden.

Milton hatte ursprünglich vor, den Sündenfall Adams und Evas als eine Tragödie des Menschen zu schreiben. Dann aber entschied er sich für ein Epos zum gleichen Thema, das, wie er meinte, nicht »weniger, sondern noch mehr heroisch« sei als die Epen Homers und Vergils. Und dabei geschah etwas für den poetischen Geist Aufregendes: Beinahe wäre aus der Tragödie Adams und Evas die Tragödie des ehemaligen Erzengels Luzifer geworden – mit stärkster Wirkung auf nachkommende Dichtergenerationen, wie man an Charles Baudelaires Reaktion sehen wird. Für die Idee, der Figur Satans, die den Sündenfall im Paradies verursacht, eine tragische Aura zu verleihen, spielen das Wort »Hass« und die Darstellung hasserfüllter Szenen eine den negativen Helden identifizierende Rolle. Miltons Satan hat mit seinem Anspruch auf die dramatische Hauptrolle zwei Konkurrenten: den Gottessohn und Adam. Wir werden sehen, wie die Ausstrahlung Satans im heroischen Versmaß nur durch die theologisch-biblische Überlieferung daran gehindert wird, unangemessene Größe zu erreichen. So ungefügig sich Milton als Cromwellscher Propagandist im Staatsdienst erwies, obwohl er dessen Sache doch verfocht, so ambivalent nimmt sich sein

Interesse an Satans Aufstand bzw. dessen nicht pazifizierbarem Trotz-Hass aus.

Dies folgt der vornehmlich poetologisch begründeten Entscheidung für die Form des Epos. Im 1674 beigefügten Vorwort zur erweiterten Ausgabe betont Milton gleich im ersten Satz, dass sein reimloses Metrum der »englische heroische Vers« sei, dem griechischen Vers Homers und dem lateinischen Vergils ebenbürtig. Sich so neben die *Ilias* und die *Aeneis* zu stellen, betont gleich zu Beginn, um was es darstellerisch gehen soll: die Darstellung des Kampfes zweier Gegner, die beide heroische Züge tragen müssen, wenn dieser Kampf denn wirklich unsere Phantasie beschäftigen sollte. Denn hätte nur eine Partei, etwa die Griechen, eine heroische Natur gezeigt, dann wäre die *Ilias* nicht bis heute eine so fesselnde Lektüre geblieben. Neben dem heroischen Versmaß war offenbar die epische Größendimension der breiten Ausdehnung von Kampfszenen entscheidend für die Wahl der Gattung. Für die Konzentration auf Adam und Eva, einschließlich ihrer Verführung durch Satan, wäre die Form der Tragödie in fünf Akten völlig ausreichend und angemessen gewesen. Nicht aber für die Kämpfe und die Unternehmungen, die Milton für seinen Satan im Sinne hatte. Diese waren für ihn offenbar entscheidend bei der Wahl der Gattung des Epos.

Im folgenden wollen wir zeigen, wie sich die Sprache des Hasses bei Satans Aufstand gegen Gott nach Erfolg oder Misserfolg ändert. Dass am Ende der die christliche Theologie beherrschende Sieg Satans steht (dem aber die Erlösungstat des Messias und die Apokalypse der Endzeit folgen werden), verhindert nicht, dass wir vor allem Satans Niederlage als Kämpfer und seine Verbannung in die Hölle verfolgen. Der Hass nimmt unterschiedliche Ausdrucksformen an, die für die Entwicklung des dramatischen Prozesses im Epos wichtiger werden als die theologischen Referenzen selbst. Man sieht im Ersten und Zweiten Buch von *Paradise Lost* die unmittelbare Hass-Reaktion Satans nach dem Sturz in die Hölle, im Dritten und Vierten

Buch die Idee der Rache, den Höllenabsturz aufzuwiegen, und die für Satans Ausstrahlung entscheidende Charakteristik der Trauer. Rache war bei Marlowe und bei Shakespeare der den Hass fundierende Antrieb und wird es auch bei den folgenden Dichtern sein. Auch die Gespräche zwischen Satan und seinem ehemaligen, Gott gehorsam gebliebenen Engelgefährten Gabriel zeigen Seelenzustände zwischen Hass und Hohn. Im Sechsten Buch – das die erinnerte, von dem Erzengel Raphael erzählte Endschlacht schildert, in der als dritter Engel Michael gegen Satan kämpft und ihn schwer verwundet – hindern die für den Sündenfall wichtigen theologischen Themen Miltons Pathos nicht daran, sich der besiegten und in die Tiefe stürzenden aufständischen Engel wie besiegter Heroen anzunehmen, die sich immer wieder erheben werden.

Das Neunte Buch erzählt – die Hass-Metaphorik dabei schillernd entfaltend –, wie Satan Eva verführt, vom verbotenen Baum zu essen, wobei Satan in Gestalt der Schlange zur großen Beredsamkeit im Stil der Redner von Athen und Rom aufläuft. Die Gerechtigkeit Gottes steht dabei immerhin zur Debatte, und man kann sich nicht sicher sein, ob Milton nicht einige Motive, ja Argumente Satans teilt. Es gibt im Zehnten Buch eine abschließend theologisch fundierte Affirmation des satanisch Bösen durch die eingangs eingeführten allegorischen Figuren der »Sünde« und des »Todes«, vor allem aber noch einmal die Gelegenheit, von Satans Hoheit und Satans Niedrigkeit (in der zur Riesenschlange verwandelten Form) Abschied zu nehmen. Das Elfte und Zwölfte Buch stehen ganz im Zeichen der Ausweisung Adams und Evas aus dem Paradies und des Blickes auf die Zukunft der Menschheit nach Sintflut und Erlösung durch Fleischwerdung, Tod, Auferstehung und Himmelfahrt Jesu.

Hätte Milton die Tragödie geschrieben, die er ursprünglich hatte schreiben wollen, dann wäre die Versöhnungsgeste, die trotz des Flammenschwertes über dem Paradies jetzt den Ausgang prägt, nicht möglich gewesen. Anders gesagt: Die theologisch gebotene Substitution des anfänglichen Paradieses durch die Aussicht auf ein unendliches Paradies vereitelt die Tragödie. Einen Ansatz dazu enthält die kritische Frage nach der Gerechtigkeit Gottes im Gespräch Evas mit der Schlange. Und Miltons poetischer Instinkt zwang ihn, dennoch etwas Tragisches in Erscheinung treten zu lassen. Dieses Tragische hat seiner Phantasie den Hass-Effekt des luziferischen Satan eingepflanzt, nicht zuletzt dadurch, dass er den Hass komplex darstellte, einschließlich der Elemente von Trauer und Schmerz. Die Epiphanie Satans ist eingekesselt von der Größe Gottes und seines Sohnes. Gerade dies macht die Epiphanie aber so intensiv. Die ozeanischen Abgründe, Höhen und Weiten durchmisst auch der gestürzte Satan. Miltons Panorama der vom Wasser eingehüllten Erde, die Konzentration, das Wasser in immer stärkere Bilder zu fassen, es gewissermaßen neu zu erfinden, verweist auf das englische Herausgefordertsein durch die See, das der See innewohnende Angebot, mittels der See zu herrschen: Der Kampf Satans und Gottes um die Weltherrschaft ist eine Widerspiegelung der englischen Entdeckung des Wassers, der Ozeane als der ureigenen Dimension. Das Argument der Polarisierung im Weltmaßstab hat auch dem Hass Satans die ihm von Milton zugebilligte Größe gegeben. Wie drückt sich nun der Hass bei Milton aus?

I

Zunächst ist es Satans Erscheinung. Wohlverstanden hat sie Milton an den Beginn seines Werkes gesetzt. Das war nicht selbstverständlich oder notwendig für das Thema des Epos, die göttliche Erfindung des Menschen und dessen Sündenfall. Milton setzt eine entscheidende Pointe, indem er das Epos mit dem Fall des rebellischen Engels beginnen lässt und diesen somit ins Zentrum der Thematik rückt. Was anlässlich von Adams und Evas Abfall von Gott, ihrem Schöpfer, in den ersten Strophen gesagt wird, lässt sich unmittelbar auf den Abfall Satans und der ihm folgenden Engel übertragen. Zwar nicht hinsichtlich des Zieles, wohl aber insofern der Akt des Abfallens selbst, als den Milton die Handlungen der Menschen begreift, betrachtet wird.

Bevor der Name »Satan« fällt, erfahren wir von seinem Sturz: »Als ihn sein Stolz vom Himmel ausgestoßen / Mit seinem ganzen Heer rebellischer Engel, / Mit deren Hilfe er sich selbst getrachtet / Hoch über Seinesgleichen zu erheben, / Ja, mit dem Allerhöchsten sich zu messen, / Wär' er dawider ...«.[147] Das ist noch eine faktische Mitteilung. Dann aber folgt die Charakterisierung des Zustands der Gefallenen ins »bodenlose Nichtssein«,[148] und sofort erscheint mehrfach das Wort »Hass«: Der »Not« und »Peinigung« antwortet Satan: »Mit hartem Stolz und stetem Haß«.[149] »Erscheint« ist der angemessene Terminus, weil das Wort »Hass« regelmäßig auftritt unter den es begleitenden Wörtern »Stolz«, »Not« und »Peinigung«[150] – gegensätzliche psychische Zustände, auf die zurückzukommen ist. Hass ist, bevor Satans Name fällt, »ihm« allein vorbehalten. Nachdem die rebellischen Engel im Absturz in den Feuerschlund zur scheußlichen Schar wurden und indem »er« vom Gedanken an das verlorene Glück und die ewige Strafe gefoltert wird, verleiht Milton dem Hass-Träger seinen Namen. Satan erklärt, ohne Reue, ohne Bereitschaft zur Gnade, dass trotz verlorener Schlacht nicht alles verloren sei: »Denn der Wille, / Der unbesiegbar ist, des Rachsinns Eifer, / Zeitloser Haß, Mut, der sich

---

147 John Milton, *Das verlorene Paradies.* Aus dem Englischen übertragen und hrsg. v. Hans Heinrich Meier. Stuttgart 2008, S. 7 (v. 45-50).

148 Ebd. (v. 36).

149 Ebd., S. 8 (v. 68). – John Milton, *Paradise Lost.* In: ders., *The Complete English Poems.* Edited and introduced by Gordon Campbell. London 1992, S. 151 (v. 58): »with obdurate pride and steadfast hate ...«

150 *Das verlorene Paradies*, S. 8 (v. 67-68).

nie ergibt, / Noch unterwirft, noch was sonst unbezwinglich, / Das soll sein Zorn nicht, noch Gewalt durch ihn, / Als höchste Glorie mir je entreißen«.[151] Satan hat ein Vorhaben im Sinn, das ihm die alte Größe wiedergeben soll. Von Beginn an ist der »Hass« nicht nur ein Zwilling der »Rache«, sondern von den Tugenden des »Mutes« und der »Glorie« umgeben. Der Aufruf zur erneuerten Revolte – noch ungeklärt die Mittel – wird zum Garanten von Satans unverminderter Hoheit.

Dessen äußere Erscheinung findet im Ersten und Zweiten Buch anlässlich seiner Ansprache an die zu Teufeln gewordenen Engel ihre expressive Darstellung. Milton unterlässt es, um des Kontrastes willen, nicht, einige der gefallenen Engel durch besonders abstoßende Charakteristika in ihr theologisch angemessenes Revier zu verweisen: »Moloch« etwa, beschmiert von Menschenopfern und von Elterntränen, oder »Peor«, dessen Orgien die Geilheit zelebrieren, oder »Belial«, ein Geist, wie er unzüchtiger nie vom Himmel gefallen ist. Um die Charakterisierung Satans vorzubereiten, werden andere Scharen von Gott abgefallener Engel dagegen mit dem Volk antiker Helden verglichen, das in »Theben kämpfte und vor Ilium«.[152] Gerade an sie, die »alle Sterblichen an Heldenmut« überbieten, richtet sich Satan: »Doch ihrem fürchterlichen General / Gehorchten sie, und dieser, über jene / An Größe und Gebärde stolz erhaben, / Stand wie ein Turm, noch hatte seine Form / Nicht ihre Ursprungshelle ganz verloren, / Auch schien er minder nicht als ein gestürzter / Erzengel, dessen Überschuß an Glanz / Sich abgedunkelt hatte, ähnlich wie / Die Sonne, neu am Himmel aufgegangen«.[153]

151 Ebd., S. 9 (v. 122-127); *Paradise Lost*, S. 152 (v. 106-110): »– the unconquerable will, / And study of revenge, immortal hate, / And courage reverts to submit or yield: / And what is else not to be overcome / That glory never shall his wrath or might / Extort from me.«

152 *Das verlorene Paradies*, S. 25 (v. 694).

153 Ebd., S. 25 (v. 706-714); *Paradise Lost*, S. 167 (v. 589-595).

Milton setzt alles daran, das allererste Bild von der Erscheinung des Höllenherrschers – das zwar, »erhaben aus der Flut ragend«, vom »Haupte« spricht, die Augen wie »Blitze funkelnd«, aber einen fast tierischen Körper besitzt – definitiv zu überbieten durch die Aura des ehemaligen Erzengels, seiner herrschaftlichen Ausstrahlung. Im Anschluss an das Wort von der aufgegangenen Sonne heißt es:

Doch überschien sie alle,
Auch so verdüstert, der Erzengel noch;
Sein Antlitz freilich war von Donnerschlägen
Mit Narben tief durchfurcht, es saß die Sorge
Auf welken Wangen ihm, doch unter Brauen
Des unbesiegten Mutes und des Stolzes,
Mit Vorbedacht auf Rache nur gesonnen.[154]

Wer kann erhabener aussehen? Satan hatte seine Gefahren in sich bergende Absicht, jene Welt zu erkunden, in der Gott einem Gerücht zufolge einen neuen Menschen pflanzen wolle, von vornherein an sich gezogen. Es heißt im Zweiten Buch:

Der Himmelskrieger Wägsten fand sich keiner
So kühn beherzt, sich zu erbieten oder
Bereit zu finden, diese Schreckensfahrt
Allein zu unternehmen, bis zuletzt
Satan, der jetzt, von Glorie durchströmt,
Hell seine Mitgefährten überstrahlte.
In Königstolz, des höchstens Werts bewußt
Mit unbewegter Miene also sprach.[155]

154 *Das verlorene Paradies*, S. 26 (v. 720-726); *Paradise Lost*, ebd., S. 167 (v. 598-604): Darkened so, yet shone / Above them all the archangel; but his face / Deep scars of thunder had intrenched and care / Sat on his faded cheek, but under brows / Of dauntless courage, and considerate pride / Waiting revenge …«

155 *Das verlorene Paradies*, S. 50 (v. 556-563); *Paradise Lost*, S. 184 (v. 424-429): »Of those heaven-warring champions could be found / So hardy

Satan ist nunmehr als der potentielle Held einer Tragödie innerhalb des Epos etabliert. Er spricht die ihm Zuhörenden an mit
den Worten, die auch deren hohe Abkunft beschwören: »O,
Himmelsstaaten, göttliche Gewalten«[156] (»O Progeny of Heaven, Empyreal Thrones«[157]). Die vor Satan auftretenden En-
gel-Teufel, darunter vor allem der übel charakterisierte Engel
»Mammon«, hatten sich alle nicht nur gegen das gefährliche Unternehmen ausgesprochen, auf die Suche nach den ersten Menschen zu gehen, sondern auch gegen eine zweite Schlacht. Nur
»Beelzebub«, der nach Satan Eindrucksvollste und Höchststeh-
hende, hatte den Gedanken, sich in der Hölle einzurichten, verworfen und statt dessen dem von Satan angedeuteten gefährlichen Unternehmen zugestimmt. Auch er beharrt auf der trotz
des Höllensturzes noch immer gültigen höchsten Herkunft,
wenn er seine Gefährten als »Fürsten« anspricht, als »kaiserliche
Mächte, Jugend des Himmels« und als »des Äthers Tugenden«.[158]
Das ist zwar ein falscher Anspruch, eine Illusion, aber Milton
entdeckt in ihr das Element der tragischen Verfehlung. Und
diese Idee verfolgt er, wenn er die grandiose Erscheinung Satans
im Ersten und Zweiten Buch bis zum Ausdruck des Erhabenen
darstellt. Nur mit solchem Bestehen auf Hoheit lässt sich das
Drama des fortgesetzten Kampfes der Hölle gegen den Himmel
als heroisches Unternehmen vorführen, das wert ist, in zwölf Akten erzählt zu werden.

Um diesen Effekt im Zentrum des Epos zu bewahren, wird
die Schlacht um Himmel und Hölle, die ja dem Ersten und
Zweiten Buch zeitlich vorausgeht, erst im Fünften und Sechsten
Buch aus der Erinnerung des Erzengels Raphael erzählt. So wird

as to proffer or accept / Alone, the dreadful voyage; till at last / Satan,
whom now transcendant glory raised / Above his fellows, woth monar-
chal pride / Conscious of highest worth, unmoved thus spoke.«
156 *Das verlorene Paradies*, S. 50 (v. 564).
157 *Paradise Lost*, S. 184 (v. 430).
158 *Das verlorene Paradies*, S. 45 (v. 398 f.).

die theologische Auffassung von Satan zugunsten der künstlerischen Darstellung verändert: Dass Satan im *Neuen Testament* als »Herrscher der Welt« (Johannes 14,3) charakterisiert ist – bis das Endgericht auch mit ihm Schluss macht –, gibt Miltons Erhebung des Satans zur Größe gleichwohl keinen religiösen Kern. Der in Majestät Gekleidete ist Miltons Phantasie entsprungen. Und deshalb liegt in dessen Ornat immer das Wort »Hass« als kostbarstes Zeichen solcher Hoheit bereit: Es arrangiert die Erwartung des Lesers im dramaturgischen Verständnis. Es arrangiert die Vorstellung des Lesers im imaginativen Sinn.

Die Größe der heldischen Figur wird zu Beginn von Satans Flug durch das Weltall dem archetypischen griechischen Heros nachgebildet: Satan muss, bevor er die Hölle verlässt, an zwei Wache haltenden Ungeheuern vorbei, vergleichbar dem mehrköpfigen Hund Cerberus, der die Unterwelt bewacht. Die anderen Engel hatten schon auf ihrer Suche nach erträglichem Aufenthalt mythische, aber schreckenerregende Orte durchquert: den Sumpf Serbonis mit seinen Harpyien und den Lethe-Strom des Vergessens, sogar die Furt der grässlichen Medusa. Satan, umgeben von seinen Engeln, schien nun als einziger unterwegs: »In ihrer Mitte schritt / Ihr mächtig Haupt und schien so sehr allein«.[159] Milton ist offensichtlich am Alleinsein, einem im 16./17. Jahrhundert als »Qualität« befundenen Zustand, besonders gelegen: nämlich als ein Vorzeichen des düsteren romantischen Einzelgängers. Das macht Satan insbesondere zum »Gegenspieler« des Himmels, er wird »der Hölle gefürchteter Regent«.[160]

So erblickt Satan bei seinem Flugversuch schließlich ein Weib an der Höllenpforte, das von der Mitte seines Leibes abwärts wie eine mordbisslustige Schlange in einem »Schuppenschwanz« endet, während gleichzeitig aus ihrem Unterleib das Bellen von

159 Ebd., S. 53 (v. 666f.).
160 Ebd. (v. 668f.).

Höllenhunden mit offenen Rachen zu hören ist. Zum anderen sieht er ein Ungeheuer, dessen Beschreibung auf etwas jenseits jeder identifizierbaren Gestalt des Grauens hinauswill. Vor ihm würde die Hölle selbst erbeben. Nicht aber Satan. Er »erstaunte« nur, aber »er fürchtete sich nicht«.[161] Zunächst betont die Hässlichkeit beider Gestalten die gegensätzliche Ausstrahlung Satans, emphatisiert seine Hoheit. Um so mehr, als sich herausstellt, dass das Weib, die Schlangenhexe, die Mutter des anderen Monstrums ist, das Satan mit ihr gezeugt hat. Sie selbst, seinerzeit »himmlisch schön strahlend und bewaffnet«, war noch vor dem Aufstand Luzifers Haupt entsprungen – Milton benutzt offenbar das Vorbild von Pallas Athene, die dem Haupt des Zeus entwuchs. Bevor die Hexe ihrem »Vater« und »Geliebten« Satan von der eigenen Herkunft und der des anderen Monstrums berichtet, hatte Satan diese Erscheinung bereits erblickt und war zum Zweikampf entschlossen:

> Ihr gegenüber, vor Entrüstung lodernd
> Stand Satan unerschrocken, hell entbrannt,
> Wie ein Komet, der seinen Feuerschweif
> Erschrecklich durch die Nacht der Arktis schlägt.[162]

Was Satan in Gestalt der zur Halbschlange gewordenen »Tochter« und des nicht mehr beschreibbaren Monstrums vor sich hatte, waren in endgültiger Definition die allegorischen, später wiederkehrenden Figuren des höllischen Paars »Sünde« und »Tod«. Milton konnte den zunächst demonstrierten absoluten Gegensatz zwischen dem Fürsten der Hölle und diesen höllischen Kreaturen nicht aufrechterhalten. Aber er war offensichtlich erleichtert, Satans hässliche Verbundenheit mit ihnen auf-

---

161 Ebd., S. 59 (v. 883).
162 Ebd., S. 60 (v. 921-924); *Paradise Lost*, S. 191 (v. 706-710): »On the other side, / Incensed with indignation, Satan stood / Unterrified and like a comet burned, / That fires the length of Ophiucus huge / In the arctic sky.«

zuheben. Die Schilderung von dessen Flug durch die große Leere des Orkus und des Chaos hinauf zum Licht, nachdem ihm die grauenerregenden Torwächter schließlich das Tor geöffnet hatten, verhilft ihm dazu. Die Beschreibung dieses Flugs, nicht von ungefähr von Füssli zu Perspektiven des Unendlichen imaginiert, lässt Satan zum Abenteurer und Entdecker einer Sphäre jenseits des Urabgrunds und der Nacht werden. Satan bleibt der »wachsame Feind«, der »Böse«, er ist gleichzeitig aber der Kühne und »Unerschrockene«. Zwei Charakteristika erhöhen ihn zusätzlich zum unvergesslichen Erzengel, der er gewesen ist und dessen Eigenschaften ihn partiell immer noch auszeichnen: Die Gefährlichkeit seines Dranges zu höheren Welten wird abermals verglichen mit zwei griechischen Mythen, der Fahrt der Argonauten, die gemeinsam mit Iason das Goldene Vlies suchen, und mit Odysseus' Fahrt, auf welcher er der Charybdis, dem Strudelungeheuer, mit knapper Not entkommt. Der Aufwärtsflug selbst, der unerschrockene, ungehinderte Flug empor durch die düsteren Niederungen von Orkus, Chaos, Hades und Demorgon, ist eine buchstäbliche Umkehrung des vorangegangenen Sturzes ins bodenlose »Nichtsein« des »Feuerschlunds«, wie es zu Beginn des Epos heißt. Auch hierdurch konnte Milton die Erwartung auf etwas Unerwartetes gründen.

Währenddessen ist Satan zur bösesten Tat unterwegs: der Verführung Evas, Gottes Gebot nicht zu achten. Das nimmt mit Unterbrechungen die folgenden Bücher ein. Diesem Prozess des Bösen bleibt dennoch das Kriterium des Attraktiven erhalten – nicht nur weil das »Böse« immer attraktiv wäre, sondern vornehmlich aufgrund der Gestalt Luzifer-Satans: Denn Miltons Beschreibung der Schlange im Neunten Buch, die Satan sich als Gestalt gewählt hat, um mit Eva zu sprechen, ist besonders anmutig: Eine »reizende Gestalt / Und lieblicher als je seither die Art / Der Schlange war«.[163] Doch von der Schönheit

---

163 *Das verlorene Paradies*, S. 268 (v. 630-632).

Evas betört, vergisst Satan seine eigene Bösartigkeit kurzzeitig, nur um sie gleich darauf mit dem »schärfsten Haß / Erneuert auf[zunehmen]«.[164] Satan stellt als Schlange angesichts der Schönheit Evas die Überlegung an: »Hat mich die Höll' verdorben und die Pein / Entkräftet, im Vergleich mit dem, was ich / Im Himmel war. Und sie so göttlich schön, / Für Götter eine Liebe, schrecklich nicht, / Ob Schrecken auch in Schönheit ist und Liebe, / Wenn ihnen stärker nicht der Haß begegnet; / Ein stärkrer Haß, als Liebe gut getarnt, / Wie ich nun ihren Fall zu wirken trachte«.[165]

Satan, im Neunten Buch inzwischen mitsamt seinen höllischen Heerscharen von den Engeln des Himmels besiegt, ist nunmehr sogar zum Philosophen des Hasses geworden, des Ausdrucks der Schönheit! Hätte sich der »Hass« Satans als Schlange nicht mit Anmut gepaart, wie der Hass des Höllenfürsten mit Hoheit, wäre Eva nicht zum Übertreten von Gottes Gebot, nicht vom Baum zu essen, überredet worden und wäre nicht, beeindruckt von der Rede der Schlange, deren Argumenten gefolgt. Milton hat alles getan, um das der Schlange nachgesagte hässliche Aussehen und Ansehen nicht in der Erscheinung der satanischen Schlange wiederkehren zu lassen.

2

Richard Wagners Walkürenritt könnte einem in den Sinn kommen bei Miltons Darstellung des Ritts der bösen Engel. Wollte Milton dem Epos homerische Züge geben, dann war die Schilderung des heroischen Kampfes zwischen zwei Heeren, dem Heer des abgefallenen Erzengels und dem Heer der Engel, die

164 Ebd., S. 267 (v. 590f.).
165 Ebd., S. 267f. (v. 610-617).

Gott treu blieben, wie es das Sechste Buch vorführt, das überzeugende Mittel dafür. Vor allem – ganz nach dem Muster der *Ilias* – die Darstellung des Kampfes einzelner Engel gegeneinander. Aus dramaturgischer Kalkulation werden die Gegner Satans nicht nur bei der Schilderung des Kampfes charakterisiert, sondern bereits im Vierten Buches während eines Gesprächs. Die erste geschilderte Begegnung zwischen dem Erzengel Gabriel und Satan findet also post festum statt und geht nicht unbedingt zugunsten des Lieblings Gottvaters aus, gerade weil Gabriel sich auf den Zorn Gottes gegen den gestürzten ehemaligen Gefährten beruft: Im Hohn Satans gegenüber Gabriel, dem »weisen« Engel, verbirgt sich ein Stück Verachtung; die Verachtung dessen, der im Unterschied zum Klassenprimus, der »nur Gutes« kennt und »Böses nie« versuchte, für den Ungehorsam büßen musste.[166] Das klingt aus dem Mund Satans wie ein Mangel Gabriels an existentieller Erfahrung. Selbst Gabriels Spott über Satans Versuch, der Höllensphäre zu entkommen, hat Milton etwas von mangelndem Sinn für Widerstand unter aussichtslosen Bedingungen beigefügt. Gabriels Worten, die mit der Drohung enden, Satan »in Ketten« zur »Höllengrube« zurückzuführen, bietet Satan deutlich Paroli. Er erinnert ihn daran, was er diesem schon einmal gesagt hatte: Dass ihm Gabriels Speer beim Aufstand nur mit höchster Hilfe gefährlich geworden war und er ihn jetzt besiegen könnte. Es ist Gottes Entscheidung, dass aus dem Gespräch zwischen beiden nicht abermals ein Kampf zwischen Satan und den hinzutretenden Engeln wird.

Natürlich lässt Milton keinen Zweifel an der absoluten Differenz zwischen Himmel und Hölle. Das ist schließlich der Inhalt des Epos, wenn auch nicht sein ganzer Gehalt. Denn der Dichter sieht sich genötigt, wie wir nun wissen, dem höllischen Hass den Effekt des Phantasmas abzugewinnen, da ohne dieses

---

166 Ebd., S. 135 (v. 187f.).

das Epos sich nicht zum Drama entfalten könnte, sondern ein langes Gebet zu Ehren Gottes geworden wäre.

Neben Gabriel ist es Raphael, der unter Gottes Engeln unser Interesse weckt. Von Gott beauftragt, Adam und Eva vor dem »Feind« zu warnen, erscheint er ihnen im Fünften Buch als überwältigend »herrliche Gestalt«.[167] Seine Schönheit, der poetische Glanz seines »göttlichen Körpers« im »Panzerhemdgefieder«, könnte an den düsteren Glanz Satans erinnern. Als eine autonome, aus sich selbst und nicht von Gott ausgeliehene Schönheit. Aber Raphaels Rede gegenüber Adam und Eva handelt von nichts anderem als vom Gehorsam gegenüber Gott als Bedingung des Glücks. Sie ist das Gegenteil der Rede Luzifer-Satans. Und die Schilderung der Heere des Himmels, die ja Satans Heere vernichtet hatten, klingt wie die Lobpreisung militärischer und höfischer Ordnung: »Im Sog der Luft, und Banner und Standarten / Ziehn mit im Zug und führen je und je / Die Hierarchien, Orden, Stufen an / Oder gedenken in der Waffenzier / Des Fahnenglanzes heil'ger Ruhmestat«.[168] In Satans Augen ein Lobgesang der vergoldeten Unterwerfung! Zugleich schildert Raphael die Erhebung Satans, die schon im Ersten Buch angedeutet worden war und im Sechsten Buch ihre eindringliche Schilderung durch Raphael erfährt. In Raphaels Darstellung wird zur Erklärung des Aufstandes wiederum das »Hass«-Wort genannt, Gottes Sohn selbst spricht davon: dass der »Hass« Satans den Ruhm von Jesus nur verherrliche.[169] Und »Ruhm« meint hier auch das Selbstopfer, zu dem der Sohn sich bereiterklärt hat. Die Sprache, die Milton wählt, konzentriert sich auf feudalaristokratische Werte, auf Kategorien des Stolzes und der Macht, also auch bezüglich des göttlichen Lagers. Dies gerade ermöglicht es, Satans tragischen Rang im Epos zu behaupten. In Raphaels Erinnerung an den königlichen Palast, den sich

167 Ebd., S. 151 (v. 400).
168 Ebd., S. 161 (v. 752-757).
169 Ebd., S. 166 (v. 938).

der Erzengel »Luzifer« – das einzige Mal, dass dieser Name genannt wird – vor dem Aufstand auf einem Berg erbaut hat, kündigt sich der Aufstand an. Es folgt eine Darstellung der Erhebung, wie sie der Rebellion von Cromwells Armee gegen Karl I. vergleichbar sein könnte. Der Legitimierung dieses Aufstands aus der Sicht Satans dient eine besondere Szene: Indem der Gottesengel Abdiel Satans Vorwurf gegen Gott ironisiert – »Ungerecht, / Ganz einfach ungerecht, sagst du, die Freien / Zu binden durch Gesetze und, was gleich, / Über die Gleichen als Regent zu stellen, / Nachfolgerlos den einen über alle«[170] –, benennt er Luzifers kraftstrotzenden Anspruch auf Gottgleichheit und den gegenüber Gott erhobenen Vorwurf der Usurpation. Dem setzt der Himmelsengel das Argument entgegen, die Bejahung von Gottes Allmacht impliziere, dass man mit Gott nicht rechten könne, »was die Freiheit sei«. Genau das hat auch Karl I. seinen republikanischen Anklägern entgegengehalten.

Es ist Milton zuzutrauen, dass er sich – obwohl er alle rhetorische und logische Kraft dieses Arguments aufbietet – des Freiheitsanspruchs nicht enthalten konnte und wollte. Auch wenn er für Luzifer gilt, der noch nicht Satan war. Was Milton Luzifer dem gehorsamen Engel als Antwort geben lässt, hat der junge Goethe ein Jahrhundert später in verwandtem Sinn seinem Prometheus als Antwort an Zeus in den Mund gelegt. Denn Luzifer erklärt:

> … wir haben selber uns
> Erzeugt und durch die eigne Lebenskraft
> Hervorgebracht, als uns in vollem Lauf
> Das Schicksal rundete und als Geburt
> Der Himmel reifte, dessen Stamms wir sind,
> Des Äthers Söhne; unsere Kraft ist unser …[171]

---

170 Ebd., S. 169 (v. 1035-1039).
171 Ebd., S. 171 (v. 1086-1091).

Zwar verdirbt Goethes Prometheus nicht wie Satan die Menschen, sondern bringt ihnen das Feuer. Aber auch er ist wegen des Ungehorsams ein Opfer des Höchsten geworden, täglich grausam gequält, bis er sich befreit. Die Herausforderung Gottes im Namen der Selbstgewissheit ist dabei die gleiche! Dennoch: Milton stellt den einen jungen Engel Abdiel nicht bloß als einen Gottgehorsamen aus, sondern ebenso als einen Unerschrockenen, der als einziger aus Luzifers Engelsschar diesem drohend widerspricht und ihn verlässt. Immer wahrt Milton das theologisch Gebotene. Um so auffälliger ist es, wie er Satans Selbstbewusstsein als Feier individueller Autonomie hervortreten und ihn damit als Fackelträger der Freiheit *avant la lettre* erscheinen lässt.

Am Ende des Fünften Buches hat Milton Raphaels Erinnerung an die Entscheidungsschlacht ausgelegt. Der Leser ist vorbereitet auf Satans Machenschaften, mit denen er auf das Paradies zielt. Warum aber lag Milton daran, die Endschlacht, also das zeitlich vorangegangene Ereignis, das aus Luzifer Satan gemacht hat, erst jetzt zu entfalten? Wohl um den Geschlagenen, den endgültigen Verlierer, noch einmal im vollen Licht der ihm schon zuerkannten Majestät aus Mut und Hass zu zeigen. Milton hat schon vorher alles getan, der moralisch-theologisch verlorenen Sache seines Helden, wo immer das möglich war, etwas anderes zur Seite zu stellen. Aus diesem Grund muss die Schlacht, um deren furchtbaren Folgen zu entgehen, Satan jetzt unterwegs ist, so spät erst ausführlich erzählt werden. Erzählt von Raphael, dem objektiven und doch parteiischen Vertreter der Cherubim. Dabei zeigt sich abermals, dass Milton ihm aus dem Bürgerkrieg geläufige Beobachtungen auf das Thema seines Epos anwendet, nun aber zugunsten des guten Engels. Dessen Abwehr Satans wird durch den Satz Gottes qualifiziert: »Der du allein gegen empörte Massen / Zur Wahrheit standest, mächtiger im Wort / Als sie in Waffen ...«.[172] Der eigentliche Einzel-

---

172 Ebd., S. 174 (v. 37-39).

gänger des Epos ist zwar Satan. Da Milton an dieser Qualität aber so viel gelegen war, verweigert er dem guten Engel, wo dieser den Mut gegen »Massen« zeigt, nicht die Auszeichnung! Solche Reverenz gegenüber dem Bürgerkrieg ist ambivalent, denn man müsste die rebellischen Engel mit den rebellischen Königsmördern vergleichen.

Emphatisch ist die Darstellung des Aufmarsches der luziferischen Scharen, die im Unterschied zu den von harmonischer Musik begleiteten Gottestruppen ausführlicher und vor allem mit größerem kriegerischen Aplomb beschrieben sind:

> Zuletzt erschien, weit gegen Mitternacht,
> Ein Feuerstreif am ganzen Horizont,
> Ein Landesteil in Kriegesflammen schien's,
> Und, näher dran, sträubte sich ein Strahlenwald
> Von unzählbaren starren Speeren auf
> Und Helmen dicht und Schilden mancherlei,
> Mit prahlendem Emblem und Spruch bemalt:
> Satans massierte Macht auf schnellem Marsch
> In toller Hast begriffen, denn sie wähnten
> Am selben Tag im Kampfe oder wohl
> Durch Überraschung, Gottes Berg zu stürmen
> Und seines Staates Neider auf den Thron,
> Den stolzen Streber, hinzusetzen.[173]

Der Erzähler Raphael – noch immer im Gespräch mit Adam und Eva – nennt Luzifer (nun fast schon der Satan) einen »Neider« des Staates Gottes, einen »stolzen Streber« nach dessen Thron, wohlwissend bereits, dass dieser Versuch vergebens war. Dass Engel gegen Engel kämpfen (und vielleicht noch einmal kämpfen werden), ist Raphael, wie es aus seiner Beschreibung des Rebellenangriffs herausklingt, noch immer ein unerhörtes Geschehen:

173 Ebd., S. 176 (v. 91-103).

Doch nun erklang der Schlachtruf; das Gebraus
Des Anmarsches verscheuchte alsogleich
Jedweden sanfteren Gedanken. Hoch
In ihrer Mitte, wie ein Gott erhöht,
Saß der Rebell auf sonnenhellem Wagen,
Ein Afterbild göttlicher Majestät,
Von Cherubim und Waffenprunk umrahmt,
Dann stieg er ab von seinem prächtigen Thron,
Denn jetzt war zwischen beiden Heeren nur
Ein schmales Stück noch grausen Niemandslandes,
Und Front stand schreckerregend gegen Front
In grimmer Länge an: der Vorhut vor,
Auf Kampfes Schneide, eh' sie noch geschärft,
Schritt Satan breit und arrogant einher,
Hochragend, gold- und diamantbesetzt;
Und Abdiel ertrug den Anblick nicht,
Wo er, der höchsten Tat begierig, stand
Unter den Mächtigsten, und in die Tiefe
Seines furchtlosen Herzens forschte er:
»O Himmel, daß solch eine Ähnlichkeit,
Mit dem Allerhöchsten noch bestehen kann!
Wo Treu und Glaube nimmermehr bestehen![174]

Bevor sich am Ende des Sechsten Buches die in die Tiefe stei-
genden rebellischen Engel in höllische verwandeln und die
Hölle sie gähnend auffängt, hat sich der Endkampf, wie von
Milton angekündigt, in eine homerische Heldenschlacht verwandelt, in der auf beiden Seiten einander ebenbürtige Heroen
in Einzelkämpfen herausragen. In Satans Anblick, verstörend
durch seine Ähnlichkeit mit dem Allerhöchsten, ist diese Gleich-
wertigkeit vorbereitet. Im Ersten und Zweiten Buch, also zeitlich nach der Endschlacht, war ihm, wie wir sahen, noch immer

---

174 Ebd., S. 176f. (v. 112-133).

emphatisierter Glanz zu eigen. Mit welchem Stolz und welcher Kampfbesessenheit hat ihn Milton ausgezeichnet! Nach dem Vorbild der *Ilias*, in welcher sich die wichtigsten Helden ihren angemessenen Gegner aussuchen – so Hektor den die Rüstung Achills tragenden Patroklos und Achill den Hektor, nachdem dieser Patroklos getötet hat –, so sucht sich auch Luzifer-Satan seinen Gegner aus:

Und lange unentschieden wogte so
Der Kampf; bis Satan, der an jenem Tag
Von Riesenkraft besessen und auf keinen
Ihm Ebenbürtigen gestoßen war,
Indes er durch die grause Schlachtenfront
Der Seraphim im Kampfgewirr sich schlug,
Zuletzt das Schwert von Michael erblickte,
Wo dieses traf und ganze Scharen fällte
Auf einen Schlag; zweihändig hochgeschwungen,
Fuhr da der grause Schliff weittilgend nieder;
Solcher Zerstörung Einhalt zu gebieten,
Eilt er dahin, und hielt die runde Fluh
Zehnfachen Diamants, hielt seinen Schild
Als Riesenfläche mächtig ihm entgegen:
So wie er nahte, ließ der Erzengel
Von seinem ungestümen Ringen ab
Und, zuversichtlich, so den Bruderkrieg
Im Himmel zu beenden, daß er sich
Den Erzfeind unterwürfe, oder ihn
In Banden schlüge ...[175]

Wie in der *Ilias* vorgezeichnet, sprechen sich die beiden Kämpfer vor ihrem Zweikampf an, auch in diesem Fall wissend, dass nur einer von ihnen überleben wird. Aber auch hier geht es um ein Überleben, wenngleich in einem spirituellen Verständnis.

175 Ebd., S. 181 f. (v. 296-315).

Michael, den sich Satan als Ebenbürtigen auserkoren hat und der nunmehr neben Raphael und Gabriel als dritter Cherub, das heißt »Lichtengel« und »Bote Gottes«, namentlich erwähnt wird, nennt sein Gegenüber den »Vater des Bösen«. Er habe sie alle in den »verhassten« Kampf gezogen. Das Wort »verhasst« wird wiederholt; dem ehemaligen Gefährten wird die Zukunft in der Hölle vorhergesagt, dem »Ort des Bösen«, wohin Luzifer, nun Satan, das Böse, das ihm selbst entsprungen sei, mitreißen möge.[176] Demgegenüber preist Satan den angeblich »verhassten« Kampf und die Tapferkeit der Seinen als ruhmreich an: »Hast die Geringsten du aus meiner Schar / Denn in die Flucht geschlagen, oder, wenn / Zu Fall gebracht, erheben sie sich nicht, / Von neuem unbesiegt?[177] Das Unbesiegtsein, die Kapazität, sich erneut zu erheben, wird von Milton so betont, weil er sie selbst noch nach der Niederlage für Satans Qualität des »Hasses« geltend macht. Andernfalls würde die Luft aus dem Schlauch entweichen. Der Zweikampf, bei dem Satan, wäre er nicht ein außerirdisches Wesen, von Michael getötet worden wäre, emphatisiert noch einmal die Gleichheit des guten und des bösen Engels, was Mut und Kampfkraft betrifft – Satan gegen Michael wird in Raphaels Erzählung zum planetarischen Ereignis:

> Nun schwangen sie die Flammenschwerter und
> Beschrieben grause Kreise in der Luft,
> Zwei große Sonnen blitzten ihre Schilder
> Sich grell entgegen; die Erwartung stand
> Vor Schrecken still: behend auf beiden Seiten
> Zog sich der Engelhaufe, wo er jüngst
> Im Kampf gelegen, da zurück und ließ
> Als ungefährlich nicht in solchem Wind
> Des Wirbelsturmes eine Wahlstatt frei,

176 Ebd., S. 183 (v. 335-337).
177 Ebd. (v. 346-349).

Gleich wie (um Groß mit Kleinem zu vergleichen)
Wenn, außer Rand und Banden der Natur,
Ein Krieg entsprungen wäre unter Sternen,
Wo zwei Planeten, bösesten Aspekts,
In schärfster Opposition direkt
In Himmelsmitte aufeinanderrasten
Und ihre Kerne so im Prall verschmölzen.
Sie holten beide, fast allmächtig stark,
Zugleich bedrohlich aus zu einem Streich,
Dem, allentscheidend, wohl kein zweiter mehr
Wo jener jäh getroffen, folgen konnte:
Auch war an Schnelligkeit und Kampfkraft hier
Kein Unterschied; doch hatte Michael
Sein Schwert aus Gottes Arsenal empfangen,
Gestählt, daß weder Hart noch scharfgeschliffen
Der Schneide standzuhalten mochte: steil
Fuhr es auf Satans Schwert mit Wucht herab
Und schnitt es glatt entzwei und hielt nicht an,
Sondern, mit schneller Schwenkung im Revers,
Hieb es ihm stracks die rechte Seite durch;
Da lernte Satan Schmerz zum ersten Mal
Und wand sich krümmend hin und her, so tief
Durchbohrte ihn mit klaffender Verwundung
Das sirrend scharfe Schwert: doch schloß sich gleich
Ihm wieder seine himmlische Substanz
Für lange trennbar nicht, und aus dem Schnitt
Ergoß sich nektargleich ein Saft wie Blut,
Wie Himmelsgeister ihn zuweilen lassen,
Und überfleckte seiner Rüstung Glanz.[178]

178 Ebd., S. 184f. (v. 372-409).

Dem Schmerz der tiefen Wunde konnte Satan noch immer die Stirn bieten, auch wenn er vor Michaels Hieben gerettet werden musste: Dem Zurückweichen seines Heeres zum Trotz erhebt er, verwundet, die Stimme der Unerschrockenheit, die »Ehre, Herrschaft, Glorie und Ruhm« noch immer in Aussicht stellt, da man den ganzen Tag im »unentschiedenen Waffengang« ausgeharrt habe.[179] Satans Einfall, mit einem aus der Himmelserde gewonnenen zerstörerischen Material, einer Art Pulver, in die nächste Schlacht zu ziehen, wird in physikalisch-geologischer Akribie erklärt. Aber das ist nur ein Aufschub der endgültigen Niederlage. Immerhin ist die Rede von einem Werkzeug, das – die Waffentechnik von Miltons Epoche strategisch weitertreibend – als »teuflische« Erfindung im buchstäblichen Sinne figuriert. Eigentlich könnte Satans Widersacher nichts dagegen unternehmen. Es bleibt nur die Theologie: Denn der Gottessohn wartet am Ende von Raphaels Schlachterzählung, wie vom Vater geheißen, darauf, den endgültigen Triumph des Sieges für den Himmel zu erringen. Der gefallene Erzengel spricht nicht mehr, nachdem er im letzten Hohn denen, »die uns hassen«,[180] einen Frieden angeboten hatte, der den himmlischen Engeln die Niederlage bereiten sollte. Satan dagegen wird als Heros, wie schon erörtert, nach der Niederlage erneut sprechen, und dies im Hass schließlich sogar als Schlange.

Die Sprache des Gottessohnes erreicht nicht die »Hass«-Intensität Satans. Er spricht die vollendete Sprache des Hofes, so wie auch Satans Metaphorik ausgestattet ist mit dem Vokabular des feudalen Kriegeradels. Wenn Gottes Sohn gepriesen wird »als der Herrschaft Würdigster«, dann verbreitet die Diktion einen konventionellen Ton: »gefeiert zog / Er triumphierend durch die Himmelsmitte / In Hof und Tempel seines Vaters ein, / Der hoch und mächtig thronend ihn empfing / In seine

<hr>

179   Ebd., S. 188 (v. 523f.).
180   Ebd., S. 192 (v. 680).

Herrlichkeit, wo er nun sitzet / Zur Rechten unserer Glückseligkeit«.[181] Diesem Hochaltar der göttlichen Sphäre ist der Sturz des satanischen Heeres unmittelbar gegenübergestellt. Es ist augenfällig, mit Hilfe welch ausgesucht extravaganter Wörter die Niederstürzenden die letzte Tiefe erreichen und mit welch absehbarem Vokabular dagegen der Messias sich hoch oben einrichten kann. Mit anderen Worten: Satans »Hass«, nicht die »Liebe« des Messias, nimmt unsere Phantasie gefangen und macht das Epos so lesenswert. Denn wie immer Satan auftritt, der »Hass« oder der »Zorn« oder die »Rache« oder der »Hohn« kommen angesichts seiner einstigen Gefährten, der drei Erzengel, aus dem Munde eines Empfindenden, dem gegenüber diese mehr oder weniger gefühllos bleiben: aus Gehorsam gegenüber der göttlichen Satzung.

Man kann nicht so weit gehen und diese Differenz der Gefühls- und Erregungssprache Satans als den Unterschied des »schönen Verlierers« im Gegensatz zum banalen Sieger nennen. Aber es ist nur eine letzte Barriere des Miltonschen religiösen Instinktes, der seine Darstellung daran hindert, eben das zu sagen. Diese Barriere ist es, die das geschlagene Heer in der Hölle ein »Heldenvolk« bleiben lässt, das den alten »Hochmut« wiederfindet.[182] Mehr noch: In der Hölle fordert Satan, dass seine mächtigen Banner wieder aufgerichtet werden, die Reichsstandarte wieder voranglänze und Kriegsmusik erschalle. Als ob Milton den im Ersten Buch berichteten grausigen Sturz in die Tiefe – im Sechsten Buch dann ausführlich geschildert – wieder rückgängig machen wollte. So tritt das Heer der gefallenen Engel – verglichen mit einer Phalanx der tapfersten Griechen, den Doriern – vor seinen Herrscher hin, sich seines einstigen Mutes bewusst, der es zu »höchster Kampfkraft« gebracht hatte, die nie an Flucht gedacht habe. Nicht nur mit den Doriern vergleicht

---

181 Ebd., S. 203 (v. 1073-1078).
182 Ebd., S. 23 (v. 629).

Milton sie, sondern mit Karl dem Großen und seinen Edlen, dessen Nachhut dem baskisch-arabischen Hinterhalt zum Opfer fiel, bis zum letzten Augenblick kämpfend: »So überboten / Sie alle Sterblichen an Heldenmut«.[183] Und so auch Satans Heer. Seinem Anführer hat Milton selbst im düsteren Abgang der satanischen Existenz die Aggressivität des luziferischen »Hasses« nicht genommen. Das Wort besitzt die Aura einer transzendentalen Größe, nicht bloß einer psychologischen Charakteristik.

3

Damit kommen wir zu einem besonderen Aspekt dieses Hasses, den als erster Charles Baudelaire wahrnahm: Satan leidet. Er ist eine Figur nicht nur des Hasses, sondern des Schmerzes, wobei beide Empfindungen miteinander verbunden sind. Das war in der eingangs zitierten Charakteristik seiner äußeren Erscheinung schon auffällig. Das Düstere, das er beim ersten Anblick der Hölle erkennt, spiegelt sich in seinen Augen, in seinem Antlitz wider. Er ist von den Narben des Endkampfs geprägt. Über den Ausdruck des unbezwingbaren, auf Rache sinnenden Mutes und Stolzes hinaus ist die Sorge zu erkennen. Das englische Original klingt – wie meist – herrischer als die deutsche Übersetzung,[184] so dass Satans Schmerz als Kontrast besonders deutlich hervortritt.

Was ist die Ursache des Schmerzes? Gewiss, die Katastrophe, zu der ihn der Himmel verdammt hat, das Schuldgefühl gegenüber den Engeln seiner Gefolgschaft. Sollte hier aber nichts anderes als der Unhold des Kosmos vorgeführt werden, dann wä-

---

183 Ebd., S. 25 (v. 704f.).
184 Vgl. S. 123 dieses Buches.

re der Blick auf den Gram, der sich in seine Züge eingeprägt hat, eine überflüssige Ergänzung zur Darstellung seines tiefen Falls, eine moralisierende Betonung der Bestrafung. Aber Satan wird noch immer ein verlorener »Erzengel« genannt, der seinen neuen Wohnsitz, die Hölle, »trauervoll« nennt:[185] »mourneful gloom«.[186] Er hätte auch von Schwermut sprechen können. Man erinnere sich, dass Satan – oder war es noch Luzifer? – sich im Gespräch mit Gabriel, der ihn »Satan« nennt, zum Schmerz bekannte: »Lebt denn irgendwer, der seine Schmerzen liebt?«[187] Gabriels augenscheinliche Unfähigkeit, solch eine existentielle Erfahrung erwägen zu können, wird von Satan verächtlich behandelt: als intellektuelle Schwäche, aber auch als Selbstbetrug.

Milton unterlaufen solche Unterstellungen eines moralischen Kriteriums bei dem Repräsentanten des Bösen beiläufig – obwohl dieses Kriterium ja paradoxerweise häufiger bei Satan auffällt. Dadurch werden dessen Anspruch auf höchste Macht und der Schmerz über die verlorene Macht als ein subjektiv empfundenes Recht und Unrecht markiert. Es ist auf jeden Fall ein Wert-Axiom, dem das Kriterium des Ehrenhaften und Unehrenhaften entspricht, jenes Kriterium, das ja auch die feudalritterlichen Tugenden bestimmt, nach denen Satan urteilt.

Wer betont, dass Satan, im Unterschied zu dem, der ihn besiegte und der stets Schmerzen flieht, ein Mann des Schmerzes wurde, lässt Gabriels Rede oberflächlich erscheinen, als, wie schon festgestellt, Rede eines gefühllosen Befehlshabers. Vor dem entscheidenden Kampf hat Satan einem gottesfürchtigen Engel die diesbezüglich ironische Antwort gegeben: »Wohl hielt ich einst die Freiheit und den Himmel / Himmlischen Seelen für ein und dasselbe, / Doch seh ich nun, daß ja die allermeisten / Aus Trägheit eher unterwürfig bleiben, / Zu Festen nur

185 *Das verlorene Paradies*, S. 14 (v. 284).
186 *Paradise Lost*, S. 156 (v. 244).
187 *Das verlorene Paradies*, S. 134 (v. 1177f.).

erzogen und Gesängen; / Nun also stehn des Himmels Meistersinger / In Waffen, Knechtschaft gegen Freiheit, da ...«[188]

Bevor Satan in den Abgrund stürzt, ist er von Verwundungen
gezeichnet. Es ist eine der poetischen Gerechtigkeit geschulde-
te Eigenschaft, wenn der Verlierer attraktiver wirkt als der Sieger. Das gilt nicht nur für Richard III., sondern auch für Miltons
Satan, so böse er ist. Die überwältigende Gutheit des Himmels
und die Selbstgerechtigkeit der Rede seiner Engel gibt Satans
Rebellion etwas von der Aura des selbstbewussten Einzelgängers. Seiner Verletzbarkeit, dem Schmerzgefühl von Körper
und Seele – dieser Satan besitzt noch immer eine – steht die Got-
tesfrömmigkeit der Himmlischen am Ende der Schlacht gegenüber. Derjenige, der gegen das Gesetz, gegen die Vorschrift ver-
stößt, wird immer mit dieser Phalanx zu tun haben.

Die Schmerz-Aura wird gleich zu Beginn von Satans Flug
aus der Hölle ins Weltall markiert. Es ist nicht nur der nachklin-
gende Schmerzaffekt des Kampfes, es ist die Reflexion Satans
»der Hölle in sich selbst«.[189] Zu Beginn seiner Suche nach der
Heimstätte des neuen Menschen setzt Milton ihn dem »Gewissen« aus, dem »Verzweiflung« entwächst: Es ist die »bittere Erinnerung« dessen, »was einstens war, und ist, und wird, aus
ihm, / Und schlimmer werden wird«.[190] Zwei vorromantische
Reflexionsmomente der Melancholie kommen hier zusammen.
Zum einen die Erinnerung an etwas Gewesenes, nicht mehr Wie-
derkehrendes. Zum anderen das Bewusstsein eines immanen-
ten Triebs zum schlimmen Ende. Und dieser Melancholie bleibt
der Hass erhalten, den Satan gegen die Sonne kehrt,[191] die ihm
als Gott der neuen Welt, zu der er fliegt, erscheint. Satan blickt
»traurig« (»his grieved look he fixes sad«[192]) bei seiner Refle-

188 Ebd., S. 179 (v. 194-201).
189 Ebd., S. 103 (v. 30).
190 Ebd. (v. 36-38).
191 Ebd. (v. 54).
192 *Paradise Lost*, S. 223 (v. 27).

xion. Bevor er zu seiner schlimmsten Tat aufbricht, gerät die Selbsterkenntnis zur Selbstbeschuldigung. Er steht unter einem moralischen Paradox, einem existentiellen Schicksal: Von Gottes ursprünglicher Huld ihm gegenüber sprechend, stellt er fest, all sein Gutes habe sich in ihm als Böses erwiesen. Nachdem er erhöht worden sei, habe er Dienstbarkeit als eine Schmach empfunden. Deshalb kann Satan nur folgern, Gottes Liebe endgültig zu verfluchen, da Liebe oder Hass ihm gleicherweise nur Leiden schaffe.[193]

Milton verschafft seinem Satan genau hier die Qualität eines tragischen Helden. Oder zumindest gibt er nunmehr die spezifische Begründung dafür: In Satans Selbstreflexion als Schuldiger seiner Existenz als Engel war ein Apriori vorgegeben, dem kein Entkommen möglich war. Die erneut ausbrechende Klage lautet: »Ich Unglückseliger! Wo entflieh ich, ach, / Endlosem Zorn, unendlicher Verzweiflung? / Wohin ich flieh, ist Hölle, ich bin Hölle«.[194] (»Me miserable! Which way shall I fly / Infinite wrath and infinite despair? / Which way I fly is hell; myself am hell«.[195]) Das Wort »wrath« könnte man auf Gott beziehen, es bezieht sich jedoch im Drang der Argumentation auf Satan selbst, auf seine Einsicht, dass er niemals von seinem Hass loskommen wird: »Es kann nie wahre Versöhnung wachsen, wo die Wunden / Tödlichen Hasses einst so tief geschürft«.[196] Milton macht den Hass zum Medium von Satans langer Selbstreflexion, die – nachdem sie das Selbst dieses Hasses kohärent erkennt – nicht mehr aus ihm herausfindet, nach der verlorenen Endschlacht noch weniger als zuvor. Shakespeares Richard III., der am Ende sein Ich ähnlich reflektiert,[197] kommt nur durch einen dezisionistischen Impuls aus der Selbstvernichtung heraus.

---

193 *Das verlorene Paradies*, S. 104 (v. 68-71).
194 Ebd., S. 105 (v. 103-105).
195 *Paradise Lost*, S. 224 (v. 73-75).
196 *Das verlorene Paradies*, S. 105 (v. 135-137).
197 Vgl. S. 62 dieses Buches.

Der Hass, der Luzifer zum Aufstand motivierte, ist *nach* dem Aufstand also noch gewachsen. Gottes Sohn selbst hatte die beginnende Rebellion als »Hass« bezeichnet[198] und dem Hass die höchste Qualität des Aufruhrs vieler Engel zuerkannt. Und nach Miltons Absicht soll er auch durch die Schmerz-Reflexion nichts an Kraft verlieren. So bleibt das Hasspotential und Satans Wissen darum ein anhaltendes Mittel der Selbstachtung und Selbstverherrlichung. Diese Selbstwahrnehmung gibt Satan schließlich den inhaltlich schon vorbereiteten Satz ein, der zur Formel seiner Existenz wird: »Evil, be thou my good.«[199] Welch ein einzigartiger Satz! Wiederum hat die deutsche Version nicht die Härte der paradoxen Inversion Miltons. Der Satz »Böses, sei du mein Gutes« präsentiert völlig klar die beiden oppositionellen Begriffe, die Wertvertauschung, nicht aber die lapidare Endgültigkeit ihres Sinns. Der deutsche Satz lauscht sich selbst nach, der englische Satz stellt die emphatische Identifikation her. Nichts beschreibt Satan besser, als das Wort für das göttliche »Gute« umzukehren. Es ist eine dialektische Umkehrung: Durch die Vertauschung ist das »Böse« ebenfalls verherrlicht zum höchsten Prinzip. Milton begeht dabei kein theologisches Sakrileg, er hat nicht Satan zur gleichrangigen Gegenfigur der göttlichen Sphäre erhoben, auch nicht in Satans Selbstverständnis, wenn er nach seiner grandiosen Identifikation mit dem Bösen sagt, um dessen Willen werde ihm »zumindest die Hölle zuteil«,[200] als Teil eben »vom Reich des Himmelskönigs«.[201] Vielmehr ist es der emotionelle Zustand, das ambivalente Gefühl, das ihn interessiert:

> So sprechend, wallte jede Leidenschaft
> Ihm dreimal ins Gesicht: der bleiche Zorn,

---

198 *Das verlorene Paradies*, S. 166 (v. 938).
199 *Paradise Lost*, S. 225 (v. 110).
200 *Das verlorene Paradies*, S. 106 (v. 151 f.).
201 Ebd.

Der Neid und die Verzweiflung, welche ihm
Die Maske, die er sich geborgt, entstellten
Und ihn, hätt' ihn ein Aug' erblickt, entlarvten.[202]

Der emotionale Zustand verleiht dem Bösen gerade das entscheidende Element seiner Anziehungskraft: Ein guter Engel,
der Satan in seiner seelischen Not erblickt hat, spricht von
einem, der wie ein »Verstörter« aussieht,[203] nicht wie ein Engel. Wie einer, der seine »irren Blicke« sich selber überlässt,
wenn er sich unbemerkt alleine glaubt.[204] Milton nützt Satans
verzweifelten Zustand weiterhin aus, um die in ihm angeregte
Gedanklichkeit zu erfassen. Und dies um so mehr, sobald der
»Erzbösewicht« auf seinem Flug das Paradies entdeckt. Miltons Schilderung hat das Paradies noch einmal erschaffen. Es
gibt in der europäischen Literatur wohl kaum einen zweiten
Entwurf von solcher Ausdrucksstärke. Das geht auch Satan
auf, dessen Trauer ja nicht nur Reflexionskraft, sondern Sensi-
tivität ausdrückt. Satan kann gar nicht anders, als sich dem Anblick des Gegenentwurfs zur Hölle mit allem Enthusiasmus hin-
zugeben. Ja, auch über dieses Gefühl verfügt er noch. Und wieder
ist es »Traurigkeit«[205], von der Milton spricht. Die Gottesähn-
lichkeit Adams und Evas, ihre Schönheit, schöner als die griechischen Naturgötter, erinnert Satan daran, dass er, wenn nicht
seine neue höllische Schönheit, so doch die Ähnlichkeit mit
Gottes Schönheit verloren hat. Satans erste Reaktion – Miltons
Absicht, uns immer wieder überraschen zu lassen, ja zu irritieren, tritt hier zutage – ist Zärtlichkeit. Er spricht beim Anblick
der ersten Menschen zu sich selbst, als wenn er sie »lieben«
könnte,[206] um sich gleichzeitig freimütig als erklärter Feind

202 Ebd. (v. 156-160).
203 Ebd., S. 107 (v. 174).
204 Ebd. (v. 175).
205 Ebd., S. 115 (v. 479).
206 Ebd. (v. 486).

zu erkennen zu geben. Seine »Rache« zwinge ihn, die paradiesische Welt zu erobern und etwas zu tun, was er eigentlich verabscheue. Erstaunlich, wie weit Satans Zuneigung zu den Paradiesbewohnern geht. Erstaunlich, wie weit Miltons Zuneigung zu Satan geht: Es bleibt das Pathos, ihn gerade wegen seines Falls widersprüchlicher Gefühle für fähig zu halten. Denn schließlich siegt im Anblick des sich liebenden Paradiespaars letztlich Satans »Haß und Pein«[207] (»sight hateful, sight tormenting«[208]) ob seines eigenen Verbanntseins in der Hölle, in die er zurückkehren muss. Dass diese so unterschiedlichen Gefühle – das eine ein aggressiver Affekt, das andere eine passive Reaktion; das eine der Beginn einer Handlung, das andere der Beginn eines Gedankens – im Inneren Satans zusammenfallen, ist das, was Miltons/Satans »Hass«-Diskurs über die Länge, die dieser beansprucht, nicht ermüden lässt.

4

Müsste sich nach dem Ausgeführten nicht die Frage stellen, ob der Titel »Paradise Lost« sich nicht eigentlich auf Satan bezieht? Nein. Es ist das Enorme dieser Erzählung von der Vertreibung Adams und Evas aus dem Garten Eden, dass sie die Vertreibung Satans aus dem Himmel nicht als fast ebenbürtiges Ereignis erscheinen lässt, diese aber wegen des »Hass«-Faktors eine stärkere erzählerische Energie gewinnt. Blake, Shelley und andere englische Dichter haben Satan ohnehin als den wahren Helden angesehen, während Gott ihnen langweilig oder bösartig schien. Diese Version ist von C. S. Lewis im Vorwort zur Edition von 1942 heftig bestritten worden, aber insoweit der Stil der Darstel-

207 Ebd., S. 120 (v. 675).
208 *Paradise Lost*, S. 235 (v. 505).

lung das Kriterium ist, hat Blake – wie immer er es theologisch gedacht hatte – der Sprache von Satans Hass zu Recht den Vorrang gegeben. Milton war ein Bewunderer von Dantes *Göttlicher Komödie*, und die Lichtsymbolik des Himmels, mit welcher der Erste Gesang von Dantes Paradies-Teil einsetzt, hat – ganz abgesehen von der Hölle/Himmel-Thematik und der Reise durch die Sphären – offensichtlich auf Miltons emphatische Umarmung von Gottes Himmel eingewirkt, auch wenn die erste richtige Übersetzung der *Göttlichen Komödie* ins Englische erst um 1700 verfügbar war. Um so mehr wiegt der Umstand, wie effektvoll Satans Sprache von Milton gefasst worden ist. Offensichtlich wurde, dass dieser Hass eine Intensität enthält, welche die Darstellung der göttlichen Liebe und ihres Idioms nicht erreicht. Auch nicht die Sprache und das Aussehen der drei Erzengel, ganz im Unterschied zu ihrer Darstellung in der Malerei der italienischen Renaissance. Etwa auf Leonardo da Vincis und Andrea del Verrocchios Gemälde *Verkündigung an Maria* durch Gabriel. Diesen Engeln haftet in der Malerei sogar etwas Unheimliches an, während die Erzengel in *Paradise Lost* in ihrer geometrischen Schönheit und Kraft vor allem die göttliche Sphäre repräsentieren. Milton nennt den Erzengel Gabriel sehr wohl »chief of the angelic guards«,[209] aber eben auch deshalb spricht Gabriel die offizielle Sprache des Himmels. So auch Gottes Sohn, wenn er nicht gerade seine Selbstopferung thematisiert. Warum ist das so? Die Rede des Gottessohnes entbehrt meist des Gefühls und der plötzlich eintretenden Stimmung, die für Satans Rede charakteristisch sind. Die Rede Gottes spricht ohnehin nur von Ewigkeiten. So beispielhaft im kurzen Dritten Buch, wenn er, den Sohn zur Rechten, auf seinem Thron sitzend, Satan auf das Paradies zufliegen sieht, wo dieser die beiden Menschen dazu verführen will, Gottes Gebot zu brechen:

209 Ebd., S. 236 (v. 550).

Es hatte droben der allmächtige Vater
Von reinen Feuerhimmel, wo er sitzt,
Hoch über aller Höhe thronend, nun
Zu seinen eignen Werken hin sein Auge,
Und deren Werken, niederwärts gesenkt,
Um sie mit einem Mal zu überschauen:
Dicht standen um ihn her, wie Sternensaat
Des Himmels hohe Heiligkeiten alle
Und nahmen unsagbare Seligkeit
Aus seinen Anblick auf; zu seiner Rechten,
Von einem Strahlenmeer erleuchtet, saß
Das Bildnis seines Ruhms, sein einziger Sohn;[210]

Schon in der das Dritte Buch eröffnenden Rede Satans, der sich hier eines täuschenden Vokabulars bedient, zeigt sich die Differenz zu seiner üblichen Sprache. Er spricht die Sprache des Himmels:

Sei mit gegrüßet, heil'ges Licht! Dem Himmel
Zuerst Geborenes, oder mitverewigt
Dem Ewigen, wenn deinen Strahl ich so
Zu nennen wage ungescholten; Gott,
Der selber Licht ist und von Ewigkeit
In unnahbarem Lichte wohnte, war
Von Anbeginn in dir, du heller Fluss
Aus unerschaffenem hellem Grunde fließend;
Oder soll als ätherisch reinen Strom
Ich lieber dich begrüßen, dessen Quell
Verborgen rieselt? Eh' die Sonne war
Und eh' noch der Himmel, warest du;
Und auf ein Wort von Gott umgabest du
Die Welt, die da in dunkler Wassertiefe
Dem endlos Ungestalten abgewonnen,

210 *Das verlorene Paradies*, S. 76 (v. 73-84).

Sich eben formte, wie mit einem Kleid.
Dich suche ich beschwingteren Gemüts,
Seit ich dem stygischen Geschwel entwich,
Nun wieder auf, ob lange zwar gebannt
An jene düstere Stätte, da mein Flug
Mich mitten durch und in den tiefsten Schlund
Der Finsternis geführt, wo, orphisch nicht,
Vom Chaos und der ewigen Nacht ich sang.[211]

Satans emphatische Anrede an das heilige Licht zieht eine Reihe von Worten nach sich – die Ewigkeit, der reine Strom, die Sonne, die Welt –, die wie das Wort »Licht« selbst kontemplative Assoziationen erwecken. Sie laden zu religiösen oder philosophischen Ideen ein, ja sind selbst quasi schon »Ideen«, und daher sind sie weit entfernt von der fesselnden Metaphorik, die Satans Hass-Rede zwischen Aggression und Melancholie ansonsten charakterisiert. Satans himmlische Sprache ist gleichzeitig eine Erinnerung an die Signifikanz seiner höllischen Sprache: nämlich als die Sprache eines Subjekts! Hegel hätte auch diesen Umstand in seine Verurteilung romantischer Subjektivität einbeziehen können. Es ist eine Konsequenz der Licht-Sprache, dass sie von der Romantik hundertfünfzig Jahre später durch die Dunkelheitsmetapher ausgetauscht wurde – Novalis' *Hymnen an die Nacht* stehen beispielhaft hierfür: Sie schwören dem Licht ab und gestehen nur der Nacht die für die Frühromantik entscheidende Erfahrung der Poesie und der Erotik zu. Selbst der Tod, der ewige Schlaf, wird dem profanen Leben übergeordnet.

Satans düsterer Abgrund ist keine Präfiguration von Novalis' Nachtphantasie. Aber wie der Romantiker Novalis dem Licht des Tages, so hat Satan, als er noch Luzifer hieß, der Ewigkeitssprache im Himmel, in die er hier nur noch einmal selbst verfällt, abgesagt. Sie war Luzifer zu überheblich, aber eben auch

211 Ebd., S. 74 (v. 1-23).

langweilig geworden. Das sagt Milton nicht. Die Gegenüberstellung von himmlischer und höllischer Sprache erklärt, woraus die Hass-Thematik ihre besondere Anziehungskraft gewinnt. Man sehe und höre, wie die Sprache Gottes auf die Himmlischen wirkt:

> Dieweil Gott sprach, erfüllte Wohlgeruch
> Ambrosisch all den Himmel und ergoß
> In all die erwählten seligen Geister
> Empfindungen unauslöschlich neuer Freude.
> Der Gottessohn erschien im höchsten Glanz
> Der Glorie über allen, in ihm strahlte
> Des ganzen Vaters wesentliches Licht,
> In seinem Antlitz war vor ihrem Blick
> Göttliches Mitleid sichtbar ausgedrückt,
> Ewige Liebe, unermessene Gnade,
> Die sich in seinen Worten offenbarte.[212]

Man kann auch in Satans verstellter Sprache, das Licht des Himmels zu begrüßen, in den Alliterationen der Wörter »Gottes Gabe«, »Glanz« und »Glorie« den Begriff »Gott« herauslesen: Der biblisch überlieferte Gott wird gefeiert, den nicht alle Zeitgenossen so feiern mochten. Und auch Luzifer nicht: Diese Sprache ist für ihn nur noch Erinnerung. Die Lehre Gottes, die von großen Teilen des Epos vollstreckt wird, enthält für viele Leser nicht mehr den »Wohlgeruch«, von dem so selbstverständlich die Rede ist. Charakteristischerweise ist die einzige Stelle in Miltons theologischem Panorama, die einen ähnlichen Appeal hat wie Satans »Hass«-Rede, wenn Gottes Sohn sich als Messias, also als Mann der Schmerzen und des Todes, ankündigt:

> Hier steh nun ich, und mich für ihn zu opfern,
> Bin, Leben gegen Leben, ich bereit;
> Mich lasse deinen Zorn entgelten, nimm

212 Ebd., S. 79 (v. 178-188).

Als Mensch mich an; ich will um seinetwillen
Aus deinem Busen fliehn und freien Mutes
Dem Gloriensitze neben dir entsagen,
Und letztlich für ihn sterben, wohl beglückt.
Laß mich des Todes ganze Wut verspüren,
Nicht lange werde ich besiegt durch ihn
In Nacht und Grauen schmachten, denn du hast
Mir ewig Leben zuerkannt, durch dich
Hab ich das Leben, ob ich gleich dem Tod
Mich nun ergebe und ihm zahlen muß,
Was an mir sterblich. Doch, wenn dies gezollt,
Da wirst du nicht in schnöder Grabesgruft
Mich ihm als Beute lassen, noch erdulden,
Daß meine unbefleckte Seele dort
In der Verwesung ewiglich verweile;[213]

Der bestimmende Grund dafür, dass diese Sprache mehr fesselt als die Ehrerbietungen gegenüber Gottes Glorie und dem leuchtenden Himmel, zeigt sich schon im ersten Satz. Ihn hat der Messias mit Luzifer/Satan gemeinsam – er spricht sofort von sich selbst: »Behold me, then: me for him«.[214] Und nicht nur diese Form der Selbstreferenz, die Satan bzw. Luzifer schon von allen anderen Engeln unterschied, ist analogisch. Auch die Ursache des Ich-Verweises: Satan und Messias erwartet ein furchtbares Geschick. Sie sind die einzigen Figuren, die das Wort »ich« in diesem Sinn aussprechen: Schrecken und Schmerz erwarten zu müssen, der eine aktiv, der andere passiv. Das ist der theologisch entscheidende Unterschied. Allein die »Passion« Jesu konnte Bachs Interesse wecken: nicht als Feier der Erlösung des Menschen, sondern als Feier des Schmerzensmannes.

Auch wenn Gottes Sohn als Heerführer auftritt, als der-

213 Ebd., S. 82f. (v. 307-324).
214 *Paradise Lost*, S. 207 (v. 236).

jenige, der die Aufständischen besiegen kann, bekommt seine Sprache Intensität, weil sie den aggressiven kriegerischen Akt enthält:

> So sprach der Sohn, und Schrecken stand aufs Mal
> In seinem Antlitz, unerträglich streng
> Und wandte sich voll Zorn den Feinden zu.
> Die Vier entfalteten die Sternenschwingen
> Nachtschattengleich; die Räder rollten grollend
> An seinem Feuerwagen wie Getöse
> Von wildem Wasser oder zahllos Volk.
> Er fuhr geradewegs dem frevlen Feind
> Wie finstre Nacht entgegen; es erbebte
> Unter den Flammenrädern überall
> Der ganze feste Himmel Gottes, nur
> Sein Thron erbebte nicht.[215]

Gottes Sohn hat plötzlich die Erscheinung des zürnenden Apoll angenommen, wenn dieser zu Beginn der *Ilias* gegen das Lager der Griechen anschreitet: »der Nacht gleich«, und es mit Pfeilen beschießt.

Satan hat im Zehnten Buch noch einen Auftritt, nachdem er Eva im Neunten Buch zum Übertreten von Gottes Gebot überredet hat. Abermals wird die Abhängigkeit des intensiven Vokabulars, der ausgesuchten Metaphorik vom drastisch überraschenden Ereignis deutlich. Man erinnert sich, es ist Satan, der endgültig in die Hölle stürzte, aus der er alleine noch einmal aufstieg, um den ersten Menschen das Paradies zu rauben. Dass ihm dies gelang und dass er diesen Sieg den höllischen Geistern berichten konnte, ist Grund seiner Wiederkehr in die Hölle. Diesen Auftritt benutzt Milton, um einerseits die verbliebene Hoheit, andererseits eine abermals grässliche Erniedrigung in zwei polaren Szenen darzustellen: Zunächst unerkannt, nimmt

---

215 *Das verlorene Paradies*, S. 201 (v. 997-1008).

Satan, »in fremden Welten ihr großer Abenteurer«,[216] vor den höllischen Kriegern Platz, auf »hohem Thron«, der »königlich« erglänzte: »Noch ungesehen, bis zuletzt sein Haupt / Und Leib erstrahlend wie aus einem Dunst / Sternweiß erschienen oder weißer, was / Ihm von der Glorienhelle noch geblieben / Oder vom falschen Glanz, seit seinem Fall …«.[217]

Der grandiose Anblick, der plötzliche Auftritt Satans kehrt sich aber jäh um in die grässlichste Erscheinung, die überhaupt zu erfinden ist: Statt des sonst gewohnten Beifalls schallt Satan das Zischen von Schlangen entgegen, in die alle Höllenkrieger sich verwandeln. Und Satan selbst fällt, zu einer Riesenschlange geworden, »bäuchlings«[218] nieder und bringt außer dem Zischlaut der Schlange keine Worte hervor. Er ist nicht mehr die schöne Schlange, in deren Gestalt er so folgenreich im Paradies wirken konnte. Nun besteht er aus nichts anderem als dem abstoßenden Leib, den Michelangelo um den Baum im Paradies sich winden ließ. Die zischenden Köpfe der Schlangen geben ein Bild ab, das den exzessiv widerwärtigsten Bildern aus Dantes Hölle gleichkommt:

[…] entsetzlich schoß
Das tosende Gezisch durch jene Halle,
Wo nun in dichten Schwärmen Ungeheuer
Verknotet, Häupter, Schwänze, schlängelten,
Wie Aspis, Natter graus und Skorpion,
Hornviper, Hydrus, Amphisbäna wild,
Und Dipsas (minder grausig schwärmte einst
Die Erde, so mit Gorgos Blut benetzt,
Oder das Eiland Ophiusa), doch
Am größten er noch immer in der Mitte,
Zum Drachen nun geworden, riesiger

---

216 Ebd., S. 309 (v. 547).
217 Ebd. (v. 556-560).
218 Ebd., S. 312 (v. 641).

Als jener, den die Sonne aus dem Schlamm
In pythischem Gefilde ausgebrütet,
Den großen Python [...]²¹⁹

Milton belässt seinen Helden jedoch nicht in der Gestalt der
Schlange: Satan und den Seinen wird ihre alte Gestalt zurückgegeben, ohne sie noch einmal auftreten zu lassen. Damit nimmt
Milton aber auch Abschied von dem das Epos prägenden Duo
von Hass und Verzweiflungsschmerz. Im Zeichen der Schlange
sind beide Emotionen noch einmal aufgerufen. Die weiterge-
führten theologischen Motive, einschließlich der allegorischen
Figuren von »Sünde« und »Tod«, können die Energie des Hass-
Diskurses nicht ersetzen. Gottvaters und Adams lange Reden
über die Folgen des Unglücks der beiden ersten Menschen sind
notwendige Bausteine zum Thema, dessen Endführung aber
absehbar wird. Auch die Darstellung des Weltbildes in zwei
statt der überlieferten drei Zonen (Himmel, Erde und Unterwelt) gibt der Philologie und der Ideengeschichte zwar bedeutenden Stoff, nimmt aber trotz grandioser Bilder nicht unsere
Phantasie in Beschlag. Und so ist der Akt der Verstoßung aus dem
Paradies – trotz des Symbols von Gottes sengendem Schwert
über diesem – nicht als Tragödie dargestellt. Zur Tragödie wurde dem Engel Luzifer sein Hass, der uns, solange er währt, literarisch fesselt.

219 Ebd., S. 312 (v. 650-663).

Satire oder Subversion?

Swift auf *Gullivers Reisen*

»I have ever hated all nations.« So Jonathan Swift im oft zitierten Brief von 1725 an den mit ihm befreundeten Dichter Alexander Pope, ein Jahr vor der Veröffentlichung von *Gullivers Reisen*. Er spitzte die Bemerkung noch zu, nuancierte sie aber auch: »Principally I hate and detest that animal called man, although I heartly love John, Peter, Thomas and so forth.« Das klingt aber nach einer anthropologischen Idee, ohne individuelle Konsequenzen, welche für die literarische Hass-Rede notwendig wären. War Swifts angesichts der britischen Brutalität in Irland entwickelter politischer Hass gemacht für eine den imaginativen Hass-Stil befördernde Prosa?

Wenn man die Reaktion von William Makepeace Thackeray liest, immerhin eines Schriftstellers mit Witz und Ironie, in der die verbreitete irritierte Reaktion vieler Leser vor allem wegen des letzten Teils der *Travels* zum Ausdruck kommt, dann scheint die Umsetzung einer politisch-utopisch gezielten Kritik am eigenen Zeitalter in imaginativer Hass-Rede gelungen zu sein: »A monster gibbering shrieks, and making imprecations against mankind – tearing down all shreds of modesty, past all sense of manliness and shame; filthy in word, filthy in thought, furious, raging, obscene.« William M. Thackeray, Autor des berühmten, 1847/48 erschienenen Romans *Vanity Fair (Jahrmarkt der Eitelkeiten)*, hatte Sinn für die Satire. Aber die viktorianische Vorstellung davon war eine andere als die, durch welche Swift 1726 zu seinen Landsleuten sprechen wollte. Satire und literarische Hass-Rede sind unterschiedliche Ausdrucksformen. Letztere entwickelt sich aber häufig aus ersterer. Kann man Swifts

»Hass« gegenüber dem »Tier namens Mensch«, das heißt der bösen Natur des Menschen, auch als Reaktion auf die Debatte verstehen, die John Locke Ende der neunziger Jahre des 17. Jahrhunderts mit theologischen Größen über die Natur des Menschen geführt hat, also als einen rein ideologisch-normativen Diskurs, dann verweist Thackerays polemische Charakteristik auf etwas anderes.

Die Satire, immer schon eine Form der englischen Literatur seit Chaucers *Canterbury Tales* (1387ff.), hatte, wie die Bilder und Karikaturen von William Hogarth, Thomas Rowlandson und James Gillray zeigen, ihre große Zeit im 18. Jahrhundert: John Gay, Erfinder der burlesken, ein Jahr nach *Gullivers Reisen* erschienenen Oper *The Beggar's Opera*, hat Swift in der öffentlichen Aufmerksamkeit sofort Konkurrenz gemacht, wie er selbst behauptete, ansonsten aber Swifts universalen Erfolg gepriesen. Ähnlich wie Popes *The Rape of the Lock (Der Lockenraub)* von 1714 hatte auch Gays *Bettleroper* Robert Walpole, den Premierminister der Epoche, zum Ziel. Und so auch Swifts Meisterwerk. Von »Hass« aber kann bei den satirischen Elementen in Gays und Popes Werk keine Rede sein. Satire kommt aus einer des Besseren selbstgewissen Perspektive auf das Schlechte. Das gilt vor allem für den beginnenden aufklärerisch-optimistischen Geist der Swiftschen Epoche. Swift hat diesen Optimismus aber nicht geteilt. Insofern stünde der Hass-Rede im Sinne eines literarischen Stils nichts im Wege.

Dennoch: Mit Rücksicht auf den durchweg pamphletistisch-politischen Impetus seiner Schriften ist Swifts berühmtes Buch, dazu ein so eminent literarisches, besonders geeignet, unsere Frage nach dem imaginativen Charakter der Hass-Rede zu verschärfen. Eines der schärfsten Pamphlete seiner Zeit ist Swifts Empfehlung, die neugeborenen oder noch kleinen Kinder Irlands als Nahrungsmittel zu schlachten bzw. zu diesem Zweck zu verkaufen, auf dass die arme Bevölkerung sich auf diese Weise von einer Last befreie und zusätzlich ihr erbärmliches Einkommen verbessere: Der berühmte, meist abgekürzt zitierte Titel lautet *A Modest Proposal for Preventing the Children of Poor People in Ireland from Being a Burden to their Parents or Country; and Making them Beneficial to the Public.* Der 1729, also drei Jahre nach Erscheinen von *Gullivers Reisen* geschriebene Text hat seine extreme Gangart im Stil des Titels ironisch maskiert. Es ist ein Beispiel dafür, wie Hass nicht imaginativ-literarisch, sondern diskursiv-politisch eingesetzt werden kann und dass nicht jede Satire, wie aggressiv auch immer, ein Phantasieunternehmen darstellt.

Aber aus dieser Art Überraschung bezieht die Darstellung keine Energie, auch wenn die abstoßende Ausführlichkeit eine Menge Leute seinerzeit moralisch erregt hat. Zunächst ist der Überraschungseffekt nachdrücklich und absehbar gesucht. Über mehrere Seiten lässt sich Swift zunächst über das soziale Elend aus, das die hohe Kinderzahl zur Folge habe, wobei eine ausgearbeitete Statistik die anfallenden Lebenskosten der Armen Irlands vor Augen führt. Dann erst der Vorschlag zum Besten der Armen, den Swift »demütig« als seinen eigenen Gedanken bezeichnet. Dieser lautet in einem Satz: »Mir ist von einem sehr unterrichteten Amerikaner aus meiner Bekanntschaft in London versichert worden, daß ein junges, gutgenährtes Kind eine sehr wohlschmeckende, nahrhafte und bekömmliche Speise ist, einerlei, ob man es dämpft, brät, bäckt oder kocht, und ich zweifle nicht, daß es auch in einem Frikassee oder einem Ragout in gleicher Weise seinen Dienst tun wird.«[220]

Wenn Swift seinen »Vorschlag« einen »bescheidenen« nennt,

220 Jonathan Swift, *Bescheidener Vorschlag, wie man verhüten kann, daß die Kinder armer Leute in Irland ihren Eltern oder dem Lande zur Last fallen, und wie sie der Allgemeinheit nutzbar gemacht werden können. Geschrieben im Jahre 1729.* In: ders., *Betrachtungen über einen Besenstiel. Eine Auswahl zum 250. Todestag.* Mit einem Vorwort von Martin Walser. Zusammengestellt von Norbert Kohl. Frankfurt am Main 1995, S. 160.

ist das eine ironische Unterbietung der monströsen, ausführlichen Begründung dafür, dass von den jährlich 125 000 Kleinkindern 25 000 für die Aufzucht zurückgehalten, während 100 000 zur Schlachtung freigegeben werden sollten. Damit ist der Vorschlag als eine für jeden Leser erkennbare Absurdität in die Ausdrucksweise der rational-pragmatischen Rede eingebracht. Der Verkauf der Kinder – so geht es weiter – befreie die Eltern bzw. die Mutter nicht nur von nicht zu bewältigender Belastung, sondern die Nation von zukünftigen Bettlern und bringe den Eltern zu vieler Kinder Geld ein. Swift spricht von einem Reinverdienst von acht Shilling für ein Kind. Die weitere Erläuterung – einschließlich der Überlegung, ob nicht auch ältere Knaben und Mädchen diesem Zweck zugeführt werden sollten, ja ob ältere Arme sich diesem nicht selbst gern unterworfen hätten, statt ihr elendes Leben von heute zu führen – zeigt das Problem der Satire innerhalb dieser Ausdrucksform: Sie schlägt die erste Monstrosität mit der zweiten tot. Nun dient Swifts »bescheidener Vorschlag« einem politischen Zweck. Die gewählten Details für die Schlachtung und die zu Schlachtenden soll die extremen sozialen Zustände Irlands ins wahre Licht rücken, wo Swift, in Dublin geborener Sohn einer englischen Mutter, nach mehrjährigen Aufenthalten in England seit 1699 wieder lebte und seit 1713 das Dekanat der St.-Patrick-Kathedrale innehatte. Mit den sadistischen Motiven drängt sich die schiere Aggression vor die Satire. Mit anderen Worten: Die aufklärerische Absicht überdeckt den literarischen Ausdruck. Die extremen Einfälle sind immer die gleichen, was zwar der politisch-pamphletistischen Absicht dienlich ist, nicht aber einer satirischen, die des zweideutigen Elements bedarf. Eine gewisse Verwandtschaft mit dem Phantastisch-Grotesken, der zentralen Darstellungsform von *Gullivers Reisen*, ist dennoch erkennbar. Dadurch verschärft auch der Blick auf den »bescheidenen Vorschlag« die Frage, ob und inwieweit die satirische Absicht in *Gullivers Reisen* die imprägnierte Hass-Rede in ihrem literarischen Effekt beeinträchtigt oder vertieft. Im ersten Fall würde der Hass-Ausdruck vor allem als politische Rhetorik auftreten, im zweiten Fall würde er ganz auf sich selbst angewiesen sein müssen und damit eine subversive Intensität erhalten.

I

Bei einer guten Satire vernimmt der Leser sofort den satirischen Ton, das Ziel des Angriffs ist ihm unmittelbar deutlich. Im Fall von *Gullivers Reisen* ist das bei einem modernen Leser – so gebildet er sein mag – nicht selbstverständlich. Die von der Anglistik minutiös identifizierten jeweiligen historischen Ereignisse und politischen Gestalten, auf die sich Swifts Erzählungen von den vier Reisen Gullivers in Anspielungen fortlaufend beziehen, bleiben hinter den phantastischen Verkleidungen verborgen. Es ist zu vermuten, dass der gebildete, aber nicht in der britischen Geschichte und Politik des frühen 18. Jahrhunderts bewanderte Leser nicht weiß, dass der Autor als ein der außenpolitisch aggressiven Whig Party feindlich gesonnener Anhänger der Tories zu ihm spricht. Noch weniger wird er wahrnehmen, auf welche damals aktuellen englischen Debatten sich Gullivers Unterhaltungen mit diversen zentralen Figuren in den von ihm bereisten Ländern bzw. in denen, in die es ihn verschlagen hat, beziehen. Diese Debatten bleiben ebenso verborgen, wie in den Namen der exotisch-phantastischen Länder die Vokale hinter ihren Konsonanten fast verschwinden. So unaussprechbare Namen wie Liliput, Brobdingnag, Laputa, Balnibarbi, Glubbdubdrib, Luggnagg und schließlich Houyhnhnms.

Nur »Liliput« ist seit den ersten Übersetzungen zu einem vertrauten Namen geworden, wobei zweifellos die Vorstellung vom Zwergengewimmel, das den riesigen Mann fesselt, die beherrschende ist. Dass Swift im König von Liliput den ihm verhassten ersten hannoveranischen König auf dem britischen Thron, Georg I., beschreibt, spielte für die begeisterte Rezeption – zumal des deutschen Lesers – keine Rolle. Insofern ist Swifts Bekenntnis, er habe mehr unterrichten denn unterhalten wollen, zu spezifizieren. Zweifellos hat er das breite Publikum mehr unterhalten denn unterrichtet. Anders gesagt: Sein Roman läuft weniger auf eine diskursive denn eine imaginative Rede hinaus. Damit ist eine Vorentscheidung für unsere Frage nach der Autonomie der satirischen Metapher, das heißt auch der Hass-Rede, getroffen: Der Hass-Impuls gegen zeitgenössisches Denken und Fühlen in der höheren englischen Gesellschaft, in Politik und Wissenschaft, hat seine Energie möglicherweise gerade durch die extreme metaphorisch-allegorische Kostümierung erreicht, also durch eine literarische Verstellung der Absicht, zu »unterrichten«. Von dieser Vermutung wollen wir ausgehen.

Zunächst ein kurzer Überblick über die politischen Themen der vier Reisen.[221] Der wie ein englischer Vorname klingende Familienname des Helden, der sich in der Erstausgabe mit Vornamen »Lemuel« nennt, enthält schon – wie am Beispiel der Namen der fremden Länder erahnbar ist – eine semantische Kodifizierung des Themas: Damit soll der universalrepräsentative Charakter des Helden – so wie im Fall von Daniel Defoes 1719 erschienenem Roman *Robinson Crusoe* – ausgedrückt werden. Während Robinson aber nach einem Schiffbruch an eine exotische Insel gespült wird, die, wie einsam auch immer, im Bereich des neuen maritimen englischen Weltreichs, nahe des südame-

---

221 Abgesehen von den einschlägigen englischen und deutschen Forschungen vgl. das Nachwort der erstmals 1987 bei Reclam erschienenen Ausgabe: Jonathan Swift, *Gullivers Reisen*. Mit 16 Abbildungen. Aus dem Englischen übersetzt, kommentiert und mit einem Nachwort von Hermann J. Real und Heinz J. Vienken. Stuttgart 2011, S. 470-500. Hier auch ein kommentierter Überblick über die vor allem englische Forschungsliteratur.

rikanischen Festlands, liegen mochte, ist Gulliver nach dem Schiffbruch und anderen widrigen Umständen im Nirgendwo gelandet. Der erste Aufenthalt, der ihn in Liliput festhält, entfaltet feindselige Andeutungen des Parteienstreits zwischen Positionen der Whigs und der Tories während des spanischen Erbfolgekriegs von 1701 bis 1714. Der zweite Aufenthalt, in Brobdingnag, setzt die Kritik an der Whig-Partei fort, indem die englische Verfassung ins Zentrum bitterer Invektiven gerückt ist. Die dritte Reise, nach Laputa, nimmt die neue Wissenschaft, vornehmlich in Gestalt der Mathematik und Francis Bacons zwischen 1600 und 1620 entwickelter rationalistischer Wissenschaftsdoktrin, ins Visier, besonders ihre versteckte Inhumanität. Und die letzte Fahrt, die wichtigste und die Kritik bis heute am stärksten herausfordernde, ins Land der Houyhnhnms, lässt Gullivers vernichtendste Schilderung der niedrigen tiergleichen Natur des Menschen, nicht zuletzt seiner eigenen, ins Zentrum rücken.

Wenn man die vier Reisen auf solche Quintessenz ihrer intellektuellen, politischen und moralischen Reflexionen zusammenzieht, wo bleiben da die Wunder von Gullivers Erlebnissen, die Swifts Roman eigentlich so berühmt gemacht haben? Diese, nicht die in ihnen enthaltenen Ideen, sind das, was über den Ausdruck entscheidet, also darüber, ob Swifts Hass-Diskurs einen imaginativen Stil erreicht hat. Lässt man sich auf diese Wunder ein, dann lässt schon das allererste daran zweifeln, dass die Imagination gelingt: die Zwergenwelt von Liliput. Warum lässt Swift seinen Helden sich ausgerechnet von diesen winzigen Wesen fesseln?

Die Veränderung der Perspektive ist immer ein guter Anlass, etwas scheinbar längst Bekanntes als etwas ganz Neues wahrzunehmen. Und das Neue kann – mit dem Bekannten verglichen – entweder komisch, lächerlich wirken oder umgekehrt das Bekannte komisch oder lächerlich machen. Eine solch wertende Wahrnehmung kann auch den Hass-Effekt produzieren. Allerdings sind die in dieser Hinsicht sich anbietenden Szenen des

Ersten und Zweiten Buchs, die Darstellungen der Zwergen- und Riesenwelt, nicht ergiebig.

Die Abwesenheit des Hass-Affekts in der Satire ergibt sich auch hier aus dem Umstand, dass diese als Prosa, nicht in dramatischer oder lyrischer Form auftritt, die beide den Hass wegen ihres ausgesprochen emotionalen Modus begünstigen. Die Art und Weise, wie die Feindschaft von Angehörigen des Hofes von Liliput, ihre Feindschaft gegenüber Gulliver oder Gullivers eigene Aversion gegenüber Höflingen geschildert ist – vor allem hinsichtlich des üppigen kaiserlichen Hofes und der Kriterien für eine Karriere am Hofe (nicht Begabung, sondern kriecherische Manieren zählen) –, diese Schilderung mag Swifts polemische Einschätzung von Georg I. auf den Punkt bringen. Sie mag auch im tiefersitzenden Hass Swifts gegen die englische Oberschicht begründet sein. Es bleibt aber bei einer ruhigen, anschaulichen Schilderung von lächerlichen oder abstoßenden Defiziten. Der Effekt einer sich intensiv darbietenden Hass-Darstellung tritt nicht ein. Vieles an Englands politischer Kultur, vielleicht sogar alles, wird in der Verkleidung namens Liliput nicht nur nachdrücklich aufgereiht, sondern mit Verachtung bloßgestellt.

Es handelt sich hier um die Rede eines politisch-moralischen Aufklärers. Ob die Kriegsmentalität der Machtelite, der Größenwahn des Kaisers im Zwergenreich oder die Geheimniskrämerei der Regierung – die durch das Liliput-Dekor durchscheinenden Defizite des englischen politischen Systems könnten *in nuce* auch in einer Parlamentsrede von einem Regierungsgegner ausgesprochen werden. Das hört sich in den Worten von Reldresal, dem ersten Staatssekretär von Liliput, einem Freund Gullivers, dann so an: »Wie blühend unser Zustand den Fremden auch erscheinen mag, so sagte er, wir leiden doch unter zwei gewichtigen Übeln: einem heftigen Parteienzank im Innern und der Gefahr einer Invasion durch einen äußerst mächtigen Feind von außen. Was den ersten Punkt angeht, so musst du verstehen, dass es seit über siebzig Monden zwei widerstreitende Parteien in diesem Reich gibt. Die einen heißen Tramecksan, die anderen Slamecksan, nach den hohen und niedrigen Absätzen ihrer Schuhe, durch die sie sich unterscheiden. Es wird nun allerdings behauptet, dass die hohen Absätze unserer alten Verfassung am ehesten entsprechen. Wie dem auch sei, Seine Majestät hat beschlossen, im Verwaltungsapparat der Regierung und bei allen Ämtern, die von der Krone vergeben werden, sich nur der niedrigen Absätze zu bedienen, wie du zwangsläufig bemerken musst. Insbesondere muss dir auffallen, dass die Absätze Seiner kaiserlichen Majestät wenigstens einen Drurr niedriger sind als die irgendeines Höflings (ein Drurr ist ungefähr ein Vierzehntel Zoll).«[222] Ja, es sind andere Worte als die eines Redners im englischen Parlament. Sie sind ohne Hass-Affekt ausgesprochen, also ohne den Effekt intensiver Sprachlichkeit.

Doch gibt es im ersten Teil des Romans eine Szene, die sich als Paradigma literarischer Hass-Darstellung anbietet. Wie Gulliver auf das brennende Schloss des Kaisers von Liliput uriniert, um es vor gänzlicher Vernichtung zu retten, wird so beschrieben: Voll des genossenen Weines urinierte er »in solcher Menge und ließ ihn so gekonnt auf die entsprechenden Stellen fallen, dass das Feuer in drei Minuten völlig gelöscht und der Rest dieses edlen Bauwerks, das so viel Bauzeit gekostet hatte, vor dem Untergang gerettet war«.[223] Folgt man den Assoziationen des zeitgenössischen Lesers, der, wie erwähnt, die meisten Charakteristika Liliputs auf Großbritannien übertrug, dann lässt Swift seinen Helden eines der von Georg I. ehrgeizig erbauten Schlösser in nicht überbietbarer, provokativer Form retten, so als ob Swift am liebsten an Gullivers Stelle darum gebeten hätte, möglicherweise angeregt durch die Lektüre der komisch-obszönen Sauigeleien von Rabelais' Helden Pantagruel. Und so ist sich Gulliver nach vollbrachter Rettungstat auch nicht sicher, wie

222 Ebd., S. 67.
223 Ebd., S. 77.

der Kaiser von Liliput reagieren werde, galt es doch als ein Kapitalverbrechen im Umkreis des Palastes, wie es heißt, »Wasser zu lassen«. Die Mitteilung, der Kaiser habe ihm einen Gnadenerlass zukommen lassen, unterstreicht Gullivers monströse Handlung der öffentlichen Selbstentblößung und, wenn auch rettenden, Palastentweihung. Dass die Kaiserin, also die fiktive Gemahlin des britischen Königs, die größte Abscheu empfand »vor dem, was ich getan« hatte und »in die entfernteste Ecke des Hofes gezogen« war, »fest entschlossen, jene Gebäude niemals wieder für sich herrichten zu lassen«,[224] ließ sich Swift zweifellos mit besonderer Genugtuung einfallen, wusste er doch, dass die fromme Königin Anna wegen seiner religiösen Äußerungen gegen ihn aufgebracht war. Und wenn es heißt: Sie habe »Rache« (»revenge«) geschworen,[225] dann ist die Hass-Terminologie unmittelbar erreicht. Der Held soll einige Zeit später – wenn auch aus anderen Gründen – des Hochverrats angeklagt werden, und er flieht deshalb über die schmale Wassergrenze nach Blefusku, das Land der Erzfeindes von Liliput, die fiktionale Version des Königreiches Frankreich. Abgesehen aber von Gullivers Einfall, den Palast des Kaisers von Liliput durch seinen Urinstrahl retten zu lassen – lesbar als eine Metapher für den Widerwillen des Autors gegen die Herrschaft von Georg I. –, bleiben die kritischen Bemerkungen von Gullivers Gesprächspartner über England im Rahmen dessen, was Swift »Unterrichtung« nennt. Die »Tiger des Zornes« sind hier noch nicht losgelassen!

Die zweite Reise, die Gulliver ins Land der Riesen verschlägt, enthält im sechsten Kapitel eine nicht im Ausdruck, aber als Argument formulierte englandkritische Aggressivität, die sich einer von der Satire überdeckten Hass-Rede nähert. Der König von Brobdingnag, in dem eine Reihe von Interpreten Wilhelm von Oranien oder den Kronprinzen Georg II. oder aber Sir William

---

224 Ebd.
225 Ebd.

Temple, den geistigen Mentor des jungen Swift, zu erkennen glauben, dieser staatspolitisch ausgewiesene König stellt Gulliver Fragen, die dessen rühmenden Bericht über die politischen Institutionen Englands – die englische Regierung und die beiden Häuser des Parlaments – auf ätzende Weise in Zweifel ziehen und unmittelbar als Swifts eigene Auffassung zu lesen sind: darüber, auf welch oberflächlich-kümmerliche Weise der junge Adel geistig auf die spätere politische Verantwortung vorbereitet werde, welche lediglich mangelhaften Eigenschaften für politische Ämter und welche unangemessenen Gesetzeskenntnisse jene aufweisen müssten, die zu Lords ernannt würden! Ein Scherbengericht also über das intellektuelle Niveau der adligen Oberschicht. Parteilichkeit und eigene finanzielle Interessen oder gar Bestechung bestimmten, so der König von Brobdingnag, offensichtlich das politische Leben in Gullivers Heimat. Im Zuge derart vernichtender Kritik stellt sich auch die Frage, ob die Bischöfe ihren Amtssitz aufgrund ihres theologischen Wissens und ihrer auf ein geistiges Leben ausgerichteten Existenz einnähmen. Wie es komme, dass sich die Parlamentarier so leidenschaftlich bemüht hätten, in diese gesetzgebende Versammlung zu gelangen, obwohl diese viel Geld koste, sie selbst aber ohne Bezahlung und Pension blieben. Gehe das mit rechten Dingen zu, oder würden diese Leute nicht einem verderbten König und einer korrupten Regierung zuarbeiten?

Was sei mit den Gerichtshöfen, von denen Gulliver so lobend gesprochen habe? Wieviel Zeit verstreiche denn zwischen Anklage und Urteil, und vor allem: Wie frei seien Anwälte und Kläger bei offensichtlich kriminellen, aber einflussreichen Personen? In diesen Fragen des Königs liegen Swifts, wenn auch nicht Gullivers, Antworten schon auf der Lauer. Sie bereiten sich als endgültiges Urteil vor, wenn der König die Geschichte Englands im vergangenen Jahrhundert, die »eine Anhäufung von Verschwörungen, Rebellionen, Morden, Massakern, Revolutionen, Verbannungen« gewesen sei, zusammenfasst: »die

schlimmsten Auswirkungen überhaupt, die Habsucht, Partei-
engeist, Heuchelei, Heimtücke, Grausamkeit, Raserei, Wahnsinn, Hass, Neid, Wollust, Arglist und Ehrgeiz hervorbringen
könnten«.[226] Es gibt kein öffentlich wirkendes Verbrechen, das
den Berg der Anklagen nicht noch anwachsen ließe. Satirisch ist
nicht die Charakterisierung Englands durch den König, satirisch ist die Beschreibung der Lobhudelei Gullivers, ein dramaturgisch wirksames Mittel, zu guter Letzt dessen eigene Wendung
gegen die Gesellschaft und Moral seines Landes vorzubereiten.
Die endgültige Reaktion des Königs auf Gullivers positive Darstellung Englands lautet wie folgt (und man liest es am Ende als
Swifts eigenes, vor Hass berstendes Verdikt): »Mein kleiner
Freund Grildrig, du hast eine höchst bewundernswerte Lobrede
auf dein Land gehalten. Du hast klar bewiesen, dass Unwissenheit, Müßiggang und Laster Elemente sind, die geeignet erscheinen, einen Gesetzgeber auszuweisen; dass Gesetze am besten
erklärt, ausgelegt und angewendet werden von Personen, deren
Interesse und Fähigkeiten darin bestehen, diese Gesetze zu ver-
drehen, zu verderben und zu umgehen. Ich beobachte bei euch
einige Merkmale eines Systems, das in seinem ursprünglichen
Zustand erträglich gewesen sein mag, aber diese sind zur Hälfte
ausgelöscht, und der Rest ist völlig verwischt und besudelt durch
Verderbnisse. Aus allen deinen Aussagen wird nicht ersichtlich,
dass für die Beschaffung irgendeiner Stellung bei euch eine Be-
fähigung verlangt wird; viel weniger, dass Menschen geadelt
werden aufgrund ihrer Tugend, dass Priester befördert werden
wegen ihrer Frömmigkeit oder Bildung, Soldaten wegen ihrer
Führung oder Tapferkeit, Richter wegen ihrer Unbescholten-
heit, Senatoren wegen ihrer Vaterlandsliebe oder Ratgeber wegen ihrer Weisheit. Was dich angeht (fuhr der König fort), der
du den größten Teil deines Lebens auf Reisen zugebracht hast,
so bin ich gern geneigt zu hoffen, dass du bislang vielen Lastern

226 Ebd., S. 174.

deines Landes entronnen sein magst. Aber nach dem, was ich aus deinem Bericht geschlossen habe, und den Antworten, die ich dir mit viel Mühe abgerungen und abgezwungen habe, kann ich nicht umhin zu folgern, dass die Mehrzahl deiner Mitbürger die schädlichste Rasse kleinen abscheulichen Ungeziefers ist, der die Natur je gestattet hat, auf der Erdoberfläche herumzukriechen.«[227]

Die Antwort des Königs ist keine willkürliche Anklage. Ihre Details basieren ausschließlich auf dem, was Gulliver selbst gesagt hat. Gullivers Bericht wird also zusätzlich zur verheerenden Deutung, die der König ihm gibt, als hoffnungslose Illusion, schlimmer: als eine Fälschung der Wirklichkeit, ja der Wahrheit erkennbar gemacht, die unter Gullivers Landsleuten notorisch verbreitet ist, will Swift wohl sagen. Gulliver selbst scheint von den Kriterien des Königs am Ende überwältigt zu sein. Wenn er zum ersten Mal wieder Landsleute vor sich sieht, die Männer, auf deren Schiff er nach England zurückfährt, kommen sie ihm als die »kleinsten, verächtlichsten Kreaturen vor«, die er »gesehen hat«.[228] Das gibt auf den ersten Blick nur der Irritation Ausdruck, nunmehr wieder Menschen der eigenen Größe zu sehen anstelle der Riesenleiber, an die er sich in Brobdingnag gewöhnt hatte, etwas Komisches, etwas Grotesk-Abstoßendes offenbar. Dahinter steckt aber nicht nur die Übernahme der Perspektive Brobdingnags auf die übrige Welt, sondern vor allem die Erkenntnis des Autors, dass und inwieweit unsere für wahr gehaltenen Urteile relativ und von der jeweiligen Perspektive des Urteilenden abhängig sind.

227 Ebd.
228 Ebd., S. 195.

147

2

Die vernichtende Kritik des Königs am Reich der Riesenmenschen ist keine Satire. Ist sie aber eine Hass-Rede? Ist die Darstellung des objektiven Anlasses zum Hass in Swifts subjektivem Stil zur literarischen Hass-Rede geworden? Es finden sich stilistische Elemente, die das belegen könnten: zum einen die Akkumulation extremer Beleidigungen des Angesprochenen, wenn nicht bezogen auf Gulliver selbst, so doch auf dessen Heimat, zum anderen, dass der Erfinder des feindseligen Ergusses, Swift, in Gedanken an die englischen Zustände, wie er sie sieht, durch einen Anflug von Hass zu dieser Rede motiviert worden ist. Aber das macht sie noch nicht zur Hass-Rede! Darüber entscheidet die metaphorische Semantik. Zweifellos bietet die Rede des Königs nicht bloß eine wohlbegründete negative Summa des englischen politischen Systems. Der Abscheu davor gipfelt in der »Ungeziefer«-Metapher. Hier öffnet sich die Sprache dem Gefühl extremer Abneigung.

Aber es bleibt eine an sofort erkennbaren normativen Werten orientierte Polemik, welche die satirischen Passagen von Swifts bisher erörtertem Romanteil sowie seine politischen Aufsätze genauso kennzeichnet. Der Stil der Hass-Rede, wie er bei Marlowe, Shakespeare und Milton ausbricht, besitzt, wie man sah, etwas bedrohlich Enigmatisches. Es geht eher darum, wie etwas gesagt wird, als darum, was gesagt wird. Dazu gehört, wie zu Beginn begründet, das Moment eines existentiellen Hasses, der sich im Text entfaltet und der vom Hass, den ein Autor ob eines ganz bestimmten Zustands fühlen mag, zu unterscheiden ist! Insofern belegt die Diagnostik von Englands Institutionen, ob satirisch oder direkt polemisch, das, was eingangs anlässlich von Swifts politischer Satire *A Modest Proposal* deutlich wurde.

Um so mehr ist der »belehrende« Ansatz von *Gullivers Rei-*

sen zu betonen. Die seit dem 18. Jahrhundert bis heute fesselnde Darstellung des ganz Kleinen und des ganz Großen dient der Unterrichtung, nicht der Lächerlichmachung. Was an Groteskem auch auftritt, sei es die Wahrnehmung der winzigen Wesen von Liliput oder der turmhochragenden Leiber von Brobdingnag, nimmt zwar den Blick als Abweichung vom Gewöhnlichen und Gewohnten gefangen. Dass es sich um etwas ganz Kleines und etwas ganz Großes handelt, dient aber, wie schon angedeutet, vor allem zur »Unterrichtung«, dass sich unsere Urteile aus unserem Blickwinkel ergeben, also – wenn man es so nennen will – aus der erkenntniskritischen Einsicht, wie relativ unsere Urteile sind. Das schränkt allerdings das Urteil über England nicht ein. Das Urteil des Königs aus dem Reich der Riesen ist zunächst eine überraschend andere Perspektive als die, die Gullivers Darstellung von Englands angeblich stolzer parlamentarischen Tradition gibt. Dann aber lässt der Erzähler Swift durchblicken, was er selbst von dieser Tradition hält, dass er der vernichtenden Charakterisierung durch den König recht gibt – dass es seine eigene Anschauung ist.

Wenn dem so ist, dann hat man hier – in der frenetischen Charakterisierung der Engländer durch den König – das Beispiel dafür, wie sich das Hass-Potential des Autors Verkleidungen sucht. Die Subjektivität des Autors färbt die Objektivität des Urteils. Es ist, als ob Swift selbst argumentierte. Und das bedeutet, dass es nur im Ansatz zur imaginativen Hass-Rede kommt. Andererseits beruht im Drama die Hass-Rede nicht bloß auf Subjektivität. Wie man sah, enthalten die Hass-Ausbrüche in *Richard III*, *Othello* oder *Hamlet* sehr wohl nachdrücklich formulierte Urteile und Erkenntnisse über den Menschen und die Gesellschaft. Sie sind aber gleichzeitig ganz und gar dem individuellen Bewusstsein des jeweils Sprechenden in einer Form zugeordnet, die das Gesagte als gerade Entdecktes und nur von ihm Entdecktes erscheinen lässt! Dass nur dieser eine Held so spricht, und wie er spricht, ist für das, was er sagt, ausschlaggebend. Dadurch können ausgesprochene Erkenntnisse eine idiosynkratische Färbung annehmen. Und dies tritt in den bisher aufgerufenen satirisch-gehässigen Sätzen von *Gullivers Reisen* nicht auf.

Für den Roman gilt generell: Je mehr die Schilderung von Wirklichkeit oder gar das Urteil über sie von einer intensiven Subjektivität des Autors durchschossen ist, desto eher kann der Hass ein imaginäres Ausdrucksmittel werden. Andererseits bleibt eine noch so negative polemische Darstellung in der Objektivität der Urteilsrede wie in einem Traktat beschlossen. Das lässt sich an den großen Romanen des 19. Jahrhunderts, an Tolstois Charakterisierung Napoleons und seines Zeitalters, an Stendhals, Balzacs und selbst an Flauberts Schilderungen gesellschaftlich-psychologischer Themen wiedererkennen. Die Negativität, wo sie auftritt, entspringt einem allwissenden Standpunkt, der auch soziologisch aufgeklärt ist und in aufklärender Absicht formuliert wird. Vor allem dafür steht die Gattung der klassischen Satire als Kunstform. Die dem imaginativen Hass eigene Subversivität, Unheimlichkeit und sogar Rätselhaftigkeit können dann nicht aufkommen.

Von dieser Einsicht geleitet, waren im Ersten und Zweiten Teil von *Gullivers Reisen* nur zwei Beispiele – die Urinierung des Kaiserschlosses von Liliput und die in Verachtung endende Charakterisierung Englands und der Engländer durch den König von Brobdingnag – als eine der Hass-Metaphorik sich öffnende Prosa zu erkennen. Solche Prosa fehlt im Dritten Teil über die Reise nach Laputa, Balnibarbi, Glubbdubdrib, Luggnagg und Japan ganz, obwohl die lautmalerischen Namen dieser unbekannten Länder das eigentlich erwarten lassen. Dass sie fehlt, ist nach dem Ausgeführten nicht überraschend: Swifts Darstellung ist ganz konzentriert auf eine Polemik gegen die von Mathematik geprägte moderne Wissenschaft, gegen die Einsichten über das Handeln für ein richtiges Leben überhaupt. Das läuft zwar auf eine partiell phantastische Einkleidung der für falsch angesehenen Erkenntnismethoden und ihrer Repräsentanten hinaus, auf die satirische Darstellung des als gefährlich und unsinnig angesehenen Rationalismus. Die Satire, zu der sich die Beschreibung der über der Erde fliegenden Luftinsel Laputa und ihrer in tiefes Nachdenken versunkenen Bewohner entwickelt, hat zwar alle Reize des Phantastischen, das seinen Sinn nicht sofort enthüllt. Aber es winkt die allegorische Erklärung: Der Name der hochschwebenden Insel ist noch das Geringste an verkappter Bedeutung. Man hat ihren Namen, dem italienischen Wort nachgebildet, als »Hure« gelesen. Als die »große Hure«, wie die Wissenschaft oder die lebensabgewandte Vernunft im Verständnis Swifts anzuprangern sind. Dass die Laputaner über der Erde, den Städten und Dörfern der gewöhnlichen Menschen schweben, ist der geradezu aufdringlich-allegorische Hinweis auf die buchstäbliche Abgehobenheit der Inselinsassen. Hierzu gehört unter anderem, dass die Schönheit, die Schönheit einer Frau, nicht in sinnlicher Angemessenheit, sondern in geometrischen Mustern dargestellt wird. Dazu passt auch die boshafte Information über die notorische Untreue der Ehefrauen der gelehrten Laputaner: Ihre Ehefrauen lassen sich durchweg auf Affären mit Besuchern vom Festland ein, die zwar von den gelehrten Ehemännern wegen ihrer geistigen Unbedarftheit verachtet werden, gleichzeitig aber ihre Liebhaberrolle in aller Ruhe genießen können, ohne dass die von ihnen gehörnten tiefen Geister diesen Umstand wahrnehmen.

Der detaillierten Beschreibung des Mechanismus, durch den die schwebende Insel der von der Wirklichkeit entfernten Denker in der Luft gehalten wird, ist sehr viel mehr Raum zugebilligt als den Eskapaden ihrer Bewohnerinnen, obwohl die ausführliche satirische Beschreibung ihrer Affären den Leser mehr unterhalten würde als die physikalisch-mechanischen Umstände des Schwebens der Insel. Aber Swift will unterrichten: Die Allegorese einer selbstreferentiellen Mechanik mag den Leser faszinieren, aber sie wird sofort wieder gedeutet: durch den

Einfall, dass sich die Laputaner ständig mit einer Luftblase auf Münder und Ohren klopfen, um sich, da immer selbstversunken, einander bemerkbar zu machen. Hier haben wir den für die Hass-Rede entscheidenden Mehrwert des exotischen Motivs oder der metaphorischen Ablenkung, aber eben ohne den Ausdruck des Hasses selbst.

Die Beschreibung der Großen Akademie von Lagado, der nächsten Station, funktioniert ausschließlich als satirische Abfertigung der Forschungsmethoden der neuen Wissenschaft als ehrgeiziges Projekt, etwa wie aus einer Gurke Sonnenstrahlen zu gewinnen sind oder wie ein Wissenschaftler aus menschlichem Exkrement die ursprüngliche Nahrung wiederherstellt: »indem er die Bestandteile voneinander trennte, die Färbung, die es durch die Galle erhält, beseitigte, deren Geruch ausdünsten ließ und den Speichel abschäumte. Er erhielt von der Gesellschaft eine Wochenration menschlichen Kots in einem Gefäß, das ungefähr die Größe eines Bristol-Fasses hatte«.[229] Zu diesen phantastisch-verschlüsselten Praktiken, Methoden und Fragestellungen gibt es die inzwischen von der Anglistik und Historik ermittelten Referenzen zur zeitgenössischen Naturwissenschaft, die Swift polemisch im Blick hatte. Ob er sie kannte oder nicht – erwiesen ist abermals, inwiefern auch eine Darstellung in satirischer Form vor allem an der objektiven Aufklärung des Lesers interessiert ist. Gewiss, die Swiftsche Manier, die Beispiele in Erscheinungen des Grotesken transzendieren zu lassen, verwandelt das abschätzige Urteil in eine willkürliche Phantasmagorie mit aggressiver Spitze. So heißt es: »Ich klagte über einen leichten Kolikanfall, worauf mich mein Begleiter in den Raum eines großen Arztes führte, der berühmt dafür war, diese Krankheit durch gegensätzliche Bestätigung des gleichen Instruments heilen zu können. Er hatte einen großen Blasebalg mit einer langen, schlanken Mündung aus Elfenbein. Diese trieb

---

229 Ebd., S. 237.

er acht Zoll in den After hinein, und während er die Luft her-
aussog, so versicherte er mir, könne er die Gedärme so schlaff machen wie eine ausgetrocknete Blase. Wenn die Krankheit aber
hartnäckiger und heftiger war, ließ er die Mündung mit dem
Blasebalg voller Luft einfahren, die er in den Körper des Patienten entlud, zog dann das Instrument heraus, um es wieder auf-
zufüllen, und presste dabei seinen Daumen kräftig gegen die
Öffnung im Gesäß. Nach drei- oder viermaliger Wiederholung
schoss die fremde Luft gewöhnlich wieder heraus, zog die schäd-
lichen Stoffe mit sich (wie Wasser, das in eine Pumpe gefüllt
wird), und der Patient erholte sich wieder. Ich sah ihn beide Versuche an einem Hund erproben, konnte aber nach dem ersten
keine Wirkung feststellen. Nach dem zweiten Experiment war
das Tier fast dabei zu bersten und ließ eine mächtige Ladung ab,
die mir und meinem Begleiter Ekel verursachte. Der Hund ver-
endete auf der Stelle, und wir verließen den Arzt bei seinem Bemühen, ihn durch das gleiche Verfahren wiederzubeleben.«[230]
Obszöne Bilder von solcher Ausgesuchtheit, die Praktiken
von Wissenschaftlern zu veranschaulichen, sind zwar gehässig,
aber mit der literarischen Hass-Rede haben sie nichts im Sinn.
Noch weniger der Bericht von sprachwissenschaftlichen Ab-
surditäten, die Alltagssprache dadurch zu verbessern, dass man
sie verkürzt, indem man vielsilbige Wörter auf einsilbige Wörter
reduziert, Verben und Partizipien ganz fortlässt. Das ist schiere
Polemik der Swiftschen Kritik an der rationalistischen Reduktion von Wirklichkeit. Ganz zu schweigen von der Ausstellung
des Plans, alle Wörter überhaupt zu beseitigen.[231] Geradezu er-
müdend der Bericht über die Heraufbeschwörung antiker Helden, Philosophen und Schriftsteller. Man ist enttäuscht von solch
harmloser Ironisierung der Geschichtsforschung, ihrer falschen
Entdeckungen und Datierungen, die Swift durch die Erklärung

230 Ebd., S. 239.
231 Ebd., S. 244.

von Helden und Denkern alter Zeit widerlegen lässt. Nein, auch die satirischen Stücke der dritten Reise zwischen Laputa, Balnibarbi und dem Rest entfesseln keine Tiger des Zorns oder gar des Hasses, sondern führen durchweg relativ zahme Rosse der Belehrung vor.

3

Die wütenden Reaktionen auf die Schilderung des Landes der Pferde, des Landes der Houyhnhnms im vierten Teil der Reise, bei zeitgenössischen und späteren Lesern, nicht zuletzt gebildeten, lassen auf die Tiger des Hasses hoffen. Oder werden diese auch hier von dem der Satire eigenen Ethos einer besseren Welt zurückgehalten? Tatsächlich lassen die allerersten Wesen, die Gulliver – ausgesetzt von Meuterern seines Schiffes – nach Erreichen des Strandes erblickt, extreme Reaktionen des Helden erwarten. Diese Wesen, im Vorspann »Yahoos« genannt, kommen Gulliver tierisch vor. Durchweg auf allen vieren, können sie aber auch aufrecht gehen, ein widerwärtiger Anblick, der sofort Verachtung auslöst bei der Beschreibung ihres Äußeren:[232] gleichsam Menschentiere mit Bärten wie Ziegen, ohne Schwanz, aber mit scharfen Krallen an den Beinen, womit sie auf hohe Bäume klettern können. Abstoßend die Geschlechtsmerkmale, den Frauen hängen die Brüste zwischen den Vorderbeinen hinunter, und der After – bekanntlich ein Leitmotiv Swifts – ist behaart. Die Haut wie aus braunem Leder.

Die bösartige Nachdrücklichkeit, mit der das Wort »Yahoo« ausgesprochen wird, sobald es erklärt ist, bereitet die spätere Aggression Gullivers vor. Der Name wird übergehen auf die Titulierung der europäischen Menschen, das eigentliche Thema

232 Ebd., S. 290.

154

des Vierten Teils. Es entwickelt sich im Gespräch zwischen dem Fremdling in dieser abermals phantastischen Zone und deren eigentlichen Herren, einer edlen Pferderasse, deren fast unaussprechlicher Name »Houyhnhnms« wohl die Laute ihrer Sprache intonieren soll. Die nun einsetzende Hass-Rede bezieht sich erneut auf die schon bei der ersten und zweiten Reise erörterten Institutionen, Lebensformen und Charaktere der Engländer. Diese Wiederholung oder Variation birgt in sich die Gefahr, dass die für den Hass-Diskurs notwendige Intensität und Überraschungsqualität verlorengehen. Aber Swift ist es gelungen, diese Gefahr zu vermeiden. Wenn die abstoßenden Yahoos, eine Art Sklavenbevölkerung für die Pferdeherren, allmählich mit dem europäischen Menschen identifiziert werden, ja diese Gleichsetzung von Gulliver selbst übernommen wird, dann steht das Wort »Hass« vor der Tür. Es wird zuerst von Gulliver ausgesprochen: »Was nämlich jene ekelhaften Yahoos anging, so muss ich gestehen, dass ich, obwohl es zu jenem Zeitpunkt wenige gab, die Menschen mehr liebten als ich, noch nie eine fühlende Kreatur gesehen hatte, die in jeder Hinsicht so verabscheuenswürdig war; und je öfter ich ihnen nahe kam, desto hassenswerter [»hateful«] wurden sie mir während meines Aufenthalts in diesem Land.«[233] Hassenswert um so mehr, als der Eindruck, den die herrschende Pferderasse und der Pferdeherr, der sich Gullivers angenommen hatte, hinterließen, so souverän, so intelligent, so in allen Bereichen des täglichen und öffentlichen Lebens weise erschien, dass ihre vornehme Gestalt diese Eigenschaften noch einmal betonte. Keine Frage, geschweige ein eigentlich selbstverständliches Erschrecken darüber, es mit sprechenden und denkenden Pferden zu tun zu haben, taucht hier auf. Die allegorische Bedeutung wirkt auch hier! Und die unterschwellige Thematik einer arroganten »Herrenrasse«, der die Äquivalenz schöner und hässlicher äußerer Merkmale gehört,

233 Ebd., S. 300.

wird nicht namentlich ausgeführt und ist auch in der Rezeption nicht aufgeworfen worden.

Gulliver bittet seinen Gastgeber – er ist letztlich dessen Gefangener und hat langsam, wie im Land der Zwerge und Riesen, die fremde Sprache gelernt –, er möge ihn nicht »Yahoo« nennen. Denn der hatte ihn als einen »vollkommenen Yahoo« bezeichnet, auch wenn er sich von den unheimlichen Yahoos durch körperliche Unterschiede abhebe. Abermals fällt Gulliver auf den Hass-Ausdruck zurück, um seiner Irritation Ausdruck zu geben: »dass er mich so oft als Yahoo bezeichnete, ein abscheuliches Tier, für das ich solchen Hass und solche Verachtung empfand«.[234]

Das bleibt hier noch eine überraschende Reaktion, ein eigentlich ungeklärter Affekt. Denn warum sollte ein exotisches Lebewesen zwischen Mensch und Tier »Hass« erwecken? Es sei denn, dass sich ein größeres Thema ankündigt. Wie zu erwarten, ist dieses Thema die moralisch-geistige und politische Verderbtheit Englands, eines anderen Yahoo-Landes. Seine Porträtierung vollzieht sich wie im Lande Liliputs und Brobdignags in zwei Schritten: der Darstellung des Landes aus dem Munde Gullivers, die sich aber im Unterschied zu seinen früheren Berichten selbst schon negativ färbt, und der Darstellung durch den Pferdeherrn, der die Negativität als ein Prinzip der europäischen Yahoos zuspitzt. Gulliver, inzwischen von der Weltsicht der Houyhnhnms beeinflusst, schildert den englischen Premierminister als höchste Ausdrucksform eines Yahoo: sein Verlangen nach Reichtum und Titeln, seine Absicht, niemals die Wahrheit zu sagen. Wahrheit als Lüge zu präsentieren, das ist die Quintessenz des englischen Systems und wird anschaulich in der Methode seiner Rechtsanwälte, Weiß als Schwarz und Schwarz als Weiß erscheinen zu lassen.[235] Abgesehen davon, dass

234 Ebd., S. 308.
235 Ebd., S. 322.

die Yahoo-Halbwesen nicht über derlei intellektuelles Vermögen verfügen, ist die Wiederholung des korrupten Zustands Britanniens einer unterhaltenden Erzählung nicht förderlich. Aber die Polemik gegen England ist mit solcher Finesse vorgetragen, zu der Gulliver selbst bis dahin nicht imstande gewesen ist. Es ist Swifts ganz spezifisches Motiv, eben der Hass gegen das englische Rechtswesen, wobei das schon im Land der Riesen über die Wahrheit und Gerechtigkeit Gesagte variiert wird. Nunmehr aber von Gulliver selbst! Das ist die Differenz zu seiner bisherigen Geschichte.

Die Darlegung der unmoralischen, ja kriminellen Kriegsgründe,[236] die reichere Schichten begünstigen und die ärmeren noch ärmer machen, die gesundheitsschädliche Ernährung und die auf falschen Annahmen beruhende Heilkunst, all diese Übel aus Unmoral und Unwissenheit türmen sich auf zur Ansicht des englischen Staates als eines grotesken Missgebildes – ein Hohn auf die Gulliver ursprünglich selbstverständlichen Vorstellungen, dass die englische Verfassung »die Bewunderung und den Neid der ganzen Welt« verdiene.[237] Dieses nun als politisch-moralisches Monster bewertete englische System wird ebenfalls »Yahoo-Land« genannt.

Kenner der englischen Literatur und Philosophie haben schon, als *Gullivers Reisen* 1726 erschien, Bezüge zu Thomas Morus' 1516 publizierten, in lateinischer Sprache geschriebenen, berühmten Schrift *Utopia* entdeckt, die seit 1551 in englischer Übersetzung zu lesen war. Sie enthielt Motive, die Swift in seiner satirischen Form wieder in Anschlag gebracht hat, sowohl hinsichtlich der Diagnostik des wirtschaftlichen und sozialen Zustands als auch der chaotisch-irrationalen Weise, Kriege vom Zaun zu brechen. Hinzu kommt der Einfluss von Platons *Staat* und anderen aus der antiken Literatur gewonnenen Kriterien

236 Ebd., S. 318.
237 Ebd., S. 330.

für eine gute Staatsführung. So gelehrt also Swifts darob weitgehend kommentierter Text ist, um so mehr erhebt sich wieder die Frage, wie sehr die »Rosse der Belehrung« sich schließlich doch durchgesetzt haben. Daran würde auch die nun häufigere Hass-Formel nichts ändern, denn das Wort »Hass« bleibt eingepfercht in der objektiven Beurteilung eines Unrechtssystems, es teilt sich noch nicht in einer neuen Sprache mit. Das zeigt sich vor allem in der Erwiderung des Pferdeherrn: »Zwar hasse er die Yahoos dieses Landes, aber er werfe ihnen ihre hassenswerten Eigenschaften nicht mehr vor als einem Gnnayh [einem Raubvogel] seine Grausamkeit oder einem scharfen Stein die Tatsache, dass er ihm den Huf gespalten habe. Wenn aber ein Lebewesen, das Anspruch auf Vernunft erhebe, solcher Ungeheuerlichkeiten fähig sei, dann fürchte er, dass die Korruption jener Fähigkeit schlimmer sei als die Brutalität selbst.«[238]

Diese Einschätzung bereitet aber eine Verschiebung der Hass-Rede vom Urteil zur Gemütsverfassung Gullivers vor. Sein Gastgeber erschreckt ihn, weil dieser nunmehr das Bild der europäischen Yahoos entwirft: Gulliver berichtet, der Gastgeber »sehe uns als eine Art Lebewesen an, denen durch irgendeinen Zufall, über den er nicht mutmaßen könne, ein geringer Anteil an Vernunft zugefallen sei, von dem wir indes keinen anderen Gebrauch machen, als mit seiner Hilfe unsere natürlichen Verderbtheiten zu verschlimmern und uns neue zuzulegen, welche die Natur uns nicht gegeben habe«.[239] Es kommt noch schlimmer: »Er sei sich dieser Meinung um so sicherer, als er nicht nur bemerke, daß ich in allen körperlichen Merkmalen mit anderen Yahoos übereinstimme, ausgenommen dort, wo es in puncto Stärke, Geschwindigkeit und Behendigkeit, der Kürze meiner Klauen und einiger anderer Besonderheiten, an denen die Natur keinen Anteil habe, mir zum wirklichen Nachteil ausschla-

238 Ebd., S. 321.
239 Ebd., S. 335.

ge, sondern auch aufgrund der Darstellung unseres Lebens, unserer Sitten und unseres Handelns eine starke Ähnlichkeit in der Anlage unseres Verstandes entdecke. Er sagte, man wisse, dass die Yahoos einander mehr hassten als jede andere Art von Lebewesen, und der Grund, den man gewöhnlich dafür anführe, sei ihre eigene ekelhafte Gestalt, die alle an den anderen wahrnehmen könnten, aber nicht an sich selbst. Deshalb habe er angefangen zu glauben, dass es nicht unklug von uns sei, unsere Körper zu verhüllen und durch diese Erfindung viele unserer eigenen Mängel, die sonst wohl kaum erträglich wären, voreinander zu verbergen. Nun aber entdecke er, sich geirrt zu haben, und dass die Zwietracht jener Tiere in seinem Land auf die gleichen Ursachen zurückzuführen sei wie unsere, so wie ich sie beschrieben hätte.«[240]

Wenn sich der Pferdeherr auf die Yahoos im Land der Pferde bezieht, hört Gulliver aber die Charakterisierung seines eigenen Landes heraus: »… nichts mache die Yahoos hassenswerter als ihre wahllose Gier«.[241] Gerade weil sich diese Bemerkung auf die tierische Fressgier der von den Pferdeherren beherrschten Halbwesen bezieht, wirkt der Ausdruck »undistinguished appetite«, bezogen auf die von Gulliver geschilderte Gier der durch die englische Zivilisation Erzogenen, besonders alarmierend. Auch wenn der Pferdeherr erwähnt, wie die Yahoos das »Hinterteil« eines Herrn »lecken«,[242] überträgt Gulliver das auf die nun auch »Yahoos« genannten Engländer. Endgültig klar wird Gulliver, dass er selbst ein Yahoo ist, als ein Yahoo-Weibchen ihn entdeckt, während er nackt in einem Fluss steht und gerade schwimmen will. Das Weib sei in Wollust entbrannt, in den Fluss gesprungen und habe ihn »auf widerwärtige Weise« umarmt. Erst nachdem der ihn begleitende Pferde-Freund sich genähert habe, habe das Scheusal die Umklammerung gelöst und sei ans Ufer ge-

240 Ebd., S. 336.
241 Ebd., S. 338.
242 Ebd., S. 340.

sprungen. Man spricht im Haus des Gastgebers über diese Demütigung, und Gulliver weiß nun, dass er »an jedem Glied und jedem Merkmal« ein »echter Yahoo war«.[243]

Um so tiefer dringt der ausdrücklich wiederholte wilde »Hass«[244] der Pferdeherrn gegen die Yahoos in Gullivers Gemüt ein. Die eigentlich Gewalttätigkeit verabscheuenden Pferde debattieren in ihrer Generalversammlung, »ob die Yahoos vom Angesicht der Erde auszulöschen seien«,[245] abermals eine seltsame Antizipation Swifts von erst im 19. Jahrhundert aufkommender Rassen-Hygiene (»exterminated from the face of the earth«). Hätte Swift die später erfundene Begründung zur Ausmerzung einer ganzen Rasse gekannt, hätte er den Pferdeherren sagen lassen, ein Yahoo sei »das schmutzigste, ekelhafteste und missgebildetste Lebewesen«?[246] Grund genug, sie umzubringen? Für die Pferde scheinbar schon, sie töteten nämlich die ältesten Yahoos, die zur Lastarbeit nicht mehr fähig waren. Und auch die Begründung des Hasses mit der Abkunft der Yahoos klingt einschlägig bekannt: »Wenn ihre böse Veranlagung dies auch hinreichend verdiene, so hätte der Hass aber niemals derartige Ausmaße annehmen können, wenn sie Ureinwohner gewesen wären, anderenfalls wären sie bereits seit langer Zeit ausgerottet«.[247] Ausrotten mit gutem Gewissen. Hat sich Swifts »Hass« einfallen lassen, ein solches Schicksal schließlich auch als ein für die europäischen Yahoos angemessenes zu empfehlen? Dem widerspricht, dass die Pferde-Nation kein Wort für das »Böse« habe.[248] Und Gullivers Preisung der Güte und Freundschaft als die höchsten und vornehmsten Tugenden der Houyhnhnms, einschließlich »Mäßigung«, »Fleiß« und »Pflicht-

243 Ebd., S. 345.
244 Ebd., S. 351.
245 Ebd., S. 350.
246 Ebd.
247 Ebd., S. 351.
248 Ebd., S. 356.

bewusstsein«, läuft auf die Akkumulation von zweifelhaften Tugendwächtereigenschaften hinaus, die Swifts satirischen Ton auf England für heutige Leser (nicht auch für zeitgenössische?) in Zweifel ziehen: »Hier gab es keine Spötter, Tadler, Verleumder, Taschendiebe, Straßenräuber, Einbrecher, Anwälte, Kuppler, Possenreißer, Spieler, Politiker, Gecken, Hypochonder, langweilige Schwätzer, Streithähne, Vergewaltiger, Mörder, Räuber, Dilettanten der Wissenschaft, keine Führer oder Mitläufer von Parteien und Cliquen; niemand, der zum Laster durch Verführung oder Beispiel ermunterte; kein Verlies und Henkerbeil, keinen Galgen, Schandpfahl oder Pranger; keine betrügerischen Ladeninhaber oder Handwerker; keinen Stolz, keine Eitelkeit oder Heuchelei; keine Stutzer, Zuhälter, Trunkenbolde, herumstreunende Huren oder Syphilitiker; keine zänkischen, unzüchtigen und kostspieligen Ehefrauen; keine törichten, stolzen Pedanten; keine aufdringlichen, anmaßenden, streitsüchtigen, lärmenden, grölenden, hohlen, eingebildeten und fluchenden Gefährten; keine Lumpen, die ihrer Laster wegen aus dem Staub emporgestiegen waren, und keinen Adel, der wegen seiner Tugenden in den Schmutz geworfen wurde; keine hohen Herren, Fiedler, Richter oder Tanzlehrer.«[249]

Wie langweilig! Man möchte dazu neigen, diese Bewunderung von abwesenden Sünden bei der Nation der edlen Pferde als eine besonders extravagante Eskapade der Swiftschen Satire zum Abschluss des Ganzen zu lesen: als ein Rätsel für den über Tugend und Hass, gegen Untugend unterrichteten Leser. Aber nein, das ist es nicht! Der Tugendkatalog der Pferde ist ernstgemeint. Gulliver hat deren Weltsicht zu seiner eigenen gemacht. Swift spitzt sie mit den Worten Gullivers zu: »Wenn ich an meine Familie dachte, meine Freunde, meine Landsleute oder an die Menschen im allgemeinen, betrachtete ich sie als das, was sie wirklich waren, Yahoos ihrer Gestalt und Veranlagung nach,

249 Ebd., S. 358.

nur ein wenig zivilisierter und mit der Gabe zu sprechen ausgestattet, die aber von der Vernunft keinen anderen Gebrauch machten, als jene Laster zu verschlimmern und zu vermehren, an denen ihre Brüder in diesem Land nur den Anteil hatten, den die Natur ihnen bestimmt hatte. Wenn ich zufällig mein Spiegelbild in einem See oder in einem Brunnen sah, wandte ich mein Gesicht voller Entsetzen und Abscheu vor mir selbst ab und konnte den Anblick eines gewöhnlichen Yahoos besser ertragen als meinen eigenen.«[250]

Damit kommen wir auf die zentrale Frage zurück, ob und inwiefern eine auf normative Ideale bezogene Satire überhaupt einen Hass-Diskurs entwickeln kann, der stilistisch und psychologisch anziehend wäre, indem er imaginative Potenz ausstrahlte. Man hat Ansätze dazu gesehen. Aber auch die Darstellung des Hasses der edlen Pferde gegen die unedlen halbmenschlichen Yahoos, in die der Hass Gullivers gegen England eingeht, lässt diesen »Hass« als theoriegestützte Charakteristik erkennen, ein politisches Motiv, das sich sofort herunterrechnet auf den banalen Affekt der rechten »Meinung«. Aber dabei bleibt es beim literarisch guten Ende letztlich nicht.

4

Anlässlich der in Swifts Roman verborgenen philosophischen und politischen Ideen war deutlich geworden, dass er nur dann zur imaginativen Form der Hass-Rede vorstieße, wenn der subjektive Faktor ausschlaggebend würde. Bis am Ende geschieht dies aber nicht. Gulliver hatte die von ihm durch Zufall entdeckten Länder, die alle einen neuen Aspekt des Phantastischen zeigten, immer gern verlassen. Und er war stets gern nach Eng-

250 Ebd., S. 360.

land zurückgekehrt. Im Land der Pferde aber befällt ihn bei der Aussicht auf Abschied Verzweiflung. Sein Gastgeber hatte ihm mitgeteilt, die Ratsversammlung fordere, dass ein Yahoo wie er nicht weiter als Gast dort leben dürfe, sondern entweder denselben Lastdiensten unterworfen würde wie die seit langem anwesenden Yahoos oder er das Land zu verlassen habe.

War Gulliver bisher ein Adressat von edlen Ideen gewesen, die zwar die Existenz seiner Herkunft untergruben, so wurde jetzt die neue Existenz endgültig in Frage gestellt. Vor dieser Alternative blieb nur die Entscheidung für das Verlassen des Pferdestaats. Tiefe Trauer nahm von ihm Besitz. Nach dem zweimonatigen Bau eines Floßes und nach einem herzergreifenden Abschied von seinem Pferdeherrn versucht Gulliver, eine kleine, möglichst unbewohnte Insel zu erreichen, auf keinen Fall aber »in die Gesellschaft und unter die Herrschaft der Yahoos zurückzukehren«,[251] wie er nun alle Engländer nennt. Er wollte also nicht mehr versuchen, England zu erreichen. Hierin liegt beiläufig eine kontrastive Anspielung auf Robinson Crusoe. Auch dieser musste nach einem Schiffbruch gegen seinen Willen auf einer einsamen Insel leben. Obwohl er sich dort dann als Kolonialisierer ausgezeichnet hatte, war er aber glücklich, als endlich ein Schiff auftauchte und er nach England zurückkehren konnte.

Gullivers Trauer und Selbstbezogenheit verändern auch die Form seines Hasses: War dieser bisher mehr oder weniger identisch mit einem Erkenntnisakt, der Erkenntnis von der moralischen und geistigen Verderbnis des Landes seiner Herkunft, steigert sich nunmehr die zunächst polemisch-reflexive Ablehnung Englands zu disruptiver Intensität. Seine ganze Existenz wird vom Hass ergriffen. Das offenbart sich erstmals, als er von portugiesischen Seeleuten – die natürlich für ihn auch zu »Yahoos« geworden sind – auf der kleinen Insel, die er gefunden

---

251 Ebd., S. 367.

hatte, entdeckt und von dem als liebenswürdig geschilderten, aber in der Sache unnachgiebigen Kapitän genötigt wird, mit diesem nach Portugal zu segeln, um von dort nach England zurückzukehren.

Swift erhöht somit Gullivers emotionalen Pulsschlag. Die portugiesischen Matrosen lachen über seinen ihnen seltsam vorkommenden Tonfall, der sie an das Wiehern von Pferden erinnert: »Die ganze Zeit bebte ich zwischen Furcht und Hass.«[252] Über seine europäischen Entdecker heißt es: »Als sie zu sprechen begannen, dachte ich, noch nie etwas so Unnatürliches gesehen oder gehört zu haben; es erschien mir nämlich so lächerlich, als ob ein Hund oder eine Kuh in England sprechen würde, oder ein Yahoo in Houyhnhnm-Land.«[253] Swift betont die Freundlichkeit des portugiesischen Kapitäns, um Gullivers feindselige Reaktion als um so unverständlicher, eigentümlicher hervorzukehren: Es soll nicht einfach nur die lange Abwesenheit europäischer Gesichter und Sprache veranschaulicht werden, ein Thema der Reiseliteratur, nicht ohne utopische Aspekte. Vielmehr ist Gullivers zögerliche Erzählung vom Land der Pferde, in dem es keine Lüge gibt, vom Bemühen bestimmt, seine inzwischen tiefe Abneigung gegen menschliche Wesensart zu verbergen.[254] Swift stellt das »Hass«-Wort und die Darstellung von Hass-Affekten in dem Maße schärfer heraus, als sich Gullivers Rückkehr nach England nähert. Schon im Haus des liebenswürdigen und hilfreichen Kapitäns in Lissabon hatte Gulliver die Empfindung, dass sich seine »Furcht langsam legte«, aber sein »Hass« und seine »Verachtung« zu wachsen schienen.[255] Mit solch einer sich zum Negativen hin steigernden Charakterisierung von Gullivers emotionalem Zustand unter dem Hass-Aspekt ist ein obsessives psychisches Element hinzugewonnen,

252 Ebd., S. 370.
253 Ebd.
254 Ebd., S. 373.
255 Ebd., S. 374.

das vorher hinter dem Ideenvortrag verborgen geblieben war, wenn es denn überhaupt angedeutet wurde.

Jetzt aber wird es zum Thema einer emotionalen Obsession, die nicht mehr der »Unterrichtung« über englische Laster dient und also letztlich der Ausdruck einer Idee ist. Jetzt geht es vielmehr um eine Emotion, die Leib und Seele erfasst hat und das ganze Ich prägt. Sie erreicht bei der Beschreibung von Gullivers Heimkehr zu seiner Familie einen Affekt, der zeitgenössische Leser tief irritieren musste: »Meine Frau und meine Familie empfingen mich mit großer Überraschung und Freude, weil sie mich sicher für tot geglaubt hatten. Ich muss jedoch offen bekennen, dass mich ihr Anblick nur mit Hass, Ekel und Verachtung erfüllte, und das um so mehr, wenn ich darüber nachdachte, wie nahe ich ihnen verbunden war.«[256] Swift fügt wenige Zeilen später hinzu, dass Gullivers Verbindung mit einer Engländerin, also einer Yahoo-Frau, die zu erneuter Vaterschaft führt, ihn »mit äußerster Scham, Verwirren und Grauen« getroffen habe.[257] Gulliver kann die erste Zeit seine Frau und die Kinder, einschließlich ihres Geruchs, nicht in seiner Nähe, nicht im selben Zimmer ertragen: »Bis zu dieser Stunde wagen sie es nicht, mein Brot zu berühren oder aus derselben Tasse zu trinken.«[258] Wenn sich Gulliver zwei junge Hengste anschafft, um seinem Lebensmut durch deren Geruch aufzuhelfen, dann ist die Spitze des von Hass durchtränkten Gemützustands erreicht.

Die zu Beginn erwähnte heftige Reaktion gebildeter Leser gerade gegenüber dem letzten Teil des Buches überrascht nicht. Thackerays beißendes Diktum lautete, dieser Teil sei in Yahoo-Sprache geschrieben, und Swifts früherer Biograph Lord Orrery äußerte, Swift sei hier selbst zum Yahoo geworden. In der modernen Kritik hat sich die Lesart durchgesetzt, Gulliver und Swift zu trennen und darauf zu verweisen, die Houyhnhnms

256 Ebd., S. 375.
257 Ebd.
258 Ebd., S. 376.

seien genauso Gegenstand von Swifts Satire wie die Yahoos, Karikaturen des rationalistischen Denkens seiner Zeit. Anlässlich des Tugendkatalogs ist diese Möglichkeit schon erwogen worden. Solche negativen wie positiven Lesarten laufen aber auf die gleiche inhaltlich identifizierende Ideenrezeption hinaus. Swifts eigene, im letzten Kapitel hinzugefügte Erklärung zum Buch, er schreibe »ohne Leidenschaft, ohne Vorurteil und ohne Feindschaft gegen irgendjemanden oder eine Gruppe«, sondern mit dem »erhabenen Ziel, die Menschheit zu unterrichten«,[259] verwischt das Darstellungsproblem: Denn konfrontiert mit seinen Landsleuten und seiner Familie, spielt die »Unterrichtung« letztlich keine Rolle mehr. Der Hass-Affekt, wie er beschrieben ist, sitzt tiefer. Was für ein Hass ist es nun, der Gulliver beherrscht?

Bei Marlowe, Shakespeare und Milton bemaß der Hass in der Sprache von Barrabas, Richard III., Othello, Hamlet und Satan die Bandbreite zwischen Ehrgeiz, Rache und Verzweiflung, wobei sich zuweilen ein Stil des Erhabenen einmischte. Aber über die in den drei Begriffen genannten Motive hinaus zeigte sich auch ein »existentieller« Hass, der kein eigentliches Motiv braucht und auf den am Beispiel von Baudelaires *Fleurs du mal* ausführlicher zurückzukommen sein wird. Bei Swift ist infolge der prosaischen Form der rhetorische Gestus verschwunden. Gleichwohl stellt sich das existentielle Moment bei der Schilderung von Gullivers Zuständen am Ende ein, indem die Narratio an Absurdität gewinnt. Wir erblicken dann einen Helden, der von Wahn getrieben ist, einem Wahn von exzessiver Vorstellungskraft.

Dass Swifts Prosa zu Beginn andeutungsweise, am Ende nachdrücklich von dieser angetrieben wird, selbst wenn er »belehren« wollte, das wird auch durch den Tonfall der englischen Sprache unterstützt. Im Blick auf die klassische französische Tragödie

259 Ebd., S. 379.

166

und das deutsche Barockdrama wurde schon erklärt, dass in diesen keine Hass-Reden auftauchen. Geistesgeschichtliche Gründe waren dafür anzuführen, vielleicht sind dem auch politisch-historische hinzuzufügen, denn keine Nationalgeschichte war bis zum 18. Jahrhundert so grausam wie die englische, einschließlich ihrer Hinrichtungspraktiken.

Aber die abrupte Intensität der Hass-Rede gewinnt ihren ganz besonderen Charakter auch durch die Lautlichkeit des im Angelsächsisch-Normannischen wurzelnden englischen Idioms. Man verdeutliche sich das am einfach zu denkenden Beispiel jenseits der Hass-Thematik, dem Volkslied, das in Shakespeares Komödie *As You Like It* gesungen wird: »With hey, ho, the wind and the rain.« Wie energetisch das klingt! Das Naturereignis findet das ihr wesensähnlichste sprachliche Echo. Die lautlich-rhythmische Differenz zur deutschen oder französischen Übertragung zeigt, wie ein langsamerer, ja kontemplativer Effekt durchscheint (Schlegel: »Hop heisa, bei Regen und Wind«). Und diese Differenz gilt für die englische Sprache und ihre früh einsetzende grammatische Verkürzung überhaupt. Sie hat vorerst aber keine Hass-Reden mehr in der englischen Dichtung begünstigt. Denn die britische Zivilisation gönnte nach Swifts Zeit dem Hass offenbar eine Ruhepause.

II

Hass bis in die Hölle

Kleists grausame Helden

Dass Kleists Werk markiert ist von Gewaltphantasien, hat nicht zuletzt dazu beigetragen, dass es seit den zwanziger Jahren des letzten Jahrhunderts neben Büchners und Hölderlins Dichtung neu entdeckt und bewertet wurde. Gewaltphantasie heißt hier nicht die Verlockung zum kriminellen Plot, obwohl Kleists Erzählungen auch dadurch gekennzeichnet sind. Es handelt sich vielmehr um eine Affinität zur Grausamkeit, die über den Stil vermittelt ist: Achim von Arnim, selbst Erfinder unheimlicher Motive, hat Kleists künstlerische Grausamkeit einmal charakterisiert als eine äußerste Unbefangenheit, die an Zynismus grenze. Bei seinem Selbstmord hätten ihn die Gerippe all derer totgeschlagen, die er selbst – freilich artistisch – umgebracht habe. Dabei handelt es sich nicht bloß um einen Überschuss an Phantasie in Kleists Werk – vielmehr wirkt darin die Unmittelbarkeit seines Stils. Wenn einer schreibt, die Gedanken kämen einem erst beim Reden, nicht bevor man sie ausdrückt, dann ist das negativ oder positiv zu verstehen: entweder als jeweilige Ziellosigkeit im Gespräch oder aber – und das meinte Kleist in seinem berühmten Essay *Über die allmähliche Verfertigung der Gedanken beim Reden* (1806) – als die Plötzlichkeit des originellen Einfalls. Die fesselnde Behauptung des Essays und vor allem das Beispiel, das Kleist dafür brachte, war, dass der große Redner auf einen nicht vorbereiteten Gedanken stößt, der bedeutend ist. Kleists Beispiel konnte nicht aktueller und aufregender sein: Er wählte Mirabeaus Antwort an Ludwig XVI., nachdem dessen Abgesandter die Auflösung der zusammengetretenen Nationalstände verlangt hatte. Diese Antwort stand am Beginn der Französischen Revolution, und Kleist hat sie im Zeichen der Plötzlichkeitsmetapher erfasst.

Für Kleist waren nicht die Aufklärungsideen für den Ausbruch der Revolution entscheidend. Vielmehr verglich er in seinem Essay das Ereignis der Revolution mit dem Prozess, der in einem elektrisierten Körper vorgeht. Ja, er wählte ein besonders profanes Beispiel: ob es nicht das »Zucken einer Oberlippe« oder ein »zweideutiges Spiel an der Manschette« gewesen sei, das »den Umsturz der Ordnung der Dinge« bewirkt habe.[260]

Kleist hat von einer »zuckenden Bewegung« gesprochen, welche die Sprache mancher Menschen ermächtige, etwas »Unverständliches zur Welt« zu bringen.[261] Den Gedanken mit unkontrollierter Emotion zu verbinden begünstigt aggressive Einfälle, besonders wenn der Sprecher sich einsam, isoliert fühlt. Kleists Briefe an seine Schwester Ulrike sind bis zur Ankündigung des Selbstmords 1811 geprägt von seiner spezifischen Selbstbeziehung, nachdem er mit der aufklärerischen Idee einer versöhnten Menschheit gebrochen hatte. Eine enthusiastische Selbstbeziehung beginnt und betont nunmehr die Kluft zwischen ihm und der Gesellschaft. Im Selbstmordbrief vom 19. November 1811 an Marie von Kleist, eine Verwandte, spricht Kleist vom »Triumphgesang, den meine Seele in diesem Augenblick des Todes anstimmt«.[262] Es ist ein Tonfall, der im Todesenthusiasmus der Epoche, auch ausgedrückt in den Dramen *Prinz Friedrich von Homburg* (1809-11) und *Penthesilea* (1808), bereits anklingt.

Aber wieso dann Hass, wenn Selbsthass ganz gewiss ausscheidet? Der intensive Emotionsdiskurs öffnet sich nach Kleists sogenannter Kant-Krise von 1801 in jede Richtung: Die endgülti-

---

260 Heinrich von Kleist, *Über die allmähliche Verfertigung der Gedanken beim Reden*. In: ders., *Sämtliche Werke und Briefe*. Hrsg. v. Helmut Sembdner. München 1977 (6. Aufl.), Bd. 2, S. 321.
261 Ebd., S. 323.
262 Ebd., S. 884.

ge Zerstörung des ursprünglich idealistisch-teleologischen Glaubens an die Möglichkeit von Erkenntnis hatten einen »Tumult« der »Seele«, eine »glühende Angst« zur Folge, wie es im Brief vom 23. März 1801 an die Schwester Ulrike heißt. Die Vorkommnisse des Lebens, gute und schlechte, »ereignen« sich fortan, sie gehören nicht zu einem erkennbaren Plan. Arnims Anspielung auf den Zynismus des Dichters Kleist wird besonders bei kurzen Anekdoten in den 1810/11 erschienenen, von Kleist edierten *Berliner Abendblättern* erkennbar. So, wenn ein preußischer Soldat sich kurz vor der Exekution mit einem obszönen Satz verabschiedet oder wenn Artilleriesoldaten vor der Schlacht ihr Platz angewiesen wird mit den Worten, »hier, nicht dort« würden sie sterben. Das sind Miszellen einer literarischen Mentalität, die zwischen finsterem Stoizismus und einem entflammbaren Spiritualismus gespalten scheint. Wenn das Wort »Hass« erstmalig auftaucht im frühen Drama *Die Familie Schroffenstein* (1803), ist es, wie in dem fünf Jahre später verfassten nationalistischen Drama *Die Hermannsschlacht*, mit grotesk-exotischen Motiven vermischt.

Ohne dass sie psychologisch vorbereitet wäre, stürzt die Hass-Sprache sofort in die erste Szene der *Familie Schroffenstein*, eines als »Schicksalstragödie« komponierten Stückes. Diese Hass-Sprache bleibt allen Szenen als Wiederholung des Immergleichen erhalten: Die Beerdigung des scheinbar ermordeten kleinen Sohnes des brutalen Oberhaupts einer gräflichen Familie aus dem Badischen wird zum Ritual der Rache am angeblichen Mörder, einem Verwandten, der das Kind angeblich aus Gier nach dem zukünftigen Erbe getötet habe. Der allmählich aufgeklärte Irrtum soll dem nicht nachlassenden Hass-Exzess beider Seiten (mit einschlägigen Kollateraltötungen) die »tragische« Pointe geben: Wir leben in einer vom »Irrtum« befallenen Welt und werden vom Zufall regiert. Die Augenblicke der vom Hass diktierten Tötungsprozeduren beider Seiten – wobei der ursprünglich Verdächtigte eigentlich ein ehrenhafter Mensch ist –

werden als unheimliche Vorgänge dargestellt. Die mit dem Messer vollbrachten Morde an dem Liebespaar aus beiden verfeindeten Häusern – die Väter töten aus Irrtum jeweils ihre eigenen Kinder – geschehen unter gesucht exotischen Umständen und aus kaum glaubhaften Motiven. Dem toten Knaben, der – Anlass der Auseinandersetzungen – ertrunken war, nicht aber ermordet wurde, hatte nach dessen Auffindung die Witwe eines Totengräbers aus abergläubischen Gründen den Finger abgeschnitten, eine umstandslos hinzugefügte Handlung, ohne eigentliche Konsequenz für den Ablauf des Dramas. Das Interesse an anekdotisch-archaischen Motiven aus Kalendergeschichten gab Kleist dieses Handlungsmoment ein; noch viel signifikanter wird das Verfahren dann in der Erzählung *Michael Kohlhaas*. Trotz der konventionellen (Romeo und Julia) und grotesken (Finger) Motive – anlässlich von Kleists Vorlesung des Stücks sollen die Zuhörer beim unfreiwillig tragisch-komischen Ende alle gelacht haben – ist dieser Ganghofer-Version des Schicksalsdramas ein existentieller Kern abgewonnen. Der Hass-Anfall bekommt ein Pathos, das anthropologischer Skepsis entspricht.

Ideologisch entgleist die Hass-Darstellung in dem 1808 entstandenen Drama *Die Hermannsschlacht*. Es handelt sich um die 1839 vom Detmolder Hoftheater in Pyrmont uraufgeführte politische Aktualisierung des Sieges von Arminius, dem Anführer der Cherusker, über die römischen Legionen unter Varus. Die Rezeption von Tacitus' *Germania* im 17. Jahrhundert hatte das deutsche Nationalbewusstsein geprägt. Dieser Sieg wurde von Kleist für die von ihm geforderte preußisch-französische Konfrontation instrumentalisiert: Thusnelda, die Frau des Helden, von ihrem Gatten »Thuschen« genannt, lockt einen römischen Offizier, der ihr erotisch-sexuelle Avancen macht, in ein Labyrinth, in dem eine hungrige Bärin auf ihn wartet. Dem von der Bärin Zerfleischten sagt Thusnelda nach, er hätte eines ihrer blonden Haare nach Rom geschickt, um zu renommieren – ein bei römischen Soldaten angeblich verbreiteter Brauch. In diesem besonderen Fall aber ging es um das brieflich seiner Geliebten gegebene Versprechen des Römers, ihr alle Haare Thusneldas zu senden, sobald man Hermann geschlagen habe, und dieser Brief war Thusnelda in die Hände gefallen.

Zwar lässt Kleist die Täterin, die in bezug auf die Bärin sagt: »Und heißer Brunst voll harrt sie schon auf dich«, durch ihre Dienerin als grässliche »Furie« bezeichnen, aber das nimmt der barbarischen Szene nichts vom patriotischen Sinn, den ihr Kleist zumutet. Auch hinderte Kleist nichts daran, die Abschlachtung in Gefangenschaft geratener Römer als nachahmungswürdigen Akt zu feiern. Die Ehrlosigkeit derartiger Praktiken gegen Wehrlose scheint ihn nicht gestört zu haben. In solchen Hass-Szenen nimmt Kleist eine ganz persönliche symbolische Rache am eigentlichen Adressaten: an Napoleon und seinen französischen Offizieren.

Die in beiden Dramen vorherrschenden Hass-Motive sind jeweils durch den exotischen oder anachronistischen Stoff beeinflusst. Darin treffen sich beide Stücke Kleists mit den atavistisch-grässlichen Motiven in Christian Dietrich Grabbes Tragödie *Herzog Theodor von Gothland* (1822), wobei diese durch zynischen Realismus die von Kleist angestrebten Intensitätsaffekte noch übersteigt. Dennoch ähnelt sich die Gesuchtheit der scheußlichen Motive, die Ludwig Tieck an Grabbes Tragödie im Kontrast zu den Grausamkeiten Shakespearescher Dramen ausdrücklich kritisiert hat: »Sollte Shakespeares Tit. Andronicus und der Mohr Aaron, die Grausamkeit dieses alten Schauspiels, Sie verleitet haben? Sie gehen aber viel weiter als der Engländer. Das Gräßliche ist nicht tragisch: wilder roher Cynismus ist keine Ironie.«[263]

Solche Motive haben Kleists Hass-Diskurs dort, wo er grandios wird, nämlich in seinen Erzählungen, nicht geleitet. Steht

263 Brief Ludwig Tiecks an Grabbe vom 6. Dezember 1822. In: Christian Dietrich Grabbe, *Werke*. Hrsg. v. Roy C. Cowen. München 1975, Bd. 1, S. 9.

der darin inszenierte Hass-Diskurs noch in einer unterirdischen Verbindung mit der Unsterblichkeitsgeste des Prinzen von Homburg oder der Ekstatik Penthesileas, die ihren Geliebten zerfleischt, aber nicht aus Hass, sondern aus Liebe? Jedenfalls lässt Kleists Zerreißprobe zwischen Teleologie und Ereignis einen anderen Hass-Effekt erwarten als in den beiden Dramen.

I

Dieser findet, wie schon angedeutet, in einigen Erzählungen statt, nicht zuletzt in der berühmtesten, in *Michael Kohlhaas*. Wie die ersten Dramen bersten die Erzählungen von Morden, Totschlägen, Hinrichtungen, Gewalttätigkeiten. Auch hier die Affinität zu exotischen Motiven, jener Vorliebe für das Phantastische, das aller erzählerischen Prosa Kleists eignet. Das Phantastische entspringt einerseits den archaischen Motiven, andererseits einem eruptiven Satzbau, wodurch die Darstellung der Welt als eine Kette unvorhergesehener, meist erschreckender Ereignisse wirkt. Um so mehr, wenn sich die Handlung in außereuropäischen oder südeuropäischen Ländern abspielt, für deren anekdotische Thematik Kleist die unterschiedlichsten Quellen fand.

An den Anfang zu setzen ist, dass die Rede vom Hass anderer oder die Rede vom Hass des Helden in den Erzählungen eine Auffassung der Welt und der Geschichte enthüllt, die ohne Moral und Sinn abläuft. Hass erscheint immer wieder als der treibende Lebensstoff. So erklärt sich, warum Kleist auf den Stoff von *Die Verlobung in St. Domingo* (1811) verfiel: den Aufstand der schwarzen Sklavenbevölkerung auf der französischen Inselkolonie Haiti, nachdem die Pariser Revolutionsregierung 1794 den Sklaven der Kolonien Freiheit versprochen hatte, was deren Herren auf Haiti aber ablehnten. Es geht Kleist, der 1807, als französischer Kriegsgefangener, arrestiert auf Fort de Joux gelebt hatte und dessen Briefe aus Paris im Juli 1801 schon seine politische Aversion gegen die Stadt und ihre Bewohner belegen, nicht um eine kritische Erörterung der Sklaverei! Im Gegenteil. Seine verächtliche Schilderung der Feier des 14. Juli gilt der Pariser Vergnügungssucht; den »Göttergaben Freiheit und Frieden« sieht er ins Gesicht geschlagen. Die politisch-moralische Verdammnis der Stadt der Revolution (und ihres nunmehrigen Repräsentanten Napoleon) war so extrem, dass keine Sympathie für die Revolution übrigblieb. Und so ist der Aufstand der Schwarzen von St. Domingo, der Hauptstadt von Haiti, nicht als Rausch der Freiheit, sondern als Barbarei geschildert, deren Repräsentant, der »Neger« Congo Hoango, den Ansturm bestialischer, »unmenschlicher Rachsucht«[264] mit allen Mitteln unterstützt.

Das Wort »Neger«, die in der Epoche und weit darüber hinaus übliche herablassende Bezeichnung für Afrikaner, ob freier Bewohner Afrikas oder Sklaven, trägt auch in Kleists Erzählung einen verächtlichen Akzent. Es hat nachdrücklich einen rassistischen Anklang, wann immer das Wort »Neger« in der Erzählung fällt. Oder: Die Absicht, den Durchbruch eines extremen Gefühls und als besonderes Paradigma das Gefühl des Hasses zu schildern, bedient sich des Wortes »Neger« in aggressivster Form. Zumal es hierfür in der literarischen Tradition seit Shakespeare mit dem bösartigen und sadistischen Mohren Aaron in *Titus Andronicus* ein Beispiel gab (worauf später Ludwig Tieck anlässlich von Grabbes Erfindung des »Negers« Berdoa kritisch einging).

Congo Hoango, der seinem Herrn schon vor dem Aufstand eine »Kugel durch den Kopf gejagt«, ihn also ermordet und sein Haus in Brand gesteckt hatte, wird von Kleist als Teufel in Men-

---

264 Heinrich von Kleist, *Die Verlobung in St. Domingo*. In: ders., *Sämtliche Werke und Briefe*, Bd. 2, S. 161.

schengestalt geschildert. Das Ausmaß des nach immer neuen Opfern verlangenden Hasses gegen jede weiße Person hervorzuheben entspricht Kleists Konzept, den »Hass« als eine Lebensquelle überhaupt zu erfassen! Das exzessive Tötungsverlangen bei allen Schwarzen hätte dazu eingeladen, die Sklaverei und ihre Motive kritisch zu beleuchten. Aber auf die Frage, was die Weißen »so verhaßt« gemacht habe,[265] lässt Kleist als Antwort den zentralen weißen Helden, einen Schweizer Offizier der französischen Armee, nur einschränkend sagen, es seien »tadelnswürdige Mißhandlungen« gewesen, aber begangen von lediglich »einigen schlechten Mitgliedern« der weißen Herrschaft.

Die Figur des Congo Hoango bezeichnet nur den symbolischen Horizont des Themas von Menschenjagd und Metzelei. Die eigentlichen Repräsentanten des diagnostizierten Hass-Gefühls sind die beiden gegensätzlichen Gestalten, die Mulattin Babekan, die Hausangestellte des Congo Hoango während dessen Abwesenheit, und der in das Haus geflüchtete Offizier Schweizer Herkunft, Gustav von der Ried. Hinzu tritt Toni, eine Mestizin, Tochter von Babekan aus deren Affäre mit einem Kaufmann aus Bordeaux. Tonis Liebesgeschichte mit dem Offizier bildet den zentralen Plot der Novelle und vertieft das Thema des Hasses. Das furchtbare Gesicht des Hasses wird durch spezifische Nuancierungen der Hauptgestalten modifiziert: Babekans Hass auf die Weißen ist ein anderer als der des Congo Hoango, so wie sich auch der unsichere, wechselhafte Argwohn Tonis gegenüber den Weißen davon unterscheidet. Der am Ende ausbrechende Hass des Offiziers liefert dann die eigentlich dramatisch-tragische Pointe.

Der Offizier wird von Babekan so lange wie möglich in der vermeintlichen Sicherheit des Hauses festgehalten, bis ihr Arbeitgeber Congo Hoango von seinem Aufenthalt bei den Aufständischen in der Hauptstadt zurückkehrt und den Offizier

---

265 Ebd., S. 170.

sowie dessen sich nahebei versteckt haltenden Freunde mit seiner Bande umbringen kann. Kontrastiv dazu das allmähliche Sich-Entflammen des Offiziers für Toni. Analog zum »Haß der Alten gegen die Weißen«[266] anwachsend, gibt diese Empfindung dem Titel der Erzählung zunehmend Umriss und rückt die Polarität zwischen Hass und Liebe immer mehr in den Mittelpunkt. Dabei wird der Frage nach der Moral des Hasses aus dem Munde der Mulattin eine zynisch-stoische Antwort erteilt, die sich aus der Perspektive der Erzählung auf alle Ereignisse übertragen lässt: Opfer sind immer schuldlos im atavistischen Kontext namens Leben. Zu solchen Ereignissen gehören einige eingestreute, kurze Erinnerungen des Offiziers: Sei es, dass er von dem »Ausdruck wilder und kalter Wut« einer pestkranken ehemaligen Sklavin erzählt, die absichtlich ihren Herrn im Geschlechtsakt anstecken wollte, oder dass er von der Hinrichtung seiner Geliebten spricht, die statt seiner in Straßburg guillotiniert worden war, weil sie seinen Versuch, sie im letzten Augenblick zu retten, abgewiesen hatte, um ihn nicht doch noch sterben zu sehen. Die Revolutionäre sind in den Augen des Offiziers (und Kleists) »Blutmenschen«, und das »Eisen«, das das »Haupt« der Geliebten »von seinem Rumpfe trennte«,[267] ist das Stigma der Französischen Revolution. Das ist der Grund dafür, dass der Offizier vom »Wahnsinn der Freiheit« geredet hat.[268]

Die Vermutung von »Verrat« gibt Kleists Zweifel daran, dass die Dinge sind, wie sie scheinen, eine besondere Form. Und so legte er ein Gefühl der Unruhe wie einen »Geier«[269] auf das Herz des Offiziers. Wenn die Pointe der Erzählung, Tonis Tötung durch ihren ihr heimlich verlobten Offizier und dessen anschließender Selbstmord, durch charakteristische Kleistsche Details (die Übersendung eines Briefes an die Freunde des Offi-

266 Ebd., S. 178.
267 Ebd., S. 174.
268 Ebd., S. 170.
269 Ebd., S. 171.

ziers) hinausgezögert ist, dann nicht nur um der Spannung willen. Es sind Metaphern eines undurchschaubaren Alltags, dem jede Wendung innewohnen kann. Eine solche tritt genau zu dem Zeitpunkt ein, an dem Toni ihren schlafenden Geliebten hingebungsvoll betrachtet. Unerwartet kehrt Congo Hoango von seiner Unternehmung zurück und wird von der Mulattin darüber unterrichtet, dass ihre Tochter eine »Verräterin« sei. Es überschlagen sich die Ereignisse, bevor es zur Katastrophe kommt. Diese wird heraufbeschworen, weil der erwachende Offizier sich gefesselt sieht: aber nicht von Congo Hoango, sondern von Toni, die auf diese Weise Congo Hoango zu täuschen versucht, um mit ihrem Geliebten bei der nächstbesten Gelegenheit fliehen zu können. Wieder wird das Motiv in einen falschen Verdacht gerückt, sowohl bei Congo Hoango als auch bei dem Offizier. Wieder die Unwahrscheinlichkeit eines Handlungsstrangs. Kleist gibt Toni keine Zeit, sich gegenüber ihrem Verlobten zu erklären, obwohl inzwischen der »Neger« und seine Leute von dem Offizier und dessen Freunden gefangengenommen worden sind. Die extremste Situation unter extremen Situationen ist eingetreten: Toni tritt in das Zimmer, Gustav, der Offizier, der seine Geliebte noch immer für eine Verräterin an ihm hält, halten muss, »wechselte bei diesem Anblick die Farbe; er hielt sich, indem er aufstand, als ob er umsinken wollte, an den Leibern der Freunde fest; und ehe die Jünglinge noch wußten, was er mit dem Pistol, das er ihnen jetzt aus der Hand nahm, anfangen wollte: drückte er dasselbe schon, knirschend vor Wut, gegen Toni ab. Der Schuß war ihr mitten durch die Brust gegangen; und da sie, mit einem gebrochenen Laut des Schmerzes, noch einige Schritte gegen ihn tat, und sodann, indem sie den Knaben an Herrn Strömli gab, vor ihm niedersank: schleuderte er das Pistol über sie, stieß sie mit dem Fuß von sich, und warf sich, indem er sie eine Hure nannte, wieder auf das Bett nieder«.[270]

270 Ebd., S. 192.

Der Anfall extremer Aggression, nicht die Aufklärung des sie auslösenden Irrtums, gibt in einem ersten Schritt dem Titel der Erzählung, der etwas Anmutig-Friedvolles erwarten lässt, seine furchtbare Bedeutung. Der zweite Schritt ist ebenso als überraschende Tat gefasst. Dem Umschlag der »Wut« angesichts des »in seinem Blut sich wälzende[n] Mädchen[s]« in »Mitleiden«[271] folgt, nachdem der Offizier über das wahre Motiv der Sterbenden aufgeklärt worden ist, die letzte Veränderung seines emotionalen Zustands: »Inzwischen war Gustav ans Fenster getreten; und während Herr Strömli und seine Söhne unter stillen Tränen beratschlagten, was mit der Leiche anzufangen sei, und ob man nicht die Mutter herbeirufen solle: jagte Gustav sich die Kugel, womit das andere Pistol geladen war, durchs Hirn.«[272]

Kleist, der bei seinem eigenen Selbstmord wenige Monate nach Veröffentlichung dieser Erzählung darauf geachtet hatte, zusammen mit seiner Selbstmordgefährtin in einer anmutigen Stellung am Berliner Wannsee aufgefunden zu werden, hat dem Selbstmord seines Helden Gustav keinen dessen Charakter angemessenen Anblick zugebilligt. Das Gesetz des Hass-Diskurses der Geschichte stand dagegen. Dass der Offizier beim Anblick der verräterisch geglaubten Geliebten die »Farbe wechselte«, ist das immer wiederkehrende metaphorische Zeichen eines emotionalen Zustands, dessen extremster Ausdruck »Hass« ist. Nicht aber das Anzeichen einer psychischen Veränderung. Es ist der Gestus des Einbruchs von etwas anderem in die Normalität. Zunächst war die Darstellung konzentriert auf den Hass der ehemaligen Sklaven gegen ihre Herren. Also ein politisches Motiv. Aber schon gibt die geschilderte Extremität des Hasses diesem den Modus der Intensität, die nicht allein die menschliche »Seele« auszeichnet, sondern ebenso die Form der dichterischen

---

271 Ebd., S. 193.
272 Ebd., S. 194.

Darstellung. Der Selbstmord des Offiziers schließlich lässt zwar die »psychische« Situation erkennen. Aber »erklärt« wird der Selbstmord nicht, vielmehr gesteigert, verfremdet zu dem von Kleist verfolgten besonderen Zustand der »Seele«, in dem der Hass eine hervorstechende, den Erzähler in höchstem Maße anziehende Rolle spielt.

Eine im Motiv des exotischen Landes und in der Vernetzung von Liebe und Gemetzel ähnliche Darstellung zeigt die 1810 vollendete Erzählung *Das Erdbeben in Chili*[273] bei einer thematisch ganz anderen Handlung. Hier bildet das Motiv der Hinrichtung den die Katastrophe bereits ankündigenden Anfang. Held und Heldin werden durch den Ausbruch des Erdbebens zunächst vor dem Tod bewahrt. Jeronimo Rugera und Donna Josephe, von ihrem Vater aus Sorge um ihre Keuschheit in ein Karmeliterkloster verbannt, hatten ihre heimlichen Treffen im Klostergarten nach Josephes Schwangerschaft und Niederkunft fortgesetzt. Die Verhaftung und Anklage der schönen Sünderin endet unter dem Beifall der ganzen Stadt mit der Verurteilung zum »Feuertod«, die der Vizekönig in Enthauptung verwandelt. Jeronimo, der im Gefängnis die Glocke zur Hinrichtung der Geliebten hört, ist dabei, sich an einem Gefängnispfeiler aufzuhängen, wodurch das Gefängnis zerstört und auch die Hinrichtung verhindert wird.

Was folgt, ist die Darstellung von Idylle und Schrecken, eine Opposition, die einer eschatologischen Thematik Kleists entspricht, die auch in *Die Verlobung von St. Domingo* (1811) erkennbar wird. Die Idylle stellt sich hier dar als das beglückte Sich-Wiederfinden der beiden Liebenden in einer schönen Natur und in Gemeinsamkeit mit dem gerade geborenen Kind. Gleichzeitig führt die Idylle hin zu einer – der Naturkatastrophe folgenden – moralischen Katastrophe. Herbeigeführt wird sie vom

---

273 Heinrich von Kleist, *Das Erdbeben in Chili*. In: ders., *Sämtliche Werke und Briefe*, Bd. 2, S. 144f.

Hass der überlebenden Gläubigen, der diese beim überraschenden Anblick von Jeronimo und Josephe während einer feierlichen Messe in der Dominikanerkirche überfällt.

Die vorangegangene Darstellung des idyllischen Glücks in paradiesischer Landschaft und ihr Zusammentreffen mit einem anderen, ihnen in herzlicher Freundschaft begegnenden Paar und deren Kind lassen das Kommende nicht ahnen. Die Idylle macht den Einbruch der Katastrophe um so grauenhafter, als er unbegreiflich wirkt. Die Fehldeutung dieses Glücks – es sei nämlich der Umschlag ihres vorangegangenen Unglücks – ist zunächst nicht erkennbar. Die Nachdrücklichkeit des romantischen Traums birgt nicht den Zweifel der Liebenden, aber doch den des sie beobachtenden Lesers. Die noch immer nicht offiziell Vermählten wiederholen die Lust, die ihr, als Verbrechen angerechnet, den Tod hätte bringen sollen und ihm die Einkerkerung für lange Zeit, bis ein Prozess über sein Los entschieden hätte. Und dann geschieht eben das, worauf der Erzähler schon die ganze Zeit aus ist: die Vertreibung aus dem Paradies. Es wäre verfehlt, darin eine allegorische Sinngebung zu erkennen. Vielmehr verhält es sich umgekehrt: Das schlechterdings Subjektiv-Unheimliche tritt in Aktion. Die Vertreibung besteht darin, dass das Paar mit seinen neuen Freunden, Don Fernando und Donna Elvire, die Landschaft seines Glücks verlässt, um an der Messe in der einzigen Kirche teilzunehmen, die bei dem Erdbeben nicht in Trümmer gefallen war. Böse Ahnungen des Bevorstehenden stellen sich ein, nicht zuletzt die Unruhe einer Begleiterin ob der Gegenwart der beiden dem Strafgericht gerade Entronnenen – eine Warnung, die sich als berechtigt herausstellt. Schon das Strahlen der Abendsonne durch die Scheiben des Doms und die Stille der Versammelten beschwören in Kleistscher Manier etwas nicht bloß Religiöses. Wenn »eine solche Flamme der Inbrunst«[274] noch nie gesehen war, dann ist nach den Re-

274 Ebd., S. 155.

geln von Kleists Metaphorik etwas Gefährliches unterwegs: Die glühend durchdringende Intensität des geschilderten Sonnenuntergangs ruft Zeichen herauf, deren Bedeutung sich dann in der Predigt enthüllt. Der Priester spricht vom Erdbeben als Weltgericht, vom Riss in der Domwand, von Sittenverderbnis, und diese Rede steigert sich zur Beschwörung des »Frevels«, der im Klostergarten der Karmeliterinnen begangen worden sei – Worte, welche die »schon ganz zerrissenen Herzen unserer beiden Unglücklichen« wie »Dolche« durchfahren.

Wie das Ende von *Die Verlobung in St. Domingo* zeigt das Ende von *Das Erdbeben in Chili* einen Ausbruch des Hass-Affekts, der sich bis zur Mordraserei steigert. Bevor Jeronimos und Josephes Ermordung geschildert wird, entwickelt Kleist ein Verwechslungsspiel zwischen personalen Identitäten, um die emotionsgepeitschte Suche der fanatisierten Gläubigen nach ihren Opfern unter der Menge zu charakterisieren, die zuerst Don Fernando für den gesuchten Jeronimo halten. Letzterer gibt sich selbst zu erkennen, als die in Wut entbrannte Menge den Freund steinigen will.

Die Schilderung erreicht höchste Intensität, als sie das verfolgte Paar aus der Kirche heraustreten lässt. Der Hass-Impuls der Menge formt den Impuls des Stils: Vor der Kirche »glaubten« sie »sich gerettet. Doch kaum waren sie auf den von Menschen gleichfalls erfüllten Vorplatz derselben getreten, als eine Stimme aus dem rasenden Haufen, der sie verfolgt hatte, rief: Dies ist Jeronimo Rugera, ihr Bürger, denn ich bin sein eigner Vater! und ihn an Donna Constanzens Seite mit einem ungeheuren Keulenschlage zu Boden streckte. Jesus Maria! rief Donna Constanze, und floh zu ihrem Schwager; doch: Klostermetze! erscholl es schon, mit einem zweiten Keulenschlage, von einer andern Seite, der sie leblos neben Jeronimo niederwarf. Ungeheuer! rief ein Unbekannter: dies war Donna Constanze Xares! Warum belogen sie uns! antwortete der Schuster; sucht die rechte auf, und bringt sie um! Don Fernando, als er Constanzens

Leichnam erblickte, glühte vor Zorn; er zog und schwang das Schwert, und hieb, daß er ihn gespalten hätte, den fanatischen Mordknecht, der diese Greuel veranlaßte, wenn derselbe nicht, durch eine Wendung, dem wütenden Schlag entwichen wäre. Doch da er die Menge, die auf ihn eindrang, nicht überwältigen konnte: leben Sie wohl, Don Fernando mit den Kindern! rief Josephe – und: hier mordet mich, ihr blutdürstenden Tiger! und stürzte sich freiwillig unter sie, um dem Kampf ein Ende zu machen. Meister Pedrillo schlug sie mit der Keule nieder. Darauf ganz mit ihrem Blute besprützt: schickt ihr den Bastard zur Hölle nach! rief er, und drang, mit noch ungesättigter Mordlust, von neuem vor.«[275] Kommentarlos lässt Kleist Unerwartbares, Unglaubwürdiges sich ereignen: Der Vater erschlägt den eigenen Sohn.

Ein letztes Mordbild überbietet die Darstellung von Jeronimos und Josephes Tötung: die Ermordung des kleinen Sohns des befreundeten Don Fernando. Der Wortlaut ist der hemmungsloseste, der in der deutschen Literatur zu finden ist. Es heißt vom Mörder, Meister Predillo, der schon Josephe erschlagen hatte, er »ruhte nicht eher, als bis er der Kinder eines bei den Beinen von seiner Brust gerissen, und, hochher im Kreise geschwungen, an eines Kirchpfeilers Ecke zerschmettert hatte. Hierauf ward es still, und alles entfernte sich. Don Fernando, als er seinen kleinen Juan vor sich liegen sah, mit aus dem Hirne vorquellenden Mark, hob, voll namenlosen Schmerzes, seine Augen gen Himmel«.[276] In der inkongruenten Überblendung des ausgetretenen Hirns einerseits (analog zur Selbstmordszene des Offiziers auf Haiti) mit dem »namenlosen Schmerz« des Vaters und dessen Blick »gen Himmel« andererseits liegt ein Affront gegen den Geschmack des Publikums, für den die Werkzeuge in Kleists provokatorischem Potential immer schon bereitliegen.

275 Ebd., S. 157.
276 Ebd., S. 158.

Worauf war Kleist mit solch einer Thematik aus? Darauf, den Religionseifer, die dem theologischen Wahn eigene Inhumanität auszustellen, wie man vermutet hat, also darauf, die Orthodoxie der katholischen Kirche anzuprangern? Offensichtlich nicht, zumal Kleist von der Festlichkeit des katholischen Ritus als Protestant emotional angezogen wurde, wie seine Reisebriefe bezeugen. Im Falle dieser Erzählung zielte sein Interesse darauf, mit seiner auf Intensität erpichten Sprache etwas eminent Eindrückliches zu erschaffen.

2

Nicht nur Quellenzeugnisse zurückliegender politischer oder naturbedingter Katastrophen lagen für Kleist zur Imagination aggressiver Gemütsbewegungen bereit. Die italienische Novellistik etwa bot reichlich Anregung auf einem anderen Feld. Kleists Erzählung *Der Findling*, 1811 erst erschienen (möglicherweise aber weitaus früher entstanden), bietet für solch anders motivierten Hass ein signifikantes Beispiel. In ihr realisiert der Dichter (früh schon?) jene psychologisch überraschende und gleichzeitig imaginativ gesteigerte Form der Figurenzeichnung, für welche vor allem auch die 1805 begonnene, 1808/10 veröffentlichte Erzählung *Michael Kohlhaas* berühmt wurde.

Die komplizierte Geschichte von Verführung, Betrug und Rache in *Der Findling* vollzieht sich zunächst als Darstellung subkutaner psychologischer Beziehungen, wie sie ebenfalls für *Die Verlobung in St. Domingo* wichtig ist. Auch ist, sozusagen in der Manier Kleistscher Vorwarnung, der psychologische Prozess zwischen den Personen durch zwei katastrophische Vorfälle eingerahmt: Ein reicher römischer Kaufmann, Antonio Piachi, und seine schöne, jüngere Frau Elvire verlieren bei einer Geschäftsreise ihren Sohn Paolo, der sich in der besuchten

Stadt mit einer dort grassierenden Pestkrankheit angesteckt hat: infiziert durch den gleichaltrigen Bettelknaben Nicolo, den der Vater wegen seiner demütigen Hilflosigkeit und seltsamen Schönheit aufliest und in der Kutsche mit sich nimmt. Die Charakterisierung von dessen »etwas starrer Schönheit«, seiner Ungesprächigkeit und seinen »gedankenvoll scheuen Blicken«[277] verweist bereits auf etwas Extraordinäres, das von ihm zu erwarten ist.

Der Geheimnisvolle, inzwischen erwachsen und mit einer Nichte Piachis verheiratet, wird bald als ein notorischer Frauenheld entlarvt, der, dem Einspruch seines Adoptivvaters trotzend, mit einer stadtbekannten Kurtisane eine Affäre eingeht, gleichzeitig aber seine Begierde auf Elvire, seine schöne Adoptivmutter, richtet. Diese Absicht wird für das in der Geschichte entfesselte, komplex-enigmatische Hass-Motiv entscheidend. Die Entfesselung führt über drei geheimnisvoll-theatralische Szenen, die Kleist mit aller ihm zu Gebote stehenden Vielbezüglichkeit gestaltet.

Die erste Szene zeigt Nicolo, wie er nächtens, von einem Karnevalsabend in der Maske eines genuesischen Edelmanns nach Hause zurückkehrend, nicht bemerkt, dass Elvire wegen einer Unpässlichkeit ihres Mannes im selben Saal, den Nicolo durchquert, nach Medizin sucht, wozu sie vor dem Schrank auf einen Stuhl gestiegen ist. Als sie Nicolo mit »Federhut, Mantel und Degen« erblickt, fällt sie, »wie durch einen unsichtbaren Blitz getroffen, bei seinem Anblick«[278] vom Stuhl auf den Boden nieder. Nicolo, der den Schlüssel zu seinem Zimmer nicht findet und, von »Schrecken bleich«, zunächst Elvire aufhelfen will, reißt ihr dann aber aus Angst vor dem Gatten einen passenden Schlüssel von ihrem Bund und verschwindet in seinem Zimmer. Als sein Adoptivvater, der trotz seiner Erkrankung nach seiner Frau sucht, diese »starr vor Entsetzen« vorfindet, tritt Nicolo

277 Heinrich von Kleist, *Der Findling*. In: ders., *Sämtliche Werke und Briefe*, Bd. 2, S. 200.
278 Ebd., S. 204.

hinzu und beantwortet seinerseits Piachis Fragen, weil Elvire dazu nicht imstande ist. Es heißt, dass deshalb der Grund für Elvires Zustand »in ein ewiges Geheimnis gehüllt« blieb.[279]

Die zweite Szene wird vorbereitet, als Elvire kurz vor dem bevorstehenden Begräbnis ihrer Schwiegertochter und Nichte, Nicolos jüngst gestorbener Frau, diesen in seinem Zimmer mit einer Zofe der Kurtisane findet. Während Elvire sich sofort zurückzieht und, bei der Verstorbenen weinend, ihrem Mann von Nicolos Treffen erzählt, begegnet Piachi dem Mädchen auf seinem Weg zurück aus dem Zimmer. Er demütigt seinen Adoptivsohn, indem er ihn mit einem scheinbar von der Kurtisane geschriebenen Brief zu einem Treffen in eben der Kirche einlädt, in der zur selben Zeit das Leichenbegängnis stattfindet, ohne dass Nicolo diese zeitliche Überschneidung vorab durchschaut. Die erfolgte Demütigung schreibt Nicolo dem Objekt seiner Begierde, Elvire, zu. Die Begierde, die sich mit Hass zu paaren beginnt, findet einen neuen Grund, als Nicolo, durch das Schlüsselloch von Elvires Zimmer blickend, abermals eine theatralisch-mysteriöse Szene wahrnimmt: Elvire liegt in der »Stellung der Verzückung, zu jemandes Füßen«,[280] ohne dass Nicolo sehen könnte, wer dieser Jemand ist. Er hört nur das von Elvire geflüsterte Wort eines Namens: »Colino«. Später entdeckt Nicolo in Elvires Zimmer das Bild eines »Ritters in Lebensgröße«, dessen Anblick, so sein Schluss, zweifellos Elvires Verzückung galt.

Die dritte Szene nun, in der sich »Beschämung, Wollust und Rache«[281] Nicolos vereinigen, ist die Vollendung der mit dem Hass-Affekt verbundenen theatralischen Inszenierungsthematik. Denn Nicolo, inzwischen aufgrund der Identität der Namen »Colino« und »Nicolo« (wenn man die Buchstaben umstellt) überzeugt von seiner eigenen Ähnlichkeit mit dem lebensgroß

279 Ebd.
280 Ebd., S. 207.
281 Ebd., S. 212.

dargestellten Ritter, wartet nachts in der gleichen Aufmachung wie auf dem Bild in Elvires Zimmer auf deren Kommen. Seine Erwartung wird erfüllt: Angesichts seiner Erscheinung im Kostüm des Ritters sinkt Elvire abermals ohnmächtig nieder, die Worte »Colino! Mein Geliebter« ausstoßend, während Nicolo sich ihres halbentblößten Körpers bemächtigt, ohne dass es zu einer sexuellen Vereinigung käme. Der unerwartet heimkehrende Piachi entdeckt die Situation. Aber statt dass ein Akt der Rache bzw. angemessener Bestrafung unmittelbar vollstreckt würde, wird dieser aufgeschoben. Erst nachdem Nicolo, dem Vorbild Tartuffes folgend, es durch juristische Manipulation geschafft hat, sich Piachis ganzen Besitzes zu bemächtigen, nachdem dessen juristischer Einspruch erfolglos geblieben und Elvire an einem Fieberanfall gestorben war, geht Piachi »in das Haus, und stark, wie die Wut ihn machte, warf er den von Natur schwächeren Nicolo nieder und drückte ihm das Gehirn an der Wand ein«.[282]

Stärker als in den beiden Erzählungen *Die Verlobung in St. Domingo* und *Das Erdbeben in Chili* über den Hass-Anfall von Menschenmassen, die politisch *(Domingo)* oder religiös *(Chili)* motiviert sind, ist hier der ausschließlich individuelle Hass-Ausdruck eng verknüpft mit Kleists anderen charakteristischen Emotionsgesten, die sowohl für *Michael Kohlhaas* als auch für *Die Marquise von O...* so entscheidend sind. Die Tötung Nicolos ist nicht für das moralische Urteil über die Bosheit des zur Dankbarkeit verpflichteten Bösen wichtig. Die Pointe ist einem abgründigeren Hass-Ausdruck geschuldet. Wegen Mordes zum Strang verurteilt, wird Piachi von einem Vertreter der Kirche aufgefordert, vor der Hinrichtung die Absolution zu empfangen, auf dass er dem »Schrecknisse der Hölle« entgehe. Trotz mehrfacher Wiederholung dieses Angebots eines christlichen Todes verweigert Piachi, der bisher nur eine Ne-

---

282 Ebd., S. 214.

benrolle gespielt hatte, das »heilige Entsühnungsmittel« und spricht statt dessen den ungeheuerlichsten Satz der ganzen Erzählung aus: »Ich will nicht selig sein. Ich will in den untersten Grund der Hölle hinabfahren. Ich will den Nicolo, der nicht im Himmel sein wird, wiederfinden, und meine Rache, die ich hier nur unvollständig befriedigen konnte, wieder aufnehmen!«[283] Piachi »bestieg […] die Leiter und forderte den Nachrichter auf, sein Amt zu tun«.[284] Das geschieht aber erst drei Tage später, nachdem auch die weiteren Versuche gescheitert waren, Piachi eines anderen zu belehren. Er wird ohne Absolution, ohne Priester auf der Piazza del Popolo gehenkt.

Wer erkennt nicht Michael Kohlhaas' letzte Worte wieder? Die gleichnamige Erzählung ist wahrscheinlich Kleists berühmteste Dichtung, trotz der Dramen *Prinz Friedrich von Homburg* und *Penthesilea* sowie der Komödie *Der zerbrochne Krug*. Der Grund hierfür liegt aber nicht in ihrer ungeheuerlichen und ebenfalls überraschenden Darstellung des Hass-Affekts und Hass-Effekts, sondern in der moralischen Deutung, die man dem Charakter des Helden angedeihen ließ und lässt. Auf den ersten Blick hat diese Deutung einiges für sich: Einer brandenburgischen Chronik von 1731 folgend, die schon wesentliche Bestandteile von Kleists Mitte des 16. Jahrhunderts spielender Erzählung enthält, handelt diese von der Untat, die ein sächsischer adliger Burgherr, Junker Wenzel von Tronka, an dem Rosshändler Kohlhaas aus Brandenburg beging, und davon, welche Rache dieser dafür genommen hat, genauer: mit welchen Mitteln Kohlhaas das ihm angetane Unrecht zu begleichen versuchte.

Die Schilderung enthält eine Kette brutaler Rechtsverletzungen, angefangen bei den erpresserischen, dann mörderisch anmutenden Handlungen des Burgherrn bis hin zur staatlichen

283 Ebd., S. 214f.
284 Ebd., S. 215.

Unterdrückung der von Kohlhaas angestrengten Rechtsklage. Der alles Kommende vorwegnehmende erste Satz charakterisiert Kohlhaas als einen der »rechtschaffensten und zugleich entsetzlichsten Menschen seiner Zeit«.[285] Damit ist in der Tat eine moralische Thematik angesagt. Mit seinen Pferden an der brandenburgisch-sächsischen Grenze angelangt, wird Kohlhaas vom Burgvogt aufgehalten, und es wird ihm mitgeteilt, dass ohne landesherrliche Erlaubnis kein Weiterkommen möglich sei. Kohlhaas hält dieses Ansinnen, wie sich später als richtig herausstellen wird, für eine »ungesetzliche Erpressung«. Da es auch mit dem arrogant auftretenden Junker zu keiner Einigung kommt, lässt Kohlhaas als Pfand für die Weiterreise zwei Rappen von besonders schönem Wuchs zurück, die in der Forschung zum Symbol des in der Geschichte wiederhergestellten Rechts geworden sind.

Zur Burg des Junkers zurückgekehrt – nachdem er schwarz auf weiß die Unangemessenheit von dessen Zollforderung vorliegen hatte –, findet Kohlhaas seine Rappen in heruntergewirtschaftetem Zustand wieder und erfährt, dass man seinen bei den Pferden zurückgebliebenen Knecht körperlich übelst zugerichtet und vertrieben habe. Schon bereit, mit beiden Rappen die Burg zu verlassen, gerät Kohlhaas mit dem Schlossvogt und schließlich dem Junker in einen Dialog, der sich zur Drohung gegen ihn selbst steigert. Kohlhaas verlässt die Szene mit der Versicherung, dass er sich sein Recht schon verschaffen werde, nämlich das Recht auf eine finanzielle Entschädigung für die heruntergewirtschafteten Rappen, die er auf der Burg zurücklässt.

Kein Zweifel, noch immer und nachdrücklicher ist es ein Rechtsfall, mehr noch ein politischer Skandal, den Kleist gegen verschiedene Obrigkeiten, nicht nur gegen den Junker, darstellt:

285 Heinrich von Kleist, *Michael Kohlhaas*. In: ders., *Sämtliche Werke und Briefe*, Bd. 2, S. 9.

Von seinem Knecht über die diesem angetane Gewalt von seiten der Burgleute unterrichtet, wird Kohlhaas' Klage gegen den Junker auf Wiederherstellung der Rappen und Entgelt für die anderen Schäden von der einschlägigen brandenburgischen Rechtsinstitution nicht bloß schriftlich abgewiesen; Kohlhaas wird zudem als »Querulant« herabgewürdigt. Nunmehr tritt die Erzählung in eine andere Phase ein, die Phase der Rache. Noch immer aber der Rache eines Mannes, von dem der Erzähler sagt, dass »sein Rechtsgefühl […] einer Goldwaage glich«.[286] Das bestätigt sich in der akribischen Form, wie Kohlhaas seinem Knecht, einem Verhör ähnlich, kritische Fragen gestellt hat.

Die Nachdrücklichkeit der Rechtsthematik zu Beginn der Erzählung – ähnlich wie in *Der Prinz von Homburg*, in der *Familie Schroffenstein* und in *Der zerbrochne Krug* – gründet zusätzlich in Kleists Kritik an der gesellschaftspolitischen Ungerechtigkeit im absolutistischen Staat der Landesherrn und an der schrankenlosen Adelsherrschaft auf dem Land. Die geschilderte Brutalität des sich wie ein Raubritter aufführenden Junkers und seiner adligen Freunde rufen in ihrer Arroganz, Oberflächlichkeit und Amoral nach Veränderung der gesellschaftlichen Ordnung. Diesen Gedanken fasst zwar nicht bereits Kohlhaas in seiner Zeit, wohl aber Kleist, der, obgleich selbst aus dieser Schicht stammend, die sozialen Zustände der Gutsherrlichkeit des preußischen Adels seiner eigenen Zeit vor Augen hatte und die preußischen Reformer seit 1806 unterstützte.

Die so nachdrückliche Darstellung von Kohlhaas' Rechtssuche geht sogar so weit, dass dieser nach dem beleidigenden Bescheid der brandenburgischen Staatskanzlei seine Frau mit einer Bittschrift zum Kurfürsten von Brandenburg schickt – eine Mission, die nicht nur ergebnislos endet, sondern seine Frau mit einer schweren Verletzung zurückkommen lässt, die ihr eine Wache, sie zurückdrängend, mit dem Stoß einer Lanze beige-

---

286 Ebd., S. 14.

bracht hatte. Sie stirbt daran. Ihre letzten Worte an Kohlhaas: »Vergib deinen Feinden; tue wohl auch denen, die dich hassen ...«[287] Aber Michael Kohlhaas hasst. Er hasst, weil Kleist dieses Hasses für seinen Darstellungswillen beim Fortgang der Geschichte bedarf. Die nachdrücklichen Reverenzen gegenüber Kohlhaas' Rechtssinn dienen allein der Evokation dieses Hasses.

Diese Darstellung von Kohlhaas' Zustand hat schon die Wendung genommen, an der Kleists eigentliches Interesse an der Hass-Thematik deutlich wird. Es heißt zunächst, »Kohlhaas schäumte vor Wut«,[288] als er den Brief empfing, der den beleidigenden Bescheid enthalten hatte. Dann, nachdem seine Frau Kohlhaas' Entschluss, alle seine Besitzungen zu verkaufen, gehört hatte, setzt Kleist zu der für seine Affinität zur Emphatisierung von Emotion charakteristischen ersten Bildsprache an: Die Frau »erblaßte« und warf »Blicke, in welchen sich der Tod malte«.[289] Kohlhaas aber verfällt auf einen Satz an die Adresse des Käufers, in dem es heißt: »seine Seele, müsse er ihm sagen, sei auf große Dinge gestellt«.[290] Mit diesem Satz hat sich Kohlhaas und mit ihm Kleist von der Rechtsthematik, der Demonstration von Rechtschaffenheit, endgültig verabschiedet. Es ist nicht das Rechtsgefühl, eine normative Kategorie, sondern die »Seele«,[291] die Kohlhaas zum Räuber und Mörder macht. Kleists imaginative Obsession bekommt nun ihre große Gelegenheit.

Wenn Kleist zu Beginn das Wort »Rechtsgefühl« in den Vordergrund stellt, dann ist es das folgende Lesergenerationen beruhigende Diktum, das sich nunmehr langsam, aber folgerichtig auflöst. Michael Kohlhaas ist neben Faust zur deutschen Symbolfigur geworden, weil er die Neigung des Prinzips um

287 Ebd., S. 30.
288 Ebd., S. 24.
289 Ebd., S. 25.
290 Ebd.
291 Ebd., S. 31ff.

des Prinzips willen repräsentierte, ohne die Folgen abzusehen. Aber Kohlhaas überschreitet die gebotenen Grenzen aus einem unergründlichen Hass heraus, nicht bloß, wie sich jetzt zeigt, wegen eines verletzten Rechtsgefühls. Kleists Betonung der Gleichzeitigkeit von »rechtschaffen« und »entsetzlich« verweist schon auf die komplexe Beschaffenheit der »Seele«, wiederum eine Kleistsche Metapher für ein unergründliches psychisches Potential, das er im Selbstmordbrief auf sich selbst anwenden wird.

Bei der ersten Rachetat, wenn Kohlhaas über die Burg des Junkers Wenzel von Tronka – auch das Wort »Junker« ist negativ gemünzt – herfällt, türmt sich Grässlichkeit auf Grässlichkeit. Man hat am Beispiel von *Die Verlobung in St. Domingo* und *Das Erdbeben in Chili* gesehen, wie der Stil sich auf die Anhäufung von hasserfüllten Gewalttaten konzentriert. Auch dort trat das »Freiheits«-Motiv, sogar der religiöse Fanatismus, hinter das schiere Gemetzel zurück, so dass es auch nicht mehr ausreicht, bei diesem von einem moralischen Indiz zu sprechen. Das Bild vom zerplatzten Hirn sowohl in *Die Verlobung in St. Domingo* als auch in *Das Erdbeben in Chili*, den Hass-Effekt in sich aufnehmend, wird bei der Kette der Mordtaten auf von Tronkas Burg wiederholt. Die Tötung von dessen Bruder gipfelt in dem Satz, dass »sein Hirn an den Steinen versprützte«.[292] Vom Schlossvogt und vom Verwalter heißt es, ihre und ihrer Frauen Leichen seien aus dem Fenster hinausgeworfen worden. Das Schloss wurde angesteckt und brannte in der Nacht auf die Mauern herunter. Immerhin hatten sich nicht alle Bediensteten des Junkers schuldig gemacht. Und dann die Vorwegnahme späterer Greuel: In der Kapelle, deren Tür von Kohlhaas aufgestoßen wird, fallen Bänke und Altar den Brechstangen zum Opfer.

Kohlhaas ist an den Rappen, um die es angeblich geht und die zum Symbol der Rechtsdeutung wurden, weder jetzt noch am

292 Ebd., S. 32.

Ende der Erzählung interessiert. Er hat es abgesehen auf den geflohenen Junker. Kohlhaas' öffentliche Erklärung, er sei in einem »gerechten Krieg« gegen diesen unterwegs, ist durch die begangenen Taten und seinen Rachehass widerlegt. Die Drohung, wer ihm den Junker nicht ausliefere, werde mit dem Tod bestraft und sein Besitz werde verbrannt, unterscheidet sich im Affekt nicht von den politisch und religiös motivierten Gewaltexzessen in den beiden zuvor besprochenen Erzählungen. Der Ansatz, Kohlhaas' Exzesse immer als pervertiertes Rechtsgefühl zu deuten, verkennt die Autonomie des Gemetzels, das heißt Kleists spezifisches Interesse an dessen Darstellung. Es gibt nun keinen anderen Zustand mehr als den des Hasses, der plausibel macht, dass nur ein Zufall Kohlhaas daran gehindert hat, das Stiftskloster einzuäschern, in dem er den mit der Äbtissin verwandten geflohenen Junker vermutet. Die Berufung auf die Sprache der Bauernrebellion, die Selbstcharakterisierung Kohlhaas', er sei ein »Reichs- und Weltfreie[r], Gott allein unterworfene[r] Herr«,[293] nimmt kein Jota von der Kleistschen Konzentration auf die nicht nachlassende Exzessbereitschaft. Gewiss, Kohlhaas ist kein Congo Hoango und kein Meister Pedrillo, der das Haupt des Knaben an der Domsäule zerschmetterte. Aber das Motiv des Hasses, also die Qualifikation der geistigen und moralischen Statur des Hassenden, tritt um so mehr zurück, als der Stil auf die Exzentrik des Vorgangs oder des Gefühls aus ist. Ebendies ist auch hier der Fall.

Am Anfang seines Rachefeldzuges im Namen des Erzengels Michael gegen die ganze Welt, nachdem er Wittenberg in Brand gesetzt hat, spricht Kohlhaas von einer »besseren Ordnung der Dinge«. Der revolutionäre Satz kam, so Kleists Verständnis nunmehr, aus dem »Dasein« eines »rasenden Mordbrenners«, aus einem »Wahn«.[294] Dieser Zustand ist zugespitzt bis zur Brand-

293 Ebd., S. 36.
294 Ebd., S. 41.

schatzung der Stadt Leipzig. Die Analogien zu Schillers *Die Räuber* und zu den Exzessen der Französischen Revolution lenken Kleist – und das hat man gesehen – nicht davon ab, den Affekt einer psychischen Grenzsituation zu einem literarischen Effekt zu machen. Die Geschichte entscheidet sich an Kleists Kriterien »der großen Dinge«, auf die Kohlhaas' »Seele« aus ist. Es ist wieder die »Seele« Kohlhaas', die auf das Plakat reagiert, auf dem Martin Luthers Anklage gegen ihn als eines vom »Wahnsinn stockblinder Leidenschaft« Getriebenen zu lesen ist:[295] »Aber wer beschreibt, was in seiner Seele vorging«, als er das Blatt erblickte? Und: »Eine dunkle Röte stieg in sein Antlitz empor.«[296] Solche den Hass-Affekt einleitenden Charakterisierungen sind – das wird evident – nicht mit den üblichen Charakterisierungen von Romanpersonen gleichzusetzen. Bei jenen handelt es sich immer um psychologische Erklärungen einer Person. Hier aber wird die Person gerade verrätselt. Die Diskussion, die Kohlhaas mit Luther führt, bringt zwar das Rechtsargument in den Diskurs zurück, aber dieses ist längst der »Seele«, die auf »große Dinge« gestellt war, unterworfen. Eine solche »Seele« muss sich bei Kleists Personen im Tun neu erfinden. Ein plötzlicher Entschluss, dessen Ziel noch vage bleibt, ist angedeutet.

Erinnert das nicht an die Charakterisierung Mirabeaus in dem eingangs zitierten Essay *Über die allmähliche Verfertigung der Gedanken beim Reden*? Auch Mirabeau ging »ein Quell ungeheurer Vorstellungen auf«,[297] die darin kulminierten, dass er dem Abgesandten des französischen Königs etwas entgegenwarf, das den Beginn der Französischen Revolution schon in sich barg. Auch im Falle Mirabeaus ist von der »Seele«,[298] die

---

295 Ebd., S. 42.
296 Ebd., S. 44.
297 Kleist, *Über die allmähliche Verfertigung der Gedanken beim Reden*, S. 321.
298 Ebd.

solches hervorbringe, die Rede. Unabhängig von der radikalen Differenz der gesellschaftlichen Herkunft und vor allem von den ganz gegensätzlichen Handlungszielen – es sei denn, man erkennt in beiden Zielen die Revolution – wird die entzündete »Seele« als Medium eines ungeheuren Einfalls beschworen: Kohlhaas und Mirabeau haben nichts gemeinsam als das Entzündetsein der »Seele«. Aber das ist bei Kleist alles! Schon auf die Frage hin, was die Revolution verursacht habe, hat er plötzliche körperliche Bewegungen, keineswegs Ideen als Gründe genannt. Damit wird kein evokativer Akt der Seele aufgerufen, aber ein analoger Modus in bezug auf eine nicht vorhersehbare Ursache: ein »Ereignis«. Die Empfindung, die immer wieder von Kleist genannt wird, bekommt ihre Dignität vom Gestus: Jetzt geschieht es.

Es sind zwei Gipfelszenen dieser Art, in denen der Hass des Kohlhaas den eigenen Tod als die Erfüllung dieses Hasses akzeptiert. Zweimal lehnt Kohlhaas es ab, sein eigenes Leben zu retten, indem er dem Kurfürsten von Sachsen einen geheimnisvollen Zettel überließe, auf dem die Weissagung einer Zigeunerin über die Zukunft des sächsischen Herrscherhauses zu lesen wäre. Die Einblendung des Zettels aus Zigeunerbesitz gehört zu den schon erwähnten, von Kleist häufig verwendeten, exotisch-archaischen Motiven oder Kalendergeschichten entnommenen Themen, welche die Rätselhaftigkeit des unmittelbar aufbrechenden Gefühls vertiefen. Die erste Gipfelszene des Hass-Rache-Affekts ist Kohlhaas' Antwort auf die Frage, warum er den vom Kurfürsten so dringlich begehrten Zettel dem Abgesandten nicht herausgebe, um sein Leben zu retten. Der entscheidende Satz lautet: »Auf die Frage des Jagdjunkers: was ihn zu dieser sonderbaren Weigerung, da man ihm doch nichts Minderes, als Freiheit und Leben dafür anbiete, veranlasse? antwortete Kohlhaas: ›Edler Herr! Wenn Euer Landesherr käme, und spräche, ich will mich, mit dem ganzen Troß derer, die mir das Szepter führen helfen, vernichten, – vernichten, versteht Ihr, welches allerdings der größeste Wunsch ist, den meine Seele hegt: So würde ich ihm doch den Zettel noch, der ihm mehr wert ist, als das Dasein, verweigern und sprechen: du kannst mich auf das Schafott bringen, ich aber kann dir weh tun, und ich wills!‹ Und damit, im Antlitz den Tod, rief er einen Reuter herbei …«.[299]

Das Wehtunwollen ist die spezifische Erklärung für Kohlhaas' Reaktion. Zu diesem Zeitpunkt der Erzählung sind die Geschehnisse – das Wiederauffinden beider Rappen, die Böses im Schilde führende, angeklagte Junker-Partei – noch immer geprägt von dem von Kohlhaas angestrengten Prozess, der in verwirrenden Details geschildert ist: die erneute Festnahme Kohlhaas', die wiederaufgehobene Amnestie des Kurfürsten von Sachsen, der Prozess Kohlhaas', seine Verurteilung zum Tode, das Eingreifen des Kurfürsten von Brandenburg zugunsten von Kohlhaas, seine Überführung nach Brandenburg und schließlich das Gespräch, das Kohlhaas selbst mit dem Kurfürsten von Sachsen über jenen Zettel führt, den er in einem Etui am Hals trägt, ohne zu wissen, wer sein Gesprächspartner ist. Diesen hat eine Ohnmacht überkommen ob der Ungewissheit über den Inhalt der Nachricht und Kohlhaas' Weigerung, dem Abgesandten den Zettel auszuliefern.

Schon Kohlhaas' Antwort an den Abgesandten des Kurfürsten von Sachsen fällt aus der Serie diplomatischer und juristischer Tatbestände heraus. Diese Antwort ist so unerwartet und spricht wie eine fremde Stimme unter allen bekannten Stimmen. Sie ist die radikale Unterbrechung der konventionellen Sprache. Diese Hervorhebung des Diskontinuierlichen ist komplex: Bereits die Herkunft des Zettels ist phantastisch. Auch dass der ursprünglich schlichte Krimi-Einfall mit den Rappen ein Fall für die kaiserliche Wiener Behörde geworden ist, gibt ihm eine verspätete Aura von Heiligem Römischen Reich, das Kleists po-

---

299 Kleist, *Michael Kohlhaas*, S. 86.

litischer Instinkt zwar kritisch ausstellt, das seinen poetischen Instinkt aber anzieht.

Die zweite Gipfelszene findet statt vor der tatsächlich folgenden Hinrichtung, die Kohlhaas durch sein Bestehen auf dem »Wehtunwollen« angesichts des anwesenden Kurfürsten von Sachsen erzwingt: »Kohlhaas löste sich, indem er mit einem plötzlichen, die Wache, die ihn umringte, befremdenden Schritt, dicht vor ihn trat, die Kapsel von der Brust; er nahm den Zettel heraus, entsiegelte ihn, und überlas ihn: und das Auge unverwandt auf den Mann mit blauen und weißen Federbüschen gerichtet, der bereits süßen Hoffnungen Raum zu geben anfing, steckte er ihn in den Mund und verschlang ihn. Der Mann mit blauen und weißen Federbüschen sank, bei diesem Anblick, ohnmächtig, in Krämpfen nieder. Kohlhaas aber, während die bestürzten Begleiter desselben sich herabbeugten, und ihn vom Boden aufhoben, wandte sich zu dem Schafott, wo sein Haupt unter dem Beil des Scharfrichters fiel.«[300]

Der sächsische Kurfürst hatte sich gegenüber Kohlhaas besonders schändlich verhalten. Er hatte, unter Vermittlung Martin Luthers, Kohlhaas freies Geleit nach Dresden angeboten, damit sein Rechtsverfahren noch einmal aufgenommen werden könnte. Dieses Versprechen aber hatte er, auf die Einflüsterungen seiner Mätresse hörend, die mit den Tronkas verwandt war, gebrochen. Nachdem er Kohlhaas zum Tode verurteilt hatte, hob er das Urteil wieder auf, hoffend, er würde das für seine Dynastie wichtige Dokument von Kohlhaas doch noch ausgeliefert bekommen. Die Korruption des sächsischen Hofes ist dementsprechend festgehalten. Nun war der Kurfürst zum Hinrichtungsplatz gekommen, so informiert die Erzählung, um sich der Kapsel mit dem Zettel zu bemächtigen, indem er den verscharrten Kohlhaas-Körper wieder ausgraben lässt.

Kohlhaas hat, ohne diese Absicht zu kennen, genug Gründe,

300 Ebd., S. 103.

den sächsischen Kurfürsten zu hassen. Aber deshalb sein eigenes Leben opfern? Die Szene, wenige Augenblicke bevor Michael Kohlhaas' Kopf fällt, darf als Kleists erlesenste Inszenierung des »Wehtuns« gelten. Kohlhaas hatte diese Lust schon im Gespräch mit der Zigeunerin empfunden, in dem es von ihm heißt, dass er »über die Macht jauchzte, die ihm gegeben war, seines Feindes Ferse, in dem Augenblick, da sie ihn in den Staub trat, tödlich zu verwunden«.[301] Der Hass-Rache ist das Kleistsche Zeichen der »Seele« eingeprägt. Nietzsche wählte den Ausdruck »Weh-Tun« als ein kardinales Prinzip der Existenz,[302] ohne Kleist dabei zu erwähnen, der ja etwas Konkreteres im Auge hatte. Die Hass-Seele, die »weh tun« will, wird vom Kleistschen »Augenblick« zusätzlich markiert. Der Umstand, dass Kohlhaas vor der Hinrichtung die wiederhergestellten Rappen begrüßt, verschiebt die Pointe des Hasses bis in den Tod nicht mehr zugunsten einer Wiedergutmachung, einer Befriedung der Gewaltakte. Statt dessen ist es Kohlhaas' unverwandter Blick auf den »Mann mit blauen und weißen Federbüschen«, der in uns selbst haften bleibt.

3

Die Emphase des »Augenblicks« spielt immer die entscheidende Rolle bei der Charakterisierung des Helden in Kleists Erzählungen. Auch dort, wo das Hass-Motiv weniger offensichtlich ist oder hinter anderen Affekten zurücktritt, in *Die heilige Cäcilie oder die Gewalt der Musik*, in *Der Zweikampf*, in *Die Mar-*

---

301   Ebd., S. 97.
302   Vgl. Günter Blamberger, »*nur was nicht aufhört, weh zu thun, bleibt im Gedächtniss*«: Über Kleists Beunruhigungskraft. In: Hans Ulrich Gumbrecht / Friederike Knüpling (Hrsg.), *Kleist revisited*. München 2014, S. 63.

quise von O.... Ohne Gewaltdarstellung kommt keine Prosa Kleists aus. Der Hass-Effekt braucht aber nicht die Gewaltthematik, sondern lebt vom Intensitätseffekt, der, wie man sah, Kleists zentrales Darstellungskriterium ist. In der kurzen, »Legende« genannten Geschichte *Die heilige Cäcilie oder die Gewalt der Musik* (1810/11) ist zunächst die Zerstörungsgewalt erwähnt, die dem Kloster der heiligen Cäcilie in Gestalt von vier bilderstürmerischen Brüdern droht. Die beabsichtigte Zerstörungsgewalt wird, wie es scheint, nur hinausgezögert durch die Aufführung eines ergreifenden Musikstücks für die Orgel. Eine andere, wunderbare Gewalt tritt an die Stelle des Zerstörerischen. Der erste mysteriöse Vorfall unter den ihm folgenden ist der Umstand, dass die Kapellmeisterin, Schwester Antonia, wegen eines Nervenfiebers bettlägerig ist und daher nicht erwartet wird, plötzlich aber doch erscheint und, »vor Begeisterung glühend«, die Orgel übernimmt und die Nonnen ihr »augenblicklich« mit ihren Instrumenten folgen und ihre »Seelen« gen Himmel steigen.[303] »Augenblick« und »Seele« zeichnen das musikalische Ereignis aus.

Hätten die vier in der Kirche wartenden Brüder ihre Gewalt an Altären und Bildern ausgetobt, wäre sie unter den gleichen Zeichen vollzogen worden. Statt dessen liefern sie den zweiten mysteriösen Augenblick: Sie werden nach dem Orgelkonzert in der Klosterkirche nicht mehr gesehen, und erst nach vergeblicher Suche werden sie von ihrer Mutter im Irrenhaus der Stadt wiedergefunden. Dort, so erfährt die Mutter, stimmen die Söhne, welche die Mutter »auf den ersten Blick mit Entsetzen« erkennt, um Mitternacht immer das »Gloria in excelsis« mit einer Stimme an, »welche die Fenster des Hauses bersten machte«.[304] Wie die Mutter, vom »schauderhaften Anblick« der »ungeheuer-

303 Kleist, *Die heilige Cäcilie oder die Gewalt der Musik.* In: ders., *Sämtliche Werke und Briefe,* Bd. 2, S. 218.
304 Ebd., S. 220.

lichen Begebenheit« niedergestoßen,[305] zusätzlich erfährt, hatten ihre Söhne damals beim Anheben der Musik im Kloster ihre Waffen niedergelegt, »plötzlich« die Häupter entblößt, »nach und nach in unaussprechlicher Rührung« die Hände vor ihr Gesicht gelegt und, verwirrt durch den »Anblick« ihres Anführers, dem bilderstürmerischen Vorhaben abgesagt. Sie wurden noch am Abend »mit gefalteten Händen, den Boden mit Brust und Scheiteln küssend, als ob sie zu Stein erstarrt wären, heißer Inbrunst voll« vor dem Altar gefunden:[306] Augenblicksszenen, Empfindungsszenen, Ereignisse der »Seele«. Aber ohne Hass-Effekt. Bei dem späteren Besuch der Kirche durch die Mutter scheint ein ähnliches Zeichen auf wie in *Das Erdbeben in Chili*: Der »Strahl der Sonne« wird als ein Intensitätseffekt variiert durch die »unbekannten zauberischen Zeichen« auf der Partitur der Orgelmusik, die damals das Gemüt der »armen Söhne zerstört und verwirrt« hatte.[307] Beim Anblick dieser Partitur glaubt die Mutter, »ihre Sinne zu verlieren«.[308] Die Verrätselung der Partitur wird dadurch vertieft, dass nunmehr gewusst wird, dass die Nonne, die seinerzeit die Orgel gespielt hatte, nicht Schwester Antonia gewesen sein kann, da diese an jenem Abend, ihrer Sinne beraubt, gestorben war. Dass es die heilige Cäcilie selbst gewesen ist, die das musikalische Wunder vollbracht hat, bleibt – anekdotisch offen – ein letztes Wort, das den Leser mit den Chiffren des Erblickens, des Hörens, des plötzlichen Ereignisses zurücklässt. Der Hass-Affekt stellt sich nicht ein. In der Gewaltabsicht der Bilderstürmer aber sehr wohl vorbereitet, erscheint er verwandelt zum Affekt des psychischen Schocks unter der »Gewalt der Musik«. Wo immer in Kleists Erzählungen das Hass-Motiv auftritt, geht es darum, diesem Motiv den Affekt der Seele abzuzwingen, und das heißt: Es geht

305 Ebd.
306 Ebd., S. 222.
307 Ebd., S. 226.
308 Ebd., S. 227.

stets um Kleists genuines Darstellungs- und Stilprinzip. Die zunehmende Tendenz, seine Figuren in außerordentlichen psychischen Zuständen zu zeigen – eigentlich für eine erzählerische Prosa nicht genuin –, ist nur zu erklären aus dieser finalen Absicht, Intensitätszeichen zu setzen.

Vordergründig geht es in der längeren Erzählung *Der Zweikampf* (1811), wie der Titel verspricht, um physische Gewalt zwischen zwei Männern. Abgesehen von den Effekten der Überraschung – der schwerverletzte »gute« Verlierer überlebt den Zweikampf um der Ehre einer Dame willen, der »böse« Sieger stirbt langsam an den Folgen des Kampfes –, ist die Darstellung konzentriert auf die langsame Entwicklung einer Täuschung: Dass der »böse« Zweikämpfer entgegen seiner Unschuldsbehauptung sehr wohl der Mörder seines Bruders ist und dass, seiner Behauptung zum Trotz, die Dame gegen allen Anschein keine Affäre mit dem Bösen hatte, sondern dieser ihr »in der tiefsten Seele verhaßt« war.[309] Kleists Generalthema bleibt hier jedoch in der anekdotischen Version versteckt, wobei das uns bekannte Hinrichtungsmotiv für zusätzliche Spannung sorgt, nicht aber dieselbe unheimliche Aura besitzt wie in den jeweils kurzen Szenen von *Die Verlobung von St. Domingo* oder *Das Erdbeben in Chili*, geschweige denn dieselbe Signifikanz erreicht wie in *Michael Kohlhaas*. Man sieht, wie ein gleiches oder ähnliches exotisches Ambiente Kleists Darstellung von Gewalt und Bedrohung gegen Unschuldige atmosphärisch besonders ausstattet, ohne dass der Hass-Affekt wirklich zum Tragen käme.

Die an Signifikanz *Michael Kohlhaas* fast gleichkommende Novelle *Die Marquise von O....* (1808/10) zeigt, wie die Liebesthematik am Ende suggestiv in das Hass-Motiv integriert wird. Vorbereitet dadurch, dass die Zeichen des Wechsels von Augenblicken des Gefühls, nämlich zwischen »Erröten« und »Erblei-

---

309 Heinrich von Kleist, *Der Zweikampf*. In: ders., *Sämtliche Werke und Briefe*, Bd. 2, S. 240.

chen«, sich wie in keiner anderen Erzählung Kleists häufen.[310]
Die Worte »Gefühl« und »Seele« markieren den ganzen thematischen Verlauf. Das überraschende, der Aufklärung bedürftige
Faktum ist die Mitteilung, welche die Heldin der Geschichte,
eine aus Norditalien stammende, jungverwitwete Adlige, in
der örtlichen Zeitung annoncieren lässt: Dass sie, ohne zu wissen, durch wen, schwanger geworden sei und den Vater des Kindes bitte, sich bei ihr zu melden, auf dass sie ihn, um der Ehre
willen, heiraten könne. Die Auflösung dieses an den Anfang gestellten Rätsels findet erst im Hass-Affekt des dramatischen Endes statt, obwohl der Leser, nicht aber die Marquise, durch die
analytische Darstellung schon sehr viel früher Hinweise auf die
Identität des Vergewaltigers, eines noblen russischen Offiziers,
bekommt, wenngleich dieser die Marquise vor dem Zugriff rus-
sischer Soldaten gerettet hatte. Das Thema der Vergewaltigung,
auch angedeutet in *Der Findling*, hat dazu geführt, dass die Novelle sozialpolitisch oder als Darstellung weiblicher Emanzipation gelesen wird, eine Auffassung, die in den herablassenden
Charakterisierungen des Vaters der Marquise zwischen Auto-
ritätswahn und lächerlicher Sentimentalität weitere Gründe
findet.

Solche naheliegenden sozialpolitischen Lesarten gehen an
der eigentlichen Triebkraft der Erzählung aber vorbei: der Evokation psychischer Zustände, die das »Rätsel« einer Person annoncieren. Das Hass-Motiv des Endes wird in den aggressiven
Ereignissen des Anfangs vorbereitet. Wenn die marodierenden
russischen Soldaten drauf und dran sind, die Marquise zu vergewaltigen, und diese ohnmächtig wird, erinnert dies an Elvires
Ohnmachtsanfälle in *Der Findling*: Beide Male handelt es sich
um unkontrollierte, bewusstlose Zustände der »Seele«. Die sich
überstürzende Rettungsaktion des russischen Offiziers gegen

310 Karl Heinz Bohrer, *Plötzlichkeit. Zum Augenblick des ästhetischen
Scheins* (1981). Neuauflage Frankfurt am Main 1998, S. 161-179.

das ausgebrochene Feuer verdeckt nur den jetzt schon aufkom-
menden Verdacht, dass dieser selbst sich dazu hinreißen ließ,
die Ohnmächtige zu vergewaltigen. Häufig trügt der Schein der
Vorgänge. Der Verdacht erhärtet sich, wenn der russische Graf,
bei einem späteren Gefecht lebensbedrohlich von einer Kugel
getroffen, den Vornamen der Marquise ausspricht – mit dem Zu-
satz, sie sei nun »gerächt«.

Die häufig erörterte Grammatik der Kleistschen Sätze, ihr
Satzbau, trägt zu den umschlägigen Momenten der Handlung
bei; die Einfügung emotional-subjektiver Aspekte in einen
ansonsten objektiven Berichtsstil, mit von Nebensätzen unter-
brochenem Hauptsatz, verweist auf den Einbruch des Ungewöhnlichen. Damit tritt die permanente Gefühlsambivalenz der
Marquise ob ihres Schwangerschaftsverdachts in seine entscheidende Phase, und es fällt der Satz, den man im Hinblick auf Kleists
Psychologie immer wieder zitiert hat: »Kann ein innerliches Gefühl denn, das doch nur dunkel sich regt, nicht trügen?«[311] Die
Marquise verneint die Frage. Sie weiß, dass sie schwanger ist,
zumal der Arzt das längst bestätigt hat. Aber ihr Gefühl ist das
entscheidende Kriterium. Ebenso wie für Michael Kohlhaas'
Entscheidung, sich Genugtuung für die erlittenen Brutalitäten
und Demütigungen zu verschaffen. Noch bevor seine »Seele«
ihm eingibt, sie sei »auf große Dinge gestellt«, heißt es, Kohlhaas
habe sich überlegt, ob er nicht den Verlust der Rappen ver-
schmerzen solle. Aber dies nicht zu tun »sagte ihm ein ebenso
vortreffliches Gefühl, und dies Gefühl faßte tiefere und tiefere
Wurzeln«.[312]

Als dem Offizier die Zeitungsannonce der Marquise übergeben wird, ist die sofortige Entscheidung, sich als Schuldiger
zu stellen, durch nichts anderes als das etablierte Gefühlsvoka-
bular bezeichnet: »Der Graf durchlief, indem ihm das Blut ins

---

311 Heinrich von Kleist, *Die Marquise von O…*. In: ders., *Sämtliche Werke
und Briefe*, Bd. 2, S. 123.
312 Kleist, *Michael Kohlhaas*, S. 16.

Gesicht schoß, die Schrift. Ein Wechsel von Gefühlen durchkreuzte ihn. Der Forstmeister fragte, ob er nicht glaube, daß die Person, die die Frau Marquise suche, sich finden werde? – Unzweifelhaft! versetzte der Graf, indessen er mit ganzer Seele über dem Papier lag, und den Sinn desselben gierig verschlang. Darauf, nachdem er einen Augenblick, während er das Blatt zusammenlegte, an das Fenster getreten war, sagte er: nun ist es gut! nun weiß ich, was ich zu tun habe!«[313]

Die entscheidende Schlussszene bedeutet nicht das Happy-End des von der Marquise schließlich im Teufel wiedererkannten Engels,[314] als der ihr zu Beginn der Erzählung der Retter vor den marodierenden russischen Soldaten ursprünglich erschienen war. Es ist vielmehr die Szene ihrer Reaktion auf den Grafen als denjenigen, von dem sie nun schließlich weiß, dass er sie während ihrer Ohnmacht vergewaltigt hat. Das gilt um so mehr, als konventionelle »Psycho-Logik« einen positiven Ausgang verbietet: Widerspricht des Grafen durchgehend dargestellte geistig-moralische Nobilität nicht dem Faktum, dass er die Marquise vergewaltigt hat, selbst unter den Zugeständnissen der Begierde? Und ist die Bereitschaft der Marquise, ihren Vergewaltiger nicht nur zu heiraten, sondern schließlich auch zu lieben, tatsächlich glaubwürdig? Ersteres zu verneinen und das zweite zu bejahen ist nur möglich, wenn man bei diesem Ausgang Kleists Auffassung, dass Gut und Böse untrennbar miteinander verbunden seien, in Rechnung stellt.

Die Metaphorik, die Kleist für die finale Erkennungsszene wählte, ist keine, die eine extrem heikle Situation »psychologisch« schildert, etwa als einen zeitlich begrenzten Ausbruch. In dieser Metaphorik wird ein endgültiges Gefühl ausgedrückt. Zuerst die fast ungläubige Irritation angesichts des Unerwartbaren. Dann aber übernimmt eine ganz andere Sprache die Sze-

---

313 Kleist, *Die Marquise von O….*, S. 130.
314 Ebd., S. 143.

ne. Es sind zwei Sätze, die den Hass als Ausnahmezustand der »Seele« ankündigen. Der erste Satz lautet: »Die Marquise rief, indem sie sich plötzlich wandte: nun? doch ihn nicht? – und schlug mit einem Blick funkelnd, wie ein Wetterstrahl, auf ihn ein, indessen Blässe des Todes ihr Antlitz überflog.«[315] Die Marquise gibt dem Hass-Affekt noch Zeit, das Schweigen und Weinen des Grafen, das Nichtverstehen der Mutter, kalt zur Kenntnis nehmend. Dann folgt der zweite Satz: »gehn Sie! gehn Sie! gehn Sie! rief sie, indem sie aufstand; auf einen Lasterhaften war ich gefaßt, aber auf keinen – – – Teufel! öffnete, indem sie ihm dabei, gleich einem Pestvergifteten, auswich, die Tür des Zimmers, und sagte: ruft den Obristen! Julietta! rief die Obristin mit Erstaunen. Die Marquise blickte, mit tötender Wildheit, bald auf den Grafen, bald auf die Mutter ein; ihre Brust flog, ihr Antlitz loderte: eine Furie blickt nicht schrecklicher.«[316]

Was geschieht hier? Es vollzieht sich die Krönung aller möglichen Affekte im schneidenden Affekt, im Hass. Das geschieht im Intensitätszeichen der »Seele«. Ohne dass in den beiden zitierten Beschreibungen der Reaktion der Marquise auf den Anblick des Grafen das Wort »Hass« fallen müsste, erscheint dieser. Das Wort selbst wird dann von der Mutter ausgesprochen. Kleist hat die Marquise mit einem Schlag zur Priesterin der Seelenekstase erhoben, wie er Kohlhaas zu deren Helden gemacht hat.

315 Ebd., S. 140.
316 Ebd., S. 141.

4

Fast alle von Kleists Erzählungen strotzen, wie die frühen Dramen, von einer ungeheuerlichen Gewalt und Grausamkeit. Diese enthalten als Elementarien Seltsamkeit und Fremdartigkeit, die Kleist in deutschen und französischen Chroniken oder in Reiseberichten der Zeitungen vorfand. Für solche Motive gab aber auch die etablierte Literatur Anstöße, so Montaignes Essay *Über die Trunksucht*, dem Kleist das Motiv der unwissentlichen Empfängnis entnahm, oder Molière und dessen Erbschleicher Tartuffe. Es geht also nicht allein um den Gewaltakt, sondern um die Verschiebung der bekannten Wirklichkeit ins Unbekannte. Daher Kleists Interesse an der Anekdote als Ableger überraschender Vorfälle, die ihm häufig Sätze eingaben, die mit der Wendung »Es begab sich einmal« beginnen. Die in der letzten Phase seines Lebens redigierten *Berliner Abendblätter* enthalten unzusammenhängende, disparate Anhäufungen von Kunstberichten, Polizeimitteilungen, Miszellen über Truppenstärken, und immer zeigt sich darin die Faszination durchs Detail, an dem sich fortzeugende Neugier auf das Überraschungsmoment des Alltags entfacht.

Es sind offensichtlich alles Propädeutika für den erzählerischen Diskurs, die den teleologischen Geist außen vor lassen, um sich mit einer gewissen Lakonie auf Zufälligkeiten zu konzentrieren, die der Alltag mit sich bringt. Einige der anekdotischen Themen aus den *Berliner Abendblättern* wären wie gemacht gewesen für eine dramatische oder erzählerische Darstellung, und zwar deshalb, weil sie die Absicht hätten anregen können, »plötzlich mit einer zuckenden Bewegung aufzuflammen«, »die Sprache an sich zu reißen« und »etwas Unverständliches zur Welt zu bringen«. Kleist hatte diesen Satz im Essay *Die allmähliche Verfertigung der Gedanken beim Reden* formuliert, als er den

Übergang des Geistes »vom Denken zum Ausdrücken« be-
schrieb, also zu Beginn seiner wichtigsten Arbeiten. Das Un-
verständlichkeitskriterium – in der Anekdote wegen ihres ab-
gelegenen Stoffes und ihrer lakonischen Darstellung meist
vorhanden – wurde ohne metaphysische oder psychologische
Erklärung vor allem in der *Marquise von O....* und in *Die heilige Cäcilie* aus der anekdotischen Struktur in die Darstellung
eines Ereignisses transformiert.

  Die Hass-Geste – für die künstlerisch vor allem *Michael Kohlhaas* steht – gehorcht diesen Stilcharakteristiken vor allem anderen. Die sich anbietende moralische Überhöhung des Opfers
oder die Erniedrigung des Täters tritt zurück hinter dem Interesse, Täter oder Opfer zum Träger eines ekstatischen Sprechens
zu machen, das häufig aus einem objektiven Berichtstil ausbricht.
Inwiefern und inwieweit aber steht Kleist hiermit einzigartig in
der romantisch-spätromantischen Phase da? Immerhin gibt es
einige Kandidaten, bei denen man das »Unerwartete« erwartet:
Jean Pauls *Hesperus* (1795), E. T. A. Hoffmanns *Fantasie- und
Nachtstücke* (1814-1817) sowie dessen *Elixiere des Teufels*
(1815/16), nicht zu vergessen Goethes *Wahlverwandtschaften*
(1809). Diese Romane und Erzählungen enthalten überraschende, sehr exzentrische Szenen und Motive, unheimliche Situationen und auch das Rencontre einander feindlicher Personen.
Aber man findet darin nicht die Hass-Emphatik einer Person,
ganz zu schweigen vom Hass als Intensitätsausdruck. Eine Reihe von Hoffmanns Figuren sind böse. Sie mögen auch hassen,
aber dieser Hass wird nicht zum »Ausdruck« stilisiert. Am ehesten könnten sich Situationen in den *Wahlverwandtschaften* an-
bieten, dem bis heute vieldeutigsten Roman, in dem Rätsel aufglimmen, nicht zuletzt auch anekdotische Motive. Aber die auf
Erklärungsschlüsse wartenden Bilder und Begebenheiten der
Wahlverwandtschaften halten dafür Symbole bereit.

  Und hiermit ist man weit entfernt von Kleists Hass-Zustän-
den. Es gibt zwei lange unterschätzte romantische Dichter, Cle-

mens Brentano und Achim von Arnim, deren Behandlung des exotisch-unheimlichen Motivs eine spezifische Verwandtschaft mit Kleists Darstellungsstil zeigt, wobei das Hass-Motiv nur einmal auftaucht. Diese Verwandtschaft der exotischen Motivierung zwischen Brentano und Arnim einerseits und Kleist andererseits liegt darin, dass die Motive keine naturphilosophische oder keine geschichtsphilosophische Bedeutung besitzen, wie das der Fall ist bei E. T. A. Hoffmann oder Novalis und vornehmlich bei Goethe. Sie sind sozusagen selbstreferentiell. Ihr Seltsames oder Groteskes erklärt sich nicht. Das war der Grund dafür, dass André Breton die 1856 unter dem Titel *Contes bizarres* ins Französische übersetzten phantastischen Erzählungen Arnims 1933 neu herausgab und im surrealistischen Sinn kommentierte. Was dem vom Idealismus geprägten Literaturdiskurs im Wege stand, die beiden einzigartigen romantischen Erzähler angemessen zu würdigen, das eben zog die ambitionierte französische Moderne an. Der Hass-Affekt ist nur bei Arnims Alraune-Figur in der Erzählung *Isabella von Ägypten* (1812) zu erkennen. Diese Figur bleibt aber zu eingeschlossen in ihrem phantastischen Charakter, als dass sie sich zu einem Ausdrucks-Effekt entwickeln könnte.

Die Unterscheidbarkeit von bösen und nichtbösen Figuren wirft im Hinblick auf Kleists Hass-Affekt die Frage auf, ob und worin sich, wenn beide einen suggestiven Effekt erreichen, an ihnen eine ästhetische Differenz zeigt. Hegels erwähnte Kritik an der Figur des Teufels als »ästhetisch unbrauchbare[r] Figur« hat, abgesehen von Friedrich Schlegel, neben E. T. A. Hoffmann vor allem Kleists Figuren im Sinn: Hegel geißelt den »Somnambulismus« des Prinzen von Homburg und des Käthchens von Heilbronn, und seine Kritik könnte natürlich vor allem auch auf die Marquise von O…. bezogen werden. Hegel urteilt: »Kleist leidet an der gemeinsamen, unglücklichen Unfähigkeit, in Natur und Wahrheit das Hauptinteresse zu legen, und an dem Triebe, es in Verzerrungen zu suchen.«[317] Hegel vermisst die »formelle Festigkeit des Charakters« und kommt zu einem Verdikt, das den Hass-Affekt unmittelbar betrifft: »Vornehmlich ist die Niederträchtigkeit verächtlich, weil sie aus dem Neid und Haß gegen das Edle entspringt und sich nicht scheut, auch in sich Berechtigtes zum Mittel für die eigene schlechte oder schändliche Leidenschaft zu verkehren.«[318] Die großen Dichter der Antike würden uns deshalb auch nicht »Bosheit und Verworfenheit« vorführen. Hegel hat offenbar den Hass in der großen griechischen und römischen Literatur nicht gekannt oder zur Kenntnis genommen. Nichtsdestoweniger ist sein Theorem noch einmal in bezug auf Kleists Figuren festzuhalten: Macht es einen Unterschied, ob der Findling Nicolo hasst oder der Rosshändler Kohlhaas, der »Neger« Congo Hoango oder der Schweizer Offizier der französischen Armee? Natürlich. Aber nicht deshalb, weil der Hass des Offiziers, des Michael Kohlhaas oder auch der Marquise von O .... den Hass etwa »veredelten«. Er gewinnt bei ihnen die Qualität, um die es Kleist, aber nicht Hegel ging: die größtmögliche Intensität, den Ausdruck der »Seele«. Hegel hat diese Möglichkeit gar nicht erst erwogen, er identifiziert den Hass-Affekt selbst mit dem »bösen« Charakter. Wäre Kohlhaas, der »entsetzlichste Mensch seiner Zeit«, nicht ebenso der »rechtschaffenste« und Richard III., der Mörder und Heuchler, nicht ebenso geistvoll wie kühn, würde dann ihr »Hass« als ästhetisch interessanter von Hegel akzeptiert werden? Möglicherweise. Aber unter einer falschen Voraussetzung: Er würde notwendigerweise ja weiter die Moral ins Spiel bringen müssen, die er partiell bestätigt sähe. Aber der Effekt der Hass-Rede entspringt – wie man erkennen konnte – weder dem guten noch dem bösen Charakter. Er kommt ausschließlich aus der Leidenschaft des Sprechenden. Und der

317 Georg Wilhelm Friedrich Hegel, *Solgers nachgelassene Schriften.* In: ders., *Werke* (s. Anm. 70), Bd. 11, S. 218.
318 Georg Wilhelm Friedrich Hegel, *Vorlesungen über die Ästhetik.* In: ders., *Werke*, Bd. 13, S. 289.

kann sowohl gut als auch böse sein. Kleist ist der erste Dichter nach der Aufklärung, dem diese Sprache gelang, auch wenn sie erst nach dem Ersten Weltkrieg entdeckt wurde. Dieser verspätete Effekt war dafür dann aber um so stärker.

»La Haine«

Ein poetologisches Schlüsselwort Baudelaires

In jenen Gedichten der *Fleurs du Mal*, die einen heftigen Affekt darstellen – »Affekt« im Verständnis Nietzsches –, kommen immer wieder zwei gegensätzliche Stimmungen ihres Sprechers zum Ausdruck: entweder das melancholische Bewusstsein ob der verstörenden eigenen Zeitlichkeit[319] oder der wilde Angriff gegen die dem »Herzen« des Dichters fremde Gesellschaft. Melancholie und Angriffsgeist sind eigentlich zwei einander ausschließende Ausdrucksformen. In den großen Gedichten der Melancholie[320] – in *Le Cygne*, *À une Passante*, *L'Irrémédiable* oder *Un Voyage à Cythère* – treten Wörter, die den Angriffsgeist indizieren wie »la haine« oder »je hais«, denn auch nicht auf. Gleichzeitig aber durchdringen sich beide Haltungen gerade in den »Hass«-Gedichten: Wenn die Schönheit – sei es die der Geliebten, die einer Reise, die einer Tageszeit – zum Thema wird, dann immer als das »Andere« der konventionellen, der verhassten Zeit und ihrer Repräsentanten. Baudelaires Feier des Schönen oder des Fremdartigen schließt die auf ihren Ausbruch wartende Aggressivität gegen das Hässliche oder Banale in seinen unterschiedlichen Gestalten und Szenen ein.

Das Wort »la haine« ist also das Schlüsselwort eines nachdrücklich als Dichter sprechenden Verächters. Es findet sich in einigen für den Zyklus zentralen Gedichten der *Fleurs du Mal*. Die »Hass«-Metapher enthält den aggressiven Impuls, der aber

---

319 Vgl. Karl Heinz Bohrer, *Der Abschied. Theorie der Trauer. Baudelaire, Goethe, Nietzsche, Benjamin*. Frankfurt am Main 1996, S. 123 ff.

320 Vgl. Jean Starobinski, *Die Melancholie im Spiegel*. Aus dem Französischen von Horst Günther. München und Wien 1992.

auch in metaphorischen Varianten auftaucht, ohne dass dabei das Schlüsselwort fiele. Im Wort »Hass« liegt ein komplexer Sinn verborgen, der nicht im Verständnis eines definitiven Gedankens offenbar wird, sondern den es zunächst eben als »Affekt« wahrzunehmen gilt.[321] Über die einzige von Baudelaire ausgeführte Erklärung seines »Hasses«, im 9. Prosastück von *Le Spleen de Paris*, *Le mauvais Vitrier*, ist am Ende dieser Betrachtung zu sprechen.

Das lange Eröffnungsgedicht des *Fleurs du Mal*-Zyklus, *Bénédiction*, zelebriert das Wort »Hass« als Erkennungscode des Dichters in seinem Verhältnis zur Welt und im Verhältnis der Welt zu ihm. Der Titel »Segen« ist eine ambivalente Prägung: Er zielt einerseits ironisch auf die Verfluchung durch die Mutter, dafür, dass er ein Dichter ist, andererseits auf die Krönung des Dichters durch das göttliche Wohlwollen. Diese Eröffnung der *Fleurs du Mal* annonciert das Thema des Zyklus, indem das Wort »Hass« zum Motto wird für die unaufhebbare Opposition zwischen Dichter und Welt. Die ersten Strophen entfalten die Aggressivität des Sprechenden, der die Mutter zum Medium des gegen den Dichter gerichteten Hasses der Gesellschaft macht: Die Mutter spricht vom Hass Gottes auf sie selbst und von ihrem eigenen Hass auf den Sohn. Es äußert sich darin ein Affekt, den der Dichter erwidert:

Bénédiction

Lorsque, par un décret des puissances suprêmes,
Le Poëte apparaît en ce monde ennuyé,
Sa mère épouvantée et pleine de blasphèmes
Crispe ses poings vers Dieu, qui la prend en pitié:

---

321 In Nietzsches Brief an Franz Oberbeck vom 30. Juli 1881 heißt es, es gelte »Erkenntnis« zum »Affekt« zu machen.

– »Ah! que n'ai-je mis bas tout un nœud de vipères,
Plutôt que de nourrir cette dérision!
Maudite soit la nuit aux plaisirs éphémères
Où mon ventre a conçu mon expiation!

Puisque tu m'as choisie entre toutes les femmes
Pour être le dégoût de mon triste mari,
Et que je ne puis pas rejeter dans les flammes,
Comme un billet d'amour, ce monstre rabougri,

Je ferai rejaillir ta haine qui m'accable
Sur l'instrument maudit de tes méchancetés,
Et je tordrai si bien cet arbre misérable,
Qu'il ne pourra pousser ses boutons empestés!«

Elle ravale ainsi l'écume de sa haine,
Et, ne comprenant pas les desseins éternels,
Elle-même prépare au fond de la Géhenne
Les bûchers consacrés aux crimes maternels.

Pourtant, sous la tutelle invisible d'un Ange,
L'Enfant déshérité s'enivre de soleil,
Et dans tout ce qu'il boit et dans tout ce qu'il mange
Retrouve l'ambroisie et le nectar vermeil.

Il joue avec le vent, cause avec le nuage,
Et s'enivre en chantant du chemin de la croix;
Et l'Esprit qui le suit dans son pèlerinage
Pleure de le voir gai comme un oiseau des bois.

Tous ceux qu'il veut aimer l'observent avec crainte,
Ou bien, s'enhardissant de sa tranquillité,
Cherchent à qui saura lui tirer une plainte,
Et font sur lui l'essai de leur férocité.[322]

322 Charles Baudelaire, *Œuvres complètes I-II. Texte établi, présenté et annoté par Claude Pichois*. Édition Gallimard. Paris 1975, I, S. 7f.

Segen

Wenn auf Geheiß der höchsten Mächte der Dichter in dieser öden Welt erscheint, bricht seine Mutter voll Entsetzen in Lästerungen aus und ballt die Fäuste gegen Gott, den sie dauert:

»Ach! was hab ich nicht ein ganzes Knäuel von Vipern geheckt, statt diese Spottgeburt zu nähren! Verflucht sei die Nacht der kurzen Lüste, in der mein Leib zur Buße dies empfing!

Weil du mich auserwählt hast unter allen Weibern, meinem kläglichen Gatten ein Gräuel zu sein, und weil ich dies verkrüppelte Scheusal nicht wie einen Liebesbrief ins Feuer werfen kann,

So will ich deinen Haß, der mich erdrückt, auf das verfluchte Werkzeug deiner Bosheit übertragen und dieses ärmliche Bäumchen so verkrümmen, dass es seine verseuchten Sprossen nicht treiben kann!«

So schlingt sie den Geifer ihres Haß hinab und nicht begreifend, was der Ewige plant, häuft sie am Grund der Hölle selbst den Scheiterhaufen, der den mütterlichen Freveltaten vorbestimmt ist.

Das Kind jedoch hat unsichtbar ein Engel in seinen Schutz genommen; sonnentrunken wandert der Enterbte, jeder Schluck und jeder Bissen munden ihm wie Ambrosia und roter Götterwein.

Er spielt mit dem Wind, spricht mit der Wolke und singend zieht er trunken seinen Kreuzweg hin; der Geist, der ihm auf seiner Pilgerreise folgt, weint, als er ihn wie einen Vogel der Wälder unbekümmert sieht.

Alle, die er lieben will, betrachten ihn mit Argwohn oder aber, aus seiner Ruhe ihre Dreistheit schöpfend, eifern sie um die Wette, wer ihm einen Klagelaut entrisse, und erproben ihre Grausamkeit an ihm.[323]

323 Charles Baudelaire, *Sämtliche Werke und Briefe in acht Bänden*. Hrsg.

Keine deutsche Übersetzung kann die süffisante Entfaltung eines im doppelten Sinn romantischen Themas – des Dichters als Außenseiter und des Dichters als geniales Kind – angemessen wiedergeben: Wie der Hass der Mutter und der angebliche, von der Mutter berufene Hass Gottes sich umkehren in die hassvolle Charakterisierung der Welt durch den Dichter, die ihn ihrerseits hasst! Die vom Thema ablenkende autobiographische Motivation, Baudelaires Verhältnis zu seiner Mutter Madame Aupick, sollte beiseite gelassen werden, ebenso andere biographische Begründungen des Hasses, von dem Baudelaire in seinen Briefen spricht. Erst die semantische Verwandlung macht aus der jedermann wohlbekannten Empfindung den Exzess der Baudelaireschen Einbildungskraft, sein Zeichen vibrierender Intensität.

Die gegen den Dichter gerichtete Verfluchung als Spottgeburt und Scheusal schließt an die Bilder der Eröffnungsanrede *Au Lecteur* an, in der ekelhafte Geschöpfe, Untiere aller Art aufgerufen sind, die unsere Phantasie überfallen – »eines häßlicher, und böser noch, und schmutziger!«[324] (»Il en est un plus laid, plus méchant, plus immonde!«[325]) als das andere. Am Ende aber steht eine poetologische Erklärung: Es geht um die »Langeweile« (»ennui«), die gern scheußliche Bilder produziert und »träumt von […] Blutgerüsten«.[326] Diese ist ebenso imaginativ tätig wie das »abgrundtiefe Herz« des Dichters, das sich von den mächtigen Verbrechen der Lady Macbeth, vom »Traum« der schrecklichen Tragödien des Aischylos inspirieren lässt, wie es in dem Gedicht *L'Idéal* heißt. Oder von den erschreckenden Motiven auf den Gemälden Goyas oder Delacroix' im Gedicht *Les Phares*.[327] Wenn Baudelaire also anhebt, sich selbst in

---

v. Friedhelm Kemp und Claude Pichois in Zusammenarbeit mit Wolfgang Drost. München und Wien 1975, Bd. 3, S. 61f.
324 Baudelaire/Kemp, 3, S. 57.
325 Baudelaire, I, S. 6.
326 Baudelaire/Kemp, 3, S. 57.
327 Baudelaire, I, S. 13, 22.

den Augen der Mutter als »Viper«, als »Scheusal« darzustellen, dann leitet er das den Zyklus durchdringende Verfahren ein, Bilder des Bösen, Erschreckenden und Hässlichen zu variieren und zu wiederholen, hinter denen sich der gleichzeitig als Quelle der dichterischen Selbstdeklaration fungierende Hass verbirgt.

So ist denn auch das Umschlagen des Bildes vom Dichter als Scheusal in das eines von Engeln Beschützten zu verstehen. Der Dichter spielt wie ein Kind mit dem Wind, mit den Wolken und verhält sich unbekümmert wie ein Waldvogel. Aber von denen, die er lieben will, heißt es, sie betrachteten ihn und wetteiferten miteinander, wer ihm eine Klage entlocken könne, ja sie versuchten ihre Grausamkeit an ihm. Doch hat diese Behauptung – auch wenn sie das etablierte Motiv des Außenseiters besonders provokativ zitiert – einen anderen Klang als zuvor die Verfluchung durch die Mutter. Vielmehr wird die Isolation des Dichters ins Exzessive erhoben, damit sie am Ende um so triumphaler als das poetische Selbstverständnis in Erscheinung treten kann. Darin wird eine dialektische Struktur des Hass-Motivs erkennbar: Je schneidender es sich gegen den Dichter kehrt, um so grandioser erscheint dieser schließlich im Zeichen der Erhabenheit. Dem Hass der Menge gegen den Dichter ist noch die Pointe aufgesetzt, dass die Frau des Dichters, nachdem das Bild des Kindes verschwunden ist, sich zum glänzenden Objekt seiner hilflosen Begierde macht – ein im Zyklus wiederholtes Motiv –, sich aber gleichzeitig der triumphierend sadistischen Vorstellung hingibt, sich mit ihren »Nägeln« einen Weg zu seinem »Herzen« zu bahnen. Als allerletzten Triumph will sie dieses Herz »ganz rot aus seiner Brust ihm reißen«[328] (»J'arracherai ce cœur tout rouge de son sein«[329]) und ihrem Lieblingstier hinwerfen.

328 Baudelaire/Kemp, 3, S. 63.
329 Baudelaire, I, S. 8.

Das Thema des öffentlich Verhöhnten und des privat Gede-
mütigten wird in signifikanten Gedichten im ersten Teil des Zyklus variiert. Hervorstechend das Bild vom Dichter als einer
Imitation Hamlets, die von der Menge als der permanent Unter-
legene gegenüber der höllischen oder der himmlischen Allmacht weiblicher Sensualität *(Hymne à la Beauté)* verhöhnt
wird *(La Béatrice).*

Um so erhabener der Gesang des Dichters, mit dem *Bénédiction* abschließt. Der Dichter nennt darin zwei Kriterien seiner
eigenen Ausnahmestellung:

> Je sais que vous gardez une place au Poëte
> Dans les rangs bienheureux des saintes Légions,
> Et que vous l'invitez à l'éternelle fête
> Des Trônes, des Vertus, des Dominations.
>
> Je sais que la douleur est la noblesse unique
> Où ne mordront jamais la terre et les enfers,
> Et qu'il faut pour tresser ma couronne mystique
> Imposer tous les temps et tous les univers.
>
> Mais les bijoux perdus de l'antique Palmyre,
> Les métaux inconnus, les perles de la mer,
> Par votre main montés, ne pourraient pas suffire
> A ce beau diadème éblouissant et clair;
>
> Car il ne sera fait que de pure lumière,
> Puisée au foyer saint des rayons primitifs,
> Et dont les yeux mortels, dans leur splendeur entière,
> Ne sont que des miroirs obscurcis et plaintifs![330]

Ich weiß, daß du dem Dichter einen Sitz bestimmt hast in den
seligen Rängen der heiligen Legionen, daß du ihn einlädst zu dem
ewigen Fest der Throne, der Kräfte und Herrschaften.

---

330 Baudelaire, I, S. 9.

Ich weiß, daß der Schmerz der einzige Adel ist, der auf immer jedem Zugriff der Erde und der Hölle entzogen bleibt und daß, um meine Wunderkrone zu flechten, alle Zeiten und alle Welten ihren Zoll entrichten müssen.

Doch die vergrabenen Juwelen des alten Palmyra, die unbekannten Erze, die Perlen des Meeres, von deiner Hand gefaßt, sie könnten nicht genügen für dieses schöne, dieses schimmernde und lichte Diadem;

Denn es wird ganz aus purem Licht gemacht sein, dem heiligen Herd des ersten Strahls entschöpft, das in den Augen der Sterblichen, trotz ihres vollen Glanzes, sich nur wie in kläglich trüben Spiegeln bricht![331]

Die akkumulierten Schmuck-Metaphern (»Juwelen«, »Perlen des Meeres«, »Diadem«) sind nicht – wie bei Baudelaires Nachfolgern – als ästhetizistisches Vokabular zu verstehen, auch wenn der artistische Glanz der eigenen Dichtung damit charakterisiert werden soll. Sie dienen vielmehr der spirituellen Radikalisierung des Dichters als einer von gewöhnlichen Sterblichen nicht angemessen wahrgenommenen Erscheinung! Die intensive Hass-Rede gegen den Dichter ist also das Analogon zur intensiven Ruhmesrede des Dichters auf sich selbst. Wann immer in den *Fleurs du Mal* von »Hass« die Rede ist, steht auch das Selbstgefühl des Dichters auf dem Spiel. Deshalb endet das einleitende Gedicht *Bénédiction* mit der Apotheose dieses Selbstgefühls, nachdem es mit einer Evokation der Hass-Empfindung gegen den Dichter eingesetzt hat. Aber das Selbstgefühl, wie immer auch innerhalb des Zyklus in Zweifel gezogen, verleiht gleichzeitig dem eigenen Hass jene Energie, von der hier zu reden ist.

---

331 Baudelaire/Kemp, 3, S. 65.

I

Die Reflexion sexueller Erfahrung oder – und das ist der häufigere Fall – die Darstellung der Vereinsamung in einer banalen Gegenwart geben den thematischen Kontext zur Hass-Metapher. Sie ist in Baudelaires spezifischem Hass-Diskurs nur in ihrem poetischen Ausdruck verstehbar, sie entzieht sich einer diskursiven Fassbarkeit: Stets bleibt ihr etwas im Ausdruck Vages, nach dessen »psychologischer« Identifikation man vergeblich sucht. Das erste Gedicht, das nach *Bénédiction* auf der Hass-Metapher gründet, heißt *Duellum*. Es zeigt, wie sich schon im Titel andeutet, die sexuelle Begegnung als einen Zweikampf. Zugleich kündigt es die für den Zyklus signifikante Vorstellung von der Existenz als einem »Duell«, als einem »Angriff« an. Anstatt aber die redensartliche Vorstellung vom »Zweikampf der Geschlechter«, also einen abgenutzten Topos der Kulturgeschichte, zu entfalten, nimmt das Gedicht infolge seiner Metaphorik die typisch Baudelairesche ambivalent-zweideutige Wendung:

Duellum

Deux guerriers ont couru l'un sur l'autre; leurs armes
Ont éclaboussé l'air de lueurs et de sang.
Ces jeux, ces cliquetis du fer sont les vacarmes
D'une jeunesse en proie à l'amour vagissant.

Les glaives sont brisés! comme notre jeunesse,
Ma chère! Mais les dents, les ongles acérés,
Vengent bientôt l'épée et la dague traîtresse.
– O fureur des cœurs mûrs par l'amour ulcérés!

Dans le ravin hanté des chats-pards et des onces
Nos héros, s'étreignant méchamment, ont roulé,
Et leur peau fleurira l'aridité des ronces.

– Ce gouffre, c'est l'enfer, de nos amis peuplé!
Roulons-y sans remords, amazone inhumaine,
Afin d'éterniser l'ardeur de notre haine![332]

Duellum

Zwei Krieger prallten aufeinander, ihre Waffen haben die Luft
mit Glanz und Blut bespritzt. – Diese Spiele, dies Eisengeklirr
sind das Lärmen einer Jugend, die mit seinen Schreien das Kind
Liebe hetzt.

Zerbrochen sind die Schwerter! wie unsre Jugend, Liebste!
Doch die Zähne, die geschärften Nägel rächen bald den Degen
und den verräterischen Dolch. – O Wut der reifen Herzen, in denen die Liebe schwärt!

In die Schlucht, wo Pardelkatzen und Luchse hausen, sind unsere Helden, böse sich umklammernd, hinabgerollt, und blühen
wird von ihrer Haut die Dürre des Gestrüpps.

– Dieser Abgrund, das ist die Hölle, die unsere Freunde bevöl-
kern! Laß uns dort ohne Reue hinab uns wälzen, entmenschte
Amazone, daß unsres Hasses Glut und Ingrimm ewig daure![333]

Worin besteht nun die Baudelairesche Wendung des Themas? Zunächst ist da die überraschend archaische Eröffnung: das Bild
eines blutigen kriegerischen Zusammenstoßes zweier Kämpfer
wie aus der Vorzeit. Man ist gefangengenommen von diesem
kriegerischen Bild, dem möglicherweise die zeitgenössische Darstellung des Zweikampfs zweier germanischer Helden, eines

332 Baudelaire, I, S. 36.
333 Baudelaire/Kemp, 3, S. 121.

Dänen und eines Sachsen, am Rand eines Abgrunds als Anregung diente.[334] Sodann dringt die Erinnerung an die erotische Jugend in das Bild ein, aber eben mit den heroisch-gefährlichen Attributen des blutigen Zusammenstoßes ausgestattet, wodurch nicht ein Vergleich ausgesprochen ist, sondern eine Identifizierung: Im kriegerischen Gegeneinander verwirklicht sich die Lust der jugendlichen Körper. Hass nennt man das nicht; auch fällt das Wort noch nicht. Dann aber geschieht etwas zwischen diesen beiden Kriegern: Die Liebhaber verlieren an Kampfkraft, und indem sie die Jugend verlieren, werden sie in aneinander sich Rächende verwandelt.

Es ist dies ein zentrales Motiv der *Fleurs du Mal*, das Jean-Paul Sartre dazu verleitete, von Baudelaires »Impotenz« zu sprechen.[335] Aber wenn nunmehr die Rede ist von »Zähnen« und »Nägeln«, die den »Degen« und den »Dolch« ersetzen, bleibt es bei der Zentralperspektive auf ein blutiges Treffen. Das ursprünglich heroische Panorama der Liebesschlacht wird als ein obsessives Suchen im anderen durch das Element der »fureur« überboten. Es ist noch nicht der Hass! Die Rede von der »Wut der reifen Herzen« – ist sie als die Rede von der Rückgewinnung der schärfsten Lust zu lesen? Der häufige Bezug auf die Geliebte Baudelaires, Jeanne Duval, besagt nichts mehr als die biographisch-psychologische Identifikation.

Interessanter für den Stil der sich steigernden Exzentrik der Bilder vom sexuellen Beieinander könnte der Einfluss sein, den die zeitgenössische Karikatur hier gehabt hat, wie man an den zentralen Begriffen und Bildern von Baudelaires Aufsätzen *Quelques caricaturistes français* und *De l'essence du rire* ausfindig machen könnte. Die Karikatur interessierte ihn nämlich nicht einfach als die Entstellung einer öffentlichen Person oder eines

334 Vgl. hierzu »Notes et Variantes« zu Baudelaire, I, S. 897.
335 Jean-Paul Sartre, *Baudelaire. Ein Essay.* Übertragen von Beate Möhring. Hamburg 1953, S. 62f.

Vorfalls zu politischen Zwecken. Sie interessierte ihn vor allem als Entfernung vom Bekannten hin zum Grotesken. Die »Zähne« und »Nägel« als neue Waffen der Liebenden haben eine aufschlussreiche Parallele in der Anfangsstrophe des Gedichts *Le Vampire*, wo der Dichter die Geliebte anspricht als eine, die »wie ein Messer in mein klagendes Herz« fuhr,[336] eine Wiederholung der in *Bénédiction* der Ehefrau des Dichters zugeschriebenen sexuellen Überbietung. In *Le Vampire* verflucht der Dichter die Geliebte als »Scheusal, an das ich gebunden bin wie der Sträfling an die Kette«.[337] Die etablierte Thematik also. In *Duellum* bleibt aber der Prozess bis zur endlichen Anrufung des »Hasses«, dem hier gewählten Stil angemessen, immer noch heroisch, auch wenn die groteske Szenerie überhandnimmt: Plötzlich sind die Helden des erotischen Zweikampfs einem veränderten exotischen Schauplatz ihrer Lust und unvorbereiteten Bildern ausgesetzt, die mit der Benennung »dieser Abgrund« (»ce gouffre«) im poetologischen Katechismus Baudelaires hoch rangieren. Und nun ist die Krönung des Zweikampfs durch das Wort »notre haine« vollzogen: »… amazone inhumaine, / Afin d'éterniser l'ardeur de notre haine!«[338]

Man erkennt die metaphorischen Varianten zum Eröffnungsgedicht *Bénédiction*. Dort trat die Frau als eine mit »Krallen« versehene »Harpye« auf, die dem Dichter das Herz aus der Brust reißt. Doch drängt sich dabei ein Missverständnis auf: Als entfalte das Gedicht *Duellum* einen Prozess, in dem sich die Wollust des Anfangs in ihre Pervertierung verwandelt, zu einem psychologisch-analytischen Bekenntnis, dem man biographische Belege aus Baudelaires Liebschaften beifügen würde. So Baudelaires Gegenüberstellung des Dandys als letzte heroische Figur männlichen Geistes und des vulgären Weibes als ausschließlich

336 Baudelaire/Kemp, 3, S. 115.
337 Ebd.
338 Baudelaire, I, S. 36 (Baudelaire/Kemp, 3, S. 121: »… entmenschte Amazone, daß unseres Hasses Glut und Ingrimm ewig dauere!«).

von der Natur beherrschtes sexuelles Wesen.[339] Diese Stilisierung ist provokativ variiert in der zweiten Strophe des berühmten Gedichts *Une Charogne*, wo von den »gespreizten Beinen« eines »geilen Weibes« die Rede ist, obwohl es sich um den Kadaver einer Hündin auf der Straße handelt. Ähnlich das titellose Gedicht *XXV* in den Zeilen: »Du nähmest gern die ganze Welt zu dir ins Bett, unreines Weib! Die Langeweile macht deine Seele grausam«.[340] Sodann in *XXIV*: »Ich geh zum Angriff vor, ich setze zum Sturm an, wie eine Schar von Würmern über eine Leiche herfällt, und, o du Tier, du grausam unerbittliches! selbst diese Kälte lieb ich noch, die dich mir schöner macht!«[341] Oder man nehme das Sonett *Sed non satiata*, in dem die Benennungen sexueller Attraktionen einer »absonderlichen Gottheit« gelten, einem »erbarmungslose[n] Dämon«, der »ausschweifende[n] Megäre«.[342] Es lag nahe, mit Bezug auf Baudelaires Lektüre von Juvenals Satire gegen die Frauen im »unersättlichen« Weib die sich nächtlich prostituierende Messalina wiederzuerkennen.[343]

Dem würde sich das erwähnte Thema der Baudelaireschen Impotenz anbequemen. Aber die sexuelle Situation changiert zwischen Hitze und Kälte der nächtlichen Geliebten. Baudelaires exzessive, in der europäischen Lyrik einzigartige Bilder würden, psychologisierte man sie, letztlich auf moralische oder kulturdiagnostische Absichten hinauslaufen. Baudelaires Gedichte lassen solches aber hinter sich, denn der »Hass«, den das Duell provoziert, ist nicht nur der intensivierte Ausdruck für erotische Faszination, sondern die erotische Faszination ist ein besonderes Medium für den Ausdruck von geistiger Intensität. Die der Existenz eigene, auf dem Sprung liegende Ag-

339 Baudelaire, I, S. 677.
340 Baudelaire/Kemp, 3, S. 103 (Baudelaire, I, S. 27).
341 Ebd.
342 Baudelaire/Kemp, 3, S. 105 f.
343 Vgl. hierzu »Notes et Variantes« zu Baudelaire, I, S. 884.

gression widerspricht der Ethik. Um so gebieterischer ist es, dem subversiven Geist die Identifikation mit dem »Hass« zuzugestehen! Daraus folgt: Je fremder das weibliche Gegenüber, je bizarrer seine Erscheinung, um so dienstbarer ist es für die Empfindung des Hasses. Insofern ist Baudelaires Thematisierung des sexuellen Duells eine Metapher für das intellektuelle Duell, dem er sich selbst nicht ohne Stolz und eben mit Hass überall ausgeliefert sieht. Baudelaires Sicht der Liebe entspricht nicht der aufgeklärten Lehre, diese habe die Erfüllung des erwachsengewordenen gegenseitigen Verstehens zu sein.

Also geht es um die Suche nach dem Fremden. Die Huldigung an den sich darbietenden nackten Körper auf dem Diwan (so in *Les Bijoux*) oder die Vorstellung des schönen Frauenkörpers als einer Erscheinung zwischen »Himmel und Hölle« (so in *Hymne à la Beauté*) oder die Vergleichung der »weichen Zauberin« mit einem Schiff (so in *Le Beau Navire*) – alle diese und noch andere Anrufungen zeigen, inwiefern in Baudelaires System das erotische Weib nicht nur vordergründig sexuell bestimmt ist, seine Darstellung sich vielmehr auf das imaginäre Objekt poetischer Phantasie richtet. Die lüsterne Frivolität von Diderots Erzählung *Les Bijoux indiscrets*, die buchstäblich mit der Vorstellung des weiblichen Geschlechtes spielt, ist bei Baudelaire ihrer Harmlosigkeit entkleidet. Wenn die Sinnlichkeit des unbekleideten Körpers thematisiert ist, impliziert das ein solches Lustbekenntnis, dass es, wie in *La Chevelure*, zur Imagination eines Unendlichen transzendieren kann!

In der Affirmation des Hasses in *Duellum* verstärkt sich die ursprüngliche Vorstellung des Gedichts von etwas eigentümlich Fremdem: Dass zwei archaische Krieger sich bekämpfen. Dieses »Duell« hört nie auf! Eine derartige Vorstellung steht in Opposition zur literarischen Idealisierung der »Liebe«. Aber auch über den erotischen Zweikampf hinaus hört das Duell niemals auf, weil der zitierte Angriff (auf die Geliebte) – »je m'avance à l'attaque« – den Zustand eines generellen Sich-im-

Kampf-Befindens bezeichnet. Der Abschluss des Gedichts *L'Homme et la Mer* könnte auch als Abschluss von *Duellum* dienen: »Und doch unzählbare Zeiten schon bekämpft ihr unbarmherzig euch und ohne Reue, so heftig liebt ihr das Gemetzel und den Tod, o ewige Streiter, unversöhnliche Brüder!«[344] Doch sind hier die Duellanten der Mensch und das Meer! Wenn also zum Abschluss von *Duellum* der Sprecher emphatisch wünscht, »unseres Hasses Glut und Ingrimm möge ewig« dauern, so wird damit der Hass nicht psychologisch erklärt und begrenzt, wenngleich die Ambivalenz erotisch-sexueller Erfahrung in ihm enthalten ist. Vielmehr tritt das Wort »Hass« als ein generelles Signum hervor, das sich auch in der – über die Bezeichnung und Erwartung eines üblichen Zweikampfs hinausgehenden – Latinisierung des französischen Wortes für »Duell« ausdrückt.

Das den Zyklus eröffnende Gedicht *Bénédiction* hat gezeigt, inwiefern im Hass-Wort gegensätzliche Energien am Werk sind. So wie diese den Hass des Dichters benennen, lassen sie auch den Hass im erotischen Kontext als Antwort auf das Banale erkennen. Über die Charakterisierung der erotischen Situation hinaus bezeichnet das Wort »Hass« den Affekt gegen die Welt. In diesem Sinne öffnet das Gedicht *Réversibilité*, obwohl es auch die Geliebte anspricht, dem Wort »Hass« letztlich eine Dimension jenseits der erotischen Sphäre und weist damit über die Intensität des widersprüchlichen Rencontres hinaus. Vielmehr gibt es einer nicht weiter erläuterten nächtlichen Angst des Sprechers Ausdruck. Die Angesprochene ist ein »Engel voller Fröhlichkeit« (»ange plain de gaieté«)[345] und daher absolut jenseits jener Angst, die, bestehend aus Scham, Reue, unfassba-

---

344 Baudelaire/Kemp, 3, S. 85 (Baudelaire, I, S. 19: »Et cependant voilà des siècles innombrables / Que vous vous combattez sans pitié ni remord, / Tellement vous aimez le carnage et la mort, / O lutteurs éternels, ô frères implacables!«).
345 Baudelaire, I, S. 44.

rem Schrecken, dem Sprecher das Herz zusammenpresst, als wäre es ein Stück »zerrissenes Papier«. Die Angesprochene kann diese Angst und ihren nächtlichen Ausbruch nicht verstehen. Noch weniger versteht sie, was der Sprecher in der zweiten Strophe zu ihr sagt: »Engel voll Güte, kennst du den Haß, die Fäuste, die sich ballen im Finstern, und die Galletränen, wenn die Rachsucht auf ihrer Höllentrommel die Schlegel rührt und den Befehl sich anmaßt über unsere Kräfte? Engel voll Güte kennst du den Haß?«[346] Die vorangegangenen Selbsterklärungen der Angst enthalten wohl Schlüsselworte der Baudelaireschen Existenzausmessung: »ennui«, »remord«, »terreur«, »cœur«, aber entscheidend ist der nicht näher erklärte »Effekt« dieser Affekte.

Das undefinierbare Stimmungsmoment verdankt sich dem Festhalten an einer absoluten Differenz: der Differenz gegenüber den üblichen Wahrnehmungen, die nicht die Wahrnehmung der Angst teilen. Sartre hat daraus in seiner Frühschrift *Der Ekel* ein Theorem entwickelt. Dessen muss sich Baudelaire um seiner Radikalität willen entschlagen. Statt eine Erklärung zu geben, galt es, einen Ausdruck zu setzen! Dieser Differenz entspringen das Wort »Rachsucht« und das wiederholte Wort »Hass«. Wenn er die Geliebte danach fragt, dann weiß er, dass sie den Hass nicht kennt. Um so stärker kann der Dichter betonen, wie isoliert er im Hassgefühl ist: Es ist dies ein Affekt, aber mit kognitiver Kapazität. Nun aber: Hass auf wen? Hass warum? Ist diese Frage nicht schon beantwortet? Nicht wirklich. Sie wird es auch nicht in den folgenden Strophen des Gedichts *Réversibilité*. Um so mehr verschärft die Frage »Kennst du den Haß?« das Pathos des Fragenden, der weiß, dass er allein den Hass kennt: In ihm verbindet sich ein über alles begriffliche

---

346 Baudelaire/Kemp, 3, S. 139 (Baudelaire, I, S. 44: »Ange plein de bonté, connaissez-vous la haine, / Les poings crispés dans l'ombre et les larmes de fiel, / Quand la Vengeance bat son infernal rappel, / Et de nos facultés se fait le capitaine? / Ange plein de bonté connaissez-vous la haine?«).

Verständnis hinausgehendes Gefahrenbewusstsein mit der Entschlossenheit, dieser Gefahr zu trotzen. Noch einmal: In *Réversibilité* wird nur der Umriss einer Gefahr erkennbar. Die nächtlichen, das Herz zusammendrückenden Schrecken können unterschiedliche Anlässe haben, auch die Einsamkeit des glücklosen Liebenden. Von einem Surplus des Schreckens ist also die Rede, der den Hass provoziert, ein Gefühl aus Verachtung und Aggression, der nächtlichen Angst abgewonnen. Indem der Gegner nicht genannt wird, ist die Unermesslichkeit des Hasses ebenso markiert wie sein Widerpart: die Welt.

Jean-Paul Sartres existentialistische und einer psychologischen Erklärung folgende Kritik unterbelichtet das Pathos der Selbstbeziehung Baudelaires: Dieser gebe dem Leser keine Antwort. Baudelaire, so Sartre, sei »voll von sich selbst« gewesen[347] und könne dieses Selbst »weder beurteilen noch beobachten«.[348] Dabei geht gerade der Ausdruck dieses Selbstseins, der hier zu beurteilen ist, bei Sartre zugunsten des existentialistisch angemessenen Selbstbegreifens verloren. Die Einsamkeitsgeste als das Defizit eines nie »Gereiften«, die Metapher »Hass« ist laut Sartre eben dafür kennzeichnend.[349] Deshalb, so Sartre, die obszöne Charakterisierung des »brünstigen« Weibs, das der Impotente nicht befriedigen könne,[350] den der Geschlechtsakt angewidert habe. Sartres analytische Erklärung von Baudelaires »Hass«-Aggression erstaunt, weil Sartre wie kein anderer vor ihm Baudelaires Zeit-Bewusstsein als ein Grauen vor dem Verschwinden des gerade erfahrenen Augenblicks erkannt hatte. Denn aus diesem Zeit-Bewusstsein des Nichts kommt die Entfremdung, hinter der man den Hass zu suchen hat, ohne ihn mit psychologisch-physischen Defiziten zu verrechnen.

Unter den an eine weibliche Figur gerichteten Gedichten ent-

---

347 Jean-Paul Sartre, *Baudelaire*, S. 20.
348 Ebd.
349 Ebd., S. 54.
350 Ebd., S. 62.

hält nur noch das Gedicht *A une Madone* das Wort »Hass«. Es stellt – weil abermals die tödliche Konfrontation zwischen Begehren und Begehrtem zum Thema wird – eine extreme Variante des *Duellum*-Paares dar, das nunmehr aus der archaischen Zeit in die der späten Renaissance versetzt ist. Ausdrücklich, wie auch in anderen Gedichten, einer bildnerischen Vorlage folgend, lautet der Untertitel von *A une Madone*: »Ex-voto dans le goût espagnol«. Eine Madonna ist die extremste Gegenfigur zum schamlosen Weib, dem sexuellen Tier, zumal eine von der bildenden Kunst vorgegebene Figur. Der als Madonna angesprochenen Geliebten wird ein »unterirdischer Altar« errichtet: »... am Grunde meines Jammers, und im schwärzesten Winkel meines Herzens, fern weltlicher Begierde«.[351] Dieser charakteristischen Elendserklärung folgt das Geständnis der Eifersucht,[352] das den ästhetizistischen Stil einer imaginativen Erhöhung der Madonna-Geliebten begründet:

> [...] und meine Eifersucht, o sterbliche Madonna, wird mich lehren, dir einen Mantel zu schneidern, nach barbarischem Schnitt, steif und schwer gefüttert mit Argwohn, der gleich einem Schilderhaus deine Reize einschließen wird; nicht mit Perlen bestickt, sondern mit allen meinen Tränen! Als dein Gewand wird mein Begehren dich umhüllen, erschauernd mein Begehren, das in Wellen sich hebt und niedersenkt, auf den Spitzen sich wiegt, in den Tälern rastet und deinen ganz weiß und rosigen Leib mit einem Kuß bekleidet.[353]

Erkennen wir hier nun doch die Bestätigung von Sartres Exegese des Baudelaireschen Hasses als den eines zum erfüllten Beischlaf nicht Fähigen? Dann wäre Baudelaire aber auch ein zum Leidenschaftsgedicht überhaupt Unberufener, selbst wenn es

351 Baudelaire/Kemp, 3, S. 169 (Baudelaire, I, S. 58).
352 Ebd.
353 Ebd.

um die Darstellung der Eifersucht ginge. Vermutlich hat Sartres Abneigung gegen symbolistische Metaphorik, die nicht nur beim Gedicht *A une Madone* in die Augen sticht, sein negatives Urteil beeinflusst, wenn nicht eigentlich begründet. Daher verfiel er auf psychologische Argumente. Zweifellos lässt sich die Krone, die Baudelaire der Madonna aus »kristallen Reimen« aufs Haupt setzt, nicht von seiner spezifisch formalistischen Poetik trennen. Je artifizieller der Dichter die der Madonna zugeschriebenen Eigenschaften auftürmt, um so kraftvoller kann er am Ende seinen hervorbrechenden Hass als Metapher seiner erotischen Sehnsucht gegen deren Unterhöhlung durch Eifersucht setzen: »so will ich die Schlange, die mein Eingeweide nagt unter deine Ferse tun, daß du sieghafte Königin, reich an ausverkauften Seelen, dieses ganz von Haß und Geifer geblähte Ungeheuer spöttisch niedertrittst.«[354]

In sieghafter Pose möge die Nachfolgerin der heiligen Maria die Eifersucht, den Hass des Dichters, wie jene die Schlange unter ihren Füßen vernichten. Auch hier könnten der Hass und die Eifersucht verschiedene Adressaten haben: einen anderen Bewerber um die Gunst der Madonna oder die Madonna selbst als Herrin über »ausverkaufte Seelen« oder den Sprecher dieser Sätze, der das Ungeheuerliche, den Hass, in sich birgt. Ja, im Wort »Hass« konzentriert sich, gipfelt das unstillbare Begehren, das immer auf »Eifersucht« und Argwohn hin angelegt ist. Aber es bleibt nicht bei dieser Selbstdenunziation. Sie wird als Phase des erotischen Wahns überholt durch die schon am Ende von *Duellum* triumphierende Hass-Evokation: als Zeichen der Ambivalenz des sexuellen Ereignisses. Die feindliche Umarmung ist zu einer Bildkette mit sinnetablierenden Vorstellungen ausgeweitet. Die letzte Strophe von *A une Madone* lautet:

Enfin, pour compléter ton rôle de Marie,
Et pour mêler l'amour avec la barbarie,

354 Baudelaire/Kemp, 3, S. 171 (Baudelaire, I, S. 58).

Volupté noire! des sept Péchés capitaux,
Bourreau plein de remords, je ferai sept Couteaux
Bien affilés, et comme un jongleur insensible,
Prenant le plus profond de ton amour pour cible,
Je les planterai tous dans ton Cœur pantelant,
Dans ton Cœur sanglotant, dans ton Cœur ruisselant![355]

Endlich, daß deiner Marien-Rolle nichts ermangele, will ich Liebe und Barbarei vermischend, o schwarze Wollust! Aus den sieben Hauptsünden, ein Scherge voll Gewissensqual, mir sieben scharfgeschliffene Messer machen, und fühllosem Gaukler gleich, das Tiefste deiner Liebe zur Scheibe wählend, will ich sie alle ins Herz dir stoßen, in dein zuckendes, dein schluchzendes, dein triefendes Herz![356]

»Hass« ist also – wie in *Duellum* – das Wort für das als Prozess undeutbar bleibende, widersprüchliche Miteinander, dem sich der Sprecher nachdrücklich ausliefert.

2

»Touché!« möchte man sagen: Der Dichter kommt wieder dort an, wohin er wollte, und der Philosoph kann nichts dagegen tun. Die extremen Metaphern für den Hass – das Ungeheuer »Eifersucht«, seine erwünschte Vernichtung durch die Madonna und das Messer im Herzen der Erlöserin – gehen nicht ineinander auf. Das Schlussbild ist nicht aufhebbar! Man erinnert sich: Sowohl im Eröffnungsgedicht *Bénédiction*, das die Hass-Rede als einen Diskurs begründet, als auch in *Duellum*, das den Hass mit

355 Baudelaire, I, S. 59.
356 Baudelaire/Kemp, 3, S. 171.

einem maßgeblichen Impuls des Zyklus, der erotischen Aggression, verschränkt, tauchen das »Messer im Herzen« oder das »Gemetzel« auf. Ebenso in themenähnlichen Gedichten, welche die Hass-Metapher nicht enthalten, so in *Le Vampyre*, so in *L'Homme et la Mer*. In *Réversibilité*, worin die Geliebte nicht als »Madonna«, aber als »Engel« angesprochen und gefragt wird, ob sie den Hass kenne, erzeugt schließlich nicht das »Messer im Herzen« den Umschlag, sondern der Hass wird decodiert als ein Ausdruck des Schreckens. In der Metaphorik der *Fleurs du Mal* – das ist für die Kontinuität des Hass-Motivs wichtig – wiederholen sich Bilder des blutigen Gemetzels: Die letzte Strophe von *La Cloche fêlée* lautet: »Dem schweren Röcheln eines Verwundeten gleicht, den man am Ufer eines Sees von Blut vergißt, unter aufgehäuften Leichen, und der dort, ohne sich zu rühren, in ungeheuren Qualen stirbt!« (»Semble le râle épais d'un blessé qu'on oublie / Au bord d'un lac de sang, sous un grand tas de morts, / Et qui meurt, sans bouger, dans d'immenses efforts.«)[357] Ähnlich im *Spleen*-Gedicht *LXXVII* und im Gedicht *Obsession*. Entweder ist die Rede von »jenen Blutbädern, die wir von den Römern überkommen haben und derer auf ihre alten Tage die Mächtigen sich entsinnen, diesen stumpfsinnigen Kadaver zu erwärmen, in dessen Adern statt des Blutes das grüne Wasser des Lethe fließt.« (»Et dans ces bains de sang qui des Romains nous viennent, / Et dont sur leurs vieux jours les puissants se souviennent, / Il n'a su réchauffer ce cadavre hébété / Où coule au lieu de sang l'eau verte du Léthé.«)[358] Oder es heißt: »Und lange Leichenwagen, ohne Trommeln und Musik, ziehen in meiner Seele langsam vorbei: die Hoffnung, die besiegte, weint, und grause Angst pflanzt herrisch auf meinem gesenkten Schädel ihre schwarze Fahne auf«.[359]

Das sind Qualifikationen der »Spleen«-Phantasie, des »en-

357 Baudelaire/Kemp, 3, S. 199 (Baudelaire, I, S. 72).
358 Baudelaire/Kemp, 3, S. 203 (Baudelaire, I, S. 74).
359 Baudelaire/Kemp, 3, S. 205 (Baudelaire, I, S. 75).

nui« oder der »douleur«, drei Wörter, die für das Leitmotiv der Ich-Verstörung – das ist die Zerstörung der Erinnerung einer früheren Gegenwart bzw. der Gegenwart selbst – eintreten. Die Übersetzung des Seelenzustands in die blutige Szene nach der Schlacht folgt den poetologischen Motiven, die in *Au Lecteur*, in *L'Idéal* und vor allem in *Les Phares* genannt werden. In *Les Phares* heißt es über die Gemälde Delacroix', eine ästhetische Inspirationsquelle für Baudelaires Poetik: »Delacroix, Blutsee, von bösen Engeln überflogen, umschattet von immergrünem Fichtenwald, wo unter tiefvergrämtem Himmel seltsame Fanfaren vorbeiziehn, wie von Weber ein erstickter Seufzer« (»Delacroix, lac de sang hanté des mauvais anges, / Ombragé par un bois de sapins toujours vert, / Où, sous un ciel chagrin, des fanfares étranges / Passent, comme un soupir étouffé de Weber«).[360]

Die Bilder des verletzenden Messers, des verletzten Herzens, des blutigen Körpers scheinen das fest etablierte Apriori Baudelairescher Phantasie zu sein, das nur darauf wartet, von den sich anbietenden Themen engagiert zu werden. Man kann sie als imaginative Stichwortgeber im Ablauf des Zyklus verstehen. Darin wird auch die Hass-Metapher als eine abrufbare einsehbar, die sich für den Aggressionsaffekt vieler Gedichte als Schlüsselwort anbietet. In der Wiederholung, einem Strukturelement der *Fleurs du Mal*, ballt sich Baudelaires rhetorisches Verlangen nach dem agressiven Diskurs zum Ausdruck, selbst in seiner melancholischen Färbung.

Die Union von Leidenschaftsgestus, Hass-Metapher und phantastisch-blutigen Bildern ist besonders frenetisch erläutert in *Une Martyre*, einem der Gedichte im zweiten Teil des Zyklus, für das abermals eine Zeichnung als Vorlage angegeben ist, offensichtlich eine fiktive. Der Sprecher beschreibt den Anblick eines weiblichen »Leichnams ohne Kopf« in einem elegan-

---

360 Baudelaire/Kemp, 3, S. 75 (Baudelaire, I, S. 14).

ten Boudoir mit prächtigen Bildern: Vom Blut des Kopfes ist das rote Kissen auf dem Nachttisch durchnässt und auf dem Nachttisch liegt das Haupt mit verschwommenen, gedankenleeren Augen.[361] Die Leiche in zwei Teilen scheint nur ein weiteres Schaustück zwischen den kostbaren Details der eleganten Wohnung zu sein. Die schiere Horrorszene wird durch ihre Eingefasstheit in ästhetische und erotische Elemente noch zugespitzt: »Auf dem Bett gibt ungehemmt der nackte Rumpf sich gänzlich preis in der verborgenen Pracht und unheilvollen Schönheit, die ihm die Natur verliehen; // Rosig ein Strumpf, geziert mit goldnen Münzen, blieb an dem Bein als wie ein Souvenir; das Strumpfband, gleich einem heimlich glühenden Auge, schießt diamanten einen Blick« (»Sur le lit, le tronc nu sans scrupules étalé / Dans le plus complet abandon / La secrète splendeur et la beauté fatale / Dont la nature lui fit don; // Un bas rosâtre, orné de coins d'or, à la jambe, / Comme un souvenir est resté; / La jarretière, ainsi qu'un œil secret qui flambe, / Darde un regard diamanté«).[362] Die Vorstellungen von einem »Blutsee«, mit dem Baudelaire die Gemälde Delacroix' charakterisierte, finden hier eine Variante.

Die so sich als düsteres Faszinosum darbietende Leiche ist das Ergebnis eines Mordes aus Rache. Die Hass-Metapher ist, ohne dass das Wort fällt, zur Szene eines Verbrechens entfaltet. Es ist begangen worden von einem, der dem Sprecher im Hass-Affekt wenn nicht gleicht, so doch verwandt ist. Der Sprecher stellt an die Ermordete die Frage: »Der Rachbegierige, den du im Leben mit aller deiner Liebe nicht zu sättigen vermochtst, hat er an deinem regungslosen und willfährigen Fleisch die unermessliche Begierde gestillt?«[363]

Dem Leser wird die Vorstellung zugemutet, dass der Rachbegierige seine Begierde nicht etwa stillte, indem er die Lust in

361 Baudelaire/Kemp, 3, S. 289.
362 Baudelaire/Kemp, 3 (Baudelaire, I, S. 112).
363 Baudelaire/Kemp, 3, S. 291 (Baudelaire, I, S. 113).

einen Mord verwandelt hätte, sondern dass er – da er Befriedigung am lebendigen Körper nicht hatte finden können – sich am toten Körper ausließ. Der Hass, der am Ende in *Duellum* triumphiert, in *À une Madone* und in *Réversibilité* sich verkappt, hat nunmehr eine neue, eine pathologisch-kriminelle Konsequenz. Baudelaire, der in die Kunst flüchtende Sexualmörder? So ließe sich Sartres oben zitierte These zuspitzen, aber die erwähnte Liste von Baudelaires poetischen »Gemetzel«-Phantasien verweist darauf, wie hier eine Phantasiepyramide bis zur Spitze erklommen wird, der mit psychologischen Identifikationen nicht beizukommen ist. Der symbolistische Stil der von Baudelaire-Motiven beeinflussten Décadence-Epoche hat das Motiv des Mordes direkt neben das des Kunstgegenstandes gestellt. Deshalb der Bezug auf das Gemälde und den Stil einer artistisch definierten Epoche. *Une Martyre* hat seine Parallelen in den Gedichten *Allégorie*, *Danse macabre*, *Une Gravure fantastique*. In diesen von der Realitätsdarstellung weit entfernten Gedichten ist die Wildheit sexueller oder mörderischer Ereignisse gerade ihrem Kunstcharakter geschuldet. Das phantastische Gedicht *Une Gravure fantastique* ist hierfür repräsentativ, weil die Baudelairesche Imagination darin eine Affinität zum Grotesken offenbart, wie sie sich auch in den bisher erörterten »Hass«-Gedichten findet, wobei das für Baudelaire bezeichnende satirische Darstellungsprinzip auf den Plan tritt. Der Wortlaut von *Une Gravure fantastique* lautet in deutscher Übersetzung:

Ein phantastischer Stich

Welch sonderbarer Spuk! mit keinem anderen Putz als – possenhaft auf seine Knochenstirn gestülpt – ein schauerliches Diadem, das aus der Faschingskiste stammt. Ohne Sporen, ohne Peitsche hetzt er ein Pferd, gespenstisch wie er selbst, eine apokalyptische Mähre, der wie einem Epileptiker der Geifer aus den Nüstern rinnt. Sie jagen beide querhin durch den Raum und stampfen mit verwegnen Hufen die Unendlichkeit. Der Reiter schwingt flammend einen Säbel über die namenlosen Menschenhaufen, die sein Roß zermalmt, und eilt, gleich einem Fürsten, der sein Haus besichtigt, über den unabsehbar weiten und kalten Totenacker, wo im matten Lichte einer fahlen Sonne die alten Völker und die neuen der Weltgeschichte ruhn.[364]

Das »schauerliche Diadem«, die »apokalyptische Mähre«, die »fahle Sonne« sind Indikatoren des Schreckens am Anbeginn einer neuen Epoche der Weltgeschichte. Es sind gleichzeitig groteske Ausdrucksformen, wie sie vielen Gedichten Baudelaires Sprechhaltung und thematische Richtung geben: Diese Verknüpfung des schrecklichen und des grotesken Ausdrucks ist hierbei das entscheidende Moment. Baudelaires Interesse an der zeitgenössischen französischen Karikatur[365] konzentriert sich in seinem Aufsatz *Einige französische Karikaturisten* charakteristischerweise am Beispiel von Honoré Daumier auf »Blut und Raserei. Massaker, Einkerkerungen«.[366] Außerdem werden »Verhaftungen, Hausdurchsuchungen, Prozesse, Niederknüppelungen durch die Polizei« nachdrücklich genannt.[367] Diese Bilder verwandeln sich für Baudelaire in eine »buffonerie sanglante«. Ihn reizen die »Folterknechte«, welche die »zarten Gelenke« der Freiheit zerquetschen,[368] und jene, die sich an den Qualen ihrer Opfer erfreuen. Wie Baudelaire die Daumiersche Karikatur eines Richters vor der Leiche eines im Aufstand von Rouen Erschossenen charakterisiert, könnte als Vorlage für eigene poetische Bilder des Schrecklich-Grotesken dienen: »Vor

364 Baudelaire/Kemp, 3, S. 193f.
365 Vgl. Bettina Full, *Karikatur und Poiesis. Die Ästhetik Charles Baudelaires.* Heidelberg 2005.
366 Baudelaire/Kemp, 1, S. 313.
367 Ebd.
368 Ebd., S. 314.

der Bahre kniend, in seinen Richtermantel gehüllt mit offenem Mund und wie ein Hai zwei Reihen spitzer Zähne bleckend: F. C., der mit seiner Klaue langsam über das Fleisch des Leichnams fährt und es mit Wonne zerkratzt, … ›A! der Filou!‹ sagt er, ›Er stellt sich tot, um sich der Justiz zu entziehen‹«.[369]

Man sieht, in welcher Richtung Baudelaire die politischen Motive Daumiers pointiert. Ja, Baudelaire hasst diese Obrigkeit. Aber es sollte dieser Tatbestand nicht das seit der Rezeption von Walter Benjamins Lektüre der *Fleurs du Mal* verbreitete Missverständnis bereichern, es sei Baudelaire um die soziale Revolution, um die revolutionäre Erneuerung der Gesellschaft gegangen. Dass sich Baudelaires besonderes Interesse an den blutigen Motiven von Daumiers Karikaturen mit seiner Faszination anlässlich der »masochistischen« Gemälde Delacroix' trifft – auch dort wird die Geschichte der Menschheit als ein ewiges Leiden benannt –, verweist auf die eigentliche Ursache von Daumiers Wirkung: Sie beruht auf seinem aggressiv-grotesken Stil. Wenn es um die gemarterten Opfer geht, bleibt Baudelaires Sympathie oder gar Solidarität letztlich eine unpolitische. Was ihn affiziert, ist auch hier das Angebot des Hasses, des Aufstands, der Revolte in dem Sinne, den Camus später der Revolte ohne Revolution zugedacht hat. So geht es Baudelaire im Prosagedicht *Assommons les Pauvres!* (*Verprügeln wir die Armen!*[370]) nicht um die Gültigkeit der sozialrevolutionären Ideen, sondern um den »hasserfüllten Blick« (»regard de haine«), zu dem der Verprügelte fähig ist, wenn er seinen Züchtiger erkennt und auf diesen umgekehrt einzuprügeln bereit wird.

Die Betonung des grotesken, ja unheimlichen Ausdrucks, nicht einer sozialen Botschaft, in der satirischen Kunst bekommt das entscheidende Argument in Baudelaires Unterscheidung zwischen dem »signifikant« und »absolut« Komischen.[371] Am

369 Ebd., S. 315.
370 Baudelaire/Kemp, 8, S. 299.
371 Vgl. Baudelaire, *De l'essence de rire*. In: Baudelaire, II, S. 536f.

Beispiel der gespielten Guillotinierung eines Clowns während des Spektakels einer fahrenden englischen Schauspielertruppe verweist Baudelaire auf den bloßen Ausdruck dieser Hinrichtung, ein exzessives, wildes, nicht gedeutetes Ereignis auf der Bühne. Baudelaires Beschreibung läuft auf das von ihm so bevorzugte Bild des Gemetzels ohne Grund hinaus: Das blutige Rund des Halses, der durchschnittene Wirbelknochen und alle Einzelheiten eines frisch zum Verkauf zurechtgeschlagenen Fleischstücks seien zu sehen gewesen.[372] Die geschilderte Szene ist ohne jeden moralischen Wert, aber sie ist »absolut« und »profund«. Im Gegensatz dazu, so Baudelaire, die Darstellungsweise Daumiers, dessen der rationalistischen französischen Tradition folgende Komik, die auch an Molière erinnere, immer politisch-moralisch deute, also »signifikant« sei, das heißt, den Betrachter über den Sinn des Dargestellten stets und sofort ins Bild setze. Es ist offensichtlich, welchem Genre Baudelaire künstlerisch den Vorzug gibt.

Baudelaires Unterscheidung zwischen »signifikant« und »absolut« Komischem lässt sich auf seine eigene Handhabung der Hass-Metapher beziehen. Auch sie ist nicht »signifikant«, sie ist nachdrücklich »absolut«.

3

Die absolute »Hass«-Formel zeigt sich denn auch besonders in den Gedichten, die ohne das erotische Motiv den Affekt des einsamen Sprechers in reiner Intensität geschehen lassen. Das Gedicht *Harmonie du Soir* ist geeignet, diesen Typus der »Hass«-Formel einzuführen, weil die Hass-Referenz aus dem Stimmungstableau einer nicht mehr romantischen Melancholie hervorbricht.

---

372 Ebd., S. 539.

Harmonie du Soir

Voici venir les temps où vibrant sur sa tige
Chaque fleur s'évapore ainsi qu'un encensoir;
Les sons et les parfums tournent dans l'air du soir;
Valse mélancolique et langoureux vertige!

Chaque fleur s'évapore ainsi qu'un encensoir;
Le violon frémit comme un cœur qu'on afflige;
Valse mélancolique et langoureux vertige!
Le ciel est triste et beau comme un grand reposoir.

Le violon frémit comme un cœur qu'on afflige,
Un cœur tendre, qui hait le néant vaste et noir!
Le ciel est triste et beau comme un grand reposoir;
Le soleil s'est noyé dans son sang qui se fige.

Un cœur tendre, qui hait le néant vaste et noir,
Du passé lumineux recueille tout vestige!
Le soleil s'est noyé dans son sang qui se fige …
Ton souvenir en moi luit comme un ostensoir![373]

Harmonie des Abends

Nun hat die Zeit, wo bebend auf ihrem Stiel die Blüten alle sich verhauchen wie ein Weihrauchfaß; Töne und Düfte kreisen in der Abendluft; schwermütiger Walzer und süchtiger Taumel!

Die Blüten alle verhauchen sich wie ein Weihrauchfaß; die Geige bebt wie ein Herz, das man betrübt; schwermütiger Walzer und süchtiger Taumel! Der Himmel ist traurig und schön wie ein gro-ßer Ruhaltar.

Die Geige bebt wie ein Herz, das man betrübt; ein zartes Herz, dem das Nichts verhaßt ist, das wüst und schwarze! Der Him-

---

373 Baudelaire, I, S. 47.

mel ist traurig und schön wie ein großer Ruhaltar; die Sonne ertrank in ihrem gerinnenden Blut ...

Ein zartes Herz, dem das Nichts verhaßt ist, das wüst und schwarze, sammelt die Trümmer alle der leuchtenden Vergangenheit. Die Sonne ertrank in ihrem gerinnenden Blut ... dein Bild in mir erstrahlt wie eine Monstranz![374]

Die Evokation einer jahres- oder tageszeitlichen Stimmung war ein vornehmlich neubegründetes Thema, das vor allem der enorm populäre Lyriker Alphonse de Lamartine an sich gezogen hatte. Die melancholische Stimmung öffnete sich der Harmonie eines sinnhaften Lebens und religiöser Symbolik.[375] Anlässlich von Baudelaires Gedicht fragt man sich hingegen, worin die »Harmonie des Abends« bestehen könnte: Diese kehrt nur vordergründig ein – als eine Sehnsucht, die sich nicht erfüllt. An ihre Stelle tritt das Verschwinden der aufgerufenen Naturdinge. Genannt werden verblühende »Blüten« auf ihrem »Stiel«. Und diese wiederum gehen metaphorisch auf in den für Baudelaire charakteristischen, quasirituellen Gegenständen »Weihrauchfaß« und »Ruhaltar«. Nichts könnte naturfremder sein. Solche Objekte dienen vor allem als Medien des primären Ich-Bewusstseins: des traurigen Herzens des Dichters, dem sich der »Himmel« in seiner Stimmung anbequemt.

Dann aber der Bruch: Was hat die plötzlich auftauchende »Hass«-Formel in solch einem Kontext zu besagen? Sie bewirkt keinen Umbruch der Stimmung, denn es zeigt sich, dass schon die Stimmung zu Beginn ein esoterisches System von etablierten Wörtern darstellt, die wiederholt werden und in dem Satz »die Sonne ertrank in ihrem gerinnenden Blut« zu einer für Baudelaire charakteristischen Formel des Endes stilisiert sind. Und

374 Baudelaire/Kemp, 3, S. 145.
375 Vgl. Karl Heinz Bohrer, *Der Abschied. Theorie der Trauer* (s. Anm. 319), S. 67.

die »Hass«-Formel«? Sie ist zweimal, in der dritten und in der vierten Strophe, irritierend festgelegt. Hier ist das benannt, dem der Hass gilt: das »Nichts«. Was heißt das? Das »Herz« des Dichters ist es, dem das »Nichts« verhasst ist. Wer nur dieses Gedicht läse oder nur wenige Gedichte Baudelaires kennen würde, sähe sich mit einer Plattitüde konfrontiert. Bezieht man aber das Wort »Nichts« auf das sich wiederholende Verschwinden des Glücks, des Gefühls von etwas dem Sprecher besonders Wichtigem, bekommt das Wort »Nichts« seinen angemessenen Sinn: Die scheinbare Harmonie des Abends kündigt nicht bloß den Übergang zur Nacht an. Sie ist die Metapher für etwas Prinzipielleres als die Erfahrung unterschiedlicher Naturstimmungen. Zweimal heißt es: »Un cœur tendre, qui hait le néant«. Beim zweiten Mal ist die Sonne schon in ihrem »gerinnenden Blut« ertrunken. Das »Nichts«, das »wüst und schwarz« ist, hat sich an die Stelle des Lebens gesetzt.

Aber allein das »Herz« des Dichters nimmt dies wahr. Es ist das »abgrundtiefe« Herz, wie es mit Bezug auf Lady Macbeth' Verbrechen in *L'Idéal* heißt. Das »Nichts« ist nicht theologisch verstanden im Sinne der Imagination der Barockdichtung. Es geht nicht um die Angst vor dem Tod, sondern um das von Baudelaire in den *Spleen*-Gedichten reflektierte Verschwinden existentieller Selbstgewissheit im Fluss nicht einfach der Zeit, vielmehr der Zeitlichkeit: einer Zeitlichkeit, wie sie das Gedicht *L'Horloge* im Bild vom »Raunen der Sekunde« thematisiert. Die Kapitulation vor dieser Einsicht spricht das den *Spleen*-Gedichten folgende Gedicht aus, *Le Goût du Néant*: »Besiegter, erschöpfter Geist … und die Zeit verschlingt mich Minute um Minute«.[376] Das »Nichts«, dem der »Hass« gilt, ist »der Feind«, der im Gedicht gleichen Titels so charakterisiert wird: »O Schmerz! O Schmerz! Die Zeit frißt das Leben, und der finstere

---

376 Baudelaire/Kemp, 3, S. 207 (Baudelaire, I, S. 76: »Esprit vaincu, fourbu! … Et le Temps m'engloutit minute par minute«).

Feind, der uns das Herz zernagt, wächst und gedeiht von Blut, das wir verlieren.«[377]

So ist die »Hass«-Erklärung die zentrale Geste des nicht aufgegebenen Widerstands gegen einen Seinsverlust. Der Hass im Herzen des Dichters – nicht mehr allein sich erfüllend im Gefecht mit der Geliebten – demonstriert sich als die unüberwindbare Existenz-Ansage des Dichters. In sie ist eingegangen, was in den inhaltlich verschiedenen Gedichten als Ursache des Hasses ahnbar wird. Der Hass erlangt, wenn auf das Nichts verwiesen, den absoluten Rang unter den Affektformen. Und er schafft den stärksten Effekt im Ausdruck, eine Intensität, die alles Inhaltliche überwiegt: so in den *Spleen*-Gedichten, auch wenn das Wort nicht fällt. In *Le Mort joyeux (Der freudige Tod)* sagte der Sprecher: »Je hais les testaments et je hais les tombeaux«,[378] und es folgt die Vorstellung, dass die Raben sein Gerippe schröpfen und die Würmer durch seine »Reste« kriechen. Der Tod hält keine »Freude« bereit. Wenn er dennoch so angeredet wird, dann aus zynischem Einverständnis mit dem Unentrinnbaren, dem Verhassten. Daher die spezifischen Mortalitätsbilder, sowohl in *Une Charogne* als auch im ersten *Spleen*-Gedicht, die im Unterschied zu den Metzelbildern aber selten benutzt werden. Der »Hass«, der den Testamenten gilt, ist nicht bloß dem Hass gegen die Gräber gleich. Er gilt jener leeren Erinnerung, die sich auf etwas Tödliches richtet, nämlich auf den Tod der Gegenwartsgewissheit, auf die Bestätigung des abgestorbenen, nicht gelebten Lebens.

Solche radikal negativen Identifikationen erklären aber auch die ekstatischen Beschwörungen des sinnlichen Glücks, die für die Symmetrie der Gehalte der *Fleurs du Mal* bezeichnend sind. Dieser Symmetrie entspricht der »Ich liebe«-Gestus einiger Gedichte. In ihnen wird der Hass-Diskurs nicht unterlaufen,

377 Baudelaire/Kemp, 3, S. 81 (Baudelaire, I, S. 16).
378 Baudelaire, I, S. 70.

nicht als existentielles Diktum der *Fleurs du Mal* widerrufen. Vielmehr wird sein Affekt- und Effektcharakter geradezu untermauert. Die Exuberanz der Hymnen auf die Schönheit des weiblichen Körpers, auf die faszinierende Fremdheit exotischer Gefilde oder eben auf die Augenblicke des Glücksgefühls überhaupt sind zusätzliche Erklärungen dafür, dass plötzlich und immer wieder die »Hass«-Rede ins Zentrum der Reflexion vordringt: Ohne das Wort »dialektisch« allzusehr zu strapazieren, ließe die Hass-Rede sich als die notwendige Opposition zum Glücksrausch verstehen, in einem Stil, der nicht wie bei anderen modernen lyrischen Konstruktionen des 19. Jahrhunderts von Rang – bei Hölderlin, Novalis, Leopardi, Shelley – vornehmlich kontemplativ, sondern affektiv operiert. Nur Baudelaire hat die Unmittelbarkeit des Hass-Affekts ausgedrückt, indem er ihn im Pathos kalkulierter Bilder fasste.

Dass Hass-Gedichte vor und nach den *Spleen*-Gedichten stehen, also am Ende des ersten Teils des Zyklus, ergibt sich aus der Zuspitzung im Ausloten der zeitlichen Existenz. Das Gedicht *Le Tonneau de la Haine (Das Faß des Hasses)* beginnt damit. Die Form, in der das Wort »Hass« schon den Titel als aggressive Ankündigung bestimmt, zeigt, wie selbstverständlich die Hass-Formel geworden ist. Sie bekommt immer wieder ihre eigene Wendung, die uns stets von neuem nach der besonderen Ursache dieses besonderen Affektes fragen lässt, zumal er von einer ungemein wandlungsfähigen Metaphorik, Symbolik oder Mythologie getragen wird.

Le Tonneau de la Haine

La Haine est le tonneau des pâles Danaïdes;
La Vengeance éperdue aux bras rouges et forts
A beau précipiter dans ses ténèbres vides
De grands seaux pleins du sang et des larmes des morts,

Le Démon fait des trous secrets à ces abîmes,
Par où fuieraient mille ans de sueurs et d'efforts,
Quand même elle saurait ranimer ses victimes,
Et pour les pressurer ressusciter leurs corps.

La Haine est un ivrogne au fond d'une taverne,
Qui sent toujours la soif naître de la liqueur
Et se multiplier comme l'hydre de Lerne.

– Mais les buveurs heureux connaissent leur vainqueur,
Et la Haine est vouée à ce sort lamentable
De ne pouvoir jamais s'endormir sous la table.[379]

Das Faß des Hasses

Der Haß ist das Faß der bleichen Danaiden; die Rachsucht un-
gestüm mit roten starken Armen mag in seine leeren Finsternisse
aus großen Eimern noch soviel Blut und Tränen der Toten
schütten,

Der Teufel bohrt heimlich Löcher in diese Schlünde, durch welche tausend Jahre des Schweißes und der Mühsal versickerten,
selbst wenn es ihr gelänge, ihren Opfern neues Leben einzuhau-
chen und, um sie auszukeltern, ihre Leiber aufzuwecken.

Der Haß ist ein Säufer am Grund einer Schänke, dem immer mit
jedem Tropfen sich der Durst erneuert und sich vervielfacht wie
die lernäische Hydra.

– Die glücklichen Zecher kennen ihren Sieger; dem Haß jedoch
ist dieses jämmerliche Los bestimmt, daß nie der Schlaf ihn überwältigt unterm Tisch.[380]

---

379 Baudelaire, I, S. 71.
380 Baudelaire/Kemp, 3, S. 197.

Bisher erklärte sich der Hass aus seinen beiden zentralen Anlässen, dem Hass auf das Weib oder dem Hass auf die leere Existenz. Nunmehr sind alle möglichen Gründe zusammengefasst in einem Wort, ohne dass gesagt würde, wem es gilt: »Rachsucht« (»vengeance«). Die mythologischen Bilder wiederholen das Ausmaß der Unersättlichkeit des Hasses, die Notwendigkeit seines Nichtaufhörens. Die Möglichkeit, den Hass in metaphorischen Erfindungen zu steigern, macht die »Hass«-Vokabel zum *Nonplusultra* der Schrecknisse, die man sich nur vorstellen kann. Es wirkt kein Bilderehrgeiz von der Art Ronsards oder Petrarcas darin, sich für die Unerschöpflichkeit des Hasses die Töchter des Danaos einfallen zu lassen, die zur Strafe für die Ermordung ihrer Männer in der Hochzeitsnacht unaufhörlich Wasser in ein durchlöchertes Fass zu schöpfen hatten, oder sich der Lernäischen Schlange zu erinnern, deren von Herkules abgeschlagenen Köpfe immer wieder nachwuchsen. Ronsard war an einer subtilen Bereicherung von Grammatik und Verben, etwa an dem substantivierten Adjektiv und Infinitiv interessiert. Baudelaire geht es um die Mächtigkeit der spezifischen Vorstellung, die er durch die Konstellation der gewählten Substantive zueinander erreicht. Und der Bezug auf die griechische Mythologie liefert keinen Vergleich, sondern eine identifizierende Setzung. Der Hass *ist* das Fass der Danaiden. Die mythologisierende Periphrase, die Ronsard verwandt hatte, scheute sich Baudelaire auch deshalb nicht zu gebrauchen, weil er die Idee vom Hass in einen Mythos der Existenz übersetzen wollte. Die abschließende Selbstdenunziation – der Hass als ein Säufer, ohne dass sein Durst sich stillt – kehrt die dem Trinker gewidmeten Bilder der Sektion »Le Vin« im zweiten Teil des Zyklus um: Jene Trinker haben viele Sünden zu bekennen, sogar Mord. Aber der Wein wird zum Elixier bei jenen, die sprichwörtlich gewordene Erscheinungsformen der *artes incertae* ausüben: der Lumpensammler vor allem, aber auch der Einsame oder der Mörder, nicht zuletzt die Liebenden. So ist im Titel *Das*

246

Faß des Hasses ein Zugeständnis an das Allgemeinmenschliche enthalten, das aber Wort für Wort abgetragen wird. Die Rachsucht treibt alle Hass-Gedichte an; sie wird auch schon in *Réversibilité* so genannt. Man kann das Wort »Rachsucht« daher dem Wort »Hass« gleichsetzen. In *Le Tonneau de la Haine* findet diese Gleichsetzung eine Art endgültiger Kodifizierung.

Die beiden letzten Hass-Gedichte des ersten Teils der *Fleurs du Mal* erinnern noch einmal an die objektive und die subjektive Form der Berufung auf den Hass, wenn die Aggression entweder gegen jemanden gerichtet ist oder wenn sie unbezogen bleibt und in sich selbst ruht. Das sich auf den Hass beziehende Gedicht *Obsession* lautet:

Obsession

Grands bois, vous m'effrayez comme des cathédrales;
Vous hurlez comme l'orgue; et dans nos cœurs maudits,
Chambres d'éternel deuil où vibrent de vieux râles,
Répondent les échos de vos *De profundis*.

Je te hais, Océan! tes bonds et tes tumultes,
Mon esprit les retrouve en lui; ce rire amer
De l'homme vaincu, plein de sanglots et d'insultes,
Je l'entends dans le rire énorme de la mer

Comme tu me plairais, ô nuit! sans ces étoiles
Dont la lumière parle un langage connu!
Car je cherche le vide, et le noir, et le nu!

Mais les ténèbres sont elles-mêmes des toiles
Où vivent, jaillissant de mon œil par milliers,
Des êtres disparus aux regards familiers.[381]

---

381 Baudelaire, I, S. 75 f.

Große Wälder, ihr erschreckt mich wie Kathedralen; ihr heult wie die Orgel; und in unsren verfluchten Herzen, Kammern ewiger Trauer, wo alte Röchellaute beben, tönt eurem *De profundis* dumpfe Antwort wider.

Ich hasse dich, Ozean! dein Wogen und Toben muß ich in meinem Geiste wiederfinden; dies bittre Lachen des besiegten Menschen, voller Schluchzen und Schmähungen, ich höre es in des Meeres ungeheurem Lachen.

Wie wärest du mir lieb, o Nacht! ohne jene Sterne, deren Licht eine bekannte Sprache spricht! Denn ich suche die Leere, und die Schwärze, und die Nacktheit!

Doch die Finsternisse sind selbst Gemälde, aus denen, meinen Augen zu Tausenden entspringend, Dahingegangene lebendig mich anschaun mit vertrauten Blicken![382]

Wovon ist der Sprechende besessen? Von der Übermacht der Natur, dem Ausdruck des eigenen existentiellen Verlusts? Die dumpfen Töne der Kathedralglocken als Zeichen der eigenen »douleurs« im Anfang, dann aber plötzlich die Hass-Formel, gerichtet gegen den »Ozean«: »Je te hais, Océan!« Die Nennung von »Ozean« bzw. »Meer« – Baudelaire verwendet beide Wörter in den *Fleurs du Mal* synonym – gibt der Baudelaireschen Poetologie eine zentrale Perspektive. In *Le Confiteor de l'Artiste*, dem berühmten dritten Prosagedicht von *Le Spleen de Paris*, heißt es: »Die Fühllosigkeit des Meeres, das ewig gleichbleibende Schauspiel empören mich … Ah! müssen wir ewig leiden, oder ewig die Schönheit fliehen? Natur, du mitleidlose Zauberin, immer siegreiche Rivalin, laß mich! Laß ab, meine Begierden und meinen Stolz zu versuchen. Das Studium des

<hr>

382 Baudelaire/Kemp, 3, S. 205 f.

Schönen ist ein Duell, bei dem der Künstler vor Entsetzen aufschreit, ehe er besiegt wird.«[383] Offensichtlich aktualisiert Baudelaire hier die nicht mehr durch Harmonie, sondern durch den
Schrecken definierte Idee der Schönheit. Wieder ist die Beziehung zu ihr durch das Bild des »Duells« charakterisiert. Gleichzeitig wird die Analogie zum vom Meer »besiegten« Menschen
in *Obsession* erkennbar. Und auch dort die Ähnlichkeit des
Meeres mit der den Liebhaber besiegenden Frau: Auch deren
Haltung gegenüber dem Begehrenden lässt sich, wie man sah,
als »ungeheures Lachen« beschreiben. Diese die Hass-Formel
begründende ähnliche Qualität der Beziehung zwischen Dichter und Meer bzw. Schönheit, Dichter und Geliebten zeigt sich
ebenfalls im Gedicht *L'Homme et la Mer*. In der letzten Strophe dieses Gedichts wiederholt sich – wie wir sahen – der Gedanke des *Duell*-Gedichts: »Und doch unzählbare Zeiten
schon bekämpft ihr unbarmherzig euch und ohne Reue, so heftig liebt ihr das Gemetzel und den Tod, o ewige Streiter, o unversöhnliche Brüder!«[384]

In der Duell-Formel von *Le Confiteor de l'Artiste*, die den
künstlerischen Prozess beschreibt, und der Gemetzel-Metapher
für den Streit zwischen Mensch und Meer ist das »Hass«-Pa-
thos der Liebenden in *Duellum* also anwesend. Insofern lässt
sich die Permanenz der Baudelaireschen Affekt-Geste – als Liebe und als Hass – als die ontologisch und poetologisch signifi-
kanteste Ausdrücklichkeit des Dichters fassen. Der Affekt ver-

---

383 Baudelaire/Kemp, 8, S. 123 (Baudelaire, I, S. 278: »L'insensibilité de la
  mer, l'immuabilité du spectacle me révoltent … Ah! faut-il éternellement souffrir, ou fuir éternellement le beau? Nature, enchanteresse
  sans pitié, rivale toujours victorieuse, laisse-moi! Cesse de tenter mes
  désirs et mon orgueil! L'étude du beau est un duel où l'artiste crie de
  frayeur avant d'être vaincu.«).

384 Baudelaire/Kemp, 3, S. 85 (Baudelaire, I, S. 219: »Et cependant voilà des
  siècles innombrables / Que vous vous combattez sans pitié ni remord, /
  Tellement vous aimez le carnage et la mort, / O lutteurs éternels, ô frères
  implacables!«).

fügt über eine begrenzte Anzahl von einschlägig aggressiven oder dem Hass dialektisch entsprechenden Bildern, die sich im Zyklus wiederholen und dergestalt in Form einer Litanei ein Geständnis darstellen, dessen letztes Wort der »Hass« buchstäblich behält.

Das die »Hass«-Rede abschließende Gedicht des ersten Teils demonstriert schließlich noch einmal die Wunden, die der Dichter sich selbst zufügt. Im ersten Teil richtet sich die Gewalt erneut gegen die angesprochene Geliebte. Das Wort »Hass« wird dadurch überboten, dass der auf die Geliebte bezogene Angriff, ansonsten stets mit dem Wort »Hass« verknüpft, nunmehr »ohne Zorn und ohne Haß« auskommt. Das Hass-Wort wird zwar aufgerufen, aber verneint und ist gerade deshalb um so präsenter! Ähnlich wie das Argument in *Le Goût du Néant*, wo der Hass gegen das Nichts in ein »Gefallen« am Nichts verkehrt ist, seinen Anlass aber dennoch bestätigt, so ist auch im *Selbsthenker* die »Hass«-Formel in letzter Konsequenz durch den Gedanken der Selbsthinrichtung noch in der Verneinung wiederholt. Aber schon die Erklärung, er erschlage die Geliebte emotionslos »wie ein Schlächter« oder »wie Moses den Felsen schlug«, verleiht dieser Handlung einen absoluten, unablenkbaren Aggressionscharakter, in dem sich die zerstörerische Umkehrung auf das Selbst vorbereitet.

Der Selbsthenker
Für J.G.F.

Ich will dich schlagen ohne Zorn und ohne Haß, wie ein Schlächter, wie Moses den Felsen schlug! Und deinem Lide will ich,

Meine Sahara zu tränken, Wasser der Qual entspringen lassen. Von Hoffnung geschwellt, wird mein Begehren auf deiner Tränen Salzflut schwimmen.

Wie ein Schiff, das ausfährt, und mein Herz, das sich daran ersättigt, wird von deinem lieben Schluchzen widerhallen gleich einer Trommel, die zum Angriff ruft!

Bin ich denn nicht ein falscher Akkord in der göttlichen Symphonie, dank der gefräßigen Ironie, die mich schüttelt und die mich beißt?

Sie ist in meiner Stimme, die Kreischende! und all mein Blut ist dieses schwarze Gift! Ich bin der finstre Spiegel, wo die Megäre sich beschaut!

Ich bin die Wunde und das Messer! Ich bin die Wange und der Backenstreich! Ich bin die Glieder und das Rad, das Opfer und der Scherge.

Ich bin der Vampir meines eigenen Herzens, – einer jener großen Verlassenen, die zu ewigem Lachen verdammt sind und die nicht mehr lächeln können![385]

Der Gedanke der Selbsthinrichtung ist Baudelaires analytisch fortgetriebenste Diagnose seiner den Hass produzierenden Selbsterklärung, des existentiellen Unglücks angesichts der banalen Gegenwart, einer leer gewordenen Zeitlichkeit, der das ewige Lachen des Selbsthenkers gilt. Das Instrument des Hasses, das Messer, das die Imaginationsstationen des Hasses im Herzen des Dichters oder im Herzen der Geliebten sieht, wird nunmehr vom Dichter gegen sich selbst geführt. Dem Pathos der »Hass«-Geste ist die Ironie hier besonders entgegengesetzt oder beigefügt.[386] Zweideutig-ironisch ist der Hass-Diskurs von seinem Beginn an, wie man in *Bénédiction* sah.

Aber was für eine Ironie ist das? Man sollte sich nichts vormachen: Der Begriff ist modisch und wird immer wieder gern

---

385 Baudelaire/Kemp, 3, S. 211f. (Baudelaire, I, S. 78f.).
386 Vgl. hierzu Dieter Mettler, *Baudelaire: »Ein Ich, das unersättlich nach dem Nicht-Ich verlangt«*. Würzburg 2000, S. 226ff.

herangezogen. Seine unterschiedlichen Zuordnungen – Sokratische, Hegelsche, Schlegelsche, Heinesche Ironie – sind ja in der sprachlichen Verfasstheit, nicht etwa in einem Unterschied des logischen Arguments begründet. Und wie klingt Baudelaires Ironie? Doch entschieden sarkastisch. Er selbst hat hierfür den Begriff »satanisch« verwandt. Mit anderen Worten: Die Ironie, die in manchen von Baudelaires Gedichten hörbar wird, reflektiert zwar kritisch ihre Erkenntnis, verliert aber ihr sich selbst bestätigendes Pathos nicht! Der Hass wird zwar als Affekt-Geste aufgewogen durch das Bewusstsein der Identitätsspaltung zwischen dem eigenen Ich und einem Darüber-Hinauswollen, etwa im sexuellen Akt – doch tut das dem »Hass«-Affekt keinen Abbruch. Er ist, wie man sah, von gewalttätiger Intensität.

4

Baudelaires Distanz gegenüber dem Ideenhimmel war – wie immer er sich durch Lektüren darüber informierte – groß. Seine intellektuellen Ehrerbietungen galten Außenseitern des Geistes und der Dichtung: Edgar Allan Poe oder Joseph de Maistre, in dessen für die konservative Reaktion gegen die Französische Revolution wichtigem Werk *Les Soirées de Saint-Pétersbourg* (1821) er den Begriff des »Selbsthenkers« hätte finden können. Für die »Hass«-Rede ist aber vor allem John Milton, der hier schon erörterte englische Epiker des 17. Jahrhunderts, mit Nachdruck zu nennen. In Baudelaires Kommentar zu Miltons *Paradise Lost* bzw. zu dessen zentraler Figur, dem Satan, taucht nicht das Wort »Hass« auf, sondern die auch schon von romantischen Schriftstellern genannten ästhetischen Kategorien der Schönheit und der Melancholie. So heißt es in einer Tagebuchnotiz Baudelaires, dass die Melancholie das entscheidende Element männlicher Schönheit sei und er sich keinen Typus des Schönen vorstellen könne, in dem nicht auch das Unglück zum Ausdruck käme. Baudelaire fährt fort: »Gestützt auf – andere würden sagen: besessen von solchen Vorstellungen, wird man begreifen, daß es mir fast unmöglich wäre, aus all diesem nicht den Schluß zu ziehen, daß der vollkommenste Typus männlicher Schönheit niemand anderes ist als Satan – wie Milton ihn geschildert hat.«[387] Was Baudelaire vor allem gefesselt haben wird, ist die Rede von Satans »höchster Not« und »Peinigung«, die im vierten Buch von Satan selbst erkundet wird: »Ich Unglückseliger! Wo entflieh ich, ach / Endlosem Zorn, unendlicher Verzweiflung?«[388] (»Me miserable! Which way shall I fly / Infinite wrath and infinite despair?«[389])

Wenn das abgrundtiefe Unglück, von dem Satan spricht, ein unmittelbarer Anstoß für Baudelaires Rede von der eigenen Melancholie gewesen ist, dann hat die in *Paradise Lost* immer wiederholte Rede von Satans »Hass« ebenfalls den Hass-Gestus der *Fleurs du Mal* inspiriert. In Satans Mund werden die »Wunden« des »Tödlichen Hasses«[390] zur Pathosformel, der Satans – im Sinne Baudelaires – erhabenster Satz entspringt: »Böses, sei du mein Gutes«[391] – »Evil, be thou my good«.[392] Wie sehr Miltons grandiose Bilder des schmerzentsprungenen Hasses und der schmerzentsprungenen Ironie Satans den Hass-Diskurs der *Fleurs du mal* angefeuert haben müssen! Auch Baudelaires Unterscheidung seiner Affektgesten zwischen »Himmel« und »Hölle« ist ohne die Heroisierung dieses Zwiespalts in *Paradise Lost* nicht zu denken. Und »Hass« ist das Wort, das Hölle und Himmel in beiden Fällen trennt. Gleichzeitig wird der entscheidende Unterschied zwischen der »Hass«-Rede in

---

387 Baudelaire/Kemp, 6, S. 202 (Baudelaire, I, S. 658).
388 Milton, *Das verlorene Paradies* (s. Anm. 147), S. 105, 103f.
389 Milton, *Paradise Lost* (s. Anm. 149), S. 224 (v. 73-74).
390 Milton, *Das verlorene Paradies*, S. 105 (v. 106-107).
391 Ebd., S. 106 (v. 151).
392 Milton, *Paradise Lost*, S. 225 (v. 110).

Paradise Lost und in den *Fleurs du Mal* deutlich: Milton schildert zwar den Hass seines Helden nicht ohne Sympathie und hat damit die Romantisierung sowohl des Revolutionärs als auch des Briganten in der nachfolgenden Literatur des 18. und frühen 19. Jahrhunderts nicht nur beeinflusst, sondern diese Romantisierung förmlich erfunden.[393] Aber der Epiker Milton nimmt an diesem Hass nicht selbst teil! Er sagt nicht »ich hasse«, er hat den Hass auch nicht als ein Existential der Gegenwart beglaubigt. Insofern verläuft zwischen seiner überwältigenden Bilderflut des satanischen Hasses und Stolzes einerseits und Baudelaires Hass-Metaphorik andererseits eine scharfe Grenze. Milton ist noch nicht am literarischen Diskurs des Hasses beteiligt, der mit Swift und dann mit Kleist zum Pathoswort der Moderne wird.

Im Unterschied zu den romantischen Lesern Miltons hat Baudelaire der Trauer viel stärker das aggressive Moment zugeordnet: Baudelaire romantisierte den Hass nicht, wie Byron es tat oder vor ihm Schiller *(Die Räuber)*. Baudelaire, der eine solche Romantisierung schon aus poetologischen Gründen nicht inszenierte, musste sie vor allem als gedankliche Verharmlosung, als Pervertierung der »douleur« fernliegen.

Für Baudelaires satanische Fassung des Hasses ist ein Prosatext aus dem Zyklus *Le Spleen de Paris* aufschlussreich: *Le mauvais Vitrier*. Dieser Text ist zum Abschluss heranzuziehen, weil er wie kein anderer von Baudelaires Texten das Hass-Syndrom bzw. sein metaphorisches Äquivalent als poetologisches Zeichen, nämlich als immer wieder explodierende Reaktion angesichts des Banalen, analytisch erklärt. Bevor der Hass-Affekt mittels einer überraschenden Alltagsszene geschildert ist, wird der theoretische Schlüssel zu dieser bereits geliefert: Es gebe zur Tat nicht begabte Naturen, die unter einem »geheimnisvol-

---

393 Vgl. hierzu Mario Praz, *Liebe, Tod und Teufel. Die schwarze Romantik.* Aus dem Italienischen von Lisa Rüdiger. München 1981.

len, unerforschten Zwang«[394] handelten, plötzlich, mit äußerster »Schnelligkeit«. Sie würden »manchmal unversehens und unwiderstehlich, wie der Pfeil vom Bogen schnellt, zur Tat getrieben«.[395] Zur bösen Tat. Zunächst ist es also ein bloßer Affekt, dem offenbar das Motiv fehlt, ein Affekt, der eigentlich eine moralische Erklärung nötig hätte. Der Affekt kommt aus einem Zustand, der mit den Wörtern »rêve« und »ennui« charakterisiert werden könnte. Es handelt sich also um einen kreativen Zustand, den Zustand des Dichters. Die plötzlichen Taten, die dem in »Trauer« oder in »Langeweile« Versunkenen mehr geschehen, als dass sie von ihm willentlich angezielt würden, sind manchmal absurd oder gefährlich.

Das Theorem auf sich selbst anwendend, erzählt Baudelaire so: Aus seiner Dachwohnung auf die Straße hinunterschauend, habe er einmal einen Glaser erblickt, dessen gellende, misstönende Rufe zu ihm hinaufgedrungen seien. Wieder eine »Situation« also. Und dann der entscheidende Satz: »Ich wüßte übrigens nicht zu erklären, warum mich beim Anblick dieses armen Menschen ein ebenso plötzlicher wie unbezwingbarer Haß überfiel.«[396] Hier, nur hier spricht Baudelaire aus, was er in den Gedichten offenlässt: nicht zu wissen, warum ihn der Hass, »unbezwingbar«, überfällt.

Dem Hass-Affekt folgt die böse Tat: Baudelaire lässt den Mann die Treppe mitsamt seiner Ware hinaufkommen, und eben nun scheint er die Ursache des Hasses zu wissen. Denn er fährt den Erwartungsvollen an, wieso der kein »rotes, blaues, magisches, paradiesisches« Glas bei sich habe; wie er es wage, seinen Kram in einem Armenviertel verkaufen zu wollen und nicht einmal Gläser habe, »durch die man das Leben in Schön-

---

394 Baudelaire/Kemp, 8, S. 137 (Baudelaire, I, S. 285).
395 Ebd.
396 Baudelaire/Kemp, 8, S. 141 (Baudelaire, I, S. 268: »Il me serait d'ailleurs impossible de dire pourquoi je fus pris à l'égard de ce pauvre homme d'une haine aussi soudaine que despotique.«).

heit«[397] sehe – und dann stößt er den Glaser die Treppe wieder hinunter, auf die Gefahr hin, dass dieser stürzt. Glas, »vert«, das französische Wort, stimmt mit dem französischen Wort für »Verse«, also »vers«, überein. Also steht der schlechte Glaser in einer inneren Korrespondenz zum Dichter, aber einer schlechten. Offenbar ist das Wort »Schönheit« hier vermint. Einerseits will es ernst genommen werden, andererseits gilt es dem Kitsch billiger Verse.

Nachdem der ursprünglich noch scheinbar unmotivierte Hass nachträglich eine mögliche Beglaubigung oder ironische Bestätigung gefunden zu haben scheint, setzt er sich in die eigentlich böse Tat um: Vom Balkon aus den Glaser unten auf die Straße treten sehend, nimmt Baudelaire einen Blumentopf und lässt ihn senkrecht auf die Traglade fallen, so dass der Aufprall den Glaser zu Boden reißt und unter ihm alle Gläser zerschellen, mit einem Geprassel, als hätte der Blitz in einen »Kristallpalast« eingeschlagen. Der Glaser selbst zerstört also seine Gläser nicht, sie werden zerstört. Ohne hier auf das verborgene kunsttheoretische Theorem, das Baudelaire im Sinn gehabt haben könnte, einzugehen, ist zu betonen, dass es bei seiner Hass-Metapher um den größten Einsatz geht. Er habe, so Baudelaire, dem so bösartig Zugerichteten noch zugerufen: »Das Leben in Schönheit! das Leben in Schönheit!«[398] Baudelaire hat diese Geschichte erfunden als sarkastische Antwort auf das Prosagedicht *La chanson du vitrier* von Arsène Houssaye, dem Herausgeber des literarischen Teils der Zeitung *La Presse*, in dem die Figur des Glasers, dessen Armut und Traurigkeit sentimental ausbeutend, in zwölf huldigenden Strophen zwölfmal angeredet wird: »O vitrier«. Ein Vergleich von Houssayes Gedicht mit Baudelaires ebenfalls dem Außenseiter huldigenden Gedichten *Le Vin des Chiffonniers* oder *Le Vin du Solitaire* zeigt zu-

---

397 Baudelaire/Kemp, 8, S. 141 (Baudelaire, I, S. 287).
398 Ebd.

dem, warum Baudelaire auf das von Houssaye adoptierte Thema der Armut des Glasers reagiert hat. In dem der Ausgabe von
Le Spleen de Paris vorangestellten Brief an Arsène Houssaye
stellt Baudelaire auf eine zweideutig-selbstkritische Weise sein
eigenes Prosagedicht *Le mauvais Vitrier* hinter Houssayes
Hymne auf den Glaser zurück, weil sein Gedicht ganz seltsam
vom Vorbild abweiche und für ihn selbst ein unerwartetes Ergebnis gewesen sei: eine nur wenig verhüllte Ironie angesichts
eines verachteten Textes.[399]

Wenn Baudelaire die Glaser-Geschichte als eine eigene Erfahrung erzählt, dann vor allem, um die Unbezwingbarkeit des Hasses als Affekt zu belegen. Das verborgene Kunsttheorem bleibt
zweideutig, und dem ist in unserem Zusammenhang nicht weiter
nachzugehen.[400] Mit der Hass-Evokation wird der Affektcha-
rakter in *Le mauvais Vitrier* als nicht überschreitbares Datum
direkt ausgesprochen. Sören Kierkegaard hat das Teuflische,
den Teufel selbst, einmal über eine unmittelbare, unerklärbare
Handlung beschrieben: als Sprung des Teufels durch das Fenster, wobei er im Sprunge stehen bleibt.[401] Dieser Anblick sei
es: Kierkegaards Charakterisierung zielt auf einen ähnlichen
Affekt, den Baudelaire so nachdrücklich thematisierte, ohne
das 1844 erschienene Werk des dänischen Philosophen gekannt
zu haben. Man hat an einen anderen, näherliegenden Einfluss
zu denken: Edgar Allan Poes Kurzgeschichte *The Imp of the
Perverse*. Nun sind Ableitungen, geistesgeschichtliche Herkunfts-
belege nicht nur hermeneutisch ergiebig. Baudelaire hat den Affekt nicht emphatisiert, weil er Poes Reflexionen über den Ab-

---

399 Baudelaire/Kemp, 8, S. 115f. (Baudelaire, I, S. 275f.).
400 Vgl. hierzu Karin Westerwelle, *Ästhetisches Interesse und nervöse
    Krankheit*. Stuttgart 1993, S. 295ff.
401 Sören Kiekegaard, *Der Begriff der Angst*. In: ders., *Die Krankheit zum
    Tode. Furcht und Zittern. Die Wiederholung. Der Begriff der Angst.*
    Unter Mitwirkung von Niels Thulstrub und der Kopenhagener Kierke-
    gaard-Gesellschaft hrsg. v. Hermann Diem und Walter Rest. Köln
    und Olten (1956), S. 601.

grund des Perversen oder De Quinceys über den Opiumgenuss gelesen hat, sondern weil die relevanten Phänomene, die der »goût de l'infini«[402] entdeckt, bei Baudelaire bereitlagen: die Erfahrung eines »unbenennbaren Fühlens«.

Diese Erfahrung ist, wie wir schon sahen, vor allem im Prosagedicht *Le Confiteor de l'Artiste*, dargestellt worden. Auch die Echos von Chateaubriands »délectable mélancolie de souvenir«, von seiner Ästhetik der Vagheit des Gefühls (»cet état du vague des passions«[403]) sind in Baudelaires Affektdarstellungen noch zu hören. In Chateaubriands Emphatisierung des Gefühls ist vor allem das Moment moderner Subjektivität vorgeahnt, das Baudelaire im Hass- oder Verzweiflungsgestus so unvorhersehbar radikalisiert hat.

Das Wort »Hass« taucht außer in *Le mauvais Vitrier* nur noch in zwei weiteren Stücken von *Le Spleen de Paris* auf. In *L'Étranger* antwortet der geheimnisvolle »Fremde« auf die Frage, was er denn am meisten liebe: »Ich liebe die Wolken …, die Wolken, die ziehenden Wolken – dort in der Ferne … die wunderbaren Wolken«.[404] Vorher aber gibt der Fremde auf die Frage nach dem Gold die Antwort: »Ich hasse es, wie du Gott haßt.« Auch hier ist das Gefühl für die Unendlichkeit dem Gefühl einer zielgerichteten Aggression konfrontiert, wobei – wie wir sahen – dieses in den *Fleurs du Mal* meist den Zustand einer undefinierbaren, vagen Empfindung aufruft. Im Prosagedicht *Les Foules* zeigt sich abermals das Bekenntnis zum »Ungeahnten«, zum »Unbekannten, das vorübergeht«[405] – eine unmittelbare Parallele zum berühmten Gedicht *À une Passante*. Wer solche

---

402 So der Titel des ersten Kapitels von Baudelaires Essay *Le Poème du haschisch* (Baudelaire, I, S. 401).
403 Vgl. Bohrer, *Der Abschied. Theorie der Trauer* (s. Anm. 319), ebd., S. 150. Außerdem Bettina Full, *Karikatur und Poiesis*, (s. Anm. 365), S. 49. Neben Chateaubriand zeigt Full die Wirkung von Diderot und Stendhal für die Herausbildung der ästhetischen Subjektivität der Moderne.
404 Baudelaire/Kemp, 8, S. 119 (Baudelaire, I, S. 278).
405 Baudelaire/Kemp, 8, S. 151.

Lust am Fremden verspüre, dem sei der »Haß vor der Sesshaftigkeit« (»la haine du domicile«) eingegeben.[406]

Die Darstellung des Hass-Affekts in *Le mauvais Vitrier* verweist also auf das Kriterium des Unendlichen. Denn das Verlangen nach Schönheit – gleich in welcher Erscheinungsform – richtet sich für Baudelaire immer auf eine faszinierende Facette des Unbekannten, selbst wenn es Kitsch wäre. Gleichrangig damit die Betonung des unerklärlichen Hereinbrechens, des mit einem Male Sich-Einstellens des Affektes selbst. Die sich einerseits diskursiv aussprechende, andererseits sich maskierende Hass-Geste in den drei Prosagedichten von *Le Spleen de Paris* kann man analog zur Hass-Rede der erörterten Gedichte der *Fleurs du Mal* lesen. Dabei wird der Affekt als Stilprinzip hervortreten. Aber die Gedichte der *Fleurs du Mal* sind letztlich aus ihrem eigenen Kontext heraus zu verstehen: dem Affekt also, der sich aus dem Modus der Subjektivität entwickelt. Subjektivität war, wie wir festgehalten haben, schon vor Baudelaire ein spezifisch modernes Darstellungsprinzip geworden.[407] Baudelaires Hass-Geste hat dieser Subjektivität eine überraschende Form und einen einzigartigen Gehalt gegeben, die beide nicht aufgehört haben, die intellektuelle Welt des 19. und des 20. Jahrhunderts in ihren Bann zu schlagen.

---

406 Baudelaire/Kemp, 8, S. 149 (Baudelaire, I, S. 291).
407 Vgl. Full, *Karikatur und Poiesis*, S. 142 ff.

Metaphysik des Hasses und der Liebe

Wagners *Ring des Nibelungen*

Richard Wagners Werk hätte keine künstlerisch und denkerisch interessanteren Kommentatoren in seiner Epoche finden können: Charles Baudelaire und Friedrich Nietzsche. Im Widerspruch. Während Baudelaires tiefschürfender Essay anlässlich von Wagners im März 1861 in Paris aufgeführter Oper *Tannhäuser* Bewunderung für den orgiastischen Mystizismus ausdrückt,[408] hat Nietzsche in der Revision seiner ursprünglichen Faszination durch Wagners Musikdrama als Wiedergeburt der griechischen Tragödie über dieses schließlich, wenn auch sehr ambivalent, den Stab gebrochen: sozusagen als »idealistischen« Kitsch. Baudelaires Beschreibung von Wagners »despotischer« Musik, ihrer nervösen »Intensität« hebt Charakteristika hervor, die Thema und Sprache seiner eigenen Lyrik entsprechen: erotische Lust, Himmel und Hölle, das entfesselte Böse[409] und nicht zuletzt die Erfahrung des Leids (»souffrir«).[410] Nietzsche dagegen schrieb in der 1888 erschienenen Schrift *Der Fall Wagner. Ein Musikanten-Problem*: »Es gab nie einen solchen *Todhaß* auf die Erkenntnis!«[411] Das zielt direkt ins Zentrum unseres Themas. Zuvor ist dieser Satz im Verhältnis zu Baudelaires kritischem Applaus und zu Nietzsches ursprünglichem affirmativen Verständnis des Wortes »Hass« zu verstehen.

---

408 Charles Baudelaire, *Richard Wagner et Tannhäuser à Paris*. In: Baudelaire, II, S. 779-815.

409 Ebd., S. 795.

410 Ebd. (auch S. 787).

411 Friedrich Nietzsche, *Der Fall Wagner. Ein Musikanten-Problem*. In: ders., *Kritische Studienausgabe* (s. Anm. 5), Bd. 6, S. 43.

Nietzsches widersprüchliche, aber unendlich einsichtige Polemik erklärt Wagner einerseits zum Erben der Hegelschen Geschichtsphilosophie, das heißt zum Gläubigen an die Musik als »Idee« in teleologischer Absicht.[412] Andererseits wiederum entdeckt diese Polemik »Pariserische« Décadence[413] in Wagners Werk, eine moderne Literarisierung zum künstlichen »Artefakt«.[414] Nietzsche wendet Ganzheitskategorien von Wagners kunsttheoretischen Schriften gegen den Erfinder (ohne es zu bemerken!): »Es ist viel Wagner in Baudelaire«, schreibt Nietzsche schon 1883 abschätzig in dennoch engagierten Bemerkungen zu der gerade von ihm entdeckten Lyrik Baudelaires,[415] wie umgekehrt seine Polemik von 1888 die Frage aufwirft: »War Wagner überhaupt ein Deutscher?«[416] Es bleibt also die ästhetisch-ästhetizistische Charakterisierung, die auch Baudelaire anlässlich des *Tannhäuser* vornahm, im Zusammenhang mit dem lebensphilosophischen Idiom zu klären, in dem das Wort »Hass« und der Affekt des Hasses auftritt. Am Beispiel seines Gegenentwurfs, Bizets Oper *Carmen* (1875), hat Nietzsche als Essenz seiner eigenen Ästhetik von der Darstellung des »*Todhasses* der Geschlechter« gesprochen.[417]

Das verweist auf eine emphatische Auffassung des Wortes »Hass«, die zurückgeht auf seine Diagnose der griechischen Tragödie als »dionysisch«. Um die Erscheinungen des »Dionysischen« als die poetische Objektivierung eines subjektiven Gefühls historisch zu erklären, greift Nietzsche auf die Sprache des »Hasses und des Hohns« beim frühgriechischen Lyriker

412 Ebd., S. 36.
413 Ebd., S. 33.
414 Ebd., S. 27.
415 Nietzsche, *Nachgelassene Schriften*. In: ders., *Kritische Studienausgabe*, Bd. 11, S. 601.
416 Nietzsche, *Der Fall Wagner*, S. 41, Anm.
417 Ebd., S. 15.

Archilochos zurück.[418] Es sei nicht mehr Archilochos' eigenes rasendes Gefühl, das aus seinen Versen spreche, sondern ein orgiastischer Taumel habe die Individualität des Künstlers transzendiert, indem Dionysos selbst erscheine.[419] Die wilde Lyrik des Archilochos ist ein antiker Topos, es geht Nietzsche nicht um eine Hermeneutik von Archilochos' Gedichten, sondern um die Entäußerungspotenz, die in dessen Aggressivität stecke und so dem Hass-Affekt die spezifische Wucht gebe, ein dionysischer Effekt zu sein.[420]

Die subtilen Differenzen und Übereinstimmungen in Baudelaires und Nietzsches Wagner-Rezeption ergaben sich auch daraus, dass Baudelaire sich nur auf die Musik und die Handlung beziehen konnte, nicht auf die Textbücher, deren Anspruch als Dichtung Nietzsche ebenfalls problematisierte.[421] Solche Differenzen waren es wiederum nicht, welche die Wagner-Debatte nach dem Zweiten Weltkrieg angetrieben haben. Grundlegend für die weitere Auseinandersetzung wurde vielmehr, wenn man es auf einen namentlichen Nenner verkürzt, Theodor W. Adornos 1952 erschienener Essay *Versuch über Wagner*, die Identifizierung des Bösewichts der wagnerischen Bühne, vor allem Alberichs, mit dem Juden. Doch steht eine solche Gleichsetzung dem Verständnis von Wagners Hass-Metapher im Wege. Die Debatte zum Thema »Richard Wagner im Dritten Reich«, die 1999 zwischen einer Reihe von Theater- und Musikhistorikern sowie Musikkritikern stattfand,[422] lief am Ende auf die Frage hinaus, ob die enorme Wirkung der Wagnerschen Mu-

418 Nietzsche, *Die Geburt der Tragödie aus dem Geiste der Musik*. In: ders., *Kritische Studienausgabe*, Bd. 1, S. 43, vgl. S. 6, Anm. 5.
419 Ebd.
420 Hierzu Karl Heinz Bohrer, *Das Erscheinen des Dionysos*. Berlin 2015, S. 136f.
421 Nietzsche, *Der Fall Wagner*, S. 35.
422 Vgl. Saul Friedländer / Jörn Rüsen (Hrsg.), *Richard Wagner im Dritten Reich. Ein Schloß-Elmau-Symposion*. München 2000. Außerdem Jens Malte Fischer, *Richard Wagner und seine Wirkung*. Wien 2013.

sik speziell auf Hitler und die Rolle von Wagners Oper im Kulturbetrieb des Regimes in dessen Werk selbst ideologisch angelegt war oder ob es sich um die willkürliche Auslegung eines komplexen Kunstwerks gehandelt habe. Wie absehbar, kam es zu keiner Übereinstimmung: Die auf Wagners Musik und Text konzentrierten Teilnehmer bestanden auf der künstlerischen Autonomie, die an der historischen und sozialpolitischen Entwicklung der Epoche Interessierten verstanden Wagner als präfaschistischen Künstler.

Unsere Frage nach dem Hass- und Liebesmotiv, vornehmlich im *Ring des Nibelungen*, wird dieser Frage nicht nachgehen, sie aber vielleicht indirekt beantworten. Die Kenntnis von Wagners kulturpolitisch-weltanschaulichem Pathos zum Zeitpunkt des Entwurfs des Nibelungen-Themas ist ohnehin von Belang, um die Hass-Thematik angemessen bewerten zu können. Sowohl die ästhetiktheoretischen Schriften *Die Kunst und die Revolution* (1849), *Das Kunstwerk der Zukunft* (1850) und *Oper und Drama* (1851) als auch Wagners Briefwechsel mit Franz Liszt in den fünfziger und sechziger Jahren zeigen die Affinität zu einem idealisierenden »Größe«-Idiom, das entsprechende »Niedrigkeits«-Referenzen impliziert, die beide als polarisierende Kräfte im Werk wiederkehren und unmittelbar auf die Valenz der »Hass«- und »Liebes«-Rede durchschlagen. Wenn Wagner Liszt nach elfjährigem Schweigen im Brief vom 18. Mai 1872 als den »größten Menschen« bezeichnet, dann hat man die pompöse Lesart eines zum Zeremoniell gewordenen »Größen«-Stils vor sich, der schon im Brief über das Konzept des *Rings* vom 20. November 1851 auffällt: Es ist die »wunderbar unheilvolle Liebe Siegmunds und Sieglindes«, es ist die »herrliche Walküre«, es ist der »ganze Mythos«, mitgeteilt »nach seiner tiefsten und weitesten Bedeutung«, die Wagner für sich in Anspruch nimmt. Dagegen stehen die »ganzen Schmarotzergewächse unseres heutigen Lebens«. Dazu gehören nicht zuletzt die »Stupidität, die Borniertheit, die Gemeinheit« und der Dünkel des »eifersüchtigen« Hofdieners in Weimar, für dessen Theater Liszt arbeitet. Wagner tut es nicht unter dem »Gefühl der höchsten Wahrheit«, nicht ohne die »Größe der Situation«, nicht »ohne Zorn und Liebe« (im Brief vom 30. Januar 1852 in bezug auf *Tannhäuser*). Wagners Ansprache an das Publikum anlässlich der Uraufführung des *Ring des Nibelungen* enthält einen Satz, den Historiker der politischen Mentalitätsgeschichte notieren müssten. Auf Liszt hindeutend sagte Wagner: »Hier ist derjenige, welcher mir zuerst diesen Glauben entgegengetragen, als noch keiner etwas von mir wußte.«[423]

Man findet in den kunsttheoretischen Schriften die gleichen Impulse dort, wo bei der Erörterung der zeitgenössischen Musik Begriffe wie »Heuchelei«, »Unterhaltung« und »Geld« die Opposition zum zukunftsorientierten Kunstwerk bilden, das Wagner verkündet, repräsentiert durch Worte wie »Freude«, »Erlösung«, »Volk«, »unendlich Sehnen«, worauf bei der Diskussion des Mythosverständnisses zurückzukommen ist. Die Hass- und Liebesrede im dramatischen Kontext ist aber nicht mit dem moralisierenden Größen- und Niedrigkeitsidiom gleichzusetzen.

I

Die Emotionen Beckmessers, jener Figur aus den *Meistersingern*, die der politischen Wagner-Kritik vor allem Belege lieferte und noch immer liefert, changieren zwischen Ressentiment und Angst. »Hass« lässt sich seine Animosität, vor allem gegen den Ritter Walther von Stolzing, kaum nennen und wird auch so nicht genannt. Zur »Hass«-Rede bedarf es eines spezifischen

---

423 Franz Liszt / Richard Wagner, *Briefwechsel*. Hrsg. und eingeleitet v. Hanjo Kesting. Frankfurt am Main 1988, S. 13.

Pathos, das Beckmesser nicht besitzt. »Hass« hat Wagner dagegen Ortrud, dem bösen Weib im *Lohengrin*, zuerkannt: »Haß gegen alles Lebende, wirklich Existierende« (so im Brief an Liszt vom 30. Januar 1852). Diese nachdrückliche Zuerkennung jenes Affekts, der im *Ring des Nibelungen* eine so entscheidende Rolle spielen wird, an Ortrud, das Weib, »das die Liebe nicht kennt«, war nur möglich, weil Ortrud gerade wegen ihrer Hass-Emotion als »furchtbar großartig« von Wagner bezeichnet werden kann: Sie ist »nur durch die Vernichtung anderer – oder durch die eigene Vernichtung zu befriedigen«, ein Hass-Impuls, der im *Ring des Nibelungen* an zentraler Stelle wieder auftauchen wird.

Der beste Introitus zu Wagners Hass-Rede – und das verweist, wie man im *Parzival* sieht, auf die Zusammengehörigkeit von Hass und Liebe in seinem Werk – ist die Liebestheatralik in *Tristan und Isolde*, 1865 in München uraufgeführt. Die Stimme der Liebesgewalt liegt lange verborgen in der Stimme des Zorns, der Aggression, der Rache und schließlich des Hasses von Isolde, einer von Wagners »gefährlichen« Frauen, bevor Brünnhilde erscheint. Das vordergründig psychologische Motiv dieses Hasses – Isolde will Irland nicht verlassen, um König Markes Frau zu werden – wird überboten in wilder Aufforderung an die Winde, das Schiff in den Untergang zu führen. Dabei schwillt diese Rede zu einer ganz eigenen, für keinen verständlichen Stimme an, in der sich der wahre Grund ihres verzweifelten Zorns nur in Andeutungen zu erkennen gibt: ihre beginnende Leidenschaft für Tristan, den Abgesandten, der sie zu König Marke nach Cornwall bringt. Es ist eine absolut gesetzte Emotion, die sich von Darstellungen psychischer Konstellationen in vergleichbaren Dramen des 19. Jahrhunderts unterscheidet: Wenn Friedrich Hebbels Herodes seine Frau Mariamne auf die Probe ehelicher Treue stellt und wenn Mariamne dieses Verdachts innewird, dann wird ein Mixtum compositum psychischer Zustände ausgeprochen – der Hass ist nicht darunter. Ihn kann man auch nicht in Büchners *Dantons Tod*, selbst nicht in *Woyzeck* erkennen, ganz zu schweigen von Kleists *Penthesilea*, also in Tragödien, die den Hass thematisch nahelegen könnten.

Isoldes wilde Rede beginnt mit dem Verdacht, jemand wolle sie »verhöhnen«, womit der Ton gesetzt ist für ihre eigenen, in Abständen ausbrechenden radikalen Reaktionen, die »verzweiflungsvolle Wutgebärde«, der »Fluch dir, Verruchter!«-Ausruf, die Ankündigung der »Rache für den Verrath« und die beiläufige Kennzeichnung ihrer Rede als »leichter Hohn«. Diese Emotionsausbrüche Isoldes zu Beginn sind Stationen ihres sich auf Tristan konzentrierenden Affekts zwischen verkappter Leidenschaft und sich aussprechender Verletztheit. Im zweiten Akt – dem Wechselgesang der Liebe zwischen Tristan und Isolde – taucht das Schlüsselwort der Leidenschaft selbst auf. Isolde bekennt: »dort, wo ihn Liebe / heiß umfaßte, / im tiefsten Herzen / hell ich haßte!«[424] Man hat Wagners entdeckerischen Sinn für das Unterbewusste betont. Die Mischung der gegensätzlichen Emotionen könnte ein Beispiel hierfür abgeben. Aber gleichzeitig ist zu erkennen, dass in der Gegenüberstellung der beiden stärksten Emotionen diese jeweils selbst in ihrer Intensität hervorgehoben werden sollen: als Feier des starken Affekts, selbst ohne »psychologische« Erklärung! Dies ist durchweg, wie man sehen wird, der Fall im *Ring des Nibelungen*. Aber schon hier in *Tristan und Isolde* ist der Hass das wenn auch ambivalente Zeichen für den extremen Seelenzustand. Hass richtet sich zunächst gegen den, dem eigentlich die Liebe gilt. Hass gilt aber auch dem wirklichen Feind, gekennzeichnet durch das für Wagners Vokabular charakteristische Wort »tückisch«, das für die Thematisierung des Herrschaftskampfes im *Ring des Nibelungen* wichtig wird. Hier spricht Tristan vom »Haß« gegen den »tückischen Tag«.[425]

424 Richard Wagner, *Tristan und Isolde*. In: ders., *Gesammelte Schriften und Dichtungen*. Leipzig 1873, Bd. 7, S. 58.
425 Ebd., S. 55.

Der Tag ist seit der mittelalterlichen Liebeslyrik der Widersacher der nächtlichen Liebenden. Hier ist das Motiv romantisch vertieft, indem die Nacht zur »heil'gen Nacht«[426] erklärt ist, der Zeitphase des erotischen Glücks, des glücklichen Todes, der ewigen Wonne. Das entspricht zum Teil in wörtlicher Übereinstimmung jener Sakralisierung der Nachtsphäre und Abweisung der Tagessphäre, die in Novalis' 1800 erschienenen *Hymnen an die Nacht* der romantischen Generation als Mitgift des Dichters hinterlassen worden war. Novalis hatte der Nacht als »heiliger« Zeit in – für seine Epoche – offenherzigen Worten die sexuelle Lust und den Tod zugeordnet und sie dem geheimnislosen Tag gegenübergestellt. Mit dem Vergessen der Tagwelt hatte Novalis die Nacht als »unendlicher Geheimnisse schweigender Bote« gefeiert. Zu solch einem esoterischen Verständnis von Geheimnis steht Wagners Metaphorik eigentlich im Gegensatz. Seine Geheimnissprache ist opulent-demonstrativ. Dennoch ist die Erklärung, der Tag sei hassenswert und die Nacht sei die Sphäre des Eros und des Todes, Novalis geschuldet. Die frühromantische Feier wird in *Tristan und Isolde* neu erfunden. Die Konzentration auf den reinen Affekt, ungeschmälert durch die beigefügten psychischen Motive, gewinnt durch das Bündnis mit der Nacht nicht nur an Intensität, sondern an Absolutheit. Die beigefügten Szenenanweisungen zu Isoldes ekstatischen Zuständen sollen jeden Zweifel darüber ausräumen, dass diese Zustände das Thema der ganzen Oper sind. Die Handlung selbst enthält keine dramatischen Kehren und Wendungen, sie dient ausschließlich dazu, dem Liebesgefühl der beiden Liebeshelden so viel Ausdrucksmöglichkeit wie nur möglich zu geben. Die Liebesthematik begünstigt Wagners zentralen Impuls in Richtung grandios gesteigerter Zustände oder Wahrnehmungen, obwohl die Liebe in der Literatur auch sehr viel stillere, nuanciertere Darstellungen gefunden hat. Die Oper hat

426 Ebd., S, 62.

das nicht gewollt und nicht gekonnt. Auch wo keine extravaganten Figuren der romantischen Sage, sondern schlichte Alltagscharaktere, wie in *Die Meistersinger von Nürnberg*, die Rollen besetzen, hält die Sprache des Unüberbietbaren prachtvollen Einzug:

> Selig, wie die Sonne
> meines Glückes lacht,
> Morgen voller Wonne,
> selig mir erwacht!
> Traum der höchsten Hulden,
> himmlisch Morgenglüh'n!
> Deutung euch zu schulden,
> selig süß Bemüh'n![427]

Verglichen mit dem abschließenden Lobpreis auf die deutschen Meister als Inkarnation der deutschen Kunst durch Hans Sachs, den archetypischen Dichter als Handwerker, klingt die glückliche Weise von Eva, der Tochter des Goldschmieds Pogner, über ihr Liebesglück zwar nicht wie die ekstatische Isoldes. Aber sie bewegt sich von Wortgipfel zu Wortgipfel, wie solche Gipfel jeweils für die idealistischen Hochtöne im *Ring des Nibelungen* charakteristisch sind, indem sie Wörter aus der frühen Lyrik Goethes nachahmen. Auch Evas Weise klingt nach einem absoluten Maßstab ihres Glücks. Hans Sachs' Schlussgesang will auch auf einen solchen hinaus, verfehlt ihn aber wegen der Handhabung eines teutonischen Vokabulars, auch wenn das weniger dem Heraufkommen eines neuen Reiches als der Feier der alten Reichsherrlichkeit gilt, die verkörpert ist in den süddeutschen Städten.

Isoldes Nacht- und Todessehnsucht ist von anderem Kaliber, aber das Prinzip der Stilisierung des Alltäglichen zum Nichtall-

---

427 Richard Wagner, *Die Meistersinger von Nürnberg*. In: ders., *Gesammelte Schriften und Dichtungen*, Bd. 7, S. 343.

täglichen ist das gleiche. Am Ende hat der Liebesaffekt alles verschlungen, was an Gegenaffekten Sprache und Melodie geworden ist – als ein universales Zeichen: Wenn das Liebesgefühl aufgeht in des »Welt-Athems wehendem All«,[428] dann ist von der romantischen Legende, die Gottfried von Straßburg – inspiriert von Chrétien de Troyes um 1200 – erzählt hat, nichts mehr übriggeblieben als äußere Handlungsteile. Vor allem ist Gottfrieds gelehrter Minne-Diskurs verkehrt in eine frenetische Anrufung erotisch-sexueller Lust. Diese transzendiert Wagner aber schließlich in die Ausdrucksform des Prinzips des Lebens selbst. Aufgeklärte Kenner nennen das gern, in Anlehnung an die letzten Worte Isoldes (»unbewußt – höchste Lust«[429]), Wagners frühe Entdeckung des »Unbewussten«, von Sigmund Freud sogar bestätigt. Dem widerspricht, wie schon angedeutet, die Abwesenheit einer strukturell analytischen Begründung und die Emphatisierung eines großen Ganzen namens »Leben«.

2

Der Ring des Nibelungen ist gewiss wegen der nationalpolitischen Wirkung einer wiederbelebten nordischen Mythologie von großem Belang. Bedeutend ist das vierteilige Drama (*Das Rheingold*, *Die Walküre*, *Siegfried*, *Götterdämmerung*) aber deshalb, weil in ihm die Affekte der Liebe und des Hasses zu einem Prinzipienkampf gesteigert werden. Das ist durch die Entwicklung der Handlung als ein immer wieder feindliches oder enthusiastisches Zueinander vorgegeben. Die Kombination der Darstellung von Hass und erotischem Begehren verweist auf eine

---

428 *Tristan und Isolde*, S. 112.
429 Ebd.

lebensphilosophische Lektüre der Geschichte, die nur noch Reste des ursprünglich teleologisch-geschichtsphilosophischen Impulses zeigt. Wagners Feuerbach-Lektüre hatte diese Veränderung verursacht. Wenn Wagner das *Nibelungen*-Drama nicht auf dem mittelalterlichen *Nibelungenlied* des unbekannten Dichters um 1200 aufbaute, sondern auf den beiden skandinavischen Texten, dem isländischen *Wälsungen*-Lied und der altnordischen *Edda*, dann deshalb, weil er historische Identifikationen für seinen Zweck vermeiden musste. Das *Nibelungenlied* war seit seiner Wiederentdeckung und Lachmanns Ausgabe von 1826 und nicht zuletzt seit Friedrich Hebbels Drama *Die Nibelungen* (1861) geradezu *en vogue*.

Aber gerade das, was die literarische und akademische Öffentlichkeit faszinierte – die Schilderung des Kampfes und des Untergangs der rheinischen Helden im Hunnenland, unter den Augen von Kriemhild, die ihren von Hagen ermordeten Siegfried rächt –, eben dieser historische Reflex konnte Wagner nicht interessieren. Seine Art von Untergangsthematik wollte sich nicht aus der Völkerwanderungszeit herleiten. Vielmehr strebte er eine mythologisch konstruierte, aber aktuell zu beziehende Zeitdiagnostik an. Die dieser Absicht entsprechenden Affekte der Liebe und des Hasses verleihen den Charakteren elementare Energien, was bei der Psychologisierung historischer Figuren nicht möglich gewesen wäre. Auch eine ästhetische Lesart des Archaischen, wie sie Heine vorgelegt hatte, konnte das nicht ändern. Heine hatte 1836 das *Nibelungenlied* gepriesen als eine »Sprache von Stein«, deren Verse »gleichsam gereimte Quadern« seien, wo »Hier und da, aus den Spalten ... rote Blumen« hervorquellen würden »wie Blutstropfen«.[430]

---

430 Heinrich Heine, *Die romantische Schule*. In: ders., *Sämtliche Schriften*. Hrsg. v. Klaus Briegleb. München und Wien 1976, Bd. 5 (hrsg. v. Karl Dörnbacher), S. 455.

Und somit ändern sich die Geschichte und der Charakter der zu Hauptfiguren aufsteigenden Siegfried und Brünnhilde, und die im *Nibelungenlied* nicht auftretenden Figuren Siegmund und Sieglinde treten hinzu. Sie werden zu zentralen Präfigurationen des weiteren Geschicks, während König Gunther, seine Brüder oder Volker, der Spielmann, entweder zu Nebenfiguren herabgesetzt sind oder gar nicht mehr auftreten. Nur Hagen ist neben Siegfried und Brünnhilde zu einer entscheidenden Gestalt erhoben, die fast gleichrangig neben Wotan und Alberich steht. Es versteht sich, dass der christliche Kontext des mittelalterlichen Feudaladels durch die altnordische, von der *Edda* erzählte heidnische Religion bzw. Zivilisation ersetzt ist, dies aber ebenfalls in aktualisierter Funktion. Und so ist die Darstellung des Hasses und der Liebe als Seins-Prinzipien auch nicht von rassistischen Motiven motiviert. Sosehr in den Szenenangaben die germanische Frühzeit bis ins Detail der Räumlichkeiten und Lebensformen deutlich werden soll, so sehr dient das frühzeitliche Ambiente dem Konzept der Mobilisierung von Energien, die in der *Götterdämmerung* ihr tragisch-erhabenes Ende finden werden. Das Drama bewegt sich ja auf den Untergang der Götter zu, auf Wotans Selbstaufgabe als herrschendes Prinzip: aber im Sinne der Allegorie einer neuen Selbsterkenntnis der menschlichen Individualität, wie die plausibelsten Auslegungen des vieldiskutierten Endes vorschlagen.[431]

Die nordische Mythologie geht umstandslos in märchenhafte Szenerie über, wenn im ersten Akt des Weltendramas »auf dem Grund des Rheins« beim Aufeinandertreffen der Rheintöchter und Alberichs eine erste, wenn auch groteske Darstellung des leitenden Themas stattfindet: Das Gegeneinander von Begeh-

---

431 Zum »Endgame« des *Rings des Nibelungen* vgl. Philip Kitscher / Richard Schacht, *Finding an Ending: Reflections on Wagner's »Ring«*. New York 2004. Außerdem Robin Holloway, *Motif, Memory and Meaning in »Twilights of the Gods«*. In: ders., *On Music: Essays and Diversions*. Brinkworth 2003.

ren und Ablehnung, von Hohn und Wut, von Liebe und Hass. Alberichs Raub des Rheingolds, dem die Bedeutung der Machtgewinnung zugesprochen wird, sobald man aus ihm einen Ring gewinne, bereitet die Szenen der einander widersprechenden Emotionen vor. Dass diese Emotionen besonders genannt sind – »sprachlose Wut«, »Liebesgier«, »Minne Brunst«, »Wonne«, »Gleiche Gier« –, kennzeichnet die Absicht, keine geläufigen psychologischen Charakteristika zu verwenden. Es sind statt dessen Wörter, welche die elementare Zone zwischen Erotik und Macht zum Schauplatz der Ereignisse erklären. Die Konstellation Liebe/Hass ist durch Alberichs Raub des Rheingolds markiert. Den eben noch sexuell begehrten Rheinmaiden höhnisch absagend, ruft er:

> Das Licht lösch' ich euch aus;
> das Gold entreiß' ich dem Riff,
> schmiede den rächenden Ring:
> denn hör es die Flut –
> so verfluch' ich die Liebe![432]

Alberich verflucht die Liebe, denn er hat das entscheidende Charakteristikum des Rheingolds, von dem eine der Rheintöchter sprach, nämlich »der Welt Erbe« zu erlangen, sofort zu seinem neuen Ziel erklärt und damit selbst Wotan herausgefordert: »Welterbe«! Wagner setzt für traditionelle politische Terminologie, hier die endgültige Herrschaft über die Ansprüche anderer, das ihm angemessen erscheinende substantialistische Idiom ein. Der Kunstgriff, die konventionelle Begrifflichkeit durch eine besonders erlesen klingende Form von Archaismen, die aber zeitlose Gültigkeit beanspruchen, zu ersetzen, geht Hand in Hand mit der märchenhaften Szenerie. Gewiss, die Wasser-

---

432 Richard Wagner, *Der Ring des Nibelungen. Ein Bühnenfestspiel für drei Tage und einen Vorabend. Textbuch mit Varianten der Partitur.* Hrsg. und kommentiert von Egon Voss. Stuttgart 2012, S. 26f. (v. 311-315).

landschaft war vorgegeben durch das Rhein-Thema der Nibe-
lungensage, auch durch Felix Mendelssohn Bartholdys *Melusi-
nen*-Oper, der aber der Umbruch ins Düster-Gefährliche entgegengesetzt wird. Jedenfalls impliziert die Wahl der Märchen-
und Sagenszenerie, durch die Tragödie fortgeführt, dass die
Machtphantasie, die langsam entfaltet wird, keine realpolitische
Geschichte meint. Das Märchen bzw. der Mythos dient der pessimistischen Kritik des Zeitalters als Allegorie. Und so auch das
Wort »der Welt Erbe« sowie alle einschlägigen Worterfindungen Wagners. Was wie eine raunende Redewendung klingt, will
die düstere Geschichtsperspektive elementar vertiefen. Dem
entspricht es, dass als Bewegungskräfte der Geschichte Hass
und Liebe figurieren und in *Rheingold* dadurch das Kommende
ankündigen.

In der veränderten Szene auf der Götterburg Walhalla über
dem Rhein variiert das Gespräch zwischen Wotan und Fricka
die Liebes- und Machtthematik polemisch, um mit dem Auftritt
der Riesen Fasolt und Fafner den schon strategisch angelegten
Hass-Diskurs zu erweitern, ohne dass das Wort »Hass« vorläufig fiele. Dem hasserfüllten Reden ist der Vorwurf des »Verrats«
zugeordnet. Dies ist der vom Ressentiment getriebene Vorwurf
der plumpen Riesen gegen Wotan, den strahlenden Gott, wie er
der gehässigen Rede eigentümlich wird. Der Verratvorwurf
kommt aber auch aus dem Munde des stolzen Helden und führt
schließlich zur Szenerie der Götterdämmerung. Der Verratvorwurf lässt sich als ein Schlüsselwort von Wagners Kulturkritik
verstehen, das die schon erwähnten polemischen Briefe der 1850er
Jahre durchzieht, in denen Wagner seine Verletztheit durch den
Musikbetrieb der deutschen Länder aggressiv ausdrückt, wobei
das Wort »Verrat« verschiedenste Anwürfe umfassen kann. Die
dem nobleren »Hass« zugeordneten Ethosgesten verweisen auf
Wagners moralischen Tugendspiegel, wonach ein weltbeherr-
schender Dualismus zwischen Hohem und Niedrigem regiert.
Das Politikverständnis des ehemaligen Revolutionärs hat sich

offensichtlich in ein letztlich apolitisches »Welt«-Verhältnis verwandelt, die Reduktion der politischen Kritik auf die Korruption der Oper, der »Lustdirne«, dem *Der Ring des Nibelungen* endgültig die Effekte des Erhabenen zwischen Liebe und Hass entgegensetzt.

Daher also die archaisierende Innovation der Sprache, das einstige Opernlibretto als neue Dichtung. Dieser Sprache ist von Größen der Literatur, vor allem von T. S. Eliot und Thomas Mann, in unterschiedlicher Weise gehuldigt worden, die Archaismen und ihr Anspruch haben sie offensichtlich nicht gestört. Der Ehrgeiz, zur Musik die Dichtung zu liefern, hat die Wahl eines elementar archaisierenden Vokabulars begünstigt und nicht zuletzt der Darstellung des Hasses und der Liebe in dieser Verbindung Hoheit verliehen. In der abgezirkelten Wiederholung üben beide Wörter dann, wie man sehen wird, die Wirkung von symbolischen Zeichen aus.

Die Ausbrüche des niedrigen Hasses der von Wotan abgewiesenen Riesen und der unheimliche Hassausbruch Alberichs, der den Ring verloren hat und ihn verflucht, antizipieren die Kräfte, die den kommenden Untergang der bisherigen Welt begleiten. Damit kennzeichnet die Hass-Semantik einen abgründigen Dualismus, eine düstere Horizont-Wahrnehmung, den Verweis auf den Eintritt einer Katastrophe, die mit Wotans Gewinn des verfluchten Rings eskaliert. Entscheidend ist dabei, dass das Wort »Hass« im Fortschreiten des Dramas nicht nur an Bedeutsamkeit zunimmt, sondern dem Ton jeweils eine besondere Intensität gibt oder auch: über alle anderen Wörter emporsteigt. Eine Vorentscheidung für diese Steigerung des Ausdrucks fällt in der vierten Szene von *Rheingold*, wenn in der Musik zum ersten Mal das dann immer wiederholte sogenannte »Nibelungen-Hass-Motiv« auftaucht. Zum ersten Mal, als Alberich den Ring verflucht und demjenigen den Tod prophezeit, der ihn besitzen wird.

Es drängt sich die Frage auf, ob der Hass im *Ring des Nibe-*

lungen nur dem »Bösen«, als Gestalt oder Denkart, vorbehalten bleibt, wie es im Introitus der Oper *Rheingold* der Fall ist. Alberich ist der Erzbösewicht, aber ihm kommt doch im Personengeflecht ein höherer Rang zu, als der Spott, den er erfährt, zunächst denken lässt. Auch die hasserfüllte Ortrud in *Parzival* ist erzböse, aber um so eindrucksvoller, wie Wagner selbst meinte. Wie schon erörtert, kann der Hass sehr wohl, wie im Falle Isoldes, für eine hehre Gestalt charakteristisch sein. Seine Zeichenhaftigkeit und sein theatralischer Ausdrucksgewinn gehen so oder so nicht verloren. Sofern der Hass mit dem Bösen identisch wird, droht natürlich die Gefahr, dass die Hass-Metapher in einen ethischen Kodex versetzt erscheint und dadurch an der ihr eigentlich innewohnenden Potenz des Unheimlichen verliert, sofern der Bösewicht nicht ein Prinzip repräsentiert, sondern einfach nur Niedrigkeit. Das tritt im Falle Alberichs seit seinem ersten Auftritt nachdrücklich nicht ein und bleibt auch in den ihm zugeordneten Hass-Szenen der nächsten Akte ausgeschlossen. Sein Hass gewinnt Größe erst am Ende der Tragödie.

Die Signifikanz des Hass-Effekts lässt sich auch daran erkennen, dass dort, wo keine Hass-Darstellung und keine Liebesrede die Handlung prägen, nämlich in den beiden ersten Aufzügen des *Siegfried*-Teils, das Drama wohl eher aufgrund des Melodischen emotional oder sprachlich interessant ist. Es geht auch kaum um die mythologisch überlieferten Fakten, um die Geschichten von Siegfrieds Schwert und Siegfrieds Gewinn des Nibelungenhortes nach der Tötung seines Besitzers, des in einen Lindwurm verwandelten Riesen Fafner. Die Reden Siegfrieds mögen nach Wagners Vorstellung angemessen sein für die Reinkarnation der Märchenfigur »Einer, der auszog, das Fürchten zu lernen«. Aber die Siegfried zuerkannte Harmlosigkeit der Rede, die sprichwörtliche Naivität, die Wagner als spezifische Tugend der Reinheit inszeniert und die sich schon im *Nibelungenlied* von der tragischen Aura der Burgundenrecken unterschied, schließt den Effekt aus, den die Hass-Rede so prachtvoll entfaltet. Die von Roger Scruton der Siegfried-Gestalt zuerkannte Bedeutung als eine Figur der »Übergänge« im Sinne des strukturalistischen Ritualtheorems[433] wird von der Sprache Wagners nicht eingeholt. Auch Thomas Manns Lobpreis auf Siegfrieds Träumerei unter der Linde als gelungene Integration des Mythischen und des Sexuell-Erotischen übergeht die Sprache, in der Siegfried spricht.[434]

So kommt es paradoxerweise, dass das bis dahin dramatischste Ereignis, Siegfrieds Gewinn des Nibelungengoldes und des Rings, an emotionalem Affekt und ästhetischem Effekt hinter die vorausgegangenen Akte zurückfällt. Aufgeholt wird dies erst wieder im dritten Aufzug von *Siegfried* mit Wotans an Erda gerichteter Rede, vor allem aber in dessen Rencontre mit Siegfried und schließlich mit der Erweckung Brünnhildes durch Siegfried in der Feuerlohe. Nunmehr hört man aus Wotans und Siegfrieds Mund Worte, wenn nicht des Hasses, so doch des Zorns und der Rache, die der Hass-Rede in der Literatur ja verwandt sind. Siegfrieds Handlungsweise entspricht dem: Die Zerspaltung von Wotans Speer durch Siegfrieds Schwert »Balmung« kehrt das Zerspringen von Siegmunds ebenso mythischem Schwert an Wotans Speer um: Darin vollzieht sich Siegfrieds Rache an Wotan, der seinerseits Siegfrieds Vater dem Tod ausgeliefert hat. Vor allem aber vollziehen sich damit das definitive Ende der Herrschaft der Götter und der Beginn des Menschen als des einzigen Trägers von Verantwortung für die Welt. Insofern enthält der *Siegfried*-Teil eines der stärksten Symbole des Dramas. Brünnhildes und Siegfrieds Liebesreden beschließen in ihrem Pathos und in ihrer Intensität angemessen die Rache-Reden und Rache-Akte der vorangegangenen Szenen. Viel-

---

433 Vgl. Roger Scruton, *The Truth of the Ring*. London 2013, S. 285.
434 Vgl. Thomas Mann, *Leiden und Größe Richard Wagners*. In: ders., *Reden und Aufsätze 1. Gesammelte Werke in 13 Bänden*. Frankfurt am Main 1990, Bd. IX, S. 370f.

leicht gewinnt der dramatische Abschluss des *Siegfried*-Teils aber auch dadurch, dass der Beginn so ausdrücklich lyrisch die Unschuld der schlichten Mythe, die Volksliedelemente, die Rede vom sprechenden Vögelein musikalisch in Szene setzt: als Zone der Reinheit. Deshalb erwähnt Wagner auch die besondere Form von Siegfrieds Unverletzbarkeit nicht, die im *Nibelungenlied* so wichtig ist. Denn ein vom Drachenblut Beschützter mag unbezwingbar sein, tapfer ist er unter den Bedingungen von Ritterlichkeit eigentlich nicht. Wenn dies im *Nibelungenlied* nicht als Kodexverletzung wahrgenommen wird, dann erklärt sich dies daraus, dass Siegfrieds Unverletzbarkeit keine vollkommene ist. Auch stellt sie das ihm a priori zugesprochene Heldentum nicht in Frage, da er seine Unverletzbarkeit ja in einem Kampf gewonnen hat, den sonst keiner gewagt und überstanden hätte.

Hass-Affekt und Liebesaffekt eröffnen als Effektkette das Drama, wenn Alberich die Liebe beim kurzen Ring-Gewinn verflucht. Diese Dualität tritt im *Walküre*-Akt ganz in den Vordergrund: während des Hass-Dramas zwischen Siegmund, Sieglinde und Hunding sowie im Zusammenstoß Wotans mit der Walküre Brünnhilde. Derjenige, der das Hass-Wort buchstäblich erstmalig ausspricht, ist abermals ein Böser, aber von niederer Art: Hunding. Dem Flüchtling Siegmund für eine Nacht Obdach gewährend, ihm aber für den nächsten Tag Kampf und Tod ankündigend, lässt Hunding den Hass zur Aktion werden. Siegmund ist Hunding verhasst und provoziert seine Rache, nicht weil Hunding entdeckt hat, dass Sieglinde, Hundings durch Raub erworbene Frau, die Schwester des Fremden ist und im Begriff, dessen Geliebte zu werden. Vielmehr deshalb, weil aus dem, was der Flüchtling erzählt, hervorgeht, dass dieser, ohne es selbst schon zu ahnen, mit der Familie Hundings auf Blut und Tod verfeindet war und von dieser Familie seit langem gesucht wird. In Siegmunds Reaktion verbindet sich die Hass-Energie mit der Liebesleidenschaft. Um so mehr, als der von Wagner mit Furor ausgestaltete Inzest zwischen Siegmund und seiner Schwester dem sexuell-erotischen Akt als Ereignis besondere Intensität gibt. Die Verbindung der beiden gegensätzlichen Affekte in Siegmunds Auftreten zeigt sich auch, wenn das Schwert der Wälsungen erstrahlt, das Siegmund in der Esche vor Hundings Haus erblickt, und gleichzeitig Sieglindes Sehnsuchtsblick aufgerufen wird. Das Schwert und der Blick werden auch hier zu Symbolen des Elementaren, um das es fortan im Drama gehen wird: um Liebesnacht und Todeskampf.

Dem Kampf des Hass-Redners Hunding mit Siegmund geht das Erscheinen einer weiteren, mächtigen Figur voraus, in der Hass-Energie sich verkappt: Wotans Gemahlin Fricka, die Repräsentantin ehelicher Treue und erotischer Konvention, steigt auf ihrem widderbespannten Wagen aus der Schlucht empor: »Ich vernahm Hundings Not, / um Rache rief er mich an«,[435] sagt sie zu Wotan, der eigentlich Siegmund, seinem Sohn aus einer seiner Affären, den Sieg geben will. Sollte Siegmund straflos ausgehen, das heißt beim angesetzten Zweikampf mit Hunding siegen, dann wäre dies, so Fricka, ihre Erniedrigung. Wo Rache gefordert ist, wird sie immer von Hass gefordert. Der feindselige Wortwechsel zwischen Gott und Göttin, bei dem sich Wotan seinerseits zu »furchtbarem Unmut und innerem Grimme« steigert, wie es in der Szenenanweisung heißt, gipfelt in Wotans verächtlicher Charakterisierung der Gegensätzlichkeit zwischen seiner und Frickas Mentalität: »Stets Gewohntes / nur magst du verstehn: / doch was noch nie sich traf, / danach trachtet mein Sinn! –«[436]

Das ist Wagners eigenes Bekenntnis an die Adresse des Spießers, wen immer er darunter verstand – meist einen Vertreter des Musikbetriebs. Aus Wotan spricht Wagners Hass gegen

---

435 *Der Ring des Nibelungen*, S. 130 (v. 649f.).
436 Ebd., S. 134 (v. 759-762).

die Reaktionäre, gegen deren »Hass gegen alles Lebende, wirklich Existierende«, wie er charakteristischerweise im zitierten Brief an Liszt über Ortrud schrieb. An der Formulierung zeigt sich, inwiefern Wagner die Präsenz der Leidenschaft als schieren Ausdrucks des Lebens jenseits normativer Beglaubigung akzeptierte. Das galt nicht nur für die Liebe, sondern auch für den Hass! Ein noch schneidenderer Grimm prägt Wotans Gespräch mit Brünnhilde, seiner Tochter aus einer seiner vielen Liebesbeziehungen und der Anführerin aller Walküren in seinem Dienste. Ein Gespräch über die mit dem Wälsungen-Schicksal verbundene Zukunft der Götter selbst, die vom »neidischen Grimm« Alberichs bedroht ist. Wotans Hass-Rede wider den Hass des Nibelungen lautet: »Vom Niblung jüngst / vernahm ich die Mär', / daß ein Weib der Zwerg bewältigt, / dess' Gunst Gold ihm erzwang. / Des Hasses Frucht / hegt eine Frau; / des Neides Kraft / kreißt ihr im Schoße: / das Wunder gelang / dem Liebelosen; / doch der in Liebe ich freite, / den Freien erlang' ich mir nie!«[437] Wotans Worte beziehen sich auf seinen Sohn Siegmund, dessen Tod im Zweikampf mit Hunding zu bewirken er sich gezwungen sieht. Darüber verzweifelt, wünscht Wotan nunmehr nur noch sein eigenes Ende und verheißt dem zukünftigen Sohn Alberichs – es wird Hagen sein –, dereinst eine entscheidende Rolle zu spielen: »So nimm meinen Segen, / Niblungen-Sohn! / Was tief mich ekelt, / dir geb' ich's zum Erbe, / der Gottheit nichtigen Glanz: / zernage sie gierig dein Neid!«[438]

In der sich verbreitenden Stimmung der Abdankung, die endgültig wird beim Zusammentreffen mit Siegfried, tritt gleichzeitig ein spezifisches Hass-Element hervor: Souverän bleibend, keinen Neid spürend, erhaben. Der von Brünnhilde nicht verstandene dunkle Sinn von Wotans Worten hat in der Hass-Me-

437 Ebd., S. 147f. (v. 1111-1122).
438 Ebd., S. 148 (v. 1123-1128).

tapher das Bild für den Grund eines strategischen Pessimismus im Angesicht des Weltgeschehens benannt. Wotan ist durch »Verträge«, Wagners kulturkritisches Schlüsselwort, gehindert, sich noch einmal in den Besitz des Nibelungengoldes zu bringen. Brünnhilde, die Siegmund retten wollte – ebenso wie Wotan –, vernimmt die Zornrede Wotans, nachdem dieser in »wilden Schmerz der Verzweiflung« ausgebrochen war und sein Ende gefordert hatte:

> Kennst du Kind meinen Zorn?
> Verzage dein Mut,
> wenn je zermalmend
> auf dich stürzte sein Strahl!
> In meinem Busen
> berg' ich den Grimm,
> der in Grauen und Wust
> wirft eine Welt,
> die einst zur Lust mir gelacht: –
> wehe dem, den er trifft!
> Trauer schüf' ihm sein Trotz! –[439]

Was sich als Geschichtsmetaphysik ankündigt, verwandelt sich aufgrund der Priorität der emotionalen Zustände zwischen Zorn, Neid, Hass einerseits und erotischer Begierde und Liebe andererseits scheinbar in ein Liebesdrama. Die Priorität der Gefühlsstrategie teilt sich selbst im Ton des Gesprächs der Walküre Brünnhilde mit Siegmund kurz vor dessen Kampf gegen Hunding sowie in ihrem Gespräch mit Wotan am Ende des Aktes mit, obwohl sie dann schon, aus der Walkürenschar verstoßen, auf dem Berg, der umsäumt ist von einem Flammenmeer, der Waberlohe, zu leben haben wird. Es ist, als befalle die Walküre Brünnhilde bei der Wahrnehmung von Siegfrieds Vater Siegmund eine Vorahnung, dass sein Sohn ihr Geliebter werden

---

439 Ebd., S. 150 (v. 1167-1177).

würde. Abgesehen vom Blickkontakt nähert sie sich ihm, wie sie sich Siegfried nähern wird: »langsam und feierlich«.[440] Eine Stimmung wird erzeugt, die dem Kontext des Kampfes eigentlich widerspricht. Sie widerspricht aber nicht dem Ineinander von Hass-Rede und Liebesrede: Beide Leidenschaften bewegen als Elementargeister die Welt, zu welchem Ende auch immer.

Nun blieb Wagner nichts anderes übrig, als die Liebe nachdrücklich auf die Szene zu bringen, denn woraus sonst bestand die Oper seit ihren italienischen Anfängen um 1600 als aus der Liebesarie! Auch wenn sie sich als Wiedererweckung der griechischen Tragödie dachte. An diesem Widerspruch hatte Wagner ja eingehakt, als er der zeitgenössischen Oper die geistige Begründung ihrer Emotionen absprach. Statt dessen hatte er den tieferen Affekt durch seine Worterfindungen gesucht, um mit ihnen den wahrhaften Effekt zu produzieren. Es sprang in die Augen, dass die Figur Siegfrieds, wie sie der Zwergen- und Lindwurm-Thematik entstieg, der Hass- und Liebesrede nicht angemessen war. Nach der überlieferten Geschichte trägt diese Figur nichts zur Verhängnisgeschichte bei, fällt aus dem gesetzten Rahmen des tragischen Dramas heraus. Wenn Siegfried am Ende des dritten Aufzugs des *Siegfried*-Teils Brünnhilde hinter der Feuerlohe erblickt, verändern sich deshalb notgedrungen von einer Strophe zur anderen der Ton und das Vokabular seiner Sprache: In Vorwegnahme des ekstatischen Endes erreicht die plötzlich ausbrechende Liebessprache den Höhepunkt des ganzen Dramas. Siegfrieds Verwandlung vom burschikosen Jüngling zum tragischen Helden ist vorbereitet durch die ultrasymbolische Szene, in welcher er den Speer Wotans in Stücke spaltet, den Tod seines Vaters Siegmund am selben Speer rächend, an dem das Schwert Siegmunds zerbarst, so dass er von Hunding getötet werden konnte. Dementsprechend hat Siegfried sein harmlos-polterndes Idiom mit der Sprache des Hasses ver-

---

440 Charakterisierung in der Szenenbeschreibung: ebd., S. 310 (v. 2424).

tauscht, bevor er die Sprache der Liebe spricht: »Meines Vaters Feind! / Find' ich dich hier? / Herrlich zur Rache / geriet mir das! / Schwing deinen Speer: / in Stücken spalt' ihn mein Schwert«.[441] Erst nach seiner Verwandlung zum Rächer an dem ihm noch unerkannt bleibenden Wotan ist Siegfried auch zur Liebessprache gegenüber Brünnhilde fähig, die er in der unmittelbar darauf folgenden Szene entdeckt. Zuerst noch einmal zurückfallend ins Burschikose, beherrscht er dann doch endgültig das ihm zugedachte Pathos.

Es versteht sich, dass Siegfried und Brünnhilde sich lange ansehen, dass Siegfried, der nie Schrecken empfand, jetzt »erschrickt«, nachdem er Brünnhilde den Helm abgenommen hat, »in den Anblick versunken«.[442] (Solche Blickwechsel, welche in den Szenenanweisungen vorgegeben werden, sind in Wagners Werk topisch: Brünnhildes Blick in Siegmunds Auge, die entzückten Blicke zwischen Siegmund und Sieglinde, Siegfrieds und Brünnhildes emphatische Blickverschmelzung vor dem Weltuntergangsende variieren Wotans ersten Blick in das Auge seiner Tochter Brünnhilde.) Brünnhildes und Siegfrieds Wechselgesang – aufgipfelnd in Brünnhildes Vierzeiler: »O Siegfried! Siegfried! / Seliger Held! / Du Wecker des Lebens, / siegendes Licht!«[443] – setzt in seiner partiell parareligiösen Semantik einen absoluten Abstand zur psychologischen Rede. Wagners Versuch, in die Sphäre des Erotisch-Unbewussten einzutreten, wird durch die idealistische Wortwahl behindert. Das Pathos, die erotisch-sexuelle Situation als eine für Brünnhilde prekäre anzudeuten, den Zwiespalt zwischen dem die Lust suchenden Mann und der die Lust eher fliehenden Frau, dieses Pathos des Wechselgesangs – seit wann wäre dieses Pathos verjährt? Es hat auch die Funktion, die missverstandene Werbungsszene im Auftrag König Gunthers vorzubereiten, die schließlich die Ermordung Siegfrieds

441 Ebd., S. 305 (v. 2332-2337).
442 Ebd., S. 307 (v. 2369; Szenenbeschreibung).
443 Ebd., S. 311 (v. 2456-2459).

nach sich zieht. Entscheidend aber ist die Abstraktion der »Brunst« zu einer »Idee«, deren Höhe nicht durch ihre Ausführung befleckt werden darf. Nicht genug des jede alltägliche Erotik aufgebenden Pathos der Liebesrede, die im Munde Brünnhildes nicht nur mit religiösen Referenzen ausgestattet wird. Brünnhilde beschwört in ihrer Anrede an Siegfried kategorisch abermals auch die archaische Terminologie: »Hort der Welt!«, »Leben der Erde!«,[444] um die es bei der Erlangung des Rings am Vorabend in *Rheingold* gegangen war. Die Liebe ist schließlich transformiert zu einem Siegel für das Schicksal der Welt: »… lachend laß uns verderben – / lachend zu Grunde gehn!«[445] Wagner entschloss sich, die »Götterdämmerung«, die im Munde Wotans mehrere Begründungen gefunden hat, gänzlich der Liebesthematik auszuliefern: »Fahr hin, Walhalls / leuchtende Welt! / Zerfall' in Staub / deine Stolze Burg!«[446] Und Siegfrieds ins Pathos verwandelte Sprache bestätigt das Motiv der Liebesseligkeit im Tod. Seine Worte »leuchtende Liebe, / lachender Tod« sind die letzten Worte des *Siegfried*-Teils.

Wagners Dezisionismus, die ursprünglich von Wotan und Alberich mythologisch vermittelten Untergangsgründe nunmehr mit der Inbrunst von Brünnhildes und Siegfrieds Worten nicht neu zu begründen, aber unmittelbar zu verschränken, ist dem Hass-Liebes-Konzept geschuldet, das Kategorien der traditionellen Geschichtsphilosophie endgültig zugunsten einer »Welt«-Ansicht aufgibt. Insofern scheint die Unbedingtheit von Siegfrieds und Brünnhildes Liebe, die Roger Scruton so nachdrücklich im Erotisch-Existentiellen begründet, von mythischen Idealismen erdrückt. Es ging Wagner darum, das berühmte tradierte Motiv des »Liebestodes« zu verwandeln, es nicht in der ihm genuinen Zone der Psychologie zu belassen. Es musste ein Tod sein, der den Tod von allem in sich schließt.

444 Ebd., S. 317 (v. 2613).
445 Ebd., S. 321 (v. 2727f.).
446 Ebd. (v. 2728f.).

Die Beglaubigung hierfür war in der *Edda* vorgegeben: der Mythos, worauf zurückzukommen ist. Die Stilisierung des Hasses und der Liebe zu Urkräften der Geschichte war Wagners neues Ausdrucksmittel hierfür, der stärkste Effekt.

3

Seinen extremsten Ausdruck als solche Urkraft finden der Hass und die Liebe in *Götterdämmerung* im Dialog zwischen Hagen und Alberich, und schließlich in Brünnhildes Abschiedsgesang. Man erkennt das Wagnis, die Substitution psychologisch einleuchtender Passionen durch mythologisch erklärte, vergleicht man es mit der Darstellung tiefer Leidenschaft und extremer Ängste, die seit jeher die Oper kennzeichnete, in der Arie von Blut und Macht. Nicht von ungefähr war Rossinis Oper unter allen italienischen Opern so irritierend für Wagner gewesen, die Quintessenz dessen, was er an der zeitgenössischen Oper verwarf: das angebliche Auseinanderfallen von suggestiven Melodien einerseits und bedeutungsleerem Text andererseits. Diese Einschätzung hatte ein anderer Pathetiker, der romantische englische Dramatiker und Lyriker Byron, in dessen Drama *Sardanapalus* (1821) die Favoritin seines Helden ebenfalls auf den Scheiteraltar des Geliebten springt, schon früher, anlässlich von Rossinis Oper *Othello*, geäußert: Die Musik sei gut, düster aber seien die Reden. Und nachdem man die Jago-Teile weggelassen habe, das Ganze der eingepflanzte Unsinn! Dennoch: Rossinis 1826 in Paris unter großem Beifall aufgeführte Oper *Die Belagerung von Korinth* erlaubt uns, das Problem des Wagnerschen Hass- und Liebesdiskurses besonders zu perspektivieren.

Rossini hatte im Jahre 1826 seiner *Belagerung von Korinth* eine Handlung aus dem Jahre 1453 zugrunde gelegt und die tragische Leidenschaft zwischen dem türkischen Eroberer Mahomet II. und der Griechin Pamyra zum Thema erhoben – während des griechischen Aufstands gegen die Türken zu dieser Zeit ein auch politisch fesselndes Thema! Dargestellt sind der ursprüngliche Affekt beider und die folgende patriotisch motivierte Distanzierung Pamyras, ihr schließlicher Selbstmord: Sie ersticht sich vor den Augen ihres sultanischen Liebhabers. Dieser ist auf die Weltherrschaft aus – das Thema von Marlowes *Tamburlaine* – und zerstört (wie dieser) am Ende die eroberte griechische Stadt, deren Kultur er zunächst tief bewundert hatte, bis auf ihre Grundfesten: ein absolutes Ende in einem modernen, kulturell-ethnischen Konflikt.

Ohne historisch-mentalgeschichtlichen Gegensatz kein Liebespathos und kein Untergang hier. Und so in allen Opern und Dramen der Epoche, beispielhaft in Friedrich Hebbels Behandlung des Nibelungen-Themas die dem historisch-psychologisch markierten *Nibelungenlied* folgte. Insofern war die Darstellung von Siegfrieds Ankunft am Hof der Burgunden für Wagners mythologisches Endspiel statt des historischen eine Herausforderung. Das apokalyptische Ende ließ Wagner durch die Prophezeiung der Nornen voraussagen, eine letztgültige Bestätigung von Wotans als des »Wanderers« unerlöstem Pessimismus und von Brünnhildes, nicht mehr als der Walküre, Inbrunst für ein tödliches Finale.

Nun aber die »Halle der Gibichungen am Rhein«: Im *Nibelungenlied* haben dort König Gunther, seine Brüder Gernot und Giselher nebst ihrer Schwester Kriemhild und der Königsmutter Ute ihren Sitz. Dazu gesellen sich vor allem Hagen von Tronje, der Heerführer der Burgunden, und Volker von Alzey, der Sänger, auch er von Rang und Bedeutung für den Fortgang der Geschichte. Mit diesem Personal des *Nibelungenliedes* wären den bisher aufgetretenen mythologischen Figuren in Wagners Drama historische gegenübergestellt worden. Der Geschichte der *Volsunga*-Sage folgend reduzierte und veränderte Wagner das rheinische Personal: Die über alles signifikante Kriemhild verschwand zugunsten der harmlos passiven Gutrune. Die beiden Brüder Gunthers sind ebenfalls verschwunden. So auch der Sänger Volker, mit dem sich eine der ergreifendsten Szenen des *Nibelungenlieds* verbindet. Hagen hingegen steht im Vordergrund, rückt neben Brünnhilde zur wichtigsten Figur auf, neben der Liebe den Affekt des Hasses sicherstellend, charakteristischerweise ohne seinen Adelstitel, der die feudale Herkunft, also ein historisches Datum, bezeichnen würde. So wird der mythische Siegfried von zwei enthistorisierten Gestalten, Gunther und Hagen, empfangen, wobei deren örtliches Ambiente, der Rhein, ebenfalls mit der zu Beginn der Oper inszenierten mythologischen Fassung des Flusses in Einklang steht.

Hagen ist derjenige, der Siegfrieds Geschichte kennt und den tückischen Einfall entwickelt, die Werbung Gunthers um Brünnhilde durch Siegfried vollbringen zu lassen, weil nur Siegfried die Feuersbrunst ihres Felsens zu durchbrechen vermöchte und die Tarnkappe seine wahre Identität verbirgt. Hagen weiß dies alles, weil er der von Wotan vor langer Zeit angekündigte Sohn Alberichs ist, den dieser mit einer Erdenfrau, ausgerechnet der Königsmutter der Burgunden, gezeugt hat. Auch wenn der historische Kontext reduziert ist, haben an die Stelle des Pathos vorläufig mythologisch-repräsentierende Gegenstände zu treten: Gutrunes Horn, Siegfrieds Schwert, Brünnhildes Ring, die Rune im Namen von Gunthers Schwester, das Ritual der Blutsbrüderschaft zwischen Siegfried und Gunther. Die Verzögerung des zentralen Ereignisses durch dessen Vorbedingung – die Eroberung Brünnhildes durch Siegfried und die Entdeckung dieser Täuschung durch den Ring an Siegfrieds Finger – setzt die von Verrat gekennzeichnete Geschichte angemessen fort.

Die Wiederaufnahme der leitenden Idee geschieht im zweiten Aufzug der *Götterdämmerung*: im grandiosen »Hass«-Dialog zwischen Alberich und Hagen. Wie spektakulär Siegfrieds zweite, unter der Tarnkappe unerkannt ermöglichte Gewinnung Brünnhildes auch erscheint und wie dramaturgisch fesselnd die folgenreiche Entdeckung dieser Täuschung bei diesem Unternehmen ist, das, was zwischen Alberich und Hagen gesprochen wird, bringt den wichtigsten Effekt zustande. Die allerletzten Sätze der Szene und derjenige, der sie spricht, sind alarmierend! Alberich:

> Schläfst du, Hagen, mein Sohn? –
> Du schläfst, und hörst mich nicht,
> den Ruh' und Schlaf verriet?[447]

Alberich war das letzte Mal (im vorangegangenen Akt) im Gespräch mit seinem Bruder Mime über den Ring im Besitz Siegfrieds gehört und gesehen worden. Mime wurde danach von Siegfried getötet, nachdem er diesen mehrfach mit dem Hass-Wort belästigt hatte, während Alberich, im Gebüsch verborgen, »höhnisch« zuschaute. Alberichs unauslöschliche Begierde nach dem Ring bietet den unmittelbaren Anlass, Hagen anzusprechen. Der Satz gehört zu den ingeniösen Erfindungen unter Wagners Sätzen: »Hagen, mein Sohn?« Ungeheuerliches kündigt sich darin an. Der Satz ist – wie wir nunmehr wissen – keine joviale Redeform, die sich der Alben-Herrscher gegenüber dem mächtigsten Krieger der Burgunden nicht erlauben würde. Beide wissen, dass Alberich der Vater von Hagen ist, den der Zwerg mit einer Menschenfrau gezeugt hat. Das Publikum erfährt es jedoch erst in diesem Augenblick. Hagen hat sich selbst, allein zurückgeblieben, während Gunther und Siegfried auf Brautfahrt gegangen sind, als des »Niblungen Sohn« bezeichnet.[448] Es ist aber trotzdem eine überraschende Anrede von überfallartiger Pointiertheit, welche die Energiequelle des Hasses und seine Richtung, die uranfängliche Begierde nach dem Ring, vor dem Ende Siegfrieds und der Götterwelt verkündet. Denn Hagen spricht in seiner Antwort das Codewort aus:

447 Ebd., S. 367 (v. 833-835).
448 Ebd., S. 353 (v. 553).

Gab die Mutter mir Mut,
nicht doch mag ich ihr danken,
daß deiner List sie erlag:
frühalt, fahl und bleich,
hass' ich die Frohen,
freue mich nie.[449]

Und Alberich wiederholt die Sentenz:

Hagen, mein Sohn,
hasse die Frohen!
Mich lust-freien,
leid-belasteten
liebst du so wie du sollst!
Bist du kräftig,
kühn und klug:
die wir bekämpfen
mit nächtigem Krieg [...][450]

Wer ist dieser notorisch Frohe? Siegfried ist es, natürlich, an den
Alberich und Wotan »Macht und Gewalt« verloren haben, ein
Wort, das zum Grundvokabular der Ring-Geschichte gehört,
eng verknüpft mit dem Urwort »der Welt Erbe«, an das Alberich unmittelbar anschließt: »Ich – und du: / wir erben die
Welt, / trüg' ich mich nicht / in deiner Treu', / teilst du meinen
Gram und Grimm. –«[451] Hagen hatte gleich beim Erscheinen
Siegfrieds am Hof von Worms zu erkennen gegeben, dass ihn
nur eines interessierte: der Nibelungenschatz. Wenn Hagen
jetzt seinen »Hass« ohne weitere Begründung als denjenigen
eines »Unfrohen« beruft, dann bezeichnet er mit dem Ring- zugleich den Machtgewinn, zu welch beidem Alberich ihn verpflich-
ten will. Dessen letzte Worte, an Hagen gerichtet, der wie zu Be-

---

449 Ebd., S. 368 (v. 842-847).
450 Ebd. (v. 848-856).
451 Ebd., S. 369 (v. 871-875).

288

ginn der Szene in einer symbolischen Geste auf den Rhein starrt, wiederholen das »Hass«-Wort:

> zu zähem Hass
> erzog ich doch Hagen:
> der soll mich nun rächen,
> den Ring gewinnen,
> dem Wälsung und Wotan zum Hohn.
> Schwörst du mir's, Hagen, mein Sohn?[452]

Hagen bedarf des Schwurs nicht, er hat in seinem eigenen »Hass« längst geschworen, den Ring zu gewinnen und Siegfried zu töten, der die Szene bald betritt, um Brünnhildes und Gunthers Heimkehr anzukündigen, seine eigene zweideutige Rolle dabei nicht weiter erläuternd, obwohl Hagen brutal fragt: »So zwangst du Brünnhild'?«[453] – bereits ahnend, dass sich hier die für Siegfried tödliche Entwicklung eröffnen ließe.

In Siegfrieds Ende spiegelt sich noch einmal der Dualismus zwischen »froh« (Siegfried) und »unfroh« (Hagen), gut und böse, wie er im hasserfüllten Dialog zwischen Alberich und Hagen zu Beginn des zweiten Aufzuges berufen wird; doch bewegt sich Wagner hier absichtsvoll zwischen fließenden Grenzen. Dieser Dualismus ruft einen Vergleich mit Thomas Manns frühen Erzählungen auf, in denen der Dunkelhaarige, geistig Alerte, im Lebensvollzug aber Gefährdete und Melancholische vorteilhaft dem blonden, hirnlosen Naivling frohen Sinnes gegenübergestellt ist. Manns Dualismus entspricht einem schon früher etablierten kulturellen Schisma. Insofern bedeutet Wagners Feier von Siegfrieds Unschuld bis hin zur Lächerlichkeit nicht bloß eine Wiederaufnahme der Märchenfigur aus *Einer, der auszog, das Fürchten zu lernen*. Jemanden mit solch burschikosem Benehmen und simpler Rede zum Revolutionär zu erheben, ihm

---

452 Ebd., S. 370 (v. 918-923).
453 Ebd., S. 372 (v. 944).

eine umstürzlerische Botschaft gegen »Verträge« anzuvertrauen heißt auch, eine kulturelle Revolution auszurufen: Die wegen des »Verrats« erhobene Anklage und die Emphatisierung schlichter Offenheit (»Wahrheit«) laufen auf eine Abwertung intellektueller Kapazität und geistiger Beweglichkeit zugunsten der Emotion hinaus. Natürlich besitzt Hagen keine Eigenschaft, die für Thomas Manns Tonio Kröger charakteristisch wäre. Aber er ist neben Wotan und Alberich der Intellektuelle im Drama und als solcher ein »Böser«. Deshalb, als sei es seine Überzeugung, dass Schlichtheit nicht mit Tragik zusammengehe, lässt Wagner Brünnhilde, nachdem sie entdeckt hat, dass Siegfried unter der Tarnkappe den Ring gewonnen hat, in wutvoller Rede auffahren: »Siegfried, der trugvolle Dieb!«[454]

Mit Brünnhildes Gefühlsausbruch limitiert sich die Hass-Rede – wie schon früher im Drama – nicht mehr nur auf das Reich des Bösen, sondern greift auf das Reich des Guten über, der sich des Betruges schuldig gemacht habe:

Ratet, nun Rache
wie nie sie gerast!
Zündet mir Zorn
wie nie er gezähmt!
Heißet Brünnhild'
ihr Herz zu zerbrechen,
den zu zertrümmern,
der sie betrog![455]

Im Gegenzug nennt Siegfried Brünnhildes rasende Rede »freche Wut«.[456] Das gemeinsame Eidesritual ändert nichts mehr an der wachsenden Aggressivität aller Reden, die, bekräftigt von Hagen, Brünnhilde und Gunther, in der Entscheidung gipfeln, dass Hagen Siegfried töten solle. Der hasserfüllte »Rache«-

454 Ebd., S. 384 (v. 1151).
455 Ebd., S. 386 (v. 1180-1187).
456 Ebd., S. 389 (v. 1272).

Schwur wird am Ende des zweiten Aufzugs in Hagens affekt-
voller Rede um dessen wahres Motiv für die geplante Rachetat
erweitert: Den Nibelungen treibt die Begierde, sich des Rings
zu bemächtigen.

Im *Nibelungenlied* zeigt der gemeinsame Kirchgang Kriem-
hilds und Brünhilds die psychologische Motivation des Konflikts: Auf der Treppe zur Kathedrale wird der Streit der Frauen
um den Vorrang ihrer Männer ausgetragen. Wenn diese Szene
– der *Volsunga*-Sage folgend – ausgeschlossen wird zugunsten
einer anderen Version des Konflikts, bei dem nur Brünnhilde
eine Rolle, und zwar die entscheidende, spielt, dann ist gleichzeitig anstelle der psychologischen Motivation abermals eine
mythologische gesetzt. Der Entschluss Brünnhildes, dem Tö-
tungsvorsatz Hagens (aus einem ganz eigenen Motiv) beizu-
pflichten, ist nur vordergründig der Verletzung ihrer Würde, ihrer
Liebe geschuldet, wobei die Ermordung des Geliebten ohnehin
als eine psychologisch fragwürdige Reaktion erscheint bei dieser edlen Täterin. Entscheidend ist jetzt, dass das Konzept der
sich vermischenden Affekte, Hass und Liebe, zum Abschluss
groß in Erscheinung treten kann.

Dieser Idee folgt das Schlusstableau von Siegfrieds Leiche
auf dem geschmückten Scheiteraltar und Brünnhildes letzter
Rede, bevor sie mit Siegfrieds Pferd auf die schon in Flammen
gesetzten Scheite springt. Ihr Schlussgesang verändert die in ihren Erkennungsgesängen immerhin auch erotische Motive ent-
haltende Metaphorik endgültig zu einem Tugendkatalog des
Heldischen. Schon anlässlich ihres ersten Treffens entschied
sich, wie gezeigt, Wagner für ein parareligiöses Vokabular (»Heil
dir Sonne, heil dir Licht«). Diese Transzendierung des Eros in
Wahrheit und Ethos wird im Schlussgesang komplettiert: »Wie
die Sonne lauter / strahlt mir sein Licht«.[457] Und die Erinnerung
an den Betrug unterlaufend, bringt Wagner seinen moralisch-

---

457 Ebd., S. 425 (v. 1935f.).

politischen Katechismus in Brünnhildes Mund zum absoluten
Bekenntnis:

> Echter als er
> schwur keiner Eide;
> treuer als er
> hielt keiner Verträge;
> laut'rer als er
> liebte kein andrer.[458]

Echt, treu, lauter – das ist es.

Bevor Brünnhilde auf Siegfrieds Ross Grane den brennen-
den Holzstoß besteigt, wird die Vereinigungsglut des ersten Zu-
sammentreffens (»Wie mein Blick dich verzehrt, / erblindest du
nicht? / Wie mein Arm dich preßt, / entbrennst du nicht? / […] /
Fürchtest du, Siegfried, / fürchtest du nicht / das wild wütende
Weib?«[459]) nicht mehr in Worte gefasst. Vielmehr behält die
schon erörterte mystische Form der Liebe das letzte Wort, gerichtet an Siegfrieds Ross Grane:

> Lockt dich zu ihm
> die lachende Lohe? –
> Fühl meine Brust auch,
> wie sie entbrennt;
> helles Feuer
> faßt mir das Herz:
> ihn zu umschlingen,
> umschlossen von ihm,
> in mächtigster Minne
> vermählt ihm zu sein! –[460]

---

458 Ebd., S. 425 (v. 1944-1949).
459 Ebd., S. 320 (v. 2697-2707).
460 Ebd., S. 428 (v. 2021-2030).

Die dem Hass entgegengesetzte Liebe, Wagners Elementarien der Geschichte, ist sehr wohl in ihrem sexuell-sinnlichen Ausdruck angedeutet worden. Aber in letzter Konsequenz musste die Kategorie des »Ewigen« eintreten. Hier liegt die Problematik des ganzen Unternehmens, nämlich seine »mythische« Konzeption. Baudelaires Liebes- und Hass-Thematik zeigte eine von Moral ungehinderte Darstellung der sexuellen Lust, den weiblichen Körper als ein Anerbieten. Unter den von der Zensur aus der ersten Edition der *Fleurs du mal* ausgeschlossenen Gedichten hat eines den Titel *À celle qui est trop gaie*. Es spricht vom Züchtigen des Fleisches, vom Überfall auf den offenherzigen Busen, davon, tief in die Frau einzudringen.[461] Die Liebe ist in schierer Körperlichkeit gefasst, deren Realismus nicht beschwichtigt wird. Wagners idealisierende Darstellung im *Ring des Nibelungen* wird aus Sicht von Baudelaires Gedichten noch eine Spur irrealer, das heißt, sie zeigt ihr ideologisches Gerüst. Baudelaire hatte in seinem enthusiastischen Essay über die Inszenierung des *Tannhäuser* in Paris geschrieben, wie bewundernswert Wagner den »heiligen« und »göttlichen« Charakter des Mythos verstanden habe.[462] Baudelaire bezog sich nicht auf den *Ring des Nibelungen*, von dessen Existenz er aber wusste, sondern auf die Legenden, die *Tannhäuser* und *Lohengrin* zugrunde lagen. Baudelaire erkennt in den mittelalterlichen Figuren auch Transformationen der antiken Mythologie. Wagners Venus ist nicht mehr die strahlende, aus dem Schaum geborene Aphrodite, sondern eine im Geist der Romantik und der Mysterienspiele schauerlich verwandelte. Baudelaire ist vom »heiligen, geheimnisvollen und doch allgemeinverständlichen Charakter der Sage« angezogen und erzählt sie nach. Er entdeckt in *Lohengrin* die Wiederkehr der Mythe von Psyche. Baudelaires Bemühen, die ästhetischen Effekte der von Wagner inszenierten Legende

461 Baudelaire, I, S. 157.
462 Baudelaire, *Richard Wagner et Tannhäuser à Paris*. In: Baudelaire, II, S. 793.

nachdrücklich herauszustellen, verwischt eine prinzipielle Differenz im Mythosverständnis: Die im *Ring des Nibelungen* demonstrierte mythische Emphatisierung der nordischen Mythologie geht nicht zusammen mit Baudelaires funktionalistischem Verständnis von Legenden in ästhetischer Absicht. Vor allem Wagners Annahme eines mythischen Urgrunds für die Gegenwart liegt völlig abseits von Baudelaires Moderne-Verständnis.[463]

Was unterscheidet eine mythische Konzeption der Kunst von einer mythologischen? In Wagners theoretischen Schriften steckt keine unmittelbare Erklärung der Rolle des Mythos oder der Mythologie für die Kunst, sieht man von der Ehrerbietung gegenüber der griechischen Tragödie, vor allem gegenüber der *Orestie* des Aischylos, ab, die als Ausdruck des »Volkbewußtseins« erfunden worden sei.[464] Der Verfall der Tragödie und mit ihr der Kunst sei darin begründet, dass sie nicht mehr Ausdruck »des öffentlichen Bewußtseins« gewesen seien. Wagner, der ehemalige Revolutionär, spricht also nicht wie zwanzig Jahre später Friedrich Nietzsche vom Verschwinden des Mythos als Ursache des Verfalls. Aber in der Konfrontation des Volkes als des Trägers der Kunst mit dem individualistischen Künstlertum deutet er Nietzsches Theorem vom Niedergang der Tragödie durch den sokratischen Geist, das heißt den modernen Intellektualismus, an. Wagners These, nur »die Revolution«, nicht »die Restauration« könne uns das höchste Kunstwerk wiedergeben und das »Kunstwerk der Zukunft« habe den Geist der »freien Menschheit« zu repräsentieren,[465] klingt wie ein Widerspruch zur Denunziation des Individuellen. Es zeigt sich hier

463 Hierzu Karin Westerwelle, *Mythos und Kritik. Zum Problem der »Correspondances« in Baudelaires Wagner-Schrift.* In: Bernd Kortländer / Hans T. Siepe, *Baudelaire und Deutschland. Deutschland und Baudelaire.* Tübingen 2005, S. 53-80.

464 Richard Wagner, *Die Kunst und die Revolution.* In: *Richard Wagners Schriften und Dichtungen.* Leipzig 1872, Bd. 3, S. 30.

465 Ebd., S. 37.

eine rhetorisch verschwommene, unpolitische Idee von der Revolution, die Bakunin, Wagners Genosse in den Revolutionsta-
gen von Dresden, früh schon als Phantasie des Künstlers kritisiert hat. In Wagners Bekenntnis, »nur *starke* Menschen kennen
die *Liebe*, nur die Liebe erfaßt die *Schönheit*, nur die Schönheit
die *Kunst*«,[466] konzentriert sich kein künstlerisches Ethos; vielmehr werden mythologische, also auch historische Motive für ein
mythisches Verstehen der Geschichte fruchtbar gemacht, was
im Entwurf des *Rings* entscheidende Bedeutung erlangte: »Stärke und Liebe«. Diese Begriffe gehen in apolitischer Naturmeta-
phorik auf – die Rede ist vom »uferlosen Meer«, von der Unbe-
grenztheit »auf dem Ozeane zwischen Meer und Himmel«.[467]
Es entstehen Ganzheitsvorstellungen, die sich im *Ring des Nibelungen* zu solchen der Welterlösung steigern: »Regt dieses
Meer aus seiner Tiefe sich selbst auf, gebiert es den Grund seiner
Bewegung aus dem Urgrunde seines eigenen Elements«.[468] Dieses tautologische Idiom wird zur Begründung der Kategorie des
mythischen »Helden«. In *Das Kunstwerk der Zukunft* ist der
»Held« kein anderer als »Beethoven«, der das »weite, uferlose
Meer der absoluten Musik bis an seine Gränzen durchschiffte«,
wobei neue ungeahnte Küsten gewonnen wurden, die dieses
»Meer von dem alten urmenschlichen Kontinente nun nicht
mehr trennt«.[469]

Im *Ring des Nibelungen* ist Siegfried der »Held«, der ebenfalls durch Elemente, diesmal die Flammen, ein neues Leben
entdeckt! Für Siegfried wie für Beethoven gilt in Wagners Terminologie dasselbe Wort vom »unstillbaren schrankenlosen
Sehnen«.[470] Hieran erkennt man, wie Wagner aus der Mytholo-

466 Ebd., S. 42.
467 Richard Wagner, *Das Kunstwerk der Zukunft*. In: ders., *Schriften und
     Dichtung*, Bd. 3, S. 102f.
468 Ebd., S. 101.
469 Ebd., S. 103.
470 Ebd., S. 112.

gie den Mythos bzw. das Mythische kreiert: Es ist als Emotion das a priori Gegebene. Liebe und Hass sind seine Personifikationen. Entgegen der Versicherung, es gehe nicht um »Restauration«, gründet sich Wagners Thematik der Liebe und des Hasses auf Ursprungs- und Ganzheitsideale, auf der Obsession, verlorengegangene Kräfte wiederherzustellen. Wenn dabei das »Volk« als Geburtshelfer an die Stelle des »Geldes« tritt, erscheint darin wiederum auch die mythisierende Absicht. Sie unterscheidet sich von einer Ästhetik der Mythologie – wie sie sich bei Baudelaire und Heinrich Heine andeutet –, weil die Effektkalkulationen ontologisch, nicht artifiziell begründet sind.

Dennoch: Wagners Spiel mit dem »Hass« als Gegenspieler der Liebe – alle beide als Energien aufgefasst – unterläuft am Ende die im theoretischen Werk in Anspruch genommene »Zukunfts«-Philosophie. Deren lebensphilosophische Aura verleiht dem Hass und der Liebe dann doch als Affekte Evidenz, unterstützt hierin ohnehin von der Musik, die Baudelaire sogar in einer »Unendlichkeits«-Metapher zu fassen versuchte: als etwas Maßloses, Brünstiges, Schwindelerregendes, als ginge von ihr die Wirkung des Opiums aus.[471] Diese Eigenschaften lassen sich wahrscheinlich noch mehr auf die innovatorische Musik des *Ring des Nibelungen* beziehen, wenn man im Sinne Baudelaires keine Ganzheitsimpulse hineinmengt.

Die mythische Terminologie, die Wagner den Energien des Hasses und der Liebe aufdrängte, machte die dramatische Wirkung seiner Musik nicht schwächer. Auch die Wörter »Hass« und »Liebe« oder die hasserfüllten oder liebeserfüllten Reden bleiben signifikant: eben dafür, dass sie Energien, nicht bloß psychische Zustände anzeigen. Dabei tritt besonders das Wort »Hass« als ein Zeichen hervor. In ihm liegt das Potential einer unbewussten Kraft verborgen, mit der epochal zu rechnen sein wird.

---

471 Baudelaire, II, S. 785.

Strindbergs Totentänze

Oder: Hass im Wohnzimmer

Strindbergs Wort steht für die Katastrophe, für die individuelle wie für die öffentliche. Unter allen skandalträchtigen Schriftstellern des Fin de siècle hat August Strindberg den Vogel abgeschossen. Man braucht nur seinen Namen aufzurufen, und man hat das Stichwort für ein schreckliches Ereignis zwischen zwei Menschen benannt.

Was war geschehen? Sehr lange waren die schwarzen Flekken im menschlichen Leben dank der Saugkraft der Philosophie, vor allem der Geschichtsphilosophie, zwar nicht getilgt, aber es war ihnen eine Schutzdecke übergezogen, ein sogenannter »Sinn« beigefügt. Selbst Arthur Schopenhauers Zertrümmerung oder Korrektur des deutschen Idealismus, seine Erzählung von der »Nichtigkeit und dem Leiden des Lebens« haben daran nichts geändert. Zum einen war mit seinem 1819 erschienenen Werk der Einfluss Hegels nicht verschwunden, der zu diesem Zeitpunkt den Berliner Lehrstuhl übernommen hatte. Und erst nach seinem Tod 1831 ist Hegels einflussreiche *Philosophie der Geschichte* erschienen. Zum anderen – das zeigt Richard Wagners Reaktion auf die Lektüre von Schopenhauers *Die Welt als Wille und Vorstellung* – konnte man aus Schopenhauers Pessimismus noch Mitte des 19. Jahrhunderts grandiose Funken der Erhabenheit schlagen. Nietzsche, der Strindberg enorm fesselte, hat dem Hass sein Pathos nicht genommen. Und dies tat, wie man gesehen hat, selbst Baudelaire nicht, obwohl bei ihm neurotische Bösartigkeiten erscheinen, die Strindberg mit Lust inhaliert hätte, wenn ihm Baudelaire nicht unbekannt geblieben wäre, obwohl er dreißig

Jahre nach Baudelaires Tod eine kürzere Zeit in Paris verbracht hat.

Richard Wagner hatte Schopenhauers Pessimismus im *Ring des Nibelungen* eine noble Endgültigkeit abgerungen. Der Hass Wotans, Alberichs und Hagens war von so symbolträchtiger Größe wie der Liebesgesang Siegfrieds und Brünnhildes. Daran konnte sich – besonders an der mythischen Überhöhung der Geschichte – eine ganze Generation des deutschen Bildungsbürgertums laben. Gleichwohl, und darin lag Wagners Originalität, war er, durch Schopenhauer inspiriert, im Hass-Affekt und im Liebesaffekt auf das Leben selbst gestoßen. Und dieses Leben hat nicht allzulange darauf gewartet, seine finsteren Elemente zur Schau zu stellen. Was als Naturalismus, Vitalismus, Materialismus seit den sechziger Jahren des 19. Jahrhunderts an Einfluss gewann, führte nicht bloß zu einer auf neuen naturwissenschaftlichen Erkenntnissen begründeten Verschiebung der humanistisch-anthropozentrischen Idee. Es begünstigte die Vorbereitung abgründiger Auffassungen von der menschlichen Natur, die vorher, trotz Hobbes und Büchner, nicht zum Konsensus der Intelligentzija gehört hatten. Der Geschichtspessimismus, noch immer begründet auf Kategorien der Größe und/oder des Heiligen, zerging Ende des 19. Jahrhunderts zu einem Gemisch aus historischen und vor allem psychologischen Negativa ohne weitere Erklärung. Ausnahmen von der bisher angenommenen menschlichen Spezies treten auf. Der psychopathische Sonderfall.

So hatte Strindbergs Zeitalter der Décadence begonnen. Einerseits behauptete es den Niedergang der europäischen Kultur, andererseits besang es eine neue Subjektivität und erhob Baudelaire zum Stammvater. Nietzsche hatte Ende der achtziger Jahre diese Entwicklung ja als Ereignis in seinen artistischen Konsequenzen mit negativem Akzent beschrieben. Ohne die bedeutenden Schriftsteller, vor allem französische, im einzelnen zu nennen, die im Zeichen der Décadence die Moderne selbstbewusst zu eröffnen vorgaben, ist hinsichtlich Strindbergs ein Name vor allen anderen als geistiger Übervater zu nennen: Sigmund Freud. Auch wenn seine ersten Werke, vor allem *Die Traumdeutung*, erst zwischen 1900 und 1905 erschienen sind und er kaum einen unmittelbaren Einfluss auf Strindberg und dessen mit verwandten Themen operierende Zeitgenossen Henrik Ibsen, Arthur Schnitzler und Anton Tschechow ausgeübt hat, berührt sich Freuds Analytik komplexer psychischer Vorgänge doch mit der literarischen Darstellung gerade dieser Autoren. Freud hat das selbst erkannt – so in einem Kommentar zu Ibsens Inzest-Thema im Drama *Romersholm* und so auch in brieflichen Reaktionen auf Schnitzlers Prosa. Zu Strindberg hat sich Freud schriftlich nicht geäußert.

Dabei spielt der Begriff »Hass« in Freuds Gesamtwerk eine zentrale Rolle. Sowohl hinsichtlich seiner Struktur als ambivalenter Affekt, als genuin individuell angelegtes Potential wie auch als massenpsychologisches Phänomen wurde er, nicht zuletzt aufgrund der Erfahrungen des Ersten Weltkriegs, von Freud nachdrücklich thematisiert. Mit der Motivierung durch Krieg und Sexualneid ergaben sich für das Hass-Syndrom spezifische Betrachtungsweisen. Durch Freuds Erhebung des Hass-Wortes zu einer maßgeblichen Kategorie seiner Kulturtheorie hat das Wort einen erneuten Appeal als Schlüsselwort gewonnen. Während seiner langen Laufbahn innerhalb der Literaturgeschichte wurde es hingegen nur in der Darstellungsform beglaubigt. Es bekam seine Rolle nicht dadurch, dass man vor Freud schon viel von der internen Struktur oder spezifischen Motivation des Hass-Gefühls gewusst hätte. Das schloss nicht aus, dass die Intensivierung der literarischen Darstellung durch Strindberg daher rührte, dass man die verborgenen Elemente erahnte, die Freud freisetzen würde.

Der Hass – das ist an Größen der jeweiligen Epoche, an den elisabethanischen Dichtern, an Swift, an Baudelaire, an Richard Wagner offenkundig geworden – schlug jeweils als Effekt der

Sprache ein. Sprachliche Intensität als vornehmliche Absicht literarischen Ehrgeizes war schon in den Anfängen der europäischen Literatur im Hass-Affekt begründet worden. Die von Nietzsche zitierte Aggression der Sprache des frühen griechischen Lyrikers Archilochos hat Nietzsche – wie früher ausgeführt – »Hass« genannt. Wohl deshalb, weil ohnehin bekannt war, dass schon die römisch-griechische Literaturgeschichte den Hass-Stil des Archilochos emphatisiert und ihn zu einem generellen Paradigma erhoben hatte. Ohne dass die späteren Autoren des Hasses diesem Formular bewusst folgen wollten, ergab es sich wie selbstverständlich aus ihrem ästhetisch-stilistischen Vermögen.

Um dieses strikt literarische Verständnis geht es auch weiterhin. Also nicht um den Umstand, dass die Wirklichkeitsmüdigkeit, wie sie für die europäische Décadence kennzeichnend wurde, das »Hass«-Wort häufig bereithielt:[472] in Thomas Manns *Tristan*-Erzählung (1903), im Roman *Satans Kinder* (1897) des apokalyptischen Anarchisten Stanislaw Przybyszewski sowie in Gustave Flauberts Roman *Madame Bovary* (1857), der die Décadence-Literatur beeinflusste. Zu unterscheiden waren hier immer der Hass, den ein Schriftsteller gegen die Gesellschaft hegt (und gelegentlich ausspricht), einerseits und der Hass, den er imaginativ darstellt, andererseits. Von letzterem wird im Falle Strindbergs vornehmlich die Rede sein, wenngleich sein Gesellschaftshass durchaus das Zeug hat, die literarische Darstellungsform zu überdecken. Mit Strindberg ist aber auch eine neue Stufe des literarischen Hass-Ausdrucks erreicht. Zum einen findet das, was sich auf der Bühne (oder in seinen Romanen) zeigt, während der ganz unmittelbaren Jetzt-Zeit statt. Dagegen spielten sich die bisher erörterten Hass-Darstellungen in einer entfernten Vergangenheit oder in einer fiktiven Zeit ab.

472 Vgl. Wolfdietrich Rasch, *Die literarische Décadence um 1900*. München 1983, S. 54ff., 136f., 153. Ebenso Jens Malte Fischer, *Fin de Siècle. Kommentar zu einer Epoche*. München 1978, S. 48, 60, 110.

Nur Baudelaires Hass-Diskurs bezog sich inhaltlich direkt auf die Zeit des Sprechers. Strindbergs Modus der Jetzt-Zeit hat Konsequenzen für den Hass-Ausdruck in seinen Dramen.

Zum anderen ist die geschichtspessimistische Wende bei ihm in die psychopessimistische hinübergeglitten, sozusagen in seiner pathologischen Person manifest geworden. Es gibt keine lexikalische Zusammenfassung seines Lebens und Schreibens, in der nicht eine neurotische Verfassung als Ursache seiner Phantasie an den Anfang gestellt würde. Strindberg hat das mit seiner Autobiographie *Sohn einer Magd* (1886-1909) selbst getan. Seine Wahrnehmung des zeitgenössischen politischen Schwedens und seiner Menschen in den Prosabänden *Das rote Zimmer* (1879), *Die gotischen Zimmer* (1904) und *Schwarze Fahnen* (1907) sind gespickt mit Aversion und Verachtung, die nicht selten im Wort »Hass« aufgehen.

Aber ohne die literarisch brillante Umsetzung in seinen Dramen hätte das Wort bei Strindberg nie seinen unheimlichen Klang bekommen. Ähnlich wie im Falle Baudelaires ist auch bei ihm nicht von biographischen oder autobiographischen Fakten auszugehen. Fünf Dramen vor allem zeigen, wie »Hass« bei Strindberg literarisch aussieht: neben *Wetterleuchten* (1907) und *Gespenstersonate* (1908) auch die frühesten Stücke *Der Vater* (1887), *Fräulein Julie* (1888) und *Totentanz* (1900). Anstatt noch weitere Stücke einzubeziehen, ist ein vergleichender Blick auf den skandinavischen Dichter und auf den mit Strindberg thematisch konkurrierenden Henrik Ibsen und den Wiener Zeitgenossen Arthur Schnitzler ergiebiger für die Frage, ob und inwiefern sich Strindbergs Hass-Diskurs imaginativ auszeichnet.

I

Manche Titel von Strindbergs Kammerspielen und naturalistischen Dramen – nicht hingegen die symbolistischen und die historischen – kündigen schon Schlimmes, Unheimliches an. Auch die nachdrücklich von der Szenencharakteristik vorgeschriebenen Bewegungen der Personen im Raum sind wie Gesten, in denen sich ein verzögertes Unheil verbirgt. Der Hass-Dialog, wie er sich in den theatralisch besonders wirkungsvollen Stücken *Der Vater*, *Totentanz* und *Fräulein Julie* entwickelt, setzt das Thema aller Dramen voraus: eine sich langsam entbergende Vergangenheit, die das Böse vorführt, das die Figuren entweder einander antun oder die eine Figur einer anderen angetan hat und weiterhin antut. Das zentrale Thema des unterstellten Verrats ist die eheliche Untreue bzw. das nie zuhandene oder längst verschwundene Gefühl der Liebe. Daher das vorherrschende Thema der Feindseligkeit des aneinander gefesselten Ehepaars oder der nicht gelingenden Beziehung, wobei durchweg die Frauen als das Medium des exzessiven Ausdrucks von Hass und Ressentiment in Erscheinung treten. Das der Hass-Rhetorik unterliegende Thema des Verdachts gegen das gelebte falsche bzw. die Falschheit verdrängende Leben ist in dem relativ späten Drama *Wetterleuchten* (1907) besonders aufschlussreich entfaltet, gerade weil hier der eigentliche Hass-Dialog sich hinter der fast atmosphärischen Darstellung verbirgt und statt dessen eine Gegenwart beschädigende Vergangenheit in Erscheinung tritt. Strindbergs künstlerischer Instinkt und seine Darstellungsfähigkeit – so lässt sich gerade hier erkennen – haben seinem autobiographisch verbürgten Frauenhass den Effekt der von ihm dargestellten Affekte erhalten.

In *Wetterleuchten*, in dem das Wort »Hass« in allen Akten als die Vorgänge beleuchtendes Beziehungswort gesetzt ist, wird dieser Hass nicht eigentlich dramatisch in Szene gesetzt. Strindberg hatte seine Lebensphilosophie im Griff. Das Drama enthüllt im Gespräch zwischen den Haupthelden, einem »Herrn« des besseren Bürgertums, und dessen Bruder, inwiefern des ersteren »Ehre« von seiner sehr viel jüngeren Frau »gemordet« wurde,[473] als sie ihn mitsamt dem gemeinsamen Kind verlassen hat. Der Versuch des Betrogenen, die Umstände dieser Vergangenheit zu vergessen, und die plötzliche Rückkehr dieser Vergangenheit bilden das Ereignis des Dramas. Die Vergangenheit kommt ganz zufällig zurück in Gestalt der ehemaligen Frau, die im Begriff ist, ihren neuen Mann ebenfalls zu verlassen, und mit dem Bruder in ein Gespräch über ihre erste Ehe gerät, bei dem dieser ihr erklärt: »Ich kann deinen Ideen nicht folgen, die nur auf Haß ausgehen.«[474] Der Akzent liegt auf der Darstellung psychischer Ambivalenzen. Das Zusammentreffen des Vergangenheitsflüchtigen mit seiner früheren Frau, die aus nicht wirklich geklärten Gründen vom Ort und Haus ihrer ersten Ehe plötzlich wieder angezogen wird, ist bis zum Ende des zweiten Akts hinausgezögert, damit auch die Zwiespältigkeit der Frau zum Sprechen gebracht werden kann.

Am Ende seiner intellektuellen und künstlerischen Karriere hat Strindberg das Motiv, das seinem Hass-Diskurs von Beginn an zugrunde lag, die anwesende und die verschwundene Vergangenheit, mit großer Tiefenschärfe und psychologischer Finesse noch einmal gefasst: Wenn es schließlich zum Gespräch zwischen den beiden ehemaligen Eheleuten kommt, eröffnet sich abermals eine Zeitperspektive: Der Held gerät nicht dadurch in eine Konfliktsituation, dass die wiederaufgetauchte Frau sein Leben mit Schuld konfrontiert, wie sie es nachdrücklich tut. Vielmehr dadurch, dass sie als eine ihm völlig fremd Ge-

---

473 August Strindberg, *Wetterleuchten*. In: *Ausgewählte Dramen in sieben Bänden. Kammerspiele*. Deutsch von Else von Hollander. München 1919, S. 10.
474 Ebd., S. 19.

wordene auch gleichgültig geworden ist. Daher ist er an einer Aussöhnung, um die sie ihn bittet, nicht interessiert, obwohl sie um so mehr daran denkt, als ihr gegenwärtiger Mann mitsamt dem Kind verschwunden ist. Die Opfersituation hat sich umgekehrt, der ehemals Verlassene hat nicht ohne Genugtuung den Eindruck gewonnen, dass die von allen Verlassene eifersüchtig auf seine ihm verwandte Haushilfe ist, die ihn liebt. Abneigung, Gefühlskälte, Gleichgültigkeit sind nunmehr jene Elemente, die das Gefühl des Hasses fördern können. Dieses wird indirekt als nie verschwundene Haltung angedeutet – sozusagen als Pointe des Dramas –, wenn der Bruder schließlich den Anlass seiner Abneigung ausspricht und die Erwartung, weder Frau noch Kind wiederzusehen.

Die Versuchsanordnung ist nicht mehr am Einzeldrama interessiert. Es geht ihr vielmehr darum, das Geschehen lediglich als einen Fall unter vielen Fällen zu verstehen, die ebenfalls nur als »Zwischenfälle« banalisiert werden: Es gibt keine Beziehung zwischen Menschen, die nicht durch einen Betrug oder die Vergeltung erlittener Demütigung gekennzeichnet wäre. Diese Erkenntnis gewinnt ihre besondere Schärfe gerade dadurch, dass das Drama nicht mit einem tragischen Schluss endet. Der sich mit der Erkenntnis der unmöglichen Beziehung zufriedengebende und trotzdem nach Annehmlichkeiten Ausschau haltende Held rückt an die Stelle des klassischen Tragödienendes, das die meisten anderen Stücke Strindbergs prägt.

In der *Gespenstersonate*, 1908 uraufgeführt, geht das feindselige Miteinander der Menschen in ein grotesk-symbolhaltiges Panorama über. Auch das Wort »Hass« wird in wiederholte Beziehung gesetzt zu den pittoresken, lächerlichen oder rätselhaften Vorkommnissen, wobei sich stilistische und motivliche Jugendstilelemente einmischen. Im Mittelpunkt stehen der vom Ressentiment besetzte Alte, ein undurchsichtiger ehemaliger Geschäftsmann, und seine sympathetischen oder bösartigen

Beziehungen zu psychisch geschädigten oder korrupten Personen. Auch die beiden Lichtgestalten im düsteren Umkreis, ein für das Gute passionierter Student und die von ihm geliebte Tochter des sich eines falschen Adelsprädikats bedienenden, aber harmlosen Obersten, die aus der ehebrecherischen Affäre des Alten mit der Frau des Oberst hervorging, entkommen nicht diesem Zirkel zugedeckter Unsittlichkeit. Strindbergs Leitmotiv des Hasses, der Ehebruch, wird überdacht vom Versuch, noch abgründigere Verhältnisse aufzudecken, als deren kleineres Übel der Ehebruch erscheint: eine Signatur der Gemeinheit der Seelen. Ihre Entfaltung vollzieht sich durch die Eröffnungen des Alten über einige anwesende Abendgäste, ein Zeremoniell, an dessen Ende der Alte selbst dem Tode überantwortet wird. Die Schlussszene hat das, was man psychologischen Realismus nennt, endgültig verlassen und sich zu Emblemen des Verbrechens, der Bestrafung aufgetürmt.

Auch in *Die Brandstätte*, ebenfalls zur Gruppe der »Kammerspiele« gehörend, geht es um den Hass aller gegen alle, wobei diesmal das Personal kleinbürgerlich ist, sieht man von der die Vergangenheit repräsentierenden Figur des »Fremden« ab. Dieser aus Übersee in die Heimat Zurückkommende verwikkelt angesichts des niedergebrannten Hauses seiner Jugend dessen Bewohner und deren Nachbarn in ein Gespräch über die mögliche Ursache des Brandes, über die Wahrscheinlichkeit einer Brandstiftung. Brandstiftung und Verhaftung eines Unschuldigen geben den Anstoß zu Strindbergs Generalthema: Wie Ressentiment, Gleichgültigkeit und Verdacht sich von Nachbar zu Nachbar zu einem Netz von Feindseligkeiten ausbreiten und zum »Hass«-Bekenntnis einladen. Es läuft dies auf ein anthropologisches Manifest hinaus, wie in *Wetterleuchten* und in *Gespenstersonate*. Ob die Hass-Thematik tatsächlich den ästhetischen Effekt auslöst, ist fraglich. Denn sein Ausdruck schmilzt sofort mit einer Doktrin zusammen, wodurch die schiere Phänomenalität des Hasses zurücktritt, ein Zusammenhang, der vor allem anlässlich der Satire Swifts deutlich geworden ist.

<h2 style="text-align:center">2</h2>

Gegenüber der so eindeutig anthropologisch-exemplarischen Fassung des Hass-Diskurses werden die individualistischeren Versionen, sobald das »Wetterleuchten« zum Gewitter umschlägt, um so aufregender und formal attraktiver. Vor allem nimmt dann der dialogische Hass-Ausdruck, sein Beginn, sein Wechseln, sein Ausgang, die Phantasie gefangen. Die Hass-Vergangenheit tritt dann nicht reflektiert in die Gegenwart über (als immer schon Gewusstes), sondern sie findet unvorbereitet als Gegenwart statt. Zwei der hierfür charakteristischen Stücke, *Fräulein Julie* und *Totentanz*, gehören denn auch zu den von deutschen Bühnen am häufigsten gespielten Stücken.

Das früheste der einschlägigen individualistisch begründeten Hass-Stücke, *Der Vater* (1887), als »Trauerspiel« charakterisiert, spielt wie *Totentanz* in einem nachdrücklich anderen Milieu als die bisher genannten »Kammerspiele«: in einem exklusiv nihilistischen. Der männliche Held, das Opfer der Ehekabale, ist ein Rittmeister der Kavallerie. Von daher seine Charakterisierung als ein dem traditionellen Familienschema des Glaubens an die männliche Vorherrschaft Unterworfener. Er ist aber auch ein angesehener naturwissenschaftlicher Gelehrter mit einem obsessiven Forschungsinteresse. Beide Charakteristika setzen ihn in Distanz zur Pragmatik des Alltags, was sich vornehmlich im Streit mit seiner Frau über die Erziehung der Tochter äußert. Nämlich, ob diese für eine spätere Berufskarriere als Lehrerin außerhalb des Elternhauses erzogen wird oder nicht. Das wünscht der Rittmeister, seine Frau spricht dagegen an. Insoweit ist es eine scheinbar konventionelle Konfliktsituation, die in jedermanns Ehe den Alltag bestimmt, wäre da nicht der Tonfall schon des ersten Gesprächs über das Haushaltsgeld und das Erziehungskonzept. Dieser Tonfall ist nicht bloß gereizt. Er ist feindselig, kalt. Nicht bloß wegen des arroganten Entscheidungsanspruchs des Rittmeisters, dem das zeitläufige Thema weiblicher Emanzipation entspricht.

Dass sich hinter dieser Kälte, vornehmlich der Ehefrau, mehr verbirgt, kommt Szene für Szene langsam zum Vorschein: Zum einen ist es die plötzlich in Frage gestellte Vaterschaft des Rittmeisters, zum anderen dessen labiler Gemütszustand, welche die dramatische Entwicklung zum Trauerspiel bewirken. Diese beiden zentralen Motive in das Begriffsfeld des Hasses zu transportieren zeigt Strindbergs Vermögen für den außergewöhnlichen Augenblick. Oder anders gewendet: Es zeigt sich darin die dramaturgische Potenz, die der Hass-Metapher innewohnen kann, wenn man sie denn angemessen loslässt. Bevor Vaterschaft und Geisteszustand des Rittmeisters als Waffen der Frau ins Zentrum des Machtkampfs rücken, werden sie durch die angedeutete Suada zwar psychologisch gespannter, thematisch aber absehbarer Rede und Widerrede versteckt, um später um so explosiver in Erscheinung zu treten. Wir werden nicht mit Ungeheuern konfrontiert, deren Charakter den Hass verbürgen wie in Shakespeares oder Wagners Dichtung, ja sogar in der Baudelaires. Der Hass – so will Strindberg ihn verstanden wissen – liegt in seiner eigenen immer wieder neu zu entdeckenden Kapazität.

Zu Beginn kommt das Vaterschaftsthema eher noch harmlos, komisch daher, indem der Bursche des Rittmeisters, mit der Schwangerschaft einer seiner Bräute konfrontiert, breit, wenn auch nicht lange, die Möglichkeit eines anderen Beischläfers anführt, so dass der Rittmeister die Möglichkeit erhält, das Prinzip der Ehrenhaftigkeit hochzuhalten – eine Komödienszene also. Auch die Unterhaltung zwischen dem Rittmeister und seinem Schwager, einem Pastor, über die sogenannte Weiberherrschaft in seinem Haus – gemeint sind neben der Ehefrau die Amme, die Großmutter und die Tochter – legt beiden saturierte Gemeinplätze in den Mund. Man erwartet nichts Gefährliches – es sei denn das unerquickliche Weiterschwären eines Erziehungsproblems ohne Entscheidung. Gleichwohl werden noch die Appetithappen für eine ernstere Entwicklung geliefert. Der Pastor sagt: »So, Laura will nicht; ja, weißt du, dann fürchte ich Schlimmes.«[475] Der Rittmeister antwortet: »Sie ist bisweilen wirklich so leidenschaftlich, daß ich Angst um sie habe und denke, sie ist krank.«[476]

Damit aber hat er ahnungslos genau die Einschätzung formuliert, die ihn selbst treffen wird. Was er nur als besorgte Unruhe äußert, als Reverenz gegenüber der Normalität nervöser Menschen, wird im Munde seiner Frau verdreht werden zum eigenen geistigen Defekt, eine Verdrehung, die Strindberg sich zur Hass-Rede entfalten lässt. Es entspricht Strindbergs darstellerischer Methode, den ersten Ansatz zum Hass-Gefühl und zur Hass-Rede Lauras aus scheinbar harmlosem Anlass so vorzubereiten, dass sich ein Kloß im Hals zu entwickeln beginnt. In der fünften Szene des ersten Akts ergibt sich ein Gespräch, wie wir es eigentlich alle kennen, das Gespräch zwischen dem sich vorstellenden neuen Doktor und der Ehefrau Laura. Aber hier entwickelt sich etwas ganz anderes, Überraschendes: Auf die Bemerkung des Doktors, die Familie sei ja im allgemeinen gesund, unterbricht Laura diesen mit dem Satz: »ja, akute Krankheiten haben wir glücklicherweise nicht gehabt, aber es ist doch nicht alles, wie es sein müßte«.[477] Was sich diskret gibt, hat schon einen alarmierenden Unterton. Laura wird hier zwar kaum ihren Ehezwist öffentlich machen wollen, kommt aber offensichtlich mit einem Thema hervor, das vor der ganzen Welt, nicht je-

475 August Strindberg, *Der Vater. Trauerspiel in drei Akten.* In: *Ausgewählte Dramen in sieben Bänden. Naturalistische Dramen I*, S. 149.
476 Ebd.
477 Ebd., S. 156.

doch vor dem Arzt und den Zuschauern, verborgen bleiben muss. Es geht offensichtlich um den Gesundheitszustand des Rittmeisters: »Mein Mann ist gemütskrank.«[478] Der Satz kommt so heraus, wie es die sich zögerlich gebende Laura beabsichtigt: als Vorwarnung vor etwas Schlimmerem.

Und so reagiert der Arzt zunächst auch mit der erstaunten Versicherung, wie bewundernswert die mineralogischen Untersuchungen des Rittmeisters doch seien, welch einen »starken Verstand« er darin finde. Mit dieser Bemerkung ist allerdings schon die schlimme Lesart von Lauras Unterstellung angedeutet. Das Gespräch läuft darauf hinaus, dass Laura die Chance ergreift, die Handlungen und Verhaltensweisen ihres Mannes als die eines Geisteskranken darzustellen: besonders mit ihrer falschen Behauptung, dieser gebe vor, mit dem Fernrohr auf andere Planeten schauen zu können, während er in Wirklichkeit davon spricht, mit dem Spektroskop von anderen Planeten stammende Mineralien zu untersuchen. So erläutert es der Rittmeister dann selbst im anschließenden, eher zufälligen Gespräch mit dem Arzt. Von der Behauptung seiner Frau noch nichts wissend, überführt er sie durch diese Erklärung unwissentlich der Lüge bzw. der Ahnungslosigkeit hinsichtlich naturwissenschaftlicher Details.

Beide Gespräche geben dem Zuschauer bzw. Leser über zweierlei Aufschluss: darüber, dass der Rittmeister ein vielleicht nervöser, ansonsten aber klar urteilender, intelligenter Mann ist, und dass Laura die Lunte dafür gelegt hat, ihn vom Arzt bald als seelisch Kranken, der unter »fixen Ideen« leide, diagnostizieren zu lassen. Die besondere fixe Idee, auf die Laura aus ist, wird sie dem Rittmeister um so mehr einfiltern, als sie ihn dadurch ins Mark treffen und quälen kann. Zeugte ihre scheinbar besorgte Erwähnung von beunruhigenden Symptomen einer in ihr lauernden Bereitschaft zur Vernichtung, so

478 Ebd., S. 57.

kündigt sich diese im Gespräch zwischen Laura und dem Rittmeister in der neunten Szene des ersten Akts unmittelbar an – woraufhin sie sich ebenso allmählich wie grausam in den beiden folgenden Akten bis zum tödlichen Schlaganfall des als wahnsinnig entmündigten Mannes realisieren wird. Im einschlägigen Gespräch zwischen Laura und dem Rittmeister kommt es nämlich zu folgenden Dialogzeilen:

RITTMEISTER Glaubst du, ein Vater mag unwissenden und eingebildeten Weibern gestatten, die Tochter zu lehren, daß der Vater ein Scharlatan ist?

LAURA Das hat bei dem Vater ja weniger zu sagen.

RITTMEISTER Wieso?

LAURA Weil die Mutter dem Kinde näher steht, nachdem man entdeckt hat, daß eigentlich niemand wissen kann, wer der Vater eines Kindes ist.

RITTMEISTER Was hat das in diesem Falle für eine Bedeutung?

LAURA Du weißt nicht, ob du Bertas Vater bist!

RITTMEISTER Weiß ich das nicht?

LAURA Nein, was niemand wissen kann, weißt du wohl auch nicht!

RITTMEISTER Machst du einen Scherz?

LAURA Nein, ich wende nur deine Lehren an. Übrigens, woher weißt du, daß ich dir nicht untreu gewesen bin?

RITTMEISTER Vieles traue ich dir zu, aber dies nicht, und du würdest auch nicht darüber sprechen, wenn es wahr wäre!

LAURA Nimm an, ich zöge vor, ausgestoßen, verachtet zu sein, nur um mein Kind behalten und darüber verfügen zu dürfen, nimm an, ich wäre jetzt aufrichtig, wenn ich erklärte: Berta ist mein, aber nicht dein Kind! Nimm an …

RITTMEISTER Hör jetzt auf!

LAURA Nimm das nur einmal an: dann wäre deine Macht zu Ende!

RITTMEISTER Wenn du beweist, daß ich nicht der Vater bin!

LAURA Das wäre wohl nicht schwer! Wünschst du das?

RITTMEISTER Höre jetzt auf!

LAURA Ich brauche natürlich nur den Namen des wirklichen Vaters anzugeben, den Ort und den Zeitpunkt näher zu bestimmen, zum Beispiel – wann ist Berta geboren? – Drei Jahre nach unserer Verheiratung …

RITTMEISTER Höre jetzt auf! Sonst …

LAURA Sonst was? Ja! Wir wollen jetzt aufhören! Aber überlege genau, was du tust und beschließt! Und mache dich vor allem nicht lächerlich![479]

Mit Ironie, nein, mit Sarkasmus wählt Strindberg die den Rittmeister noch nicht vernichtende, doch sein Selbstbewusstsein unterhöhlende Bemerkung Lauras über die Möglichkeit, dass er nicht der Vater seiner Tochter sein könnte. Denn handelte es sich wirklich um eine zweifelhafte Vaterschaft, dann würde nunmehr die Tragödie das einholen, was am Anfang als Komödie angekündigt wurde, zumal das permanente Bestehen des Rittmeisters auf den Vorrechten eines Vaters ins Lächerliche gezogen wäre: Strindberg enthüllt, dass hinter Lauras Sarkasmus eine »satanische Macht«[480] steckt, wie es der Rittmeister am Anfang der Szene selbst schon festgestellt hat. Ein Wille, der auch die Wahl des neuen Doktors mit dem Verdacht einer bösen Absicht verbinden lässt. Lauras Rede ist eine der Animosität, in der sich

479 Ebd., S. 168f.
480 Ebd., S. 168.

der Hass kaum verhüllt. Strindbergs Interesse ist es, zu zeigen, dass im ehelichen Zwist die Frau immer schon der »Feind« des Mannes ist, die ihn auf heimtückische Weise hintergehen will. Der Betrug, in einigen von Strindbergs Stücken als selbstverständliches Verhalten beider Seiten vorausgesetzt, ist hier effektvoll der einen, der weiblichen Seite vorbehalten. Wir sehen das, was sich abspielt, nicht schon als Beleg einer vorab vorgeführten These! Die Pointe in Lauras kalkulierten Bemerkungen über die nicht beweisbare Vaterschaft ist, dass sie ihren Mann gerade dadurch in einen unauflösbaren Verdacht stößt, dass sie nur die Möglichkeit, vielleicht die Wahrscheinlichkeit, nicht aber die Realität behaupten. Und ausgerechnet zu dem Zeitpunkt, da er seine Vaterschaft selbst tatsächlich und endgültig bezweifelt, betont sie die Wahrheit seiner Vaterschaft! Nicht um ihn zu erlösen, sondern um seine Unsicherheit als Wahn herauszustellen.

Das Wort »Hass« oder »gehässig« wird selten, doch für die Handlung signifikant verwendet. Der Rittmeister gibt seinem Eindruck Laut, dass die Erziehung der Tochter von seiten seiner Frau mit »gehässigen Motiven«[481] verfolgt werde. Im späteren langen Gespräch der beiden über die so entstandene Situation, seinen Verdacht und seine in Frage gestellte Urteilskraft kommt es zum Bekenntnis Lauras, als »Frau« sei sie immer seine Feindin gewesen, die Liebe der Geschlechter sei ein Kampf. Auf die Frage des Rittmeisters, ob sie ihn »hasse«, antwortet sie: »Ja, bisweilen.«[482] Wenn der Rittmeister daraufhin etwas hilflos von »Rassenhass« spricht, ist das geradezu eine Verharmlosung der vernichtenden Emotion, die hier vorgeführt wird, zu einem Allerweltsklischee: Wenige Minuten darauf erfährt er von der sich so kommunikativ gebenden Laura, dass er von ihr unter »Vormundschaft« gestellt worden ist.

481 Ebd., S. 150.
482 Ebd., S. 191.

Szene für Szene haben die in Frage gestellte Vaterschaft und der labile Gemütszustand des Rittmeisters die dramatische Entwicklung zum Trauerspiel geführt. Im zweiten diagnostischen Gespräch mit Laura spricht der Rittmeister selbst von Selbstmord, von der Gefährdung seines Verstandes, Laura anflehend, ihn vom Verdacht zu befreien. Seine Bitte gibt dieser die Gelegenheit zum endgültigen, zum endgültig vernichtenden Schlag: zum einen, zu leugnen, dass sie jemals einen solchen Verdacht ausgedrückt habe, indem sie sagte: »Jetzt bist du vollständig verrückt geworden«,[483] zum anderen, die Erklärung über seine unter Vormundschaft gestellte Lage folgen zu lassen. Laura erklärt diese des Rittmeisters ziviles Dasein ausmerzende Aktion mit dessen eigener brieflicher Erklärung dem Arzt gegenüber, wahnsinnig geworden zu sein, und sie fährt fort: »Jetzt hast du deine Bestimmung als leider notwendiger Vater und Versorger erfüllt. Du wirst nicht mehr gebraucht, und du kannst gehen. Du kannst gehen, nachdem du eingesehen hast, daß mein Verstand ebenso stark ist wie mein Wille, was du nicht anerkennen wolltest. (Rittmeister geht an den Tisch, nimmt die brennende Lampe und wirft sie nach Laura, die rückwärts aus der Tür flüchtet.)«[484]

Was folgt, sind letzte Demütigungen. Eingezwängt in eine vom Arzt daraufhin angeordnete Zwangsjacke, gibt der Rittmeister, endgültig vom Vaterschaftszweifel besetzt, seinen Geist schlagartig auf. Zuvor lässt Strindberg Laura, die diese Entwicklung inszeniert hat, dem in die Obsession Entrückten noch nachfragen: »Adolf! Sieh mich an! Glaubst du, daß ich deine Feindin bin?«[485] Über diese Frage lässt sich allerdings nachdenken. Sie ist keineswegs selbstverständlich als Hohn zu verstehen. Sondern als Spezifizierung des Hasses: Dass er plötzlich zu erscheinen vermag, auch wenn man ihn verges-

483 Ebd., S. 187.
484 Ebd., S. 192.
485 Ebd., S. 207.

sen haben sollte. Dass er immer lauert. Vor allem aber: Dass seine Darstellung den Zuschauer nicht nur in Bann zieht, weil er das Aufregende, sondern weil er Nicht-Erwartbares zeigt.

3

Strindbergs frühe Stücke werden »naturalistische Dramen« genannt. Aber dieser Naturalismus – dazu gehörte die Thematik der gescheiterten Ehe – ist eine ästhetische Täuschung. Das Scheitern ist keineswegs nur dem absehbaren Ermüdungsprozess oder der nicht verwirklichten Gleichberechtigung der Ehefrau geschuldet, wie das in zeitgleichen Dramen Henrik Ibsens oder Arthur Schnitzlers dargestellt wird. Man nimmt das Dramatische von Strindbergs Drama nicht als Abbildung von etwas Absehbarem, einem längst Bekannten wahr. Vielmehr wird man in einen Exzess von etwas Unerhörtem, gerade jetzt sich erst Ereignendem hineingezogen. Strindberg bringt exzessivere Mittel als die naturalistisch bekundete Wirklichkeit ins Spiel. Er erfindet den Exzess mittels der Hass-Metapher. Mit ihr schlägt er artistisch zu, indem er ihr Eindringen in eine zunächst nur als psychische Spannung zwischen zwei Menschen erkennbare Situation erfindet. Die Hass-Metapher, die Hass-Atmosphäre, bekommt dadurch die Unheimlichkeit eines Symbols. Das ist der hell leuchtende Funke, den Strindberg aus seinem Stoff schlägt: Das plötzliche Überkommenwerden des Rittmeisters von einem Verdacht könnte ja einen psychischen Prozess einleiten, der zur Trennung der Ehegatten führte. Statt dessen wird das psychologisch Verständliche verfremdet zu einer extremen Emotion, zu einer intensiven, furcherregenden Erscheinung namens Hass.

Das letzte Wort des Dramas *Totentanz* (1900) lautet »ge-

314

haßt«.[486] Es beginnt ähnlich wie *Der Vater* mit der Szene zwischen einem gereizten Ehepaar, einem älteren Militär und seiner frustrierten Frau. Zwischen dem Hauptmann einer schwedischen Festungsartillerie auf einer kleinen Insel und seiner Frau Alice, einer ehemaligen Schauspielerin, die wegen ihrer Heirat ihre Karriere aufgegeben hat, gibt es zunächst kein Streitgespräch. Nicht einmal den Anlass dazu. Vielmehr ist hier zwischen die Hass-Metapher und den Alltag im Wohnzimmer eine größere Distanz als sonst bei Strindberg gelegt, um die folgende Detonation um so lauter werden zu lassen.

Solange die beiden Eheleute alleine in ihrem Festungszimmer sitzen – ein Hinweis auf ihre Gefangenschaft miteinander –, läuft ein langer Dialog des Immergleichen ab: des Immergleichen einer nicht unfreundlichen Gleichgültigkeit und Freudlosigkeit, besonders Alice', und einer aus extremer Selbstbezogenheit kommenden gesellschaftlichen Isolation des Hauptmanns Edgar. Während des Gesprächs über das Immergleiche fallen die charakteristischen Strindbergschen Motive: das Geld, die Gesundheit des Mannes und die ungeliebten Bewohner der Stadt, in der sie leben. Das dahinfließende Gespräch – bei »untergehender Sonne«, »erloschener Zigarre«, »abgetragener Dienstuniform« – erhält seine Spannung nicht, wie noch das Gespräch in *Der Vater*, aus einer unmittelbar entstehenden Aggression, sondern aus dem Rätseln darüber, was hinter der Spannungslosigkeit ihres Zusammenseins stecken könnte.

Man ist mit einem Zustand des ewigen Unglücks konfrontiert, das keines besonderen Anlasses bedarf, um zum Ereignis des »Hasses« zu werden: *Totentanz* ist nicht eigentlich ein Drama, sondern ein in dialogische Szenen aufgelöster langer Roman, dreimal so dick wie das Trauerspiel *Der Vater*; Szenen, in denen das Wort »Hass« oder »verhasst« in regelmäßigen Ab-

486 August Strindberg, *Totentanz*. In: ders., *Ausgewählte Dramen in sieben Bänden. Naturalistische Dramen I*, S. 190.

ständen ausgesprochen wird, sobald die einsame Zweisamkeit durch die Ankunft eines Jugendfreundes, Kurt, unterbrochen wird. Dieser Jugendfreund, zum Quarantänenmeister der Insel befördert, bemerkt bald die schaurige Atmosphäre, in der seine alten Freunde leben: »Was geschieht hier? Es riecht wie giftige Tapeten, und man wird krank, wenn man nur hereinkommt! Ich würde am liebsten meiner Wege gehen, wenn ich nicht Alice versprochen hätte, hierzubleiben. Es liegt eine Leiche unter dem Fußboden; und hier wird gehaßt, das einem das Atmen schwer wird.«[487]

Das Epos des Hasses hat einen zweiten Teil, in dem sich mit hinzutretenden Figuren das Ganze wiederholt. Vor allem ist im zweiten Teil der Hauptmann zunächst von den Toten wiederauferstanden. Dieser hatte im ersten Teil zwischen Sterben und Hass-Anfällen, vor allem denen seiner Frau, dahinvegetiert, wobei auch er, obwohl vom Herztod bedroht, seinem Ressentiment und seiner Feindseligkeit sowohl gegen seine Frau als auch gegen den Jugendfreund Kurt freien Lauf gelassen hat, so gut es eben geht, und er zwischen Ohnmachtsanfällen zumindest »Hyäne« zu Alice sagen kann. Alice' Rede hört sich so an: »so ist mein Mann! Der unbedeutende Hauptmann, der nicht einmal Major werden konnte, über dessen Aufgeblasenheit alle lachen, während er sich einbildet, gefürchtet zu sein; dieser Tropf, der gruselig ist und an Barometer und all so etwas glaubt; und als Aktschluß: eine Schubkarre Dünger, der nicht einmal prima ist!«[488]

Während in den Unterhaltungen des ersten Teils, bevor der Cousin die Wohnung betrat, die gegenseitige Aversion kurz vor der Silberhochzeit ohne Hass-Dialog auskam, hat dieser sich nun regelrecht eingerichtet. Jede einzelne Wortuntat führt nicht zum alles zuspitzenden, finalen Ereignis, sondern besteht in der

487 Ebd., S. 27.
488 Ebd., S. 53.

Unabsehbarkeit des noch verborgenen Hasses. Auf Kurts Frage, ob sie wüssten, warum sie sich hassten, antwortet Alice: »Nein! Es ist ein ganz unvernünftiger Haß, ohne Grund, ohne Zweck, aber auch ohne Ende.« Sie fügt hinzu: »Und denke Dir, warum er den Tod am meisten fürchtet! Er hat Angst, daß ich mich wieder verheirate!«[489] Strindberg kommentiert dies mit Kurts Satz: »Dann liebt er dich«, woraufhin Alice bemerkt: »Wahrscheinlich! Aber das hindert nicht, daß er mich haßt.«[490]

Die Betonung eines Hasses ohne Ursache – sosehr Alice ihre Beleidigungen, die Versicherung, den Hauptmann nie geliebt zu haben, verschärft – macht den Hass erst zur besonders Strindbergschen Version dieses Gefühls. Man könnte die Hass-Pointe dahingehend verstehen, Strindberg zeige, wie Freud, mit dem Finger auf die Ambivalenz dieses Gefühls. Die Schlussworte des zweiten Teils könnten dies bestätigen. Im Gespräch mit Kurt, mit dem Alice schon im ersten Teil eine heftige sexuelle Affäre begonnen hat, sagt sie anlässlich des Todes des Hauptmanns, sie müsse ihn wohl geliebt haben, worauf Kurt hinzufügt: »Liebeshaß«.[491] Es sind auch die letzten Worte des Stücks, indem diese von Alice und Kurt wiederholt werden.

Aber Strindberg ist nicht auf die Ambivalenz des Hass-Gefühls aus, sondern auf seine Gewalt als ein Apriori. Was immer auch an gegensätzlichen Empfindungen möglich ist – sie werden letztlich in Strindbergs Stück annihiliert. Gerade indem nach den bösartigsten, ja gewalttätigen Szenen am Ende des ersten Teils die Silberne Hochzeit von beiden einander Hassenden in Aussicht gestellt ist, kommt die Vorstellung von der Unabsehbarkeit der Unendlichkeit des Hasses noch einmal zu ihrem Recht. Indem es keine spezifische Szene ist, deren Hass-Potential zur Tragödie führt, sondern alle Szenen dieses Potential, im ersten und im zweiten Teil, gleichmäßig verteilen, zeigt sich die

489 Ebd., S. 31.
490 Ebd.
491 Ebd., S. 40.

für Strindbergs Spätphase, in *Wetterleuchten* und in *Die Brand-stätte*, eigentümliche Tendenz zum Exemplarischen. Dadurch wird die einzelne Hass-Szene in *Totentanz* aber keineswegs ihres Ereignis-Charakters beraubt zugunsten eines Paradigmas des schon Gewussten.

Die Ekstatik von Strindbergs Hass-Gedanken wird im Vergleich mit dem wahlverwandten Ehedrama von Ibsen, (*Nora oder*) *Ein Puppenheim* (1879), besonders deutlich. Und zwar wegen einer definitiv psychologischen Perspektive bei Ibsen, die bei Strindberg durch eine phänomenologische überdeckt ist. Man findet in Ibsens mehr als zehn Jahre älterem Stück ähnliche Motive und Stoffe, wie man sie auch bei Strindberg erkennen kann. So die Rolle des Geldes, des kranken Ehemanns in höherer Position, die korrupte Umgebung und vor allem die gefährdete Ehe. Aber wie anders! Die Gefährdung der Ehe ist nicht angezeigt durch einen aggressiven Wortwechsel, sondern durch dessen Gegenteil: durch das die jüngere Frau liebkosende Vokabular des gerade zum Bankdirektor aufgestiegenen älteren Mannes, das sie zum Kind, zur Puppe degradiert. Sie ist die »zwitschernde Lerche«.[492] Es gibt nicht nur kein böses Gespräch zwischen Mann und Frau, es gibt überhaupt kein Gespräch ernster Natur als den letztlich harmlosen Wortwechsel über Geldausgaben zur gerade anbrechenden Weihnachtszeit.

Dabei lauert ein Unglück, wenn auch kein Hass, längst darauf, entdeckt zu werden. Nora, die scheinbare »Lerche«, verbirgt ein Geheimnis hinter ihrer bereitwilligen Hinnahme des Lerchen-Daseins: Sie hat, um ihrem einst gefährlich erkrankten Mann einen längeren Aufenthalt im warmen Süden zu ermöglichen, vor Jahren nicht bloß heimlich eine größere Summe Geld bei einem korrupten Wucherer geliehen. Sie hat den auf ihren Vater ausgestellten Schuldschein sogar gefälscht, das heißt ihn

---

492 Henrik Ibsen, *Ein Puppenheim*. In: ders., *Sämtliche Werke*. Hrsg. v. Julius Elias und Paul Schlenther. Berlin o. J., Bd. 4, S. 3-5.

mit dessen Namen unterschrieben. Seitdem zahlt sie die gelie-
hene Summe an den Verleiher zurück, der inzwischen aber An-
gestellter der Bank ihres Mannes geworden ist. Ohne von weiteren Komplikationen zu sprechen, ist nur zu wissen, dass der
Angestellte Nora zu erpressen beginnt, nachdem ihr Mann, der
Bankdirektor, ihm wegen einer hilfsbedürftigen Freundin seine
Stellung gekündigt hat: entweder Rücknahme der Kündigung
oder Preisgabe der noch immer beträchtlichen Schulden! Mehr
noch: entweder Beförderung in eine noch höhere Stellung oder
aber Präsentation des Schuldscheins, inbegriffen des Nachwei-
ses, dass er gefälscht ist.

Man sieht, wie auch in Ibsens Schaupiel in drei Akten eine
finanzielle Intrige das Interesse auf sich zieht, wobei die menschliche Natur am Beispiel des korrupten Bankangestellten vorgeführt wird, nicht ohne Blick auf zweideutige Züge im Verhalten
der Freundin Noras sowie des todkranken Doktors, eines gemeinsamen Freundes des Paares. Das vorher nie geführte Gespräch zwischen Nora und ihrem Mann findet statt, als der Erpresser nach Abweisung seines Gesuchs um Beförderung tätig
geworden ist und Noras Mann über ihre Schulden und ihre Fälschung ins Bild gesetzt hat.

Das Gespräch teilt sich in zwei Hälften. Der erste Teil zeigt
den Ehemann im Zustand der Angst um seine eigene Reputa-
tion und in moralischer Entrüstung über seine Frau, die nunmehr nicht mehr die »Lerche« ist, sondern eine »Heuchlerin«,
»Lügnerin«, eine »Verbrecherin«,[493] obwohl sie das, was sie tat,
seinetwegen getan hatte. Aber es kommt zu keinem wirklichen
Ausbruch von Hass, sondern zu einer psychologischen Diagnose ihrer bisher leeren Beziehung. Der offensichtliche Mangel an Empathie, an wirklicher Nähe, wird von Nora im zweiten Teil des Gesprächs thematisiert, nachdem der Bankdirektor
vom Erpresser – noch während des Gesprächs – die Versiche-

493 Ebd., S. 83.

rung erhalten hat, dass es zu keiner Veröffentlichung der Schulden kommen und der Schuldschein zurückgegeben werde. Nora antwortet auf die Erleichterung, ja, das übergroße Glück ihres Mannes und seine völlige Veränderung des Tons ihr gegenüber mit dem Entschluss, ihn zur selben Stunde zu verlassen. Ibsen belässt es nicht beim Psychogramm einer von Beginn an gescheiterten Ehe. Er wäre nicht der Dramatiker, der er ist, beließe er es bei Noras Erkenntnis des nie verwirklichten gleichrangigen Zueinanders. Er lässt Nora von einem letzten Motiv ihres Abschieds sprechen: von dem nicht eingetretenen »Wunder«, dem Wunder, das eingetreten wäre, hätte ihr Mann die Größe, die Liebe gezeigt, mitsamt der Schulden die Mitwisserschaft, ja Schuld auf sich zu nehmen, auch wenn sie selbst diesen Beweis seiner Liebe nicht angenommen hätte.

Die psychologische Diagnostik verunmöglicht in den Dramen Ibsens plötzliche Hass-Evokationen. Gleichwohl sind in *Gespenster*, in *Die Wildente* oder in *Rosmersholm* die Spannungen im Wohnzimmer – die doch Ibsens Erfindung sind – bis zum kaum Erträglichen aufgestaut und zur Explosion gebracht. Aber ein Hass-Diskurs, sei es buchstäblich in der Erwähnung des Wortes oder als extreme Stimmung des Gegeneinanders, findet nicht wirklich statt. Das eine letzte Hoffnung, wie vage auch immer, berufende Ende von *Ein Puppenheim* zeugt davon.

Der Erfinder psychischer Abgründe (*Sterben*), Arthur Schnitzler, dreizehn Jahre jünger als Strindberg, hat kurz vor dem Ersten Weltkrieg das »Tragikomödie« genannte Ehedrama *Das weite Land* veröffentlicht, in dem man Hass-Elemente zu finden sucht, aber nicht wirklich entdeckt. Am Ende findet ein tödliches Duell statt, bei dem der Held des Stücks, ein fünfzigjähriger eleganter Herr der besseren Kreise in der österreichischen Provinz, den viel jüngeren, erst kurzfristigen Liebhaber seiner dreißigjährigen Frau, einen Marinefähnrich, erschießt. Dreimal erwägt Schnitzler bei den Umständen des Duells das Wort »Hass« – und verwirft es. Es sind die verborgenen Gefühle in dieser seltsamen Geschichte sensibler, intelligenter Eheleute zwischen Kühle (auf seiten des Mannes) und Resignation (auf seiten der Frau), die angesichts der notorischen Affären des Mannes interessieren.

Dabei ist zu Beginn des Stücks sogar schon ein Patt eingetreten, denn Friedrich, der Ehemann, hat seine letzte Liebschaft beendet, und Genia, seine Ehefrau, ist aus ehelicher Treueverpflichtung auf die Leidenschaft eines russischen Pianisten nicht eingegangen, der sich daraufhin erschießt. Was Genia aber wirklich empfindet, da sie doch von dem Pianisten sichtlich angezogen war – das zu ergründen wird plötzlich zum dringlichen Bedürfnis ihres Mannes: Ist nicht im Selbstmord des Künstlers ein Vermächtnis an Genia beschlossen, das sie eigentlich annehmen müsste, indem sie noch nachträglich ein nicht verwirklichtes Liebesverhältnis eingänge? So ungefähr. Diese Emotionsanalyse erscheint wichtiger als die bald darauf, während einer Bergtour, einsetzende neue Affäre des Mannes mit seiner jungen Tennispartnerin. Aber was für den Augenblick des Gefühls auf der Höhe des Berges und auf der Wiese am Waldsee gilt, das gilt bereits einige Tage danach, eine Woche später, nicht mehr. Es ist die Brüchigkeit und die Komplexität des Gefühls, die Schnitzler darstellt. Er lässt einen Bekannten des Mannes, einen ebenfalls notorischen Ehebrecher, bekennen, dass diesen die Reaktion seiner Frau, ob seiner Untreue die Ehe zu lösen, fast ums Leben gebracht habe: »... daß ich sie so sehr liebte – und trotzdem fähig war, sie zu betrügen ... sehen Sie, mein lieber Hofreiter, das machte sie irre an mir und an der ganzen Welt. Nun gab es überhaupt keine Sicherheit mehr auf Erden ...«[494]

Dieser Mann spricht dann die Wahrheit des Dramas aus: Die Ordnung der Gesellschaft ist nur künstlich, »das Natürliche

494 Arthur Schnitzler, *Das weite Land. Die Theaterstücke*. In: ders., *Gesammelte Werke in zwei Abteilungen*. Berlin 1912, Bd. 4, S. 371.

ist … das Chaos«. Und so erklärt sich schließlich der Titel des Stücks: »… die Seele … ist ein weites Land, wie ein Dichter es einmal ausdrückte«.[495] Damit ist auch die tödliche Schlussszene vorbereitet. Nachdem Friedrich der Bergtouraffäre aus Liebesskepsis endgültig entsagt hat, fordert er den Genia zärtlich verehrenden Fähnrich an dessen letztem Abend vor seiner Versetzung ins Ausland mit einem beleidigenden Wort heraus. Nicht aus brennender Eifersucht, sondern aus formalem Ehrprinzip. Der junge Mann stirbt, Genia erstarrt, und Friedrich bereitet eine lange geplante Geschäftsreise vor. Finis Austriae? Noch nicht! Vielmehr glückliches Austria, wie man sieht: Denn die Ironie des psychischen Wissens verhindert ein Ende im Stil von Strindbergs Hass-Dramatik.

4

Das meistgespielte, wohl berühmteste von Strindbergs Stücken ist das 1888 publizierte naturalistische Trauerspiel *Fräulein Julie*. Abermals die Konfrontation zweier Menschen, wobei drei Personen auftreten: die fünfundzwanzigjährige Tochter aus landadliger Familie, Julie, der dreißig Jahre alte Diener des gräflichen Hauses, Jean, und dessen fünfunddreißigjährige »Verlobte«, die Köchin Kristin. Wenn zwischen den durch die Gesellschaftsklasse so unterschiedenen Menschen überhaupt ein dramatischer Dialog entstehen kann, dann deshalb, weil die vom Gesinde »Fräulein Julie« Genannte während der Johannisnacht – das ist die Zeitspanne des Dramas – mit dem Knecht Jean ins Bett geht. Dieser Skandal wird aus der Charakterisierung der Grafentochter in den frühen Szenen des Stücks erklärlich: Sie entlarvt sich in den Augen der Bediensteten des Gutshofes als Ver-

---

495 Ebd., S. 372.

rückte, indem sie sich unbekümmert mit gesellschaftlich tief unter ihr Stehenden in wilden Tänzen versucht, vor allem mit dem von ihr bevorzugten, gutaussehenden Jean, einem intelligenten Mann mit der Begabung, sich kulturelle Kenntnisse und fremde Sprachen anzueignen. Der seinerseits durch das Bewusstsein des niedrig Geborenen geprägt ist, was sich in seiner anfänglichen Distanz gegenüber den Avancen der kapriziös-arroganten adligen jungen Frau ausdrückt.

Die Spannung des Stücks vor Eintritt der emotionalen Katastrophe baut sich über eine Rede auf, die im Hass-Dialog explodiert, nachdem die Johannisnacht den beiden Figuren Gelegenheit gegeben hatte, sich zunächst wie Märchenfiguren oder wie Konstellationen in poetischen Träumen zu stilisieren: Es ist das Märchen von der Königstochter, die der einfache Schäfer gewinnt, das alte Thema gesellschaftlicher Ungleichheit trotz ursprünglicher Gleichheit. Der Umschlag zur Hass-Rede ist nicht, wie in *Der Vater* oder in *Totentanz*, dargestellt als die repräsentative Aussageform zwischen Mann und Frau. Als Folge der gemeinsam verbrachten Nacht entwickelt sich ein aggressives Wortgeplänkel, bestückt mit Affekten des Enttäuschtseins auf seiten Julies, ihrer ausbrechenden Verachtung angesichts von Jeans Gefühlsroheit. Strindberg legt den Wortkaskaden aus gegenseitigen Beleidigungen charakteristischerweise die finanzielle Hilflosigkeit beider zugrunde, die Unmöglichkeit, miteinander das Weite zu suchen, nachdem die gemeinsame Nacht nicht unbemerkt bleiben würde. Wortwechsel wie »Knecht ist Knecht« – »Hure ist Hure«[496] werden zur Regel. Vergeblich auf eine erotische Zukunft hoffend, erklärt Julie: »Ich verabscheue Sie, wie ich Ratten verabscheue, aber ich kann Sie nicht fliehen!«[497]

Dem sich öffnenden Terrain des Hass-Ausdrucks wird Julies Erzählung vom Hass ihrer Mutter gegen den Vater wie ein Ma-

---

496 August Strindberg, *Fräulein Julie.* In: ders., *Ausgewählte Dramen in sieben Bänden. Naturalistische Dramen II*, S. 30.
497 Ebd., S. 33.

nifest zugrunde gelegt: Diese hatte das väterliche Anwesen in Brand gesteckt und sich einen Geschäftsmann als Liebhaber gehalten, der das Geld von Julies Vater unterschlagen hat, ohne dass sie sich dagegen hätte wehren können: »Ich sympathisierte mit meinem Vater, nahm aber doch Partei für meine Mutter, weil ich die Verhältnisse nicht kannte. Von ihr habe ich Mißtrauen und Haß gegen den Mann gelernt – denn sie haßte die Männer.«[498] Und anlässlich von Julies Erzählung von ihrer herablassenden Zurückweisung des einst für sie als Verlobten Ausersehenen, den sie zum Spiel über ihr Reitstöckchen hatte springen lassen, kommt es zur nachdrücklichen Einbeziehung Jeans in diesen Hass. Dieser verteidigt nämlich den zurückgewiesenen ehemaligen Bräutigam: »Er war kein Schuft! Sie hassen die Männer, gnädiges Fräulein?«[499] Julie antwortet: »Ja! – Meistens! Aber manchmal – wenn die Schwäche kommt, oh pfui!« Und Jean daraufhin: »Sie hassen mich auch?« Diese Frage bestätigt Julie mit der Antwort: »Grenzenlos! Ich möchte Sie töten lassen wie ein Tier.«[500] Es wird nicht offen gesagt, dass sie wegen der sexuellen Begierde, die sie umgetrieben hat, gegen den Liebhaber einer Nacht Hass empfände. Auch nicht deswegen, weil er keine Zärtlichkeit, sondern bloß Gleichgültigkeit und Brutalität an den Tag gelegt hätte. Das alles bleibt in Strindbergs Darstellungsform ein ambivalentes Gemisch. Jean hatte Julies Tiermetapher bezüglich seiner selbst ironisch variiert: »Wie man einen tollen Hund schleunig niederschießt, nicht wahr?« Und das Fräulein bestätigt es: »Genau so!«[501]

Ist das die böse Komödie über das schiefgelaufene Abenteuer zwischen einer psychisch labilen, aber extravagant-abenteuerlustigen jungen Frau aus gutem Hause und einem ehrgeizigen, jedoch vulgären, brutalen Dienstboten? Nur ein spezifischer

498 Ebd., S. 36.
499 Ebd., S. 37.
500 Ebd.
501 Ebd.

Fall des ohnehin mit den einschlägigen Motiven der Korruption, der Abstammung, des Klassenunterschieds bestückten Paradigmas des Hasses zwischen den Geschlechtern? Man könnte das ganze Drama auf dieses Strindbergsche Zentralthema reduzieren. Dagegen spräche die heftige, schnelle Aufeinanderfolge widersprüchlicher Themen und Empfindungen: einerseits die trotz der gegenseitigen Anwürfe miteinander geplante Flucht, einschließlich der Entwendung des Geldes aus der Schatulle des Grafen, andererseits vor allem die immer extremer werdende Wildheit von Fräulein Julies Erklärungen, ihre Verzweiflung, dass aus ihrem Lebensimpetus, einer Art Utopie, wie sie sagt, das ganz »Andere« nicht hat werden können angesichts der zynischen Reaktion des »agilen« Dieners. Diese Verzweiflung verleiht ihrem Hass eine spezifische Größe. Selbst wenn man ihr eine solche Redeweise psychologisch nicht abnehmen mag und sie als durchgeknallte hysterische Abreaktion eben »psychologisch« versteht, geht doch der Atem ihrer Hass-Rede über dieses Argument weit hinaus. In ihr wird abermals vorgeführt, wie das Wort – wodurch immer der Affekt verursacht sein mag – zu einem Effekt von äußerster Intensität aufsteigen kann. Nur Fräulein Julie redet so, nicht Jean. Nur sie kann so reden, nicht Jean. Selbst wenn man nicht genau weiß, ob das Wort »Hass« in ihrem Munde das Gefühl, das sie gerade durchwogt, angemessen ausdrückt, so vernimmt man es doch in der Exorbitanz seines Ausdrucks und gewinnt selbst ein hohes Gefühl davon, was immer es meinen mag. Es gehört auf die allerhöchste Rangstufe von Gefühlen. Fräulein Julie könnte, wenn sie wollte, wie Wagners Brünnhilde auch von Liebe reden. Statt dessen spricht sie von Hass. Das unterbricht die zu keiner Entscheidung führenden Gespräche über die Banalität der geplanten, verworfenen und erneut geplanten Fluchtreise. Auch ihrer Hass-Rede wohnt ein Zeichen inne. Deren extreme Wortgewalt bricht am Ende des Stückes hervor, wenn Jean den Vogel Julies mit einer Axt tötet, da man ihn bei einer eventuellen Flucht nicht mitnehmen will. Julies unmittelbare Reaktion besteht aus einem Aufschrei: »Töten Sie mich auch! Töten Sie mich! Wenn Sie ein unschuldiges Tier schlachten können, ohne mit der Hand zu zittern. O, ich hasse und verabscheue Sie; es steht Blut zwischen uns! Ich verfluche die Stunde, da ich Sie gesehen habe, ich verfluche den Augenblick, da ich in meiner Mutter Leib gezeugt wurde!«[502]

Auf Jeans herablassende Empfehlung hin (»Ja, was hilft das Verfluchen? Gehen Sie!«[503]) nähert sie sich dem Holzblock und sagt: »Glauben Sie, ich kann kein Blut sehen? Glauben Sie, ich bin so schwach – – ich möchte dein Blut sehen, dein Hirn auf einem Holzblock – ich möchte dein ganzes Geschlecht in so einem See schwimmen sehen … Ich glaube, ich könnte aus deinem Schädel trinken, ich möchte meine Füße in deinem Brustkorb baden, und ich könnte dein Herz gebraten verzehren! Du glaubst, ich bin schwach, du glaubst, ich liebe dich, weil meine Leibesfrucht nach deinem Samen verlangte, du glaubst, ich will deine Brut unter meinem Herzen tragen und sie mit meinem Blute nähren – deine Kinder gebären und deinen Namen tragen! – Sag einmal, wie heißt du? Ich habe deinen Zunamen nie gehört – du hast wohl keinen, glaube ich. Ich würde Frau Kätnerhaus oder Madam Kehrichthaufen werden, – du Hund, der mein Halsband trägt, du Knecht, der mein Wappen auf den Knöpfen hat, – ich teile mit meiner Köchin, ich rivalisiere mit meiner Magd! Oh! Oh! Oh!«[504]

Nach dem Ausbruch feindseliger Verachtung folgen abermals Dialoge zwischen Julie, Jean und der Köchin Kristin über eine gemeinsame Flucht. Man hat schon anlässlich von *Totentanz* gesehen, wie Strindberg die existentielle Prävalenz der Hass-Rede dadurch verschärft und beglaubigt, dass er sie immer wieder von einer konventionellen Rede einholen lässt. Die Hass-Rede ist kein dramatischer Zwischenfall im Sinne einer

502 Ebd., S. 48.
503 Ebd.
504 Ebd.

326

psychologisch erläuterten Reaktion. Als solche fungiert die Tötung des Vogels nicht. Die Tötung repräsentiert eine fundamentale Differenz zwischen dem Knecht und Fräulein Julie, von der Fräulein Julies Hass-Rede sich nährt. Die Verzögerung der Flucht, das Spiel mit dem Rasiermesser, das ihr Jean zynisch anbietet und mit dem sich Fräulein Julie am Ende töten wird – diese Intervalle laufen immer wieder auf das Schlüsselwort des Dramas hinaus. Jean fragt sie, kurz bevor sie hinausgeht, um das zu tun, was der Zuschauer ahnt, ob sie ihren Vater geliebt habe. Sie antwortet: »Doch, grenzenlos, aber ich habe ihn wohl auch gehaßt! Ich muß es getan haben, ohne es zu wissen!«[505]

Julies Selbstmord ist der Akt, mit dem sie ihre »Ehre« retten möchte.[506] Insoweit haben wir es mit dem klassischen Ende einer Tragödie zu tun, nicht aber mit einer klassischen Tragödie, sondern einem naturalistischen Trauerspiel. Sein Verlauf zeigte indessen nicht nur im Ausdruck der Hass-Erklärung, sondern in Julies extravaganter Verhaltensweise Züge des wenn nicht Komischen, so doch Exzentrisch-Verrückten. »Verrückt« zu sein entspricht Fräulein Julies Charakterisierung aus dem Munde des Gesindes, dessen Milieu, die Küche, ja auch der hauptsächliche Ort der Handlung ist, nicht etwa das Innere des Schlosses. Auch die Niedrigkeit der Vergehen, der Diebstahl aus dem Schreibtisch des Grafen, verweist auf das gemischte Genre. Das Exotische der Menschen, die sich von der moralischen Norm entfernen, zeigt sich ebenfalls in *Gespenstersonate* oder in *Die Brandstätte*. Ja, selbst in *Totentanz* sind die Hass-Reden durchwirkt von grotesken Szenen und Situationen.

Strindberg hat sein Schauspiel *Sünde* eine »Komödie« genannt. Das im Pariser Boheme-Milieu spielende Stück ist aber alles andere als komisch: Ein berühmter Bühnenautor und seine Freunde stehen unter Mordverdacht, wenngleich unter falschem.

505 Ebd., S. 55.
506 Ebd., S. 56.

Auch in diesem Stück verzichtet Strindberg nicht auf den Satz: »Hast du je gehört, daß man einen Menschen zu Tode hassen kann? – Nun, mein Vater zog sich den Haß meiner Mutter und meiner Geschwister zu und schmolz zusammen wie Wachs am Feuer.«[507]

Jede Komödie lebt von intensiven, aggressiven Momenten. Vielleicht sind in ihr solche Momente sogar in überraschenderer Form gesetzt als in der Tragödie. Ob Strindberg Molière gemocht hat? Einer wie der *eingebildete Kranke* könnte unter Strindbergs Charakteren auftauchen. Die satirische Charakterisierung der Gesellschaft bei Molière, die böse Intrige, alle möglichen Elemente sind versammelt, nur dass sie sich bei Molière im Unterschied zu Strindberg schließlich zu einem guten Ende auswirken. Einem Charakter wie Tartuffe fehlt nichts, um auch in Strindbergs Schurkenpersonal eine glänzende Rolle zu spielen, nicht zuletzt wegen der bedrohlichen finanziellen Manipulationen, die sehr leicht zur Katastrophe seines Opfers hätten werden können.

Wenn man bedenkt, dass bei Shakespeare die große Hass-Reden führenden Helden Richard III., Jago und selbst Hamlet gleichzeitig brillante komödiantische Auftritte hinlegen, wird die Duplizität der Gattungen bei Strindberg nochmals akzentuiert. Die Furchtbarkeit der Atmosphäre bleibt bei ihm aber im Hass-Wort als dem letzten Wort beschlossen. Es gibt bei Strindberg nicht die erhabene Auflichtung, gar Versöhnung, welche die großen Tragödiendichter – von der *Orestie* bis zu *Hamlet* – nicht von ungefähr für notwendig hielten. Das bringt, auch wenn die Pazifizierung des Gemetzels zwischen Weißer und Roter Rose am Ende von *Richard III* das geschehene Grauen nicht vergessen lässt, Erleichterung. Wenn die Erhöhung des toten Hamlet zum potentiellen Helden trotzdem den Blick auf

---

507 August Strindberg, *Sünde*. In: ders., *Ausgewählte Dramen in sieben Bänden. Naturalistische Dramen II*, S. 169f.

alle Getöteten wie einen Blick ins Nichts eröffnet, so ist es um so weiser, am Ende daran zu erinnern, dass die Welt sich weiterdreht.

Es gibt höllische Strophen in der altnordischen *Edda*, die sich Strindbergs Phantasien mitgeteilt haben mögen. Das Untergangspathos im *Ring des Nibelungen* ist die sich in die Transzendenz rettende Version davon. In Strindbergs Anwendung des Hass-Wortes sind ein Elend, eine Banalität und ein Schrecken konzentriert, die sich nicht in der griechischen Tragödie, nicht im klassischen Drama des 17. und 18. Jahrhunderts und auch nicht in Hebbels, Büchners, geschweige Kleists Tragödien finden und niemals finden ließen. Die trotz der Wohnzimmer-Symbolik abwesende psychologische Begründung, so auch in *Fräulein Julie*, ist substituiert durch das Apriori des Hasses als eine Art Weltprinzip und regulatives Erkenntnisvermögen. Die Redevarianten »ich hasse«, »verhasst« und schließlich »Hass« verschlingen letztlich alle anderen Zustandserklärungen und verleihen diesen Wörtern bei Strindberg die Wirkung eines Verhängnisses. Sie werden nicht erklärt als Denkimpulse wie bei Wagner oder bei Baudelaire und nicht als Emotion glaubhaft wie bei Shakespeare oder Milton. Und der satirische Zug bleibt ohne die moralische Tendenz Swifts. Strindbergs Hass und sein Name stehen für ein selbstevidentes, unauflösbares Faktum.

III

Der Exzess ist unvermeidlich

Célines *Reise ans Ende der Nacht*

Mit dem Namen Louis-Ferdinand Céline das Wort »Hass« in Zusammenhang zu bringen hat etwas Aufdringliches. Die rassistische Suada seiner drei antisemitischen Schriften *Bagatelles pour un massacre* (1937), *L'École des cadavres* (1938) und *Les Beaux Draps* (1941) machten solchen Skandal, dass der literarische Hass-Effekt seines 1932 erschienenen berühmten Romans *Voyage au bout de la nuit* davon in Mitleidenschaft gezogen werden könnte. Um so mehr, als auch *Bagatelles pour un massacre* von einer originellen Sprache geprägt ist und die sonstigen antijüdischen Auslassungen in den französischen Publikationen der dreißiger Jahre an Stilbewusstsein weit hinter sich lässt.

Es geht im Schatten dieses Umstands aber darum, wie Céline auch die grandiose Prosa dieses Romans aus Affekten eines Hasses gewinnt, den er in den Effekt seiner eigenen Imagination überführt. Der Erste Weltkrieg, der Kampf gegen die Deutschen, der die Basis des Buches darstellt, entfacht in ihm – im Unterschied zu den nationalistischen Schriftstellern Léon Bloy, Maurice Barrès und Henri Barbusse – keine Hass-Anfälle gegen den deutschen Feind. Ganz im Gegenteil! Offenbar um das patriotisch-konventionelle Bürgertum zu provozieren, werden die deutschen Soldaten beiläufig auch einmal »tapfer« genannt – aus der lakonischen Célineschen Einsicht heraus, dass ihnen gar nichts anderes übriggeblieben sei. Anders ist das, wenn es um die eigenen Truppen, vornehmlich die Offiziere und Unteroffiziere, geht. Die Wahrnehmung des Gemetzels hat Céline zu einer Metaphorik inspiriert, die ob ihres Zynismus und ihrer Obszönität das Wort »Hass« vorläufig nicht benötigt. Den Anfang eines finsteren Zeitalters im Blick, demgegenüber er sein finsteres Bewusstsein als würdig erweisen will, hält er das Wort »ich hasse« zunächst noch zurück.

Was für ein Geist spricht aus einer solchen spezifischen Darstellung des böse gewordenen Zeitalters? Der Geist des Präfaschismus, der den jungen Pierre Drieu la Rochelle und den jungen Robert Brasillach faszinierte, war es nicht! Dabei war die literarische Prosa Drieus (*La comédie de Charleroi*, 1934; *Le feu follet*, 1931, und *Gilles*, 1939) ebensowenig wie Brasillachs Roman *L'Enfant de la nuit* (1934) politisch aggressiv. Es waren Darstellungen romantisch-bürgerlicher Zerrissenheit. Allerdings ist Brasillachs *L'Enfant de la nuit* und Célines *Voyage au bout de la nuit* das Thema des radikalen Außenseiters gemeinsam, aber in diametral unterschiedlicher Ausprägung: Brasillachs Held ist ein von religiös-spiritueller Allüre Getriebener, von der Schönheit der Stadt Paris Angezogener, der eine besondere Liebe sucht. Célines Held dagegen ein zynisch-vulgärer Herumtreiber im kleinbürgerlichen Milieu, schließlich als Armenarzt praktizierend, der Paris hasst. Die Zärtlichkeit, die Brasillach seinem Helden eingepflanzt hat, und die subversive Melancholie, die Céline sich aus dem Munde seiner Ich-Figur artikulieren lässt, der eine auf dem Montmartre zu Hause, der andere in elender Vorstadt – beide Charaktere lassen nicht erwarten, dass Brasillach bald die faschistische Zeitschrift *Je suis partout* edieren und Céline seine antisemitischen Pamphlete schreiben wird. Es gab in der Epoche namhafte Schriftsteller, die eine ähnliche Isolation thematisierten, ohne dass daraus radikale politische Motive erwuchsen. Die Mehrheit allerdings – von Aragon, einem Freund Drieu la Rochelles, bis hin zu André Gide, der intellektuellen Leitfigur der Epoche – unterlag zeitweise oder für immer der Suggestion des bolschewistischen Marxismus. Andere – Jean Paulhan, Marcel Jouhandeau oder Jean Cocteau – verhielten sich abwartend in einer unbestimmten Zone zwischen den politischen Extremen.

Célines Roman unterscheidet sich von allen anderen diese Zeit prägenden französischen Büchern – seit Prousts *À la recherche du temps perdu* (1913-27) – durch eine frenetische Erfahrung der Existenz ohne Rückgriff auf tradierte Identitäten. Doch könnte es, die *Voyage au bout de la nuit* einfach zum Meisterwerk der Moderne neben Prousts *Recherche* zu erheben, über die exzentrische Brutalität und stilisierte Vulgarität eines unglücklichen Bewusstseins hinwegsehen lassen und dieses Bewusstsein auf falsche Weise kanonisieren. Das noch vor den rassistischen Hetzpamphleten veröffentlichte nächste Buch, *Mort à crédit* (1936), hat die provozierende Originalität von Célines erstem Werk, die Ausgekochtheit seiner Sprache, die in ihren Bildern verborgene Reflexion nachdrücklich bestätigt. Dass Céline nach dem Zweiten Weltkrieg im Unterschied zu Robert Brasillach und Drieu la Rochelle mit dem Leben davonkam, nach Dänemark entkam und seit 1953 wieder unbehelligt bis zu seinem Tod 1961 bei Paris gelebt hat, kommt einem vor wie eine Fortsetzung und Neuinstallation des für den Helden seines berühmten Buches typischen Zynismus. Dieser Nonchalance steht seine literarische Hass-Rede eigentlich entgegen, wenn sie in zentralen Erzählpassagen plötzlich auftaucht. In Anerkennung ihres sogleich energetischen wie überraschenden Ausdrucks erübrigt es sich, nach einer unterirdischen Verbindung mit den antisemitischen Texten zu suchen. Das Absehen von ideologischer Begründung gehört gerade zum Appeal des Célineschen Hass-Ausdrucks, der hier allein interessiert.

Anlässlich von Swifts satirischen Pamphleten war zu entscheiden, ob sich dieser Stil auch in der polemischen Darstellung seines Romans *Gullivers Reisen* bemerkbar macht. Dort, wo das geschieht, hat es dem Hass-Affekt die imaginative Spitze abgebrochen, die sich erst zu Ende des Romans zu erkennen gibt. Die Hass-Affekte des Célineschen Helden sind dagegen vom Anfang bis zum Ende ungehindert von der wenige Jahre später einsetzenden antisemitischen Hass-Propaganda. Es veränderten sich die sehr unterschiedlichen Themen der Hass-Szenen: Nachdem der Held die Schützengräben und Offiziere des Ersten Weltkriegs, die Fiebernächte und die Eingeborenen in Afrika, die Fäkalienhöhle und die Prostituierten von New York hinter sich gebracht hatte und schließlich zurückgekehrt war in die Pariser Vorstadt, zog sich das Wort »Hass« zurück zugunsten einer melancholisch-verzweifelten, radikal nihilistischen Reflexion über Mensch und Welt. Diese wird dabei immer wieder von anrüchig-bösartigen Assoziationen und einer himmelschreienden Anschaulichkeit des Obszönen geleitet. Ob narrativ oder reflexiv, der Hass als Quelle der Imagination versiegt nie.

I

Ob Céline der Hass-Affekt anlässlich der häufig schöngeredeten Grässlichkeiten des Ersten Weltkriegs überfiel oder schon darauf lauerte, nur einen solchen Anlass zu finden, kann man so oder so beantworten. Es macht keinen Unterschied, außer einen biographischen. Der Hass-Affekt beginnt jedenfalls beim Anblick des gefallenen Obersts sich zu artikulieren, und zwar in der bösartigen Manier, mit welcher der Tote beschrieben ist. Es heißt über die Leiche: »Dem Obersten hier wollte ich nichts Böses. Trotzdem, auch er war tot. Erst konnte ich ihn gar nicht mehr sehen. Weil die Explosion ihn ein Stück den Abhang weiter geblasen hatte, er lag auf der Seite, dem Berittenen zu Fuß in die Arme geschleudert, dem Boten, der war auch hinüber. Sie umarmten einander für jetzt und immerdar, allerdings hatte der Berittene keinen Kopf mehr, nur noch ein Loch auf dem Hals mit Blut drin, das glucksend brodelte wie Marmelade im Topf. Dem Obersten hatte es den Bauch aufgeschlitzt, er zog eine grässliche Fratze. Musste böse wehgetan haben in dem Moment, als es geschah. Selber schuld! Wäre er gleich bei den ersten Kugeln abgehauen, dann wäre ihm das nicht passiert.«[508]

Dem mitleidlos offensiven, lächerlich machenden Blick auf den eben ihm noch Befehle gebenden Offizier folgt die herablassende Behauptung, dass der Oberst »nie Phantasie gehabt« habe.[509] Die Vorführung der Eingeweide und sonstiger Innereien der auf der Wiese geschlachteten Schafe, die Céline außerdem erwähnt, die Schilderung ihres »Gekröses« hätte auch dem Oberst, einem Menschen, gelten können. Das Blut im Gras, in »matschigen Pfützen, die ineinander flossen auf der Suche nach dem Gefälle«, gehört als Bild dazu. Erst jetzt überkommt den Helden »eine unendliche Lust zu kotzen«.[510] Die Erwähnung der vorpreschenden deutschen Ulanen bleibt auffällig beiläufig-sachlich, als wenn aller Ekel und alles Entsetzen für die eigene Seite aufgespart werden müssten: etwa für den Proviantwagen, von dem der Erzähler wünscht, dass er »aufgerieben und abgefackelt« werden möge, geplündert und vernichtet »mitsamt seiner Bemannung aus Feldjägern, diesen Menschenaffen, aus Hufeisen und Freiwilligen«.[511] Es kommt noch schlimmer: »Wenn diese Arschlöcher eines Tages zertrümmert würden bis zur letzten Radachse, an dem Tag würden sie uns wenigstens in Frieden lassen, dachte ich.«[512] Und: »Hüter des Hasses« – hier fällt innerhalb der Schilderung das Wort selbst buchstäblich zum ersten Mal – sei der Spieß von der Nachschubkolonne, denn er hütet »das menschliche Vieh für die großen Schlachthöfe, die jüngst eröffnet worden waren. Der Feldwebel ist König! König des Todes!«[513]

508 Louis-Ferdinand Céline, *Reise ans Ende der Nacht. Roman.* Aus dem Französischen von Hinrich Schmidt-Henkel. Mit einem Nachwort des Übersetzers. Reinbek bei Hamburg. 10. Aufl. 2017, S. 24f.

509 Ebd., S. 26.

510 Ebd., S. 29.

511 Ebd., S. 46.

512 Ebd., S. 46f.

513 Ebd., S. 47.

Die Kriegsgeschichte hat von Aufständen und Massenfluchten innerhalb der französischen Armee berichtet. Ein besonderes Thema war das Ressentiment des einfachen Soldaten gegen seine Offiziere. Dieser gegen die eigene Seite gerichtete Hass findet sich noch nicht in Zolas und Maupassants Darstellungen des Kriegs von 1870/71 zwischen dem französischen Kaiserreich bzw. der Republik und Preußen-Deutschland; vielmehr ergehen sich beide Schriftsteller ausschließlich im Hass gegen die deutschen Truppen. In Léon Bloys Roman über den Ersten Weltkrieg, *Dans les ténèbres*, 1918 erschienen, ist der Hass gegen die Deutschen zum Exzess getrieben, indem ihnen der völkerrechtliche Status abgesprochen wird: Deutsche Gefangene seien sofort dem Strick zu überliefern. Selbst das Buch *Le feu* des eigentlich pazifistisch gesonnenen Henri Barbusse ist hinsichtlich der Deutschen nicht viel zurückhaltender.

So stellt Célines exzessiver Hohn auf die eigenen Offiziere alles in den Schatten, was bis dahin bei Proust und bei Claude Simon (*La route des Flandres*, 1960) und Marc Bloch (*L'Étrange défaite*, 1940, erschienen 1946) über die Kritik der einfachen französischen Soldaten an ihren Vorgesetzten geschrieben worden ist. »Ohnmächtige Hassgefühle«[514] breiten sich im ersten Teil von Célines Buch wie eine Soße zum Gericht vor allem deshalb aus, weil sie sich unabhängig von den Kampfbildern an den scheinbar hilfreich sympathisierenden Militärärzten und französischen Krankenschwestern auslassen: sozusagen als dem anthropologischen Material, welches das Hassenswerte begründet und belegt. Wie auch diese militärische Oberschicht den Impuls, all solchem Schrecken zu entfliehen, unter die höchste Strafe stellt und die Mannschaft zwingt, über ihre Gefühle zu lügen. Der Hass-Blick ist ein Entdeckerblick: der des sozial Schwachen, der auch im Krieg der Gleichgültigkeit der Ober-

514 Ebd., S. 117.

klasse ausgeliefert ist, »damit man uns dort wieder niedermetzeln konnte«.[515]

Die allerhöchste Erwartung, sich mit Leib und Leben einzusetzen, umgarnt der Erzähler mit dem einschlägig verlogenen, pathetischen Jargon der Befehlenden. Er lässt den Militärarzt zum wieder Genesenden sagen: »Auf dass ihr bald wieder eure Plätze neben euren teuren Kameraden in den Schützengräben einnehmen könnt! Eure heiligen Plätze! Zur Verteidigung unserer geliebten Heimaterde.«[516] Das ist die selbstverständliche, normativ gebotene Idee von Patriotismus. Céline kritisiert diese Idee nicht etwa bloß aus einer politisch oppositionellen Überzeugung heraus. Er taucht sie in die Lauge seiner radikal subversiven Ideen, die das Lebensgefühl angesichts des Horrors aggressiv unterhöhlen. Es handelt sich hierbei nicht um einen aggressiven Einwand, das Argument gegen die »Ideologie« des französischen Sieges. Es geht um den im Schrecken entdeckten Hass-*Affekt*, der sprachlich ausgestellt zum Hass-*Effekt* wird. Das gilt auch für die Perspektive auf die Krankenschwestern. Hier schlägt das bald vorherrschende Leitmotiv, der sexuelle Zynismus, besondere Funken, das in der späteren Hass-Literatur des 20. Jahrhunderts (Goetz, Brinkmann, Houellebecq) noch hemmungsloseren Ausdruck finden wird. Die oft aus bürgerlichem Haus, aus höherer Klasse stammenden jungen Frauen sind »Engelchen«, die nichts im Kopf haben, nur etwas »zwischen den Beinen«, nämlich einen »Liebesplan, für später«,[517] einen Plan, der sie im Unterschied zu den Soldaten auf ein langes Leben voller Liebe hoffen lässt: »Ganz ohne Frage geht der Krieg an die Eierstöcke, es verlangt die Frauen nach Helden, wer absolut keiner war, musste eben tun, als ob er einer wäre, oder ihm drohte das schmählichste Schicksal.«[518]

515 Ebd., S. 114.
516 Ebd.
517 Ebd., S. 116.
518 Ebd., S. 120.

Für den Ausdruck des aggressiven Hass-Gefühls wichtig ist aber, dass er unmittelbar auf der sardonischen Darstellung einschlägigen Verhaltens und der Redeweise von Ärzten und Schwestern beruht, nicht etwa nur, wie im zitierten Satz, aus dem Munde des Helden kommt als ein rein subjektiv eingefärbtes Urteil. Weitere Hass-Ausfälle entfalten sich aus ganz unerheblichen Anlässen (dies gilt auch für die »Greise« eines naheliegenden Hospizes, die sich im gemeinsamen »Hasse«[519] gegen die Soldaten zusammenfinden). So verschwindet mit einem Mal das Hass-Gefühl gegen einen Arzt, obwohl dieser die Soldaten einem Elektrisiergerät ausgesetzt hat, das er sich nur aufgrund der persönlichen Bereicherung seines Schwiegervaters, eines Politikers, hatte verschaffen können. Wieso ihn die Verwundeten später aber nicht weiter gehasst haben, sondern »ihn ganz gut leiden [konnten], so, wie er war«,[520] bleibt unerklärt. Hauptsache, das Wort ist gefallen. Vom Hass-Affekt zu reden heißt hier, ihm Normalität zuzubilligen – nicht anders als den Empfindungen von Verachtung oder Ressentiment. Betrachtet wird er als völlig normale Empfindung in einer Welt wie der gegebenen, und nicht nur unter den Umständen eines brutalen Kriegsgeschehens. Diese extremen Umstände bewirken lediglich, dass der allgemeine Hass-Affekt sich in seiner ganzen Tiefe enthüllt. Begegnet wird der Tendenz der gesellschaftlich Höhergestellten, in diesem Fall der Offiziere, die schrecklichen Erfahrungen ins Positiv-Sinnvolle umzufärben, mit schneidendem Hohn. Ist dieser auch argumentativ unterstützt, wird er zuletzt doch zur existentiellen Gewissheit, von Lüge und Fälschung umgeben zu sein.

Die Sentenz »Es wird wieder gut« bietet für den Helden Bardamu einen ganz besonderen Anreiz zur verächtlichen Reflexion. Höhnisch lässt Céline den Helden die Umdeutung des

519 Ebd., S. 118.
520 Ebd., S. 119.

Arztes vom Elend zum Glück scheinbar affirmieren. Dieser Hohn erreicht den Höhepunkt, indem der Erzähler der heroisierenden Prosa des Arztes Beifall spendet. Dieser hatte erklärt: »Ah! unsere jungen Soldaten, beachten Sie das, legen, und zwar bereits, wenn sie zum ersten Mal unter Beschuss genommen werden, spontan alle Irrtümer und begleitenden Trugschlüsse ab, vor allem den Irrtum des Selbsterhaltungstriebs. Instinktiv und vorbehaltlos verschmelzen sie mit unserem wahren Daseinsgrund, unserem Vaterland. Um zu dieser Wahrheit vorzudringen, ist Intelligenz überflüssig, mehr noch, Bardamu, sie ist im Wege! Das Vaterland, es ist eine Wahrheit des Herzens, wie alle wesentlichen Wahrheiten, das hat das Volk begriffen! Genau da, wo der schlechte Gelehrte auf Irrwege gerät ...«[521] Und der Held antwortet ob dieser betont ironisch-sarkastischen Darstellung dessen, was Offiziere zu jener Epoche zu sagen hatten: »Das ist schön, Herr Professor! Zu schön! Von antiker Schönheit!«[522] Céline überbietet den ganzen heroisierenden Altertumskult der Epoche. Es versteht sich, dass die äußere Erscheinung der das Spital besuchenden Vertreter der oberen Klasse, seien es italienische Herzoginnen, Munitionsfabrikanten oder säbelrasselnde Generäle, einschlägig qualifiziert und mit der Verhöhnung von Vaterland und Sieg metaphorisch übergossen werden.

Prousts ironische Darstellung gewisser patriotischer Deutschenhasser im letzten Buch der *Recherche*, namentlich der Figur Blochs, enthält dagegen keinen Frankreich herabsetzenden Satz, geschweige einen, der die Erscheinung des Kriegs mit einer moralisch-geistigen Schmutzschicht überzogen hätte. Kein anderer französischer Schriftsteller hat das je versucht. Céline dagegen macht auch davor nicht halt, wenn er schildert, wie sein Held mit einem Kameraden immer wieder die Eltern eines Ge-

521 Ebd., S. 124f.
522 Ebd., S. 125.

fallenen aufsucht und ihnen fürsorglich vom Tod ihres Sohnes erzählen, um jedes Mal Geld von den dankbaren Eltern einzustreichen. Was sie der Mutter sagen, bleibt unklar. Sobald sie aber unter sich sind, lautet die Schilderung so: »Hat eine Granate abgekriegt, voll in die Fresse, mein lieber Alter, und keine kleine, in Garance, so hieß der Ort ... im Departement Maas, an einem Fluss ... Von dem haben wir nicht mal mehr so viel gefunden, Alter! Nur noch eine Erinnerung, mehr nicht [...]. Seine Mutter will es bis heute nicht glauben! Egal, wie oft ich ihrs erzähle.«[523] Es bedarf nicht der Hass-Erklärungen, um Célines Lakonie zu deuten: Es ist eine des mitleidlosen Einverständnisses mit den Fakten. Sie funktioniert als stilistisches Mittel zur Darstellung des Hassenswerten: »aber gegen eine Granate? Was willst du da machen?«[524]

Solche Tonlage teilt mit der sogenannten heroischen Sachlichkeit ausschließlich die Betonung des Schreckens. Es hat dagegen in der akademischen Prosa der »Ideen von 1914«, in welcher Größen wie Max Scheler, Werner Sombart und Ernst Troeltsch die deutsche Kultur gegenüber westlicher Zivilisation glorifizierten, eine Verherrlichung der grauenhaften Fakten des Kriegs gegeben. Schon die französischen Gesellschaftskritiker oder Gesellschaftstheoretiker Pierre Joseph Proudhon und Georges Sorel (*Réflexions sur la violence*, 1908) hatten eine Ahnung von den Schlächtereien, die bevorstehen sollten. Bei deren konservativen Nachfolgern in Frankreich und Deutschland war der Krieg aber das »Neue«, dessen Phänomenologie der Werte die Kriterien der vorangegangenen Friedenszeit des *Fin de siècle* kulturkritisch zu diskreditieren versuchten. Ernst Jünger, nach französischem Urteil seit jeher und immer noch ein zu bewundernder Schriftsteller wegen seines Buches *In Stahlgewittern*, das sogar als Klassiker in die Pléiade aufgenom-

---

523 Ebd., S. 142.
524 Ebd.

men wurde, hatte den Nahkampf in Blutmetaphern beschrieben. Es heißt in seinem zweiten Kriegsbuch *Der Kampf als inneres Erlebnis* (1922): »Das ist neben dem Grauen das zweite, was den Kämpfer mit einer Sturzflut roter Wellen überbrandet: der Rausch, der Durst nach Blut, wenn das zuckende Gewölk der Vernichtung über den Feldern des Zorns lastet [...] Das ist die Wollust des Blutes, die über dem Kriege hängt wie ein rotes Sturmsegel über schwarzer Galeere, an grenzenlosem Schwunge nur der Liebe verwandt.«[525]

Jüngers Vokabular ist wahrscheinlich von Maurice Barrès' 1894 erschienenem Roman *Du sang, de la volupté et de la mort* angeregt worden. Nichts davon bei Céline! Man erkennt die Differenz zwischen der deutsch-französischen blutorgiastischen Metaphorik und Célines zynischem Faktizismus. Hinter ersterer wartet die Glorifizierung, die Affirmation, hinter letzterem der Hohn, die Ablehnung, der Hass! Céline hat das von der deutschen und französischen kulturellen Oberschicht errichtete hohe Gewölbe aus dem heroischen Ideenhimmel mitsamt seinen Säulen niedergerissen. Dies aber ohne Pathos! Seine sardonische Charakterisierung der Offiziere, der Krankenschwestern, des Tötens und Verletzens ist den pazifistischen Romanen auf deutscher Seite, Erich Maria Remarques *Im Westen nichts Neues* (1928) und Ludwig Renns *Krieg* (1928), entgegengesetzt in Stil und Gehalt. Remarques und Renns Prosa enthält zwar Bilder des den Körper entstellenden Sterbens. Aber der Tonfall des mitleidlosen Ekels und der Aggressivität gegen eine solches Elend ermöglichende Zivilisation bezieht bei Céline die Humanität selbst ein in ein alles aufhebendes Verwerfen. Indem die Ethik der Vaterlandsverteidigung aus dem Munde der Offiziere bei Céline zu einer Art Kaugum-

---

525 Ernst Jünger, *Der Kampf als inneres Erlebnis*. In: ders., *Sämtliche Werke*, Bd. 7: *Essays*. Stuttgart 1980, S. 17.

mimasse wird, ist jede Ethik überhaupt verschwunden! Zwar überschneiden sich die kritischen Motive inhaltlich mit einer solcherart linken Gesellschaftskritik, aber der Tonfall des »Hasses« macht eine andere Musik daraus. Die Gesichter der die Soldaten hassenden Pensionäre zeigen nicht bloß eifersüchtige alte Männer, sondern sie haben die »Augen alter Ratten«.[526] Und die Rache der Soldaten besteht darin, eines dieser »Wracks« spazierenzuführen, bis sie vor der Leichenkammer stehen: »›Na, willst du nicht da rein?‹ Dann rannte er laut keuchend davon, und zwar so schnell und so weit, dass man ihn zwei Tage lang nicht mehr zu Gesicht bekam, mindestens, den Père Birouette. Er hatte den Tod gesehen.«[527]

Der Tod in der Schlacht hat in Célines Text das seit der Antike überlieferte Pathos der Verherrlichung abgelegt. Er hat auch die Würde der Trauer verloren, die den Antikriegsbüchern Renns und Remarques eigentümlich war. Übriggeblieben ist ein Zerfallsprodukt. Nunmehr ist die Leiche nur noch ein Symptom. Das Symptom des immer schon unter der schönen Hülle erkennbaren Menschentiers, das in seinem Sterben sich als solches offenbart. Vor allem der Landschaft des Sterbens, den Häusern des Sterbens wird jede Art von Erhöhung im Opfertum abgesprochen. Die Katastrophe gibt den Ereignissen nicht das Ansehen des Erhabenen oder auch nur ein Stück Würde. Sie wird in der Darstellung Célines zur Wiederkehr des Immergleichen. Wenn der Erzähler sich mit einem Freund kurz vor dem Krieg trifft und dieser die französische Rasse als die schönste in den Himmel hebt, meint Bardamu: »Was du da Rasse nennst, das ist doch nichts als ein Haufen armer Schlucker, so, wie ich einer bin, triefäugig, verlaust und verzagt, die hier gestrandet sind auf der Flucht vor Hunger, Pest, Geschwüren und der Kälte, lauter Verlierer von allen Enden der Welt. Weiter sind sie nicht gekommen,

526 Céline, *Reise ans Ende der Nacht*, S. 118.
527 Ebd.

das Meer war im Weg. Das ist Frankreich, und das sind die Franzosen.«[528]

Das lässt sich als Motto lesen. Nein, nicht als Motto, vielmehr als Absage an das Selbstverständnis der die kulturellen Symbole setzenden Elite aus Politik, Gesellschaft, Universität und Literatur. Die Emotionen, die aus Célines Darstellung des Menschen im Krieg sprechen und sein immer wiederholtes Thema sein werden, sind die sexuelle Lust und der verzehrende Hass. Die geschilderten Realien des ersten Teils von *Reise ans Ende der Nacht*, ihre vom Autor gesteuerte permanente Aggression, sind nicht Realien in dem Sinne, dass man sagen könnte, Célines Schilderung des Kriegs sei die realistischste von allen gewesen. Célines »Realien« haftet noch etwas anderes an, eine Aura des Irreal-Phantastischen, des Imaginativ-Bösartigen. Davon ist Céline a priori geleitet, bevor er überhaupt etwas mit den Augen sieht und gedanklich ordnet. Man kann das Vorstellungskraft nennen. Nicht weil das Gesehene besonders ausdrucksstark wiedergegeben wird. Vielmehr weil die den Hass nährenden Erscheinungen des Kriegs aus der Phantasie hervorbrechen. Céline schreibt im kurzen Vorwort: »*Reisen, das ist mal was Nützliches, da kriegt die Phantasie zu tun. [...] Unsere Reise hier findet ganz und gar in der Phantasie statt. Das ist ihre Stärke.*«[529] Und er fügt hinzu: »*Und außerdem kann jeder es halten, wie er will. Man braucht nur die Augen zuzumachen. Es ist auf der anderen Seite des Lebens.*«[530] Es ist eine Einbildungskraft ohne die metaphorische Obsession von Jüngers Schlachtbildern. Letztere sind entweder auf der Suche nach literarischen Vorlagen des Grauens gewesen, so der Granattrichter als Poescher »Abgrund« oder das Wort »Zerstörung« als kulturkritisch-emphatisches Zeichen einer neuen Zivilisation.

528 Ebd., S. 12.
529 Ebd., S. 7.
530 Ebd.

Auch Remarque verwandte das Wort »Grauen« als Hinweis darauf, wie die Menschen sich im Krieg »um tausend Jahre zurück« wenden, Remarque ist also orientiert an der Kategorie des »Progresses«, die Céline gerade ausschlägt. Auch Jünger hat seine Kriegsbilder moralisch qualifiziert: nämlich als etwas, das »die bisherige Kultur-Idee denunziert«.[531]

Die Einzigartigkeit von Célines imaginärer Darstellung der Kriegsepoche, worin sich jene Kriegsbeschreibung von allen anderen thematisch vergleichbaren Büchern unterscheidet, liegt also nicht bloß in der buchstäblichen Expression des Gesehenen. Sie kommt aus dem Stil unterschwelliger Anspielungen, einem assoziativen Reflexionspotential. Und das geht nicht aus auf Kritik im Namen der Menschlichkeit oder auf Emphatik im Namen einer neuen Moderne. Es ist über diese beiden alternativen Formen der Zivilisationsdiagnose hinweg. Es brütet, aber ohne solche Wegweiser.

2

Es bedurfte nicht des Ersten Weltkriegs, um solche Hass-Sprache zu erfinden. Um so weniger, als sie nicht dem deutschen Feind galt. Sie hat aber in der Schilderung der am Krieg Beteiligten zu ihrer spezifischen Erbarmungslosigkeit in der Sache und Rücksichtslosigkeit (gegenüber dem herrschenden Takt) gefunden. Der zweite Teil des Buches, die Nachkriegsreise in die Tropen, in eine der französischen Kolonien, trumpft mit Hass-Variationen regelrecht auf. Es beginnt mit der Schilderung von Mitreisenden auf dem Schiff der Überfahrt, mit der Entdeckung der »wahre[n] Natur« des Menschen,[532] die man

---

531 Ernst Jünger, *Der Kampf als inneres Erlebnis*, S. 13 f.
532 Céline, *Reise ans Ende der Nacht*, S. 148.

kennenlerne wie im Krieg. Eigentlich war die Erwartung des Erzählers auf eine gute Anstellung im französisch verwalteten Afrika aus, wo »maßvolles Auftreten und gutes Betragen« gefragt waren, nachdem man der »internationale[n] Schlächterei« lebend entkommen war. Die Selbstcharakterisierung, nicht gerade imposant, sondern sich als »bescheiden«, »respektvoll«, »pünktlich« und mit dem Selbstlob anbiedernd, sich »vor niemandem vorzudrängen im Leben«, bereitet auf eine Opferrolle vor.[533] Was für eine Gefahr den Reisenden erwartet, wird schon auf dem Schiff überboten. Der Erzähler weiß bereits: Die Tropen sind ein Brutofen der »Instinkte«,[534] in der Sommerhitze sieht man auch an den Gefängnismauern Kröten und Nattern kriechen. Im Norden wird die »wimmelnde Grausamkeit unserer Mitbrüder« kaum fühlbar, »abgesehen von Gemetzeln«.[535] Aber beim Tropenfieber wird deutlich, »wie durch und durch verdorben sie sind«.[536] Man sieht an den Menschen das Wirkliche: Sie sind »stinkig-schlammige Pfuhle, wimmelndes Getier, Aas, Kot«.[537]

Damit sind die Perspektive und die anthropologische Austarierung alles Kommenden festgelegt. Ob Céline gerade die Bilder von Hieronymus Bosch oder des »Höllen-Bruegel« gesehen hat, diese Frage stellt man sich bei ihm gar nicht mehr. Céline ahmt nie literarisch nach, er produziert selber das Grässliche. Es gibt fortan kaum eine Person, die der schmutzigen Perspektive entkommt. Während das letzte Kapitel des Buches den Helden als einen in Paris arbeitenden Armenarzt zeigt, der keine besonders hohe Meinung von seinen Patienten hat, gehört er zu Beginn seiner Hass-Karriere selbst diesem armen Menschenschlag an: Innerhalb der Mitreisenden auf dem Schiff ist er der

533 Ebd., S. 147.
534 Ebd., S. 148.
535 Ebd., S. 149.
536 Ebd.
537 Ebd.

»Schandfleck«, als »Lump« von allen unterschieden,[538] umgeben von lauter Feinden. Es sind die französischen Kolonialoffiziere, die in ihm den Gegentyp wittern, als ob sie wüssten, dass er sie beim ersten Blick schon als »bepelzt von der Scham bis an die Augenbrauen, vom Arschloch bis zu den Fußsohlen«[539] erkannt hatte.

Céline lässt es sich nicht entgehen, sich abermals satirisch bzw. bestialisch am französischen Offizier auszulassen. Diese Militärs und die einschlägigen besseren Damen um sie herum hatten, so Bardamus Behauptung, ihn als schwulen Frisör, arroganten Flegel, womöglich aus Frankreich fliehenden Knabenschänder eingestuft. Es dauert nicht lange, bis der kommandierende Offizier seine Kameraden fragt, ob man den Außenseiter nicht über Bord schmeißen sollte. Und der Held wollte die Offiziere von Anfang der Reise an als malariakranke Säufer, als Syphilitiker erkennen. Die eigentliche Ursache der gegen ihn gerichteten Bösartigkeiten, die dem Erzähler die Möglichkeit für seine eigenen exzessiven Charakterisierungen gibt, war, so sein Urteil, eine Atmosphäre von »Hass und Langeweile«.[540]

Céline schwelgt im Hass-Exzess um so mehr, wenn er Frauen beschreiben kann: so eine sich gegen ihn verschwörende Lehrerin, die »stets in der Nähe der Kolonialoffiziere« blieb, »deren kräftige Oberkörper in der strahlenden Uniform so gut zur Geltung kamen und denen der Schwur, mich noch vor der nächsten Landung zu zertreten wie eine schleimige Schnecke, zusätzlichen Reiz verlieh. Man besprach in der Runde, ob ich platt getreten ebenso widerlich sein würde wie in der jetzigen Form. Kurz, man amüsierte sich prächtig. Dieses Fräulein fachte ihre Glut noch an, sie beschwor Donner und Blitz auf das Deck der *Admiral-Bragueton* herab, wollte sich nicht beruhigen, ehe man mich nicht endlich keuchend vom Boden auflas, für immer von

538 Ebd., S. 151.
539 Ebd., S. 152.
540 Ebd., S. 156.

meiner angeblichen Unverschämtheit geheilt, kurz und gut, dafür gestraft, dass ich zu existieren wagte, wütend zerprügelt, blutend, geschunden und um Gnade flehend unter der Faust und dem Stiefel eines dieser Kerle, deren Muskelspiel und herrlichen Zorn zu bewundern sie sich so glühend wünschte. Eine Mordsschlächterei, von der ihre welken Eierstöcke sich eine Verjüngung erhofften.«[541]

Noch hat keiner ihm etwas getan. Trotz aller Wut und allen Zorns. Erfindet Célines in aller Extremität elaborierter Hass gegen die Offiziere, also sein inzwischen etablierter Hass auf die Menschheit, auch den Hass der anderen auf ihn? Die Beschwörung des Hasses der anderen ist jedenfalls eine Litanei zu Ehren des eigenen Hasses. Es handelt sich nicht um einen psychologischen Kommentar, eventuell zur Voreingenommenheit des Erzählers. Seine Angst will ernst genommen werden. Es ist Célines Diskussion mit dem Hass im Munde seiner dafür Auserwählten, die sich in Abständen wiederholt, jeweils thematisch verändert, ob es Afrika und die »Neger«, New York und die Nutten, Paris und die abtreibenden Frauen sind. Der Höhepunkt der Bedrohung durch die Offiziere und deren Verhöhnung durch Bardamu ist eine Variation des Lächerlichmachens des großsprecherischen Offiziers, der Lazarettgröße. Die dramatische Zeremonie auf dem Schiff besteht darin, dass der Kolonialhauptmann den unerbötigen Zivilisten, der im Verdacht steht, die Armee zu beleidigen, auffordert, Rechenschaft abzulegen, während dieser darauf verfällt, eine schwülstige Huldigung an das Vaterland und eine Bewunderungshymne auf die Kolonialoffiziere anzustimmen. Céline setzt dadurch nicht nur die Offiziere der Lächerlichkeit aus. Das gewählte Vokabular zum Ruhme Frankreichs und seiner Armee ist das pompöse Vokabular offizieller politischer Rhetorik, die vom Militär bis hin zu den Universitäten gepflegt wurde. Céline setzt nicht den improvisieren-

541 Ebd., S. 155 f.

den Reichtum der eigenen Hass-Rede ein, sondern es genügt die zynische Nachahmung der offiziösen patriotischen Rhetorik. Man wundert sich anlässlich solch satirischer Einlagen, dass seinem Buch nicht bloß von Außenseitern applaudiert worden ist.

In der Kolonie angekommen, kann sich die angesammelte Animosität mit all ihren an Groteskem reichen Erfahrungszuwachs auf die Verwaltungsbeamten, Kaufleute und nicht zuletzt die Eingeborenen der französischen Kolonie Bambola-Bragamance konzentrieren, eine ausgesuchte Hierarchie des Gewöhnlichen und des Inhumanen. Unter den Honoratioren findet er Einschlägiges: natürlich die höchsten Offiziere, aber auch die »räuberische Gier« der Kaufleute, das vertierte Milieu, das in der Hitze immer »blöder« wird.[542] Nunmehr ist der Hass nicht Reaktion auf die Arroganz der Kolonialoffiziere wie auf dem Schiff. Er wird als das Produkt von Sumpffieber und Hitze verstanden, als ein Naturereignis, das einen überkommt: Man verzehrt sich in »hasserfüllte[r] Zänkerei«, an der viele Kolonisten »wie Skorpione am eigenen Gift« verrecken.[543] Céline-Bardamu nimmt sich keine Zeit, Psyche und Alltag der Koloniebewohner langsam zu entdecken. Ihr dem Klima und den Umständen geschuldeter »Hass« steht fest, und seinen eigenen Hass hatte er ohnehin im Gepäck. Man ahnt voraus, was man zu erwarten hat.

Die Schilderung der Kolonie als die Hölle von moralisch und geistig Unterbemittelten und Kranken findet in der nächtlichen Arbeit der Termiten, die ganze Straßenzüge in Staub verfallen lassen, ihr Symbol. Wie die gerade vergangenen Kämpfe im französischen Osten wird jetzt das tropische Afrika zum Emblem einer vertiert wahrgenommenen Menschheit. Es versteht sich, dass die schwarze Bevölkerung innerhalb der Stadt und

542 Ebd., S. 165 f.
543 Ebd., S. 166.

draußen in der Wildnis die weißen Kolonisten an »Inhumanität« übertrifft. Bardamu spricht von »Eingeborenen«, »Wilden«, »Primitiven« oder ganz einfach von »Negern«, wie das jedermann tut. Daran hängt keine besonders pejorative Absicht – es ist der selbstverständliche Name für die Schwarzen. Aber der Erzähler verschärft die rassistische Perspektive: »Die Neger« genossen wie die Krokodile die »irrwitzige Hitze«.[544] Ihr Sklavenzustand kommt ihnen zu, was Céline nicht daran hindert, die Brutalität der weißen »Herren« mit Gusto auszustellen. Nicht aus Sympathie für die Misshandelten, sondern aus Lust, alle Details des französischen Kolonialismus zu brandmarken.

Die »Neger« waren ohnehin passiv aus »Stumpfsinn« und »Duldsam wie Rindviecher. Schmerz ebenso ungerührt ertragen wie die trockene Luft dieses staubigen Glutofens«.[545] Noch gestern waren sie ja Kannibalen gewesen, wie der Direktor erzählt: »Mit weit ausholenden Stockschlägen bahnte er sich einen Weg durch die Menge der Eingeborenen, bis zu den Waagen. ›Bardamu‹, sagte er eines Morgens zu mir, als er gut gelaunt war, ›diese Neger hier um uns herum, die sehen Sie ja, nicht? … Also, als ich nach Klein-Togo kam, bald dreißig Jahre ist das jetzt her, da haben die noch von nichts anderem gelebt als von Jagd, Fischfang und Gemetzeln zwischen den Stämmen untereinander, diese Scheißkerle! … Bei meinem Wort, als ich noch ein kleiner Anfänger in der Faktorei war, da hab ich sie gesehen, wie sie nach dem Sieg in ihr Dorf zurückgekommen sind, mit hundert Körben voll blutigem Fleisch, um sich den Wanst damit voll zu schlagen! … Sie hören recht, Bardamu! … Blutiges Fleisch! Das ihrer Feinde! Das war vielleicht mal ein Festschmaus! … Heute: Keine Siege mehr! […] Keine Faxen! Kein großes Getue! Sondern Erdnüsse und Arbeitskräfte!‹«[546]

Der Direktor sagt auch: »Die Neger, das werden Sie sofort

544 Ebd., S. 185.
545 Ebd., S. 185f.
546 Ebd., S. 186.

merken, die sind schon alle so gut wie krepiert und verfault! …
Tagsüber hockt das rum, man denkt, die können nicht mal auf-
stehen, um hintern Baum pissen zu gehen, aber sobald es Nacht
ist, haste nicht gesehen! Dann ist kein Halten mehr! Nervenzer-
fetzend! hysterisch! Hysterisch gewordene Stückchen der
Nacht! So sind sie, die Neger, ich sags Ihnen!«[547]

Solche Charakterisierung kommt nicht aus einem individuellen Hass wie bei der Charakterisierung der Weißen. Zum Hass
des Erzählers gehört ein letzter Rest der dem Gehassten unterstellten Individualität. Selbst wenn von Leuten der weißen Un-
terschicht gesagt wird, sie »hassen einander, das reicht«,[548] wird
ihnen eben dadurch eine individuelle Qualität zuerkannt. Die
Schilderung der schwarzen Bevölkerung wird dagegen zu einer
Parabel der Menschheit an ihrem untersten Ende, mehr noch:
jenseits dieses Endes, wo sie eher schon den Tieren ähnlich ist.
Der heutige Leser, der solch einen Blick auf die ansässige afrika-
nische Bevölkerung als eine Orgie in Rassismus liest, informie-
re sich über Joseph Conrads Schilderungen der Urwaldbevölke-
rung am Kongo in *Heart of Darkness* (1902) oder lese William
Faulkners Darstellung der aus der Sklaverei entlassenen Schwarzen in seinem Roman *The Unvanquished* (1938). In beiden Fällen
sind die Schwarzen – seien sie Wildnisbewohner oder ehemalige Sklaven – als Wesen jenseits der Zivilisation charakterisiert.
Céline fügt seiner ähnlichen Einschätzung aber das Gift der
menschenfeindlichen Erniedrigung hinzu. Und dies um so
mehr, als sich der Erzähler einverständlich geriert: »An die Neger hat man sich schnell gewöhnt, an ihre heitere Langsamkeit,
ihre allzu weit ausholenden Bewegungen, die überquellen-
den Bäuche ihrer Frauen. Das Negervolk stinkt nach seinem
Elend, seinen endlosen Prahlereien, seiner erbärmlichen Erge-
benheit.«[549]

547 Ebd., S. 220.
548 Ebd., S. 202.
549 Ebd., S. 188.

Als sollte dem Abgrund der Negativität der wohl angemessenen Schilderung der abstoßenden Zustände in den französischen Kolonien, die dreißig Jahre später in französischen Filmen ähnlich koloriert worden sind, eine Sehnsucht nach dem Schönen und Erhabenen entgegengesetzt werden, taucht einmal, ein einziges Mal, das Gegenbild auf. Nicht das eines Menschen oder einer Stadt, sondern das der afrikanischen Natur: »Die Sonnenuntergänge in dieser afrikanischen Hölle erwiesen sich als spektakulär. Beeindruckend. Tragisch jedes Mal, wie ein Riesengemetzel an der Sonne. Eine Mordsveranstaltung. Allerdings ein bisschen zu viel Bewunderung für einen einzelnen Menschen.«[550]

Dieser Satz enthält die entscheidende Begründung des Célineschen Hass-Diskurses. Dieser hat der Tötung von Millionen Menschen im Ersten Weltkrieg keine ehrenvolle Erinnerung angedeihen lassen, sondern im Gegenteil! Der hässlichen Menschen Unglück ist das erhabene Wort »Tragödie« nicht wert. Aber Céline sehnt sich durchaus nach dem Erhabenen und dem Schönen. Seine Erfindung eines sardonischen Tonfalls und eines hässlichen Themas ist die Umkehrung des Pindarschen Rühmens der Welt, des apollinischen Rühmens. Nur angesichts der untergehenden Sonne Afrikas kann sich die Hass-Rede in den Bewunderungsgestus verwandeln. Und daran erkennt man ihren Ursprung: Wäre die Sehnsucht des Erzählers nach dem Schönen nicht so intensiv, litte er nicht an der »Brutalität und Gleichgültigkeit« der Welt,[551] verfiele er nicht auf das bösartige Idiom angesichts des Hässlichen und Obszönen, schwelgte er nicht in deren Darstellung. Aber es handelt sich nicht um Kulturkritik. Das würde Célines Hass-Diskurs unterminieren! Seine extremen Bilder implizieren – im Unterschied

---

550 Ebd., S. 223.
551 Ebd., S. 202.

zu Swifts *A Modest Proposal* – keine Hoffnung auf Veränderung. Deshalb können kein Mensch und kein Kunstwerk das Erhabene repräsentieren – nur die untergehende Sonne Afrikas kann das.

3

In New York entdeckt Célines Held Bardamu das Hässliche im Banalen und vor allem im Obszönen. Er nennt Manhattan »das Herz der heutigen Welt«. Das zielt auf die Banken, den Bezirk, der »proppenvoll mit Gold« gefüllt ist.[552] Damit enthüllt sich die aggressive Perspektive, der sozialistische Impuls Célines, der aber durch die anschließenden gemeinen Motive wieder unterhöhlt wird. Sie sind wie die Motive des Ersten Weltkriegs und der afrikanischen Kolonien in einer zentralen Metapher zusammengefasst: der sogenannten »Fäkalienhöhle«.[553] Was niemals vorher noch nachher erwähnt, geschweige beschrieben wurde, erscheint hier wie eine Imagination des Dichters zur Schande der modernen Stadt: eine Art groteske Variation zu Dantes Vorhölle. Angeblich befand sich neben einer der Manhattan-Banken eine weite Öffnung, so als ginge es hinab zur Untergrundbahn; eine rosa Marmortreppe führe zu einem mit Marmor ausgelegten großen Raum, wie ein Schwimmbekken ohne Wasser. Dort verrichten die hinuntergestiegenen Männer ihre »Bedürfnisse«:[554] »ein stinkendes Schwimmbekken, gefüllt nur mit gedämpftem Tageslicht, das über den Männern verging, die inmitten ihrer Gerüche mit heruntergelassenen Hosen dasaßen und puterroten Gesichts vor aller Welt mit

552 Ebd., S. 255.
553 Ebd., S. 259.
554 Ebd.

barbarischen Geräuschen ihr dreckiges Geschäft herausdrückten.«[555]

Céline fährt über eine Seite fort, von einschlägigen Verhaltensweisen und Gegenständen zu erzählen: vom »Rülpsen und schlimmeren Geräuschen«,[556] von »alle[n] möglichen derben Scherze[n]«, die den Neuankömmling empfingen, von »verdreckten Klotüren«, die lose in den Angeln hingen, von an »Verstopfung« Leidenden.[557] Der Erzähler fasst seine Fassungslosigkeit zusammen, in der sich gleichzeitig seine Weltsicht hemmungslos bestätigt: »Plötzliche Ausschweifung von Ausscheidungen und Vulgarität. Entdeckung des fröhlichen Kack-Kommunismus.«[558] Welch ein Glück ist dem überraschten, aber nach derlei Ausschau haltenden Abenteurer widerfahren! Die Schilderung ist keine expressionistische Zuspitzung eines Ausnahmezustands. Sie will als Darstellung einer Regel gelten.

Ganz selbstverständlich ist sie der objektiven Beschreibung des Typus gutaussehender, aber konventioneller amerikanischer Männer und Frauen integriert, nun nicht mehr in der »Fäkalienhöhle«, sondern auf den Straßen New Yorks. Es sind Beschreibungen, die Ablehnung und Bewunderung atmen: »eine Lawine absolut schöner Frauen«,[559] eine »Offenbarung«,[560] »Alle nur möglichen Verheißungen des Gesichts und des Körpers bei so vielen Blondinen! [...] Na, dann komme ich ja gerade zur rechten Zeit!«[561] Diese Beschreibungen erstrecken sich über Seiten und geben das Ewiggleiche eines Typus wieder. So auch die Männer, die vorbeikommen: Sie haben Gesichter »wie aus Rosenholz, mit trockenem, monotonem Blick und

555 Ebd.
556 Ebd.
557 Ebd., S. 259f.
558 Ebd., S. 260.
559 Ebd., S. 256.
560 Ebd., S. 257.
561 Ebd.

Kinnladen, wie man sie üblicherweise nicht findet, so breit, so kantig … Na ja, wahrscheinlich haben denen ihre Frauen solche Kinnladen gern.«[562]

Solche Charakteristika der weiblichen und männlichen New Yorker ergänzen die Schilderung der »Fäkalienhöhle«. Sie sind Teil einer konventionellen, banalen Welt. Es gibt keine Individualität. Die Gleichförmigkeit ist allen Gesichtern zu eigen, männlichen wie weiblichen. Das sexuelle Angebot der Frauen gilt reihenweise. Von dieser aggressiv-erniedrigenden Charakterisierung hat sich Céline nicht abhalten lassen durch die Erinnerung an den »Amerikaner in Paris« nach dem Ersten Weltkrieg, durch die Erinnerung an Pound, Hemingway, Fitzgerald oder Henry Miller. Man versteht ihn ja auch sofort. Ja, so sehen wohl viele sogenannte gutaussehende Amerikaner und Amerikanerinnen aus. Besonders einem hässlichen Franzosen wie Céline-Bardamu muss das auffallen. Und damit ist dieses Thema auch für die ganze New Yorker Zeit abgetan, erledigt. Die immer ausgestellte eigene Geilheit hat im Blick auf die Körperlichkeit der New Yorkerinnen genug zu verarbeiten.

Bardamus sexueller Blick muss noch einmal akzentuiert werden durch die Beschreibung sexueller Langeweile, die der Erzähler im gegenüberliegenden Zimmer beobachten kann: »Im Bett nahmen sie erst die Brille ab und dann das Gebiss heraus, taten es in ein Glas und stellten beides griffbereit hin. Miteinander zu reden schienen sie nicht, die beiden Geschlechter, genau wie auf der Straße. Wie plumpe, folgsame Tiere, seit langem daran gewöhnt, einander zu langweilen. Insgesamt sah ich nur zwei Paare, die bei Licht miteinander das machten, was ich erwartete, und sie taten es nicht mal heftig.«[563]

Das Buch hat keine Freundschaften erwähnt. Abgesehen von einer. Im afrikanischen Urwald war Bardamu in einer Hütte

562 Ebd., S. 258.
563 Ebd., S. 264.

nahe einem Eingeborenendorf auf jemanden gestoßen, den er seitdem »Robinson« nannte und der ihm nicht mehr aus dem Kopf ging. An die Stelle von Freunden waren bis dahin nur ausgemacht abscheuliche Gestalten getreten: die Offiziere und Lazarettärzte im Weltkrieg sowie die Administratoren, Händler und Schwarzen der Kolonie. Sie alle waren hassenswert gewesen und hatten selbst irgendwann gehasst. Aber dann war der Held auf »Robinson« gestoßen, der »einen Abenteurerkopf hatte«.[564] Er war »einer von denen, die zu ungeschützt ins Leben eindringen, statt obendrüber wegzurollen«.[565] Diese Charakterisierung klingt fast wie eine Selbstbeschreibung, auch wenn der Fremde dem Erzähler zweideutig vorkommt wie ein Schieber, der Sätze ausspricht wie aus einem Conrad-Roman: »wer bereit ist, hierher zu kommen, der muss auch imstande sein, Vater und Mutter umzubringen!«[566]

Erst nach dem Blick auf die untergehende Sonne Afrikas wird der Name des undurchsichtigen Fremden genannt. Der Erzähler vermutet, den Fremden schon einmal an der Front gesehen zu haben. Aber wie und wann will ihm nicht einfallen. »Robinson« wird die einzige Gestalt, die dem Weltreisenden von Afrika bis nach New York in Erinnerung bleibt und ihn, schließlich wieder zurück in Paris, als leibhaftige Gestalt beschäftigt. Der Druck, »herauszufinden, wer genau dieser Robinson jetzt war«,[567] hatte den Erzähler nicht losgelassen, bis es ihm schließlich einfiel: Robinson war sein Genosse im Schlammloch von Flandern gewesen und sein Kumpan bei dem Unternehmen, den Eltern eines Gefallenen durch schöne Erzählungen vom Tod des Sohnes Geld abzuluchsen. Noch auf dem Schiff in die Vereinigten Staaten hatte er nach Robinson gesucht, da er ihn unter den Passagieren vermutete. Wenn irgend etwas dieses

564 Ebd., S. 217.
565 Ebd.
566 Ebd., S. 221f.
567 Ebd., S. 225.

einzigartige und einzige positive Gefühl Bardamus für jemanden erklärt, dann eigentlich nur sein Bewusstsein, immer wieder diese Erinnerung an »Robinson« zu haben. Er hatte Robinson, den »Gauner«, erinnert und wiedergefunden. Dieser wird zu einer Metapher der trüben, zum Niedergang verurteilten Existenz werden, wenn das Ende der Nacht nahe ist.

Nachdem New York und sein Geschäftsgeist restlos erkannt sind als »Krebsgeschwür der Welt«,[568] erübrigt es sich, die »weithin sich erstreckenden Fassaden« und »verheißungsvolle und schwärende Reklame«[569] zu betrachten. Céline-Bardamu hat kein Interesse, keinen Blick übrig für die von Künstlern, Dichtern und anderen Weltreisenden bewunderte kühne, grandiose, innovatorische Architektur, die so viel riskiert, wie Amerika selbst riskiert hat und noch immer riskiert. Das Kino war der einzige Magnet, die Passion, die als Schutzwehr diente gegen die »ungerührte Hektik dieser Knallköpfe«.[570] Der Erzähler erklärt das nicht weiter – keine Kritik an der Unterhaltungsindustrie. Es findet sich kein Wort zur »Traumfabrik« oder eine Beschreibung des überall auftauchenden neuen technischen Know-hows, wie es Henry Miller, wenn auch kritisch, seinerzeit geschildert hat. Das wäre in den Augen Bardamus doch nur eine jener üblichen soziopsychologischen Feststellungen, eine Medizin für den entfremdeten Geist in der amerikanischen Massengesellschaft. Nein, so etwas kommt Bardamu nicht in den Sinn. Sein wiederholtes Bekenntnis zum Kinoglück ist die radikalere Form, um das, was er in der Wirklichkeit sieht, für abstoßend zu erklären! Hier zeigt sich das Kriterium von Célines Buch: Sein anderes Ich – immerhin ist es nicht mehr die Epoche von 1920, sondern die von 1934, also die Zeit seines Bucherfolgs – spricht ausschließlich mit der Stimme eines intelligenten, heruntergekommenen, einflusslosen Leidenden. Nicht mit der

568 Ebd., S. 270.
569 Ebd.
570 Ebd., S. 272.

Stimme des einflussreichen, guterzogenen Wissenden. So bricht alles nur aus einem heraus, der keinen Pfennig mehr besitzt. Das Kino ist Betäubungsmittel wie billiger Wein und das Onanieren.

Aus Bardamus Hotel in New York, dem Hotel, ist ein »gigantische[s] und widerlich lebensvolle[s] Grab«,[571] eine »feindselige« Welt geworden. Eine Entdeckung aus der Pariser Zeit ist nur die halbe Erlösung: die »Schlampe Lola«, das »kleine Luder«[572], die ihm vielleicht mit Geld weiterhelfen würde. Er entdeckt das »kleine Luder« im 23. Stockwerk eines Hauses in der 77. Straße. Sie hat ihn angewidert,[573] aber er will etwas von ihr. Das Wort »Hass«, das angesichts des Anblicks der amerikanischen Menschen ständig in der Luft gelegen hat, ist für das Ambiente von »Lola« aufgespart. Das Wiedersehen ist unschön. »Lola« hätte ihn auf der Straße nicht wiedererkannt, eine Karikatur seines alten Selbst: »dick und runzlig«. Bardamu führt die Abscheulichkeit, die er überall wahrnimmt, vor allem auf seinen eigenen körperlichen Niedergang zurück.

Das Hass-Motiv setzt ein mit der Charakterisierung des einfachen, aber wichtigen Amtes der Hausmeisterin, der in Paris so wichtigen Person im Wohnungsmilieu. Folgendes fällt Bardamu in der Wohnung »Lolas« dazu ein: »Unsere Conciergen zu Hause liefern einem in der Regel genug Hass, Hass, mit dem man alles oder nichts anfangen kann, genug, um die ganze Welt in die Luft zu sprengen, man muss sie nur zu nehmen und ihnen das Herz zu erwärmen wissen, an der richtigen Stelle, diesen Conciergen. In New York fehlt einem dieses Lebensgewürz ganz furchtbar [...]. Ohne Concierge fehlt der rechte Biss, das, was wirklich verletzt, schneidet, quält, verfolgt und mit Gewissheit den allseitigen Hass vermehrt.«[574]

Ja, es geht Céline um den »Hass der ganzen Welt«, der aus

571 Ebd.
572 Ebd., S. 277.
573 Ebd., S. 278.
574 Ebd., S. 280.

dem Mund der ungebildeten, nicht viel redenden Pariser Concierge kommt. Über die konkreten und imaginierten »Abfälle, [...] Reste, die aus den Schlafzimmern, Küchen, Mansarden sikkern«[575] – darüber weiß sie viel zu sagen. Das Hass-Wort, das dem Erzähler angesichts der sich aufspielenden Offiziere, Ärzte, Direktoren und Händler im Weltkrieg und in Afrika so selbstverständlich geworden war, die Erkennungsmarke von und für jedermann, entäußert sich in der Hass-Rede der Hausmeisterin mitsamt einem Geheimnis: Dieser Hass kann nicht aufgehoben, nicht mit Fakten widerlegt werden. Das sagt sich der Leser selbst, und der Erzähler überlässt es ihm, das zu sagen.

Als wolle er den erinnerten Hass unmittelbar fortsetzen, fühlt Bardamu nun einen starken »Hass« gegen Lola und ihre Freundinnen,[576] die ihn von Beginn an angeekelt hatten. Diesen Hass erkennt er als einen »Teil« seines »Lebensgefühls« geworden.[577] Es folgt eine Phantasie des Unglücklichen gegen die Glücklichen, eine Präfiguration, die man als Antizipation der späteren skandalösen Pamphlete lesen könnte: »Eines Abends müsste man mal alle glücklichen Menschen, während sie schlafen, in den ewigen Schlaf befördern, das behaupte ich, und ihnen und ihrem Glück ein für alle Mal ein Ende machen. Anderntags wird niemand mehr von ihrem Glück sprechen, und man ist endlich frei, unglücklich zu leben, solange man will, gemeinsam mit den Gutmütigen. Aber weiter in meinem Bericht: Lola ging also in ihrem Zimmer hin und her, etwas leicht bekleidet, ihr Körper wirkte auf mich trotz allem noch recht begehrenswert. Ein luxuriöser Körper bedeutet doch immer eine mögliche Vergewaltigung, ein Vordringen in etwas Kostbares, direkt und intim in den Kern des Reichtums, des Luxus, ohne die Angst, dass einem das nochmal genommen werden könnte.«[578]

---

575 Ebd., S. 279.
576 Ebd., S. 280.
577 Ebd.
578 Ebd., S. 281.

Die Schilderung von »Lola«, die von der Prostitution lebt, und ihren ebenfalls aus Paris stammenden und ebenfalls als Huren arbeitenden geschminkten, reifen, fleischigen, schmuckbeladenen[579] Freundinnen gibt Céline die Gelegenheit auf sein Lieblingsmotiv, die Sexualität, zu kommen. Die Gespräche mit den Frauen drehen sich um die Vorteile bestimmter Pariser Bordelle. Lolas Besucherinnen verabschieden sich schließlich sexuell angeregt, und Bardamu befällt die Vorstellung von etwas ausgesprochen »Elisabethanischem«. Er hätte gern dessen »Wirkungen« mit »der Spitze [s]eines Organs genossen.«[580] Was an der obszönen Situation und ihren Gesprächen »elisabethanisch«, also der englischen Renaissance hätte zugehörig sein können, ist nur dem exotischen Assoziationsreichtum des Erzählers zuzuschreiben, dem die damalige Erotik wohl etwas anderes war als die zu seiner Zeit vorherrschende. In der letzten Szene in Lolas Wohnung, bevor diese Bardamu tatsächlich hundert Dollar gibt, erzählt sie ihm von ihrer an Leberkrebs erkrankten Mutter, für die sie jetzt einen Arzt gefunden habe, der sie retten könnte. Barbamu antwortet daraufhin »eindeutig und klar«, dass diese Krankheit unheilbar sei, und wiederholt die Erklärung, weil er weiß, wie sehr Lola ihre Mutter liebt: »Na, Volltreffer! Liebes Gottchen! Was schert die Welt sich drum, ob wer seine Mutter liebt oder nicht?«[581]

Der Hass-Diskurs der Weltkriegs- und Kolonialerzählung hat sich nun von den dort noch wichtigen Motiven der Empörung und der Anklage getrennt: Hass ist jetzt die dem Erzähler angemessene Empfindung, er bedarf keiner besonderen Ursache mehr. Sympathie empfindet er nur noch in einem Bordell, denn »es waren schöne junge Frauen, blühend und strotzend vor Gesundheit und anmutiger Kraft«, und man darf sie »unge-

579 Ebd., S. 282.
580 Ebd., S. 285.
581 Ebd., S. 293.

hindert anfassen«.[582] Und hier ereignet sich das nicht mehr Erwartete: Der Held, der abends der »erotischen Freuden mit diesen willigen, strahlend schönen Frauen«[583] bedarf, findet unter
ihnen »Molly«, die einzige Person des Romans, die Achtung
und Liebe von Bardamu erfährt. Ihre Erscheinung wird buchstäblich nobilitiert: »Diese Molly war mal eine Frau! So groß-
zügig! So üppig! So jugendvoll! Ein Fest der Lüste.«[584] Die
Freundschaft mit einer Prostituierten gibt Bardamu den Satz
ein: »Die Liebesdienste, mit denen sie ihren Lebensunterhalt
verdiente, erschöpften sie nicht. Die Amerikaner sind da wie
die Vögel.«[585] Es ist, als wolle der Erzähler das Gute und Schöne
nur unter der Bedingung des Obszönen, des Sexuellen akzeptieren. Molly bleibt fortan – auch wenn der Held New York verlassen hat – »Die liebe, wunderbare Molly«.[586] Zwischen Kothaus
und Bordell hat New York für den Fremdling nicht Besseres zu
bieten gehabt.

Céline hat seinem Helden New York als letzte Möglichkeit
angeboten, den Hass im Weltkrieg und in den Tropen zu vergessen. Darauf ist sein Held nicht eingegangen, oder: Es ist ihm
nicht gelungen und wird ihm nicht mehr gelingen. Aber eine
erste Einsicht ist ihm gekommen. Während des Aufenthalts bei
Lola geht ihm plötzlich durch den Kopf: »Sie wollte mich so
bald wie möglich ins Dunkle abschütteln. In Ordnung. Wenn
man immer nur so ins Dunkle hinausgejagt wird, kommt man
zwangsläufig irgendwann irgendwo an, dachte ich. Auch ein
Trost. ›Nur Mut, Ferdinand‹, redete ich mir selber gut zu, um
mich zu stützen. ›wenn du immer so vor die Tür gesetzt wirst,
findest du sicher irgendwann heraus, was es ist, wovor sie alle so
Angst haben, all diese Mistkerle, denn das sind sie, vor dieser

582 Ebd., S. 300.
583 Ebd.
584 Ebd., S. 302.
585 Ebd.
586 Ebd., S. 313.

Sache, die am Ende der Nacht zu finden sein muss. Deswegen trauen sie sich da ja alle nicht hin, ans Ende der Nacht!‹«[587] Das geheimnisvolle Wort des Titels ist gefallen. Was bedeutet das »Ende der Nacht«? Wovor fürchten sich die »Schweinehunde«? Diese Fragen muss auch der Leser am Ende des Romans beantworten können – oder auch nicht.

4

Weltkrieg, Afrika, New York hatten es in sich! Der Hass-Affekt brauchte nicht nach Zielen zu suchen. Dem nach Aggression Lechzenden – es ist ja nicht das, was man unter Gesellschaftskritik versteht – waren an diesen Orten brennende Themen oder bösartige Motive nicht bloß aufgestoßen. Er hatte sich selbst in diese schon vorher tief versenkt, so als ob er nicht mehr auftauchen wolle. Er ist auch nicht aufgetaucht. Außer den immergleichen Bildern von hässlichen Gebäuden oder sexuell begehrten Frauen hat Bardamu von New York nichts gesehen. Diese Ansichten aber schüren seinen Hass. Ihm verdanken sich die intensivsten, sprachlich überraschendsten Szenen, die nicht das Bekannte charakterisieren, sondern das Bekannte zum Unbekannten machen. Selbst die hölzernen Gesichter mit dem angeblich hölzernen Kinn, die man zu kennen glaubt, sind erfundene Bilder, Bilder der Aversion, nicht der Nachahmung.

Von Dichtern, die teleologisch denken – Goethes *Faust* ist das berühmteste Beispiel –, die also einen befriedeten Abschluss ihrer finsteren höllischen Erfahrungen suchen, hätte die Rückkehr nach Paris das »Ende der Nacht« in gewöhnlichem, konventionellem Verständnis beider Wörter gebracht. Célines Schilderung des zweiten Lebens Bardamus, zurückgekehrt in

587 Ebd., S. 291.

die Stadt seiner Herkunft, beschreibt hingegen den Abstieg in die letzte Tiefe. Nunmehr bedarf es keiner exotischen Formen des Übels mehr, deren Schilderung manchmal ein Hauch der Distanz, der Sehnsucht nach Überwindung anhaftet. Zurück in Paris, wird der Hass als einziges Gefühl auch ein endgültiges. Sein Triumph ist vor allem Célines Entscheidung geschuldet, dass er den als »Abenteurer« attraktiv gezeichneten »Robinson«, die einzige Figur, die dem Helden wichtig geworden war (sieht man von Molly ab), ebenfalls in Paris wieder auftauchen lässt, aber als aalglatten Kriminellen, der ein elendes Ende vor Augen hat. Vom afrikanischen »Abenteurer« ist keine Rede mehr.

Es versteht sich, dass Céline für Bardamu, nachdem dieser sein Medizinstudium abgeschlossen hat, eine der hässlichsten, heruntergekommensten Vorstädte namens Garenne-Rancy nahe der Porte Brancion aussucht, wo der traurige Held zwischen Krankheit, Bosheit und abgebrühten Verbrechen lebt, bis zum Schluss. Das Auskosten des Eindrucks der Leute in »der Straßenbahn«[588] auf dem Weg zu ihrer Arbeit, die Anschauung der trostlosen Häuser, in deren einem auch der Held wohnt – es gibt keinen Ausweg. Die Schilderung bekennt sich geradezu zu solch einem Ort der Finsternis: »Ja, man muss sich das Gemüt von Strandkrabben zulegen in Rancy, vor allem, wenn man älter wird und ziemlich sicher sein kann, dass man hier nie wieder rauskommt.«[589] Damit ist die letzte Fassung des Hass-Diskurses festgelegt: Er vollzieht sich nicht mehr als Reaktion auf das Extreme, sondern das Extreme wird bestätigt durch das Normale.

Wenn man denn selbst das Normale von Rancy »normal« nennen will. Die Pointe des nunmehr entwickelten Themas – die Erfahrung des Armenarztes – ist, dass Bardamu seine Patienten zwar behandelt, ihnen auch Heilung, wenn nicht ver-

---

588 Ebd., S. 315.
589 Ebd.

spricht, so doch manchmal angedeihen lässt, dass er sie aber wie Tiere empfindet: »Die Leute rächen sich für die Gefallen, die man ihnen tut. Béberts Tante nutzte meine eingebildete Großzügigkeit genauso aus wie alle anderen. […] Sie hatten mich am Wickel, winselten mir bisschen was vor, die kranken Patienten, jeden Tag mehr, sie sprangen mit mir nach Belieben um. Zugleich ließen sie die vielen Gemeinheiten raus, die sie in den Hinterzimmern ihrer Seele verbargen und niemandem zeigten außer mir allein. Diese Grässlichkeiten sind ganz unbezahlbar. Nur dass sie einem durch die Finger glitschen wie schleimige Nattern.«[590] Bardamu weiß, mit welchem Wort er die Patienten oder eine Bewohnerin des Hauses identifizieren muss: »Meine Menschenfreundlichkeit quittiert sie mit einem bestialischen Hass«.[591] Der Arzt Bardamu hat vor allem Lust, die Geschichte der alten Schwiegermutter einer seiner Patientinnen, auf die wegen ihres Geldes der im Viertel auftauchende Robinson einen missglückten Mordanschlag unternehmen wird, zu erzählen.

Bardamu erzählt mehr noch von den Abtreibungen und ihren blutig-tödlichen Ausgängen. Er erzählt von der grausigen Verwundung Robinsons, die dieser sich bei seinem Mordversuch zugezogen hat. Diese Blutbilder sind immer wieder, dem Stil Célines angemessen, mit solchen von sexuell anziehenden Patientinnen vermischt. Der Zynismus Bardamus – im Unterschied zum Moralismus kleinbürgerlicher Verbrecher – wird besonders nachdrücklich anlässlich der misslungenen Abtreibung im Fall der Nachbarstochter entfaltet, die regelmäßig im dritten Monat diese Prozedur hinter sich bringt: »Diese Patientin kannte ich schon gut, mit ihrem breiten Becken … Den schönen langen, samtigen Beinen … Mit diesem gewissen Etwas, diesen lässig lasterhaften, kostbar anmutsvollen Bewegungen, die eine sexuell interessierte Frau erst vollkommen ma-

590 Ebd., S. 323f.
591 Ebd., S. 325.

chen.«⁵⁹² Bardamu hört nicht auf, sich an ihrem »Spaß am Geschlechtsverkehr«⁵⁹³ zu ergötzen, obwohl er ihr dann aus dessen Folgen heraushelfen muss. Er nennt seine Patientin »eine Athletin des Vergnügens«.⁵⁹⁴ Auch als Arzt kehrt Bardamu seine Obsession mit sexuellen Vorstellungen heraus. Die Blutmetaphorik wirkt wie die Umkehr der Schilderung des sexuellen Akts: »Ich wollte sie untersuchen, aber sie verlor derart viel Blut, es war der reinste Brei, man konnte ihre Scheide schon nicht mehr erkennen. Alles voller Blutklümpchen. Es gluckerte zwischen ihren Beinen wie im aufgeschlitzten Bauch des Obersten damals im Krieg. Ich stopfte ganz einfach die Watte wieder rein und zog die Decke über sie.«⁵⁹⁵ Die Beschreibung des langsamen Verblutens, das Rinnsal, das eine Blutlache bildet und angeblich an der Zimmerwand entlang bis hinter die Tür läuft, das Tropfen des Blutes aus der Matratze – es wird zwar von Bardamu mit »Entsetzen« bemerkt, aber gleichzeitig zeigt sich sein Interesse am Grässlichen, ja die Lust an dessen Schilderung – so wie die Beschreibungen der Weltkriegs-Toten, der Bestialitäten in der afrikanischen Kolonie, den Sex-Szenen in New York.

Charakteristisch hierfür der Vergleich des zerfetzten Halses des Obersts mit der blutenden Vagina der Frau. Vom Anfang des Romans an sucht der Hass sich seine Metaphern. Der Vergleich zwischen der blutigen Scheide und der vom Blut glucksenden Halsröhre des Obersts in Flandern wird zugespitzt durch die Mitteilung, dass Bardamu die Sterbende vor ihrem Ende allein lässt. Sie braucht ihn nicht mehr: Es gibt noch viele Krebskranke und noch viele Fehlgeburten, die darauf warten, untersucht zu werden, während sich die Neugierigen aus den benachbarten Wohnungen unter der kaum beleuchteten Treppe zusammendrängen, ohne sehen zu können, was gerade Blutiges

592 Ebd., S. 342.
593 Ebd.
594 Ebd.
595 Ebd., S. 343.

passiert. Der Erzähler weiß: »Die Frau da oben blutete immer noch aus ihrem Loch. Nicht mehr lange, und die würde mir auch wegsterben«.[596] Bardamu fügt hinzu: »Angesichts der blutenden Scheide erklärte ich der Familie wieder Verschiedenes.«[597] Und schließlich das Ende der Abtreibungsdarstellung: »Der Fötus wird nicht ausgestoßen, der Kanal scheint trocken zu sein, es flutscht nicht, es blutet nur immer weiter. Ihr sechstes Kind wäre es geworden.«[598]

Céline – das wird in der großen Entfernung des Lesers zu solchem Milieu sofort deutlich – informiert die gebildete Welt über eine Wirklichkeit, von der sie noch nie etwas gehört hat. Nicht in den Künsten, nicht in der Literatur, geschweige auf ihren Sonntagsspaziergängen. Das ist Célines Aufklärungsprojekt. Die Grässlichkeiten, die der Armenarzt kennt, würden den moralischen Ideenspendern ihre moralischen Ideen verderben. Das will Céline sagen. Aber gleichzeitig geht Bardamus Faszination durch das fließende Blut über in Genugtuung angesichts der Hoffnungslosigkeit, die er scheinbar gegen seinen Willen, dennoch immer wieder sucht und findet. Es passt zur Ideenkritik, dass er mit einer medizinischen Koryphäe zusammentrifft, die in boshaft-zynischer Manier seitenlang über eine fixe Idee seiner Kollegen spricht, die er so grotesk ausstellt wie Jonathan Swift den Experimente treibenden Verwandler von menschlichem Kot zurück in Nahrung. Bardamu schiebt der Koryphäe den Einfall unter, den Einfluss der Zentralheizung auf die Ausbildung von Hämorrhoiden zu erforschen. Bardamu sieht auch in Paris nichts anderes als das Abstoßende, Lächerliche und Gemeine. So wird das leidende Schwein, das in der Rue Lepic auf das Messer seines Schlächters wartet, dabei von vielen Zuschauern gequält wird und aufschreit, zu einer weiteren Trophäe des Blutsuchenden, gleich zu gleich mit den

596 Ebd., S. 396.
597 Ebd.
598 Ebd., S. 397.

zu Tode blutenden Abtreiberinnen. Bardamu sieht es, zieht es an sich und denkt nachts darüber nach: »in meiner eigenen Nacht, diesem Sarg«.[599]

Es ist ausgerechnet der wiederaufgetauchte Robinson, der zur allegorischen Figur des sich nähernden Endes der Nacht wird. Nachdem Robinson dem im Zynismus eingeschlossenen Bardamu von seinem Plan erzählt hat, die alte Henrouille umzubringen, und davon, wie dieser Plan schiefging, hat Bardamu nur den einen Gedanken: »Die Berufung zum Mörder, die Robinson so plötzlich erteilt hatte, erschien mir insgesamt fast eher als eine Art Fortschritt, verglichen mit dem, was ich sonst von den Menschen erlebt hatte, deren ungenaue Haltung immer ärgerlich ist, dieses halb Bösartige, halb Gutartige.«[600] Bardamu hatte mit Sympathie vom Sprengsatzunternehmen Robinsons gehört,[601] weil er selbst seinen Nihilismus als Sprengsatz gegen die hoffnungsvolle Zukunft des Lebens anbringen will. Er hatte es für sinnlos gehalten, Robinson seinen Mordplan auszureden. Das Leben selbst, dachte er, springt ja mit Robinson schlimm genug um. Wieso dann Mitleid? Und mit wem? »Hat man jemals wen in die Hölle fahren sehen für einen anderen? Nie. Man sieht höchstens wen, der dafür sorgt, dass ein anderer in die Hölle fährt. Sonst nichts.«[602]

In der griechischen Mythologie ist die rettende Höllenfahrt ein zentrales Motiv: das Hinuntersteigen in die Unterwelt, um jemanden, den man liebt, wieder heraufzuholen. Célines Zweifel daran bekommt selbst mythische Qualität. Robinsons beim

599 Ebd., S. 384. Das Wort »Nacht« wird noch zweimal wiederholt, nun aber, am Ende dieser Reise durch Dunkelheiten, in verschiedenen Situationen und empathischer. Die erste Stelle lautet: »Dadurch, dass ich Robinson bis hierher, wo wir waren, durch die Nacht gefolgt war, hatte ich ganz entschieden was gelernt.« (Ebd., S. 406.) Die zweite: »Die Nacht war heimgekehrt.« (Ebd., S. 418.)
600 Ebd., S. 406.
601 Ebd., S. 407.
602 Ebd., S. 406.

gescheiterten Mordversuch entstandene grässliche Gesichts-
verletzung ist die Vorbereitung zu einer phantastischen Idee:
Ausgerechnet Robinson und sein Opfer, die der Explosion entkommene Alte, sollen in einem Gewölbe der Stadt Toulouse
vertrocknete Kadaver aus Haut und Knochen für Besucher aus-
stellen und dieses Unternehmen mit gemeinsamem Eifer betrei-
ben. Abermals ein mythologisches Zeichen, unerklärt? Jedenfalls
gehört dieser Einfall zur Serie seltsamer Einschläge ins tägliche
Leben. Es bleibt nicht aus – und das ist eine Wiederholung des
Immergleichen –, dass der Held in ebendiesem Grabgewölbe,
allein mit einer jungen Führerin, über diese lustentbrannt herfällt. Sie ist die neue Freundin Robinsons, geht aber gierig auf
das Angebot ein: »Lüstern schleckten wir uns immer wieder die
Lippen für ein Zwiegespräch der Seelen. Mit einer Hand strich
ich ihr langsam über ihre straffen Schenkel, das ist angenehm,
wenn die Laterne am Boden steht, denn dann kann man gleichzeitig das Muskelspiel des Beins sehen.«[603] Die Triebkraft wird
gefeiert: »Als Erstes gleich mal zwischen die Beine gelangt! Wir
hatten eben zehn Jahre gewonnen.«[604] Die anzügliche Frage:
»Lassen Sie viele rein?« – gemeint sind die Besucher des Grab-
gewölbes – ist offensichtlich obszön missverständlich.
    Es ist nicht die Geschichte eines Armenarztes. Es ist die Ge-
schichte eines, der auszog, das Obszöne zu schildern, ob in der
kurzen Zeit in der Toulouser Grabkammer oder bei einem Zuhälter für männliche Prostituierte am Montmartre. Eine weitere
Reflexionsfigur des Gemeinen ist außer Robinson ein Priester,
ein Medium der Verlogenheit und falscher Versprechungen. Die
unklaren Redereien des Geistlichen veranlassen Bardamu zu
einer Charakterisierung der Alltagssprache, in der man zueinander spricht, ebenfalls ein Medium des Scheußlichen, das permanent vorgeführt wird: »Wenn man sich zum Beispiel mit der

603 Ebd., S. 505.
604 Ebd.

Art und Weise beschäftigt, wie die Wörter gebildet und hervor-
gebracht werden, brechen unsere Sätze unweigerlich unter der
Scheußlichkeit ihrer sabbrigen Bühne entzwei. Der mechani-
sche Aufwand, den wir für ein Gespräch treiben müssen, ist viel
komplizierter und mühsamer als für die Ausscheidung. Dieser
Kranz aus vorgestülptem Fleisch, der Mund, wie er da zuckt
beim Pfeifen und Atmen, wie er sich anstellt, um allerlei schleimige Töne durch das stinkende, kariöse Gehege zu schaffen,
die reinste Strafe!«[605]

Bardamu kommt schließlich zur Einsicht, dass unsere Existenz ein Widerspruch in adjecto sei: »Eins ist sicher, wir ver-
ehren nichts so sehr als göttlich wie unseren Geruch. Unser ganzes Unglück kommt daher, dass wir verdammt sind, so elendig
viele Jahre lang Jean, Pierre oder Gaston zu sein und zu bleiben,
koste es, was es wolle. Unser Leib, dieses Kostüm aus banalen,
nervösen Molekülen, lehnt sich die ganze Zeit gegen diese
schreckliche Zumutung des Weiterlebens auf. Unsere Moleküle
wollen weg und sich zerstreuen, so schnell es nur geht, sie wollen ins Universum, die Süßen! Sie leiden darunter, dass sie nur
›wir‹ sein können, Hahnreie der Unendlichkeit. Wenn wir Mut
hätten, würden wir zerplatzen.«[606] Die Reduktion des Geistes
auf den Körper, die Entdeckung des Geistes als Täuschung, als
Lüge, ist vorher noch nie so emphatisch formuliert worden.

Die Metapher der »Nacht« hat sich seit der Rückkehr nach
Paris wiederholt. Ihre Schwärze, ihre Vertiefung bedurfte nicht
mehr der kriegerischen afrikanischen oder New Yorker Sakral-
bilder des zu Hassenden. Abgesehen vom Pariser Schmutz genüg-
ten die Kranken: Was Bardamu anzog, waren eigentlich immer
die Kranken gewesen. Denn er war selbst krank. Die Krankheit
war die sicherste Gewähr dafür, dass die Hass-Währung, die
Bardamu-Céline ausgab, unerschöpflich sein würde. Auch wenn

605 Ebd., S. 441.
606 Ebd., S. 442.

er in ein anderes Viertel zöge, wäre ihm ihr widerlicher Anblick sicher. An die Kranken konnte er mit stets gleicher Verachtung denken, über sie machte er sich »auch keine Illusionen … Die würden in einem anderen Viertel auch nicht weniger gierig, nicht weniger geizig und nicht weniger feige sein als hier«.[607]

Die letzten hundert Seiten des Buches sind, abgesehen vom Schluss, eine Ansammlung von Aphorismen über die Nichtigkeit der Menschen, die man trifft, ausnahmslos: eine Anreicherung von Stilleben aus Sexualität, Langeweile und Verbrechen. Wäre es dem infolge seines Mordversuchs verkrüppelten Robinson nicht doch noch gelungen, die Alte ebenjene Treppe des Museumskellers hinabzustoßen, auf der Bardamu seiner Freundin mit Erfolg an die Wäsche gegangen war, was hätte Céline außer dem Immergleichen an Schändlichkeiten noch erzählt? Was er dann doch erzählt, sind Szenen des Bedeutungslosen, die dennoch gleichzeitig fesseln, wie auch Maupassant so wunderbar erzählt hat von unwichtigen Ereignissen. Diese sind allesamt vergiftet, mit schillernder Tinte geschrieben.

Und dann Robinsons Tod! Daraus hat Céline das obszöne Ende einer Liebesgeschichte gemacht, wie man sie im Kino nicht sehen kann. Wiederum geschieht ein Mord: das sogenannte Streitgespräch – eigentlich kann man es nicht Streitgespräch nennen – zwischen Robinson und seiner Geliebten Madeleine im Taxi! Robinson äußert ihr gegenüber etwas, das Bardamu ohnehin denkt: dass sie ihm völlig egal sei. Sie solle das »nicht als Beleidigung« auffassen, er habe »keine Lust mehr, geliebt zu werden«, es kotze ihn an.[608] Dieser Dialog steigert sich. Sie: »Du kriegst keinen mehr hoch wie andere, du Sack, wenn du vögeln willst?«[609] Er: »Alles, alles widert mich an, kotzt mich an! Nicht nur du! … Alles! … Vor allem die Liebe!«[610] Dazu fällt Robin-

607 Ebd., S. 452.
608 Ebd., S. 643.
609 Ebd.
610 Ebd., S. 644.

son noch der Satz ein: »Spielst hier die Sentimentale, dabei bist du brutal, schlimmer als sonst wer ... Du willst Aas fressen? Mit deiner sentimentalen Sauce?«[611] Robinson wäre ein solcher Satz nicht eingefallen, Céline-Bardamu legt ihm den Satz in den Mund. Dann der Revolverschuss. Madeleine hatte den Revolver offenbar die ganze Zeit bereitgehalten. Sie kann aus dem Taxi fliehen.

Robinsons Sterben wird durch Beschreibungsorgien, die man aus den Szenen mit Abtreibungs- und Fehlgeburten kennt, langsam und quälend hingezogen, mit einem sadistischen Blick für die körperlichen Symptome des Sterbeprozesses. Danach gibt es nur noch drei Seiten, um sich des eigenen Überlebens neu zu vergewissern. Bardamu, unterwegs mit den anderen und der Bahre, auf welcher der tote Robinson liegt, will sich plötzlich davonmachen. Dann aber kommt in ihm Reue auf und er kehrt zurück ins Kommissariat, wo der tote Robinson noch einmal auf ihn wartet. Dort spricht Bardamu die letzten Sätze, danach nimmt er einen Drink in einer Kanalkneipe. Das liest sich wie eine Szene von Marcel Carné. Es ist nicht *Drôle de Drame* oder *Hôtel du Nord*. Aber es ist dasselbe Licht. Céline hat seine längste Nacht in einem Morgengrauen zu Ende gehen lassen.

Es gibt einen spezifischen Idealismus der deutschen Hochliteratur, ohne Sarkasmus und wirkliche Ironie, der von französischen Intellektuellen häufig kritisiert worden ist. Dessen kann man Céline nicht anklagen. Er hat sich das niederträchtigste Buch einfallen lassen, das im 20. Jahrhundert geschrieben wurde. Zum Mittel seines Idioms: Die obszönen Zynismen sind nicht als eine literarische Erneuerung der grotesken Fleischlichkeit Rabelais' zu ehren. Dafür sind sie zu originell. Und zu melancholisch. Bardamus Selbstdenunziation im Hass-Jargon gegen Hassenswertes und seine eigene Identifikation mit dem

611 Ebd., S. 644f.

Hassenswerten kommen aus einer existentiellen Angst vor dem, was kommen könnte.

Wäre das die Erklärung dafür, dass Célines Roman sofort so einschlug und dass die Bewunderung, die er auslöste, seitdem nicht nachließ? Die extravagante, überraschende Sprache verdankt sich der Ungeheuerlichkeit der Blasphemie gegen alles und jeden. Man fragt sich dennoch, was ihr Gehalt – so wirkungsvoll der Affekt des Sprechers ist – für einen Effekt macht. Kann die *Reise ans Ende der Nacht* überhaupt etwas Anziehendes haben, wenn ihr Held so abstoßen will? Alle großen Hass-Träger in der Literatur, Richard III., Satan, Kohlhaas und selbst Alberich, ganz zu schweigen von den Helden Sartres, waren in ihren Hass-Szenen imposant auf unterschiedliche Art. Das kann man von Bardamu ohne Einschränkung nicht sagen! Aber es ist an ihm etwas. Die früheren Erfinder von Gestalten des Hasses, Marlowe, Swift, Kleist, Baudelaire, Strindberg, waren selbst von einem Hassgefühl besetzt. Auch Milton und Richard Wagner trieb ein polemischer, aggressiver Geist. Wie unterschiedlich die Motive aller Genannten im einzelnen waren, ihren Hass darf man existentiell nennen.

Und wie widerwärtig Célines Hass-Affekt auch ist: Auch er besitzt das existentielle Pathos, und daher macht sein Hass-Affekt bei aller Widerwärtigkeit den grandiosen Effekt.

Hass – ein existentialistischer Code

Sartres *Der Ekel* und *Die Fliegen*

Jean-Paul Sartre, nach Milton, Swift und Céline abermals ein mit pamphlettauglicher Energie begabter Schriftsteller, ist eigentlich ein zu politischer Geist, als dass man sich bei ihm die Hass-Rede als imaginative Ausdrucksform vorstellen würde. So wie bei Swift die satirische Absicht dem imaginativen Stil im Wege stand, so könnte man bei Sartre das Konzept einer *littérature engagée* als Hürde gegen das Imaginäre erwarten. Aber die 1939 erfundene existentialistische Sprache förderte stilistisch den imaginären Ausdruck. Und auch 1940, im ersten Jahr des Zweiten Weltkriegs, hat sich keine politische Aversion gegen den deutschen Feind gezeigt, dem die politische Hass-Rhetorik der Pariser Intelligenzija seit Maurice Barrès galt und schon vorher zu fassen gewesen war in den Romanen und Novellen Émile Zolas, Guy de Maupassants, Gustave Flauberts und Edmond de Goncourts. Dagegen Sartres objektives Interesse an der Tradition des preußischen Militärstaats, wie seine Tagebücher zwischen 1939 und 1940 belegen. Überraschend auch: Sartre entdeckte in der Literatur der französischen Rechten und präfaschistischen Intellektuellen, beispielhaft Barrès und Drieu la Rochelle, Motive und Stilzüge, die ihn anzogen oder die er, wenn auch kritisch, ernst nahm.[612]

Man wird den Eindruck nicht los, dass der sehr lange nach dem Krieg zum Sprecher der marxistischen Linken avancierende Sartre zu Beginn des Kriegs, kurz nach der Veröffentlichung

---

612 Vgl. Jean-Paul Sartre, *Drieu la Rochelle ou la haine de soi*. In: *Lettres françaises* (1943).

von *La nausée (Der Ekel)*, die rechte Pariser Literatur mit dem gleichen Langmut beurteilte, der die Tagebücher des unpolitischen, konservativen, diagnostisch aber originellen Paul Léautaud kennzeichnete. Die Illusionslosigkeit, die diesem Langmut zugrunde lag, war keine zufällige Gemeinsamkeit. Die Sartresche Selbst-Entzündung bei seiner Entdeckung des Ekel-Motivs hat Gesten der politischen Empörung gebremst. Und so hatte Sartre auch keine Schwierigkeiten damit, den ersten Entwurf von *Der Ekel* mit einem Satz von Louis-Ferdinand Céline zu eröffnen, den er offenbar als Motto für seinen eigenen Helden in Anspruch nahm: »Das ist ein Bursche ohne kollektive Bedeutung, das ist ganz einfach nur ein Individuum.«[613] Céline war aber zu diesem Zeitpunkt nicht bloß der anerkannte, ja berühmt gewordene Autor des Romans *Voyage au bout de la nuit*, sondern auch der Autor der im letzten Kapitel erwähnten antisemitischen Pamphlete, die zum Mord an Juden aufzurufen schienen.

Sartre lag nichts ferner als »Meinungen«. Während seines einjährigen Aufenthalts in Berlin vom Herbst 1933 bis zum Herbst 1934, wo er die Husserlsche Phänomenologie und Martin Heideggers *Sein und Zeit* studierte, hat er die zur gleichen Zeit erfolgte Machtergreifung Hitlers und die vorangegangenen bürgerkriegsartigen Kämpfe zwischen Nazis und Kommunisten wohl eher beiläufig wahrgenommen: Sie verschwanden hinter der Konzentration auf die neue deutsche Philosophie. Hingegen faszinierten ihn die Erscheinungen des täglichen Lebens, seine Gegenstände und deren Bezeichnungen. Wenn man Hans-Georg Gadamers Vortrag *Das Sein und das Nichts* wieder liest, den er 1987 auf dem Frankfurter Sartre-Kongress gehalten hat, dann ist man überrascht, wie der letzte Vertreter der Tradition des deutschen Idealismus und der Heideggerschen Phänomenologie etwas herablassend Sartres Denken historisch in seinen

---

613 Jean-Paul Sartre, *Der Ekel. Roman.* Deutsch von Uli Aumüller. Reinbek bei Hamburg 1982 (60. Aufl. 2018), S. 7.

eigenen Horizont einordnet. Er hat dieses Denken nicht eigentlich in seiner Unmittelbarkeit wahrgenommen. Eine Art von Selbstüberschätzung des berühmten Universitätsphilosophen gegenüber dem denkenden Schriftsteller? Die beiden Schriften, die den Hass als Codewort verwenden, *Der Ekel* und *Die Fliegen*, hatten wohl keinen Eindruck bei Gadamer oder anderen deutschen Universitätsphilosophen hinterlassen. Gadamer ging es um die Schrift *L'être et le néant*.

Als Gadamer im Sommer 1987 sprach, hatte sich in Paris längst die dekonstruktivistische Verabschiedung vom Denken Sartres vollzogen, die allerdings in akademischen deutschen Zirkeln als intellektuelle Allüre behandelt wurde und lange weitgehend unbeachtet blieb. Man hätte entdecken können, dass der Impuls der dekonstruktivistischen Lektüre, ihre Emphatisierung des einzelnen Wortes gegenüber der Idee eines Zusammenhangs, und Sartres Blick auf die fremden Dinge eine Ähnlichkeit aufwiesen, die andererseits durch die Sartresche emphatische Subjektivitätsprominenz nicht gegeben war. Beide zentralen Ideen Sartres, das Ding und das Ich, oder: die fremde Erscheinung und die Freiheit einer Entscheidung, kommen in dem vor dem Krieg, 1938, geschriebenen Roman *La nausée (Der Ekel)* und dem während des Kriegs, 1943, geschriebenen Drama *Les mouches (Die Fliegen)* zusammen. Beide Werke enthalten philosophischen Motiven entsprungene Themen. Aber wie sich an den Emotionen ihrer Protagonisten zeigt – dem Widerwillen gegen die Welt der Erscheinungen in *Der Ekel* und der plötzlich begangenen einsamen Tat in *Die Fliegen* –, erwarten diese Emotionen keine systematischen Erörterungen, sondern treten in affektiver Sprachlichkeit hervor. Dies erklärt die Durchschlagskraft beider Texte zum Zeitpunkt ihres Erscheinens. Wenn Sartre sowohl in *Der Ekel* als auch in den Dramen, nicht zuletzt in seinem berühmtesten Drama *Die Fliegen*, das Thema eines kontemplativ-imaginären Hasses darstellte, dann hat er selbst damit hassvolle Ablehnung unterschiedlicher geistiger Autoritäten jener Jahre auf sich gezogen, darunter Camille Claudel, Lévi-Strauss, Althusser und Horkheimer, ganz zu schweigen von der Reaktion der bürgerlichen Zeitungen. Selbst Céline reagierte mit scharfer Kritik.

I

Die erste Aufzeichnung im Roman *Der Ekel*, einem fiktiven Tagebuch, trägt das Datum des 29. Januars 1932. Das ist fast auf den Tag genau ein Jahr vor Hitlers Ernennung zum Kanzler des Deutschen Reiches. Weder dieses Datum noch spätere damit zusammenhängende Ereignisse – im Jahr der Veröffentlichung fand die »Reichskristallnacht« statt – haben einen Einfluss auf das Bewusstsein des Helden Antoine Roquentin gehabt, immerhin eines Intellektuellen mit historischem Interesse. Wie man sehen wird, waren die politischen Vorkommnisse in Deutschland keine »Ereignisse« in dem Sinne, den das Wort »Ereignis« im Tagebuch Roquentins emphatisiert. Es ist erkennbar, dass die Empfindung des Ekels, des Abgestoßenwerdens von Dingen und Menschen, schließlich des aufschießenden Hasses andere Gründe hat als politische. Statt dessen wird Sartres Figur angesichts dessen, was er sieht – Dinge und Personen –, von einer im Titel genannten Mischung aus Abscheu, Verachtung, Übelkeit, eben dem Ekel, überfallen.

Wenn der Titel zunächst »Melancholia« lauten sollte, dann wird der kontemplative Modus dieses Ekels deutlich. Das Wort »Hass« fällt selten, aber an entscheidender Stelle. Was für eine Empfindung ist es, wenn einem die Hand von jemand anderem in der eigenen Hand »wie ein dicker weißer Wurm« vorkommt?[614] Wenn einem die indonesische Statue eines Reisege-

614 Ebd., S. 14.

fährten »unschön und blöde« erscheint?[615] Das Wort »Hass«
fällt deshalb selten, weil er in *Der Ekel* in der abstoßenden Wirkung der Erscheinungen der Welt schon enthalten ist und die
physische Übelkeit provozierenden Dinge und Personen das
spezifische Hass-Gefühl noch überschreiten. Es ist ein Gefühl,
das der wahrnehmungstheoretischen Diagnose bedarf, ein Prozess gegen die Welt, die den Ablauf des Romans bestimmt. Das
Abstoßende wird als ein Unbenennbares noch widerwärtiger.
Es ist hassenswerter als das, was das Wort »Hass« gewöhnlicher-
weise ausdrückt, weil es sich auf alle Erscheinungen gelegt hat,
ohne dass ein Grund dafür angegeben würde – außer dem der
hässlichen Erscheinungsform selbst.

Sartre entfaltet den Wahrnehmungshass seines Helden zu Beginn mit einer an Céline erinnernden Totalisierung, gerade wenn
es um letztlich harmlose, bedeutungslose soziale Beobachtungen und Erfahrungen geht, seien es die Putzfrau oder die Wirtin
eines Lokals und der sexuelle Umgang des Helden mit ihr. Wie
verstand der Leser von 1938 den Roman, die Wahrnehmung der
Dinge und Personen, ohne die sechs Jahre später erschienene
philosophische Hauptschrift *L'Être et le néant* (1943) zu kennen, dessen Untertitel »Essai d'ontologie phénoménologique«
ja auf das Thema des Romans verweist? Und wie liest der heutige Leser Sartres Beschreibung von ihm selbst widerwärtig er-
scheinenden Dingen? Im »Ekel« gibt es kein »Sein«, sondern
nur das Nichts. Ohne sich auf den Roman zu beziehen, meinte
Gadamer 1987, Sartre habe mit einer »eleatistischen« Position
begonnen und dann abgehoben zum eigentlichen Thema, dem
Problem des Hegelschen An-sich-Seins. Das hieße: Begonnen
mit Parmenides' Unterscheidung zwischen einem von den Sin-
nen vorgetäuschten Sein und einem vom Denken erfassten Sein.
Der Roman *Der Ekel* läuft aber auf nichts anderes hinaus als
darauf, jede Seins-Annahme zu verwerfen, oder besser: die als

615 Ebd., S. 15.

378

ideologisch korrumpierte Auffassung der Dinge als sinnhaft und bedeutsam zu verstehen. Da es ein Roman in Form eines Tagebuches ist, wird diese Auffassung nicht deduktiv erschlossen. Der Leser wird unaufhörlich mit Beschreibungen intensiver Wahrnehmungen konfrontiert, der Wahrnehmung von etwas abstoßend Diffusem, extrem Hässlichem. Zunächst geht es um die Beschreibung des »Ekels«, dann um die Erklärung des Ekels und schließlich um den gescheiterten Versuch, den Ekel mit Hilfe der Jugendgeliebten Anny zu überwinden.

Das scheußliche Ding, das eingangs bereits genannt wurde, die weißwurmige Hand, steht für alle scheußlichen Dinge in der Folge ein: Diese Hand gehört der Gegenfigur des Helden, dem von Bedeutungsannahmen triefenden sogenannten »Autodidakten«, den der Held täglich in der Bibliothek trifft, wo er selbst an der Geschichte des französischen Abenteurers Marquis de Rollebon sitzt – in der Bibliothek einer kleinen normannischen Stadt namens Bouville, die es in Wirklichkeit nicht gibt und hinter der sich wohl Le Havre verbirgt, wo Sartre als Lehrer gearbeitet hat. Die vollständige Beschreibung des »Autodidakten« mit der weißwurmigen Hand lautet: »Ich sah ein unbekanntes Gesicht, mit Mühe ein Gesicht. Und dann war da seine Hand, wie ein dicker weißer Wurm in meiner Hand.«[616] Es folgen Variationen solcher körperlich abstoßenden Dinglichkeit, unabhängig von Person, Örtlichkeit und Thema: »Von dem Bergbewohner sehe ich nur noch ein großes, ausgelaufenes, milchiges Auge.«[617] Vom Arzt aus Baku sah der sich erinnernde Erzähler Antoine Roquentin den »weißliche[n] Augapfel«,[618] ein Kartenspieler im Restaurant von Bouville bildet ein »lauwarmes Bündel«,[619] so wie »über dieser fetten und bleichen Menge [...] die Sainte-Cécile-Kirche ihre monströse, weiße Masse« er-

616 Ebd., S. 14.
617 Ebd., S. 56.
618 Ebd.
619 Ebd., S. 36.

hebt.[620] Von der Wirtin des Restaurants, mit welcher der Erzähler aus Höflichkeit, wie er uns wissen lässt, schläft, heißt es: »Sie widert mich ein bißchen an, sie ist zu weiß, und außerdem riecht sie nach einem Neugeborenen.«[621] Roquentin sieht auf »der Mayonnaise eines russischen Eies […] einen dunkelroten Tropfen: das war Blut. Bei diesem Rot auf dem Gelb kam es mir hoch«.[622] Oder: »auf der rechten Straßenseite rauscht eine schemenhafte, graue, mit Lichtstreifen durchsetzte Masse wie eine Muschel: das ist der alte Bahnhof«.[623] Beim letzten Besuch in der Bibliothek, bevor Sartre sein anderes Ich endgültig nach Paris zurückfahren lässt, nachdem er die theoretische Begründung des Ekels versucht hatte, erblickt Roquentin am Ende des Romans noch einmal das zuallererst genannte Objekt des im Ekel aufsteigenden Hasses, eine wie ein weicher weißer Wurm aussehende Hand: »Indem ich leicht den Kopf drehte, gelang es mir, aus dem Augenwinkel etwas wahrzunehmen: eine Hand, die kleine weiße Hand, die sich vorhin über den Tisch geschoben hatte. Jetzt lag sie auf dem Rücken, entspannt, sanft und sinnlich«.[624] Diese Metaphorik des Ekels, die in verschiedenen Passagen auftaucht, besteht nicht aus realistischen Elementen. Die Metaphorik des Ekels, angesichts welchen Objekts oder Subjekts auch immer, gilt einer weichen, weißen, klebrigen Erscheinung. Das Kriterium ist immer die Hässlichkeit des undefinierbar Formlosen. Dessen Bilder bekommen also einen symbolischen Ausdruck.

Solche Charakterisierungen tauchen an beliebigen Stellen am Anfang, in der Mitte und am Ende des Buches auf, um die permanente Präsenz des Ekels, seine ungenannte, immer geahnte Anwesenheit als das unerträgliche Zeichen des Banalen zu mar-

620 Ebd., S. 75.
621 Ebd., S. 96.
622 Ebd., S. 121.
623 Ebd., S. 44.
624 Ebd., S. 258.

kieren, außerhalb dessen es für den phänomenologisch geschulten Autor nichts zu sehen gibt.

Der Tagebuchschreiber Roquentin, der wie Camus' *Der Fremde* als eine Symbolfigur in die Moderne eingegangen ist, nimmt sogar sich selbst an einer Stelle nicht aus. Er sieht seine eigene Hand auf dem Tisch liegen; die Beschreibung ist so abstoßend wie die eingangs beschriebene Hand: »Sie lebt – das bin ich. Sie öffnet sich, die Finger spreizen und strecken sich. Sie liegt auf dem Rücken. Sie zeigt mir ihren fetten Bauch. Sie sieht aus wie ein umgefallenes Tier. Die Finger, das sind die Beinchen. Ich vergnüge mich damit, sie zu bewegen, sehr schnell, wie die Beinchen einer Krabbe, die auf den Rücken gefallen ist. Die Krabbe ist tot: die Beinchen krümmen sich, ziehen sich auf den Bauch meiner Hand zurück. Ich sehe die Nägel – das einzige Ding an mir, das nicht lebt. Und noch einmal. Meine Hand dreht sich um, breitet sich bäuchlings aus, sie zeigt mir jetzt ihren Rücken. Einen silbrigen, ein wenig glänzenden Rücken – man könnte meinen, ein Fisch, wenn da nicht die roten Härchen am Ansatz der Fingerglieder wären. Ich fühle meine Hand. Das bin ich, diese beiden Tiere, die sich am Ende meines Armes bewegen. Meine Hand kratzt eines ihrer Beinchen mit dem Nagel eines anderen Beinchens; ich fühle ihr Gewicht auf dem Tisch, der nicht ich bin. Das dauert lange, lange, dieser Eindruck von Gewicht, das vergeht nicht. Es gibt keinen Grund, weshalb das vergehen sollte. Auf die Dauer ist es unerträglich …«[625] Harmlos? Nein, schaurig.

Gegen diese Kette von Bildern weißer, weicher, fetter Erscheinungen jeglichen Ursprungs ist von Beginn an ein Gegenbild bzw. eine Melodie gesetzt, die den Ekel zum Verschwinden bringt zugunsten eines emphatischen Glücksgefühls. Das Signal dieses Glücks heißt »Ereignis«. Das Ereignis ist der einbrechende Gedanke: »Der letzte Akkord ist verklungen. In der

---

625 Ebd., S. 157f.

kurzen Stille, die folgt, fühle ich deutlich, daß es soweit ist, *daß etwas geschehen ist.*«[626] Die letzten vier Wörter sind kursiv gedruckt. Das Glücksgefühl wird hervorgerufen durch den Refrain einer Ragtime-Melodie, die auf dem Grammophon des Restaurants der Wirtin zu hören ist. »*Some of these days / You'll miss me, honey!*«[627] Auf die an sich selbst gerichtete Frage, was geschehen sei, heißt es, der Ekel sei »verschwunden«. Zu diesem Zeitpunkt ist noch nicht geklärt, was der Ekel eigentlich ist, was die abstoßenden Bilder angesichts von relativ unüberraschenden Gegenständen und normalen Menschen hervorrufen. Nun, nach der Melodie, die ein »Ereignis« assoziieren lässt, ist eines schon definitiv erkennbar: Der Ekel gilt der Ereignislosigkeit, er gilt der sich wiederholenden Erfahrung, dass gar nichts geschieht als das Absehbare. Offensichtlich sind alle diese Bilder zwischen Schwammigkeit und Farblosigkeit die immer wiederholten Anblicke von etwas letztlich Namenlosem und daher Hässlichem, der Ausdruck dafür, dass »nichts geschieht«.

Dass etwas »geschieht«, das »Ereignis«, hat noch eine andere Bezeichnung: »Abenteuer«. Wenn Roquentin einen Knaben sieht, der hingerissen auf das Licht des Leuchtturms im Meer blickt und ausruft »Oh, der Leuchtturm!«, dann sagt Roquentin zu sich selbst: »Da fühlte ich mein Herz von einem starken Abenteuergefühl überwältigt.«[628] Selbst auf die Gefahr hin, ein dem Heranwachsenden bekanntes, dem Erwachsenen durch Erfahrung relativiertes Gefühl zu schildern, hat Sartre-Roquentin eben dieses Gefühl zum Kriterium des wahren Seins gemacht. Das »Abenteuer« unterbricht die Aufeinanderfolge leerer Tage durch ein plötzliches »Schimmern«.[629] Sartre setzt zu

---

626 Ebd., S. 41.
627 Ebd.
628 Ebd., S. 89.
629 Ebd., S. 85.

einer Art Apotheose des Gefühls des »Abenteuers« an: »Nichts hat sich verändert, und doch existiert alles auf andere Art. Ich kann es nicht beschreiben; das ist wie der Ekel, und doch ist es genau das Gegenteil: endlich erlebe ich ein Abenteuer, und wenn ich mich befrage, begreife ich, daß *ich erlebe, daß ich ich bin und daß ich hier bin; ich bin es*, der die Nacht durchfurcht, und ich bin glücklich wie ein Romanheld.«[630]

Die Erwartung, dass sich etwas ereignen wird, und die Erinnerung, dass sich etwas ereignet hat – so die Andeutung der Liebesgeschichte mit Anny –, haben zwei Implikationen: Einerseits relativieren beide die abstoßenden Bilder als nicht allein das Leben Bestimmende, andererseits aber heben sie den Andrang dieser Bilder als überwältigend hervor: als Widerlegung des »Abenteuers«. Hier schließt sich ein Topos der literarischen Melancholie an, ihr Bewusstsein von der verlorenen Zeitlichkeit, die Sartre fast dazu bringt, daraus ein Argument für den Sieg des Ekels zu machen. Dies um so mehr, als die verlorengehende Zeitlichkeit, der endgültige Verlust von etwas einst Wichtigem, am Ende des Romans fast aufgipfelt: darin, dass im Ereignis, dem unerwartet Hereinbrechenden, etwa einer Liebe, notwendigerweise das Ende inbegriffen ist. Und diese Erfahrung lässt sich zuspitzen: dazu, dass die Sekunde von der nächsten Sekunde getötet wird. Solche Erfahrung des gewesenen Augenblicks ist von bedeutenden Dichtern des 19. Jahrhunderts, Leopardi und Baudelaire, dargestellt worden. Gedichte wie *La sera del dì di festa* und *À une passante* haben das Verschwinden des Augenblicks – wohlverstanden etwas anderes als das Thema des Verfließens der Zeit – traurig oder polemisch reflektiert. Sartres Bewusstsein eines unwiderruflichen Verschwindens von etwas verleiht dem bösartigen Blick Roquentins ein Moment anziehender Kontemplation, die andererseits hinter dem Hass verschwindet. Die Melancholie konnte deshalb

630 Ebd., S. 89.

keine den Ekel-Text begründende Stimmung werden. Das Wort »nausée« hat den ursprünglich erwogenen Titel »Melancholia« verdrängt.

2

Was man zuerst über den Hass erfährt, ist also, dass die Dinge des Lebens so aussehen, dass man sie hasst. Erklärt wird das nicht, auch wenn die Metapher des aufgeschwemmten weißen Dinges für die Hand auf essentielle Leere hindeutet. Das Wort »Hass« wird im emphatischen Sinn genannt, wenn das Tagebuch beginnt, den Hass am eigenen Leibe zu erläutern. Die Evokation des Hassenswerten an fremden Personen – sei es an der vulgären Wirtin, dem borniertten Autodidakten, den brutalen Kartenspielern oder der sonntäglichen Menge –, sie alle gehen im Attribut »weißlich-verschwommen« auf und sind doch Elemente einer psychologischen Erzählung, die eine phänomenologische Symbolik in sich schließt. Sartre nennt das Wort »Hass« nach der detailreichen Entfaltung alles Hassenswerten in seiner ersten theoretischen Reflexion, die in verkappter Form mit den relevanten Begriffen von »Für-sich-Sein« und »An-sich-Sein« beginnt.

> »Mein Denken, das bin *ich*: deshalb kann ich nicht aufhören. Ich existiere, weil ich denke ... und ich kann mich nicht daran hindern zu denken. Sogar in diesem Moment – es ist gräßlich, wenn ich existiere, *so, weil* es mich graut zu existieren. Ich bin es, *ich bin es*, der mich aus dem Nichts zieht, nach dem ich trachte: der Haß, der Abscheu zu existieren, das sind wiederum nur Arten, mich existieren zu *machen*, in die Existenz einzutauchen. Die Gedanken entstehen hinter mir, wie ein Schwindelgefühl, ich fühle sie hinter meinem Kopf entstehen ... wenn ich nachgebe,

kommen sie gleich hier nach vorne, zwischen meine Augen –
und ich gebe immer nach, das Denken schwillt an, schwillt an,
und da ist es, riesengroß, das mich vollständig ausfüllt und meine
Existenz erneuert.

Mein Speichel ist süß, mein Körper ist lauwarm; ich fühle mich
fade. Mein Taschenmesser liegt auf dem Tisch. Ich klappe es auf.
Warum nicht? Das bringt jedenfalls ein wenig Abwechslung. Ich
lege meine linke Hand auf den Notizblock und stoße mir das
Messer fest in die Handfläche. Die Bewegung war zu nervös:
die Klinge ist abgerutscht, die Wunde ist oberflächlich. Das blutet. Und was nun? Was hat sich geändert? Immerhin, ich sehe
voll Genugtuung auf dem weißen Blatt, quer über die Zeilen,
die ich vorhin geschrieben habe, diese kleine Blutlache, die endlich aufgehört hat, ich zu sein. Fünf Zeilen auf einem weißen
Blatt, ein Blutfleck, das gibt ein schönes Andenken.«[631]

Es ist daraus die notwendige Konsequenz zu ziehen: Aus der
vernichtenden Charakterisierung der Dinge und der Menschen
ergibt sich, dass sie nur leere Attrappen sind. Diese Erkenntnis
bleibt noch ein unsouveräner Zwischenimpuls auf dem Weg zu
erkennen, was »Existenz« heißt, nämlich ihre Absurdität, ihre
»Seins«losigkeit. Die Sprache, in der Sartre von Menschen und
Dingen spricht, vermeidet tautologische Gleichungen und gewinnt daraus ihre intensive Sinnlichkeit: Gegenstände, Szenen,
Dialoge herrschen vor. Der zentrale, deutende Satz in der zitierten Passage lautet: »Der Haß, der Abscheu zu existieren, sind
wiederum nur Abarten, mich existieren zu machen, in die Existenz einzutauchen.« Die bisher beschriebenen Erscheinungen
des Abstoßenden und Hässlichen (die weiche, weiße Hand) sind
Formen der »Existenz«. Die Existenz-Emblematik der »weißen
Hand« ist durch ganz unterschiedlich fette Repräsentanten der

631 Ebd., S. 159f.

sogenannten »Existenz« dargestellt. Wie das Unschöne, auch wir selbst, daher kommt, dass es bloß da ist, nichts weiter. Ohne Seinsqualität.

Eigentlich – der Abschluss des Romans, seine Schlusspointe lässt daran keinen Zweifel – ist der Held nur angewidert von den verschiedenen Ausdrucksformen der Hässlichkeit der Personen, die er trifft: Dass zunächst vor allem ihre Körperformen, Details ihrer Körper bis hin zur surreal entfremdeten Form erscheinen, dient der Absicht, die Geschichte der erwähnten Menschen, vor allem des Autodidakten und der Wirtin, nicht im Rahmen traditionell-psychologischer Szenen zu schildern. Zum Autodidakten treten anonym bleibende Menschen aus der normannischen Stadt am Meer, deren Namen ebenfalls etwas Lautmalerisch-Abstoßendes assoziieren lässt. Der Held, Roquentin, der an seinem Buch über die gesellschaftliche Karriere des Marquis de Rollebon sitzt, kennt nur zwei Aufenthaltsorte außerhalb seines Bettes: das Wirtshaus und die Stadtbibliothek. Das genügt, die dort auftretenden Charaktere als erbärmliche Existenzen zu erfassen, als Auftakt des langsam entwickelten Theorems, was »Existenz« denn ist, oder besser: was sie nicht ist.

Der sogenannte Autodidakt wird zum zentralen Objekt der Beobachtung, weil in ihm die Gestalt des immer Lernenden, kulturell Überzeugten, humanistisch gesonnenen Gebildeten ansichtig wird, eines Trägers absehbarer Ideen ohne Einfälle. Und der Held braucht Einfälle, die Unterbrechung des Absehbaren, für die er sich so vieler Bilder zwischen weißer Farbe und zerlaufenem Fett bedient. Die bemühten Dialoge, in die der Autodidakt den Helden hineinzieht, sind offensichtlich jenen Dialogen nachgebildet, die Sartre von seinem akademischen Milieu her kannte. Es ist dasjenige, was seinen »Ekel« am stärksten provoziert. Wenn diese Figur, über die von Beginn an alles gesagt ist, ständig wieder auftaucht, dann nicht als Charakter, sondern als das Leitmotiv: Sie hat nichts Neues zu sagen, sie kann Roquentin niemals in ein Gespräch verwickeln, das diesen interessieren könnte. Wäre es ein psychologischer Roman, dann würde ein solches Defizit zur komischen Szene ausgebreitet. Aber Komik, Komödie ist ein Akt der Bejahung der »Existenz«. Hier wird nein gesagt.

Relativ spät wird dieser Umstand begrifflich erklärt, als Schlüssel zur Existenz, die den Ekel verursacht. Es geht also nicht mehr bloß um die Darstellung ekliger, hassenswerter Erscheinungsformen. Der Begriff »Absurdität« kommt hier zum ersten Mal vor. Man kennt ihn aus Albert Camus' Denken, vornehmlich aus dem Werk *Le mythe de Sisyphe* (1942). Was bei Camus ein heroischer Akt stoischer Revolte gegen das auferlegte Geschick ohne einsehbaren Sinn ist, vollzieht sich bei Sartre als das schiere Bewusstsein von der Leere der Existenz. »Existieren« ist nicht eine Form, zu sein. Das »Sein« ist ein von uns Begriffenes, mit Bedeutung Versehenes, während die »Existenz« bedeutungslos bleibt, da sie philosophischer Kategorien entbehrt: ein Zustand des grundlosen Da-Seins, nicht des »Seins«: »Existieren, das ist *dasein*, ganz einfach; die Existierenden erscheinen, lassen sich *antreffen*, aber man kann sie nicht *ableiten*. Es gibt Leute, glaube ich, die das begriffen haben. Nur haben sie versucht, diese Kontingenz zu überwinden, indem sie ein notwendiges und in sich selbst begründendes Sein erfanden. Doch kein notwendiges Sein kann die Existenz erklären: die Kontingenz ist kein Trug, kein Schein, den man vertreiben kann; sie ist das Absolute, folglich die vollkommene Grundlosigkeit. Alles ist grundlos, dieser Park, diese Stadt und ich selbst. Wenn es geschieht, daß man sich dessen bewußt wird, dreht es einem den Magen um, und alles beginnt zu schwimmen [...]: das ist der Ekel, das ist das, was die Schweine – die vom Coteau Vert und die anderen – vor sich selbst mit ihrer Idee vom Recht zu vertuschen suchen. Aber was für eine armselige Lüge: niemand hat das Recht; sie sind vollständig grundlos, wie die anderen Menschen, es gelingt ihnen nicht, sich nicht als zuviel zu fühlen.

Und in sich selbst, insgeheim, sind sie *zuviel*, das heißt, amorph und unbestimmt, traurig.«[632]

Die »Existenz« als Grund des Ekels so erkannt zu haben, dieser Erkenntnis folgt ein Akt der »Entzückung«, der Entzückung darüber, dass man versteht, wieso die Existenz nicht das »Notwendige« ist. Existieren – Sartres Held wird nicht müde, uns das zu sagen – heißt einfach Da-Sein, ohne Begründung, sei sie »Gott« oder »Ich«. Das ist die den Helden erregende Einsicht, denn sie war ja das Gegenteil der Lehre der Philosophen, einschließlich Heideggers, ganz zu schweigen von den Überzeugungen des gebildeten Bürgertums und auch des Durchschnitts der französischen Schriftsteller und Künstler: In allen steckte doch die Idee noch immer fest, dass es etwas hinter den Dingen gäbe. Aber diese, seien es Ideen oder Bilder, waren immer schon da, so Heidegger, man konnte sich nichts *vor* ihnen vorstellen. Diese wabernden, vom Sein entfernten Dinge! Es gibt zwar keine Referenzen auf Heideggers *Sein und Zeit*, aber die Kenntnis von dessen zentralen Begriffen hat Sartre dem Helden Roquentin den paradox erleuchteten Einfall eingegeben, vom Ekel als dem »Absoluten« der Existenz zu sprechen.

Das geschieht kurz bevor Roquentin nach vielen Jahren die schon mehrfach erwähnte Anny, die Geliebte seiner Jugend, wiedersieht. Das Wiedersehen in Paris ist die erste und letzte Konfrontation mit einem Menschen, den er nicht verachtet. Mehr noch: Er will die Liebe mit ihr erneuern. Aber diese Begegnung wird kein Happy-End finden. Es ist ein letzter Versuch mit dem »Ereignis«, dem »Abenteuer«, das zu Beginn des Romans angesichts der Leere des Sich-nicht-Ereignens erinnert wurde und den Ekel um so schärfer ans Licht brachte. Anny hat – so lässt Sartre sie beim Wiedersehen mit Roquentin sagen – sich »überlebt«.[633] Sie ist nicht bloß »dick« geworden. Sie ist

---

632 Ebd., S. 207.
633 Ebd., S. 227.

durchaus die alte Anny, die so lachen konnte. Sie begegnet aber ihm, der die Liebe mit ihr noch einmal erneuern will, mit dem zärtlichen Wissen, dass solch eine Wiederholung nicht möglich ist! Nicht deshalb, weil sie, wie sie sofort erzählt, von einem Mann ausgehalten wird. Der bedeute ihr nichts. Ihr allererstes Einander-Ansehen ist zwiespältig. Sie scheint kühl musternd, er fragend-hoffend. Sie sagt aber auch: »weshalb ich dich so sehr brauche«.[634] Er seinerseits schließt sie nicht in die Arme, will aber schweigen und sie anschauen, um sich »im stillen über die ganze Bedeutung dieses außergewöhnlichen Ereignisses klarzuwerden: Annys Gegenwart vor meinen Augen«.[635]

Das Wort ist gefallen: »Ereignis«. Doch Anny, die spontan erzählt, was sie inzwischen erlebt hat, wie sie in welcher Rolle an Londons Theatern aufgetreten ist, und die Sätze sagt wie: »ich verändere mich, bei dir versteht es sich, daß du immer gleichbleibst, und ich ermesse meine Veränderungen im Vergleich mit dir« – diese Anny sagt auch: »All das ist selbstverständlich vorbei.«[636] Und sie bejaht die Frage, ob es »[k]eine vollkommenen Momente« mehr gebe.[637] Was Roquentin so unbedingt glauben will, wiedergefunden zu haben – das den Ekel überwindende »Ereignis« –, das eben leugnet Anny. Es sind kurze apodiktische Sätze, die ihre nach wie vor quicklebendige Unmittelbarkeit ausdrücken, als sollten sie Hindernisse aufstellen dagegen, dass man in ein falsches Glück gleitet. Dazu verführen andere Sätze, obwohl sie sich mit ihnen endgültig für getrennt erklärt von Roquentin: »Dich übrigens«, sagt sie wie von oben herab, »dich habe ich leidenschaftlich geliebt.«[638] Anny erklärt die Liebe als »Ereignis«: »Ich weiß, daß ich nie wieder etwas oder jemanden treffen werde, der Leidenschaft in mir erweckt. Weißt du,

634 Ebd., S. 216.
635 Ebd., S. 217.
636 Ebd., S. 226 und 228.
637 Ebd., S. 225.
638 Ebd., S. 227.

jemanden zu lieben, das ist ein Unternehmen. Man muß eine Energie, eine Großzügigkeit, eine Verblendung haben ... Es gibt sogar einen Moment, ganz am Anfang, wo man über einen Abgrund springen muß: wenn man nachdenkt, tut man es nicht. Ich weiß, daß ich nie wieder springen werde.«[639]

Sartre legt der einstigen Geliebten Roquentins Worte in den Mund, die den verlorenen Augenblick *contre cœur* erneuern könnten, aber Anny wird zur Stimme, welche die Existenz verwirft. Ohne ersichtlichen Zusammenhang fügt sie, wie von fern, hinzu: »Es ist auch nicht gut, daß ich die Gegenstände zu lange fixiere. Ich sehe sie an, um zu wissen, was das ist, dann muß ich schnell die Augen abwenden.«[640] Auf die Frage »Warum denn?« antwortet sie: »Sie widern mich an.«[641]

Roquentin fragt nicht mehr zurück, warum die Dinge »widerlich« sind. Das hat er auf fast allen Tagebuchseiten selbst erklärt. Annys Äußerung verweist ihn darauf, dass sie beide »jeder für sich, die gleichen Dinge über die gleichen Gegenstände gedacht [haben], beinah im gleichen Moment«.[642] Roquentin hat allerdings immer noch Grund, am »vollkommenen Augenblick« festzuhalten, und fragt bei Anny nach, was dieser eigentlich sei. Als wolle Sartre die intellektuelle Erklärung eines »Ereignisses« endgültig ad acta legen, lässt er uns durch Anny jene Verachtung des Wissen-Wollens spüren, die Roquentin die ganze Zeit über gegen den Autodidakten gehegt hat. Er selbst aber scheint diesem nun ähnlich zu werden. Sie markiert ihn deshalb als einen nach Information trachtenden Spießer und krönt ihre Charakterisierung mit der Vermutung, dass sie ihn deshalb »am meisten gehaßt habe«.[643]

Dieser Ausbruch ist unklar gehalten. Es musste noch eine

639 Ebd., S. 228.
640 Ebd.
641 Ebd.
642 Ebd.
643 Ebd., S. 229.

Konfliktsituation von früher her, um Roquentins übergroße
Erwartung der Wiederbelebung seiner frühen Liebe, ja seine
Stilisierung dessen, was einst gewesen war, zu torpedieren. Es
folgt Annys Erklärung des »vollkommenen Augenblicks«: Sie
nennt ihn die »privilegierte Situation«. Die ausführliche Thematisierung des »Augenblicks«, des »Ereignisses« dient der noch
tiefer gehenden Ausmessung des »Ekels« als des absoluten Gegensatzes. Dass Sartre die »privilegierten Situationen« nicht
Roquentin erläutern lässt, ist seltsam, denn es folgt nun eine ästhetische Fundierung dieses großen Moments, der schon in Roquentins Erinnerung an die Ragtime-Melodie »Some of these
days« vorweggenommen wurde. Was Anny über die »privilegierten Situationen« zu sagen hat, kann man die Beschreibung
einer ästhetisch-erhabenen Erscheinung nennen. Sie nennt hierfür drei Beispiele aus der französischen Renaissance: das Gemälde vom Tod des französischen Königs Henri II aus dem
Hause Valois-Angoulême, das Gemälde von der Ermordung
des Herzogs von Guise, des Anführers der Katholiken, und
schließlich das Gemälde von der Ankunft des ersten Bourbo-
nen-Königs und Anführers der Protestanten, Henri IV, in Paris.
Sie habe sich immer gedacht, dass diese berühmt gewordenen
Ereignisse etwas ganz Besonderes gewesen sein müssten. Von
den Bildern gehe wirklich »Erhabenheit« aus.[644] Die Art und
Weise, wie Anny über den künstlerischen Ausdruck dieser Bilder redet, passt nicht recht zu ihrem bis dahin geschilderten
Charakter als ein spontanes, sexuell anregendes, lustiges, intel-
ligentes Wesen. Man bekommt nun Sartres – wenn auch nicht
definitiv ausgesprochene – Erklärung für den »Hass« gegen die
Dinge und die Welt zu hören: Deren Hässlichkeit und Gewöhnlichkeit bilden den normativen Gegenpol zu den durch Kostbar-
keit, Seltenheit und vor allem durch Stilverlangen ausgezeichne-
ten Gemälden und historischen Ereignissen. Wollte Anny sagen,

644 Ebd., S. 231.

dass man in Nachahmung solch »privilegierte[r] Situationen« leben müsse? Gewissermaßen. Vulgäre Impulse sind unvereinbar mit dem »Ereignis«.

Die »privilegierten Situationen« sind aber erst, so Anny, die Vorbereitung zum »vollkommenen Moment«. Zunächst mussten, so nimmt Roquentin Annys Gemäldedeutung auf, »die Leute vor allem sehr leidenschaftlich sein, außer sich vor Haß oder vor Liebe zum Beispiel, oder mußte der äußere Anblick des Ereignisses großartig sein«.[645] Also eine Erscheinung für ästhetische Wahrnehmung, für die bewundernden Augen. Aus einer solchen Wahrnehmungssituation, erklärt Anny, ist der »vollkommene[] Moment« herzustellen. Er kündigt sich durch »Vorzeichen« an, »langsam, majestätisch«. Vollkommen wird der Augenblick, wenn man »in etwas Außergewöhnliches« eingetaucht ist und sein Gefühl nach diesem Maßstab ordnet.[646]

Man könnte vergessen, dass hier nicht die Rezeption eines Kunstwerks beschrieben wird, sondern die Erfahrung einer erotischen Situation. Roquentin repliziert auf Annys überraschende Sätze denn auch mit der Feststellung: »Kurz, das war eine Art Kunstwerk«.[647] Abermals reagiert Anny auf etwas anscheinend doch in ihrem Sinne Verstandenes mit einer erregten Korrektur: Nein, es sei eine Frage der Moral! Es sei eine »Pflicht«,[648] die »privilegierten Situationen in vollkommene Momente« zu verwandeln.[649] Es sei eine Frage der angemessenen Haltung, für die Anny historische und persönliche Beispiele erwähnt. Es wird deutlich, dass sie auf das Ethos eines Stoizismus hinauswill. Als sie ihm den ersten Kuss gegeben habe, sei sie mit den nackten Beinen in Brennesseln geraten, habe aber trotz des extremen Schmerzes keine falsche Bewegung gemacht, die ihm

645 Ebd., S. 232f.
646 Ebd., S. 233.
647 Ebd.
648 Ebd.
649 Ebd.

das angezeigt hätte. Es galt, den Schmerz ob der wunderbaren Situation überhaupt nicht mehr zu spüren. Nachdem er ihr zugehört hat, beschließt Roquentin Annys Erinnerung, indem er ihr eingangs gemachtes Diktum wiederholt: »So ist es, genauso ist es. Es gibt keine Abenteuer – es gibt keine vollkommenen Momente …« Und das Fazit dieser Erkenntnis ist: »… wir haben die gleichen Illusionen verloren«.[650]

Anny verfällt schließlich auf ein grandioses Bekenntnis zum verlorenen Augenblick, in dem der Hass eine erhabene Aura bekommt: »Das ist es. Ich glaubte, der Haß, die Liebe oder der Tod würden auf uns herniedergehen wie die Feuerzungen am Karfreitag. Ich glaubte, man könnte vor Haß oder vor Tod leuchten. Was für ein Irrtum! Ja wirklich, ich dachte, das würde existieren, ›der Haß‹, das würde sich auf die Leute legen und sie über sich selbst hinausheben. Natürlich gibt es nur mich, die haßt, mich, die liebt. Und ich, das ist immer dasselbe, ein Teig, der sich zieht und zieht … das ähnelt sich sogar dermaßen, daß man sich fragt, wie die Leute auf die Idee gekommen sind, Namen zu erfinden, Unterscheidungen zu machen.«[651] Hier wird dem Hass das Potential der intensivsten Ausstrahlung eingeräumt, ebenso wie der Liebe, wie dem Tod. Anny rückt ihn an die höchste Spitze der Seinskategorien, aber ihre Resignation hinsichtlich des höchsten Augenblicks hindert sie daran, für ihr eigenes Leben noch darauf zu hoffen.

Die Übereinstimmung von Annys Bekenntnis zum Verschwinden des Augenblicks mit Roquentins Auffassung der Existenz als etwas Zufällig-Bedeutungslosem könnte zwischen beiden eine neue Nähe herstellen. Aber das geschieht nicht. Und auch das allerletzte Mittel schlägt fehl: Roquentins Erzählung vom eigenartigen Glücksgefühl, das die Ragtime-Melodie kürzlich noch einmal in ihm ausgelöst habe. Sie verabschieden sich bei-

650 Ebd., S. 235.
651 Ebd., S. 236.

läufig, die zukünftigen Adressen austauschend. Dabei übernimmt Anny den heroischen Part des »Existenz«-Bewusstseins,
den Verzicht auf jeden Anflug von Illusion. Als er sie an sich
zieht und sie das geschehen lässt, sagt sie, gleichzeitig den Kopf
schüttelnd: »Nein. Das interessiert mich nicht mehr. Man fängt
nicht neu an … Und dann, außerdem, für das, was man mit den
Leuten anfangen kann, ist der erste beste einigermaßen hübsche
Junge genausoviel wert wie du.«[652]

Roquentin, der ihre Arme nicht losgelassen hat, sagt: »Also
muß ich dich verlassen, nachdem ich dich wiedergefunden habe.«[653] Und er fügt im Tagebuch weiter hinzu: »Jetzt erkenne
ich deutlich ihr Gesicht. Plötzlich wird es fahl und verzerrt.
Das Gesicht einer alten Frau, absolut gräßlich; dieses Gesicht,
ich bin ganz sicher, daß sie es nicht herbeigerufen hat: es ist da,
ohne daß sie es weiß, vielleicht gegen ihren Willen.«[654] Anny sagt
noch einmal: »nein. Du hast mich nicht wiedergefunden.« Sie
macht sich daraufhin frei von ihm.[655] Sartre lässt Anny bei diesem Satz lachen und hinzufügen: »Der Arme! Er hat kein Glück.
Zum erstenmal spielt er seine Rolle gut, und da weiß man ihm
keinerlei Dank dafür. Nun geh.«[656]

Was sollen wir davon halten? Hat sich die scharfzüngige Ana-
lyse des Gegensatzes von Sein und Existenz als die schmerz-
liche Psychologie des Endes einer Liebesgeschichte herausgestellt? Steht am Schluss die Einsicht, dass zum erotischen Glück
ein gewisses Pathos gehört, oder was immer die Überbietung
des Gewöhnlichen sein mag? Sartres Sehnsucht, das »Ereignis«
doch noch zu entdecken, Sartres existentielle Radikalität, Annys
Desillusionierung wahrzunehmen – liegt darin eine Art Versöhnung? Kaum. Roquentin weiß am letzten Tag in Bouville nach

652 Ebd., S. 241.
653 Ebd., S. 242.
654 Ebd.
655 Ebd.
656 Ebd.

dem Abschied von Anny: »Wie sehr ich bei meinen stärksten Schreckens- und Ekelanfällen auf Anny gezählt habe, damit sie mich rettet, begreife ich erst jetzt. Meine Vergangenheit ist tot. Monsieur de Rollebon ist tot, Anny ist nur zurückgekommen, um mir jede Hoffnung zu rauben. Ich bin allein auf dieser weißen Straße, die von Gärten gesäumt ist. Allein und frei. Aber diese Freiheit gleicht ein wenig dem Tod.«[657]

Roquentin ist während seiner letzten Tage in Bouville Erscheinungen von hassenswerter Gegenständlichkeit ausgeliefert, angefangen mit der »weißen« Straße, auf der er geht, bis hin zur abermaligen Erscheinung der dickfingrigen Hand des Autodidakten, die sich im Lesesaal auf eine »kleine weiße Hand« legt, die »sanft und sinnlich« mit der »gleichmütig[en] Nacktheit eines Badenden«[658] darauf wartet. Des Autodidakten dicker Finger besitzt »die ganze Plumpheit eines männlichen Gliedes«.[659] Grässlicher ist der »vollkommene Augenblick« nicht umzukehren. Die Wiederholung der eingangs geschilderten weißlichen Hand nebst anderen Hässlichkeiten ist aber nicht das letzte Wort. Entgegen Annys melancholischer Weisheit gilt das letzte Wort Sartre-Roquentins dem Saxophon mit der Ragtime-Melodie »Some of these days«. Roquentin lässt sie sich noch einmal von der Wirtin vorspielen, bevor er endgültig den Zug nach Paris nimmt. Die Melodie löst in Roquentin die letzte Reflexion über Sein und Nichtsein aus, wobei nicht das Wort »Hass«, sondern das Wort »Schmerz« die Regie übernimmt: Die Saxophon-Noten werden zu Metaphern des Leids, die diamantene Nadel auf der Platte zur Metapher des »Schmerzes«. Die sich drehende Platte, nur mit sich selbst beschäftigt, wird zu einer »Sense«, welche die »schale Intimität der Welt« durchschneidet,[660] uns »alle […] in nachlässigem Aufzug, in der Ver-

657 Ebd., S. 245 f.
658 Ebd., S. 258.
659 Ebd., S. 259.
660 Ebd., S. 273.

schlamptheit des Alltags überrascht«.[661] Ohne dass man belästigt würde durch eine abermalige gedankliche Zumutung,
die beweisen wollte, dass der Hass vom Schmerz überwältigt
würde, wird die Melodie zum Auftakt der Einsicht in den Unterschied von »Sein« und »Existenz«. In Sartres Sprache »existiert« der Schmerz nicht, der Schmerz »ist«.[662] In dieser Seinsqualität des Schmerzes schließt sich das Verlangen Roquentins
ein: »Und auch ich habe *sein* wollen. Ich habe sogar nur das gewollt; das ist das Schlüsselwort der Geschichte. Ich durchschaue
die scheinbare Unordnung meines Lebens. Hinter all diesen
Versuchen, die beziehungslos schienen, finde ich den gleichen
Wunsch: die Existenz aus mir zu vertreiben, die Augenblicke
von ihrem Fett zu entleeren, sie auszuwringen, auszutrocknen,
mich zu reinigen, hart zu werden, um endlich den klaren und
genauen Ton einer Saxophonnote wiederzugeben.«[663]

Sartre ist, noch einmal sich um die eigene Achse drehend, auf
die von Anfang an verführerische Transzendenz der Ragtime-
Melodie zurückgekommen, ihr Überschreiten der bloßen Existenz. Es wirkt darin die Transzendentalkraft des ästhetischen
Augenblicks, von dem Anny am Beispiel der historischen Gemälde gesprochen hatte. Offenbar enthüllt sich das ontologi-
sche Defizit der »Existenz« in ihrem Mangel an Schönheit. Der
Hass galt immer dem Hässlichen in allen Formen des Nicht-
seins.

661 Ebd.
662 Ebd.
663 Ebd., S. 274.

3

Der Hass von Menschen gegeneinander erreicht in Sartres Dramatik eine erschreckende Intensität der Darstellung, indem er ihre leere »Existenz« enthüllt. In seinen Dramen *Bei geschlossenen Türen* (auch: *Geschlossene Gesellschaft*; *Huit clos*) und *Tote ohne Begräbnis* (*Morts sans sépulture*) herrscht nicht jener eindeutige Hass, der Roquentin gegen die hässlichen Formen der »Existenz« erfüllte, vielmehr ein unaufgeklärter Hass zwischen den ihr Leben dahinbringenden Menschen. (*Die Fliegen / Les mouches*, 1943 uraufgeführt, stehen allerdings auf einem anderen Blatt.) Ein kulturkritisches, ein politisches Motiv, das in *Der Ekel* vermieden ist, bleibt auch in *Bei geschlossenen Türen* und *Tote ohne Begräbnis* nur angedeutet. Die Differenz beider Dramen zur Hass-Thematik in *Der Ekel* lässt dessen philosophische und psychologische Argumentation aber noch einmal deutlich hervortreten.

Es sind drei Menschen, zwei Frauen und ein Mann, die sich in *Geschlossene Gesellschaft* (1944) belauern. Sie sind, wie der Titel besagt, eingeschlossen. Eingeschlossen in einem fensterlosen, spiegellosen Zimmer, das sich bald als Allegorese der Hölle zu erkennen gibt, so dass man die nacheinander eintretenden drei Personen nicht mehr als einstmals Lebende wahrnimmt, auch wenn sie sich in heftige Debatten über ihre böse Vergangenheit verstricken oder in erotisch-sexuellen Situationen verfangen. Die beiden Frauen, Inès und Estelle, die eine ehemalige Postangestellte, die andere aus der feineren Gesellschaft, können gar nicht anders, als eine Hass-Zeremonie gegeneinander in Szene zu setzen, wofür Garcin, der Mann, ein standrechtlich erschossener südamerikanischer Anarchist, der Anlass ist. Der Satz: »Ich hasse dich« oder »Ich hasse euch« wird in Serie ausgesprochen, geradezu abgeliefert. Halbe Geständnisse: Hat

Inès ihren Liebhaber umgebracht? Hat Estelle ihren Mann zum Selbstmord getrieben? Und war Garcins Tat eine ehrenhafte? Es herrscht eine dunstige Atmosphäre zwischen Selbstrechtfertigung und sexueller Gier.

Garcin, den die beiden Frauen entweder anwidern oder aufreizen, verfällt in Roquentins Vokabular aus *Der Ekel*. Garcin erklärt nämlich gegenüber Estelle: »Du widerst mich noch mehr an als die da. Ich will nicht in deinen Augen versacken. Du bist klebrig! Du bist wabblig! Du bist ein Krake, du bist ein Sumpf!«[664] Dieser Satz fällt zwischen beiden Frauen am Ende der sexuellen, hysterischen Zweikämpfe um den Mann. Es ist Estelle, die sich anschickt, sich vor den Augen von Inès auf eine Kopulation einzulassen, so dass Inès ihrem Hass Luft machen muss: »Ich lasse euch nicht aus den Augen, Garcin; Sie müssen sie vor meinen Augen küssen. Wie ich euch alle beide hasse!«[665] Vorher aber hatte sie gesagt: »Ich hasse es, daß man mich anfaßt«,[666] nachdem Garcin sie an der Schulter berührt hatte, während es Estelle war, die zu sagen hatte: »Wenn Sie wüßten, wie ich Sie hasse.«[667]

Das Hass-Wort, das immer wieder aus dem Mund dieser drei Personen kommt, hat stets denselben Anlass: sexuelle Gier, Eifersucht, Eigenliebe. Garcin will (hierin ähnlich wie Orest) belegen, dass er für seine eigene »Tat« getötet wurde. Dagegen steht der Satz, ausgesprochen von Inès: »Du hast überlegt, du wolltest dich nicht leichtfertig engagieren. Aber Angst, Haß und all jene versteckten Gemeinheiten sind auch Gründe.«[668] Die Signifikanz des Tatmotivs wird mit dem Wort »Hass« aus-

664 Jean-Paul Sartre, *Geschlossene Gesellschaft*. Stück in einem Akt. Übersetzt von Traugott König. In: ders., *Gesammelte Werke*. In Zusammenarbeit mit dem Autor und Arlette El Kaim-Sartre hrsg. v. Traugott König. Reinbek bei Hamburg 1991, S. 54.
665 Ebd., S. 48.
666 Ebd., S. 43.
667 Ebd., S. 40.
668 Ebd., S. 50.

gestaltet. Garcin zu Inès: »Aber du, du, die du mich haßt, wenn du mir glaubst, rettest du mich.«[669] Diese Personen sind keine herkömmlichen dramatischen Charaktere, sondern Medien der sexuellen Begierde und des Machtinstinkts. Vor allem aber des Hass-Diskurses, der hier quasi als Manifest der menschlichen Natur ausbricht. Nicht in der Hölle, sondern weil die Hölle »die andern« sind,[670] wie es in dem oft zitierten Satz heißt, bevor der Vorhang fällt. Der Hass ist hier nicht das Prädikat der Hässlichkeit der Dinge. Er charakterisiert Menschen, die in ihrem Selbstbezug für immer befangen bleiben, gerade wenn sie sich erotisch-sexuell ausgeben. Es sind keine realistischen Szenen, sondern paradigmatische. Der auf das Wort »Hass« zielende Wortwechsel meint nicht eine Abwesenheit von Sein. Er ist nicht kognitiv wie die Wortwechsel in *Der Ekel*.

Trotz der politischen Thematik von *Tote ohne Begräbnis*, zwei Jahre später erschienen, beruht die Dramatik auch hier auf dem gespannten Verhältnis einiger in Gefangenschaft Geratener. Es sind Mitglieder der französischen Résistance, die gefesselt, eingeschlossen, ebenfalls in einem einzigen Raum, auf die ausnehmend sadistische Vernehmung durch Milizoffiziere des Vichy-Regimes warten. Drei ältere Männer, eine junge Frau und ein fünfzehnjähriger Junge sind die Überlebenden eines von ihnen ausgeführten Attentats, bei dem neben französischen Zivilisten auch deutsche Soldaten umkamen. Die Art der Folter, welche die Gefangenen hinter sich und noch vor sich haben, ist das eine; die Angst, ob sie diese Folter durchzuhalten imstande sind, das andere. Sie scheinen in dieser Situation nicht an ein Überleben zu glauben. Hieraus ergeben sich kritische Selbstbefragungen und Skepsis gegenüber den anderen. Erst jetzt – das ist die Differenz zu *Bei geschlossenen Türen* – erweist sich, wer jemand ist.

669 Ebd., S. 56.
670 Ebd., S. 59.

Der Gefangene namens Sorbier möchte sich »kennen«.[671] Er hat Angst, die Probe wegen der Labilität seines Körpers nicht zu bestehen. Der gebürtige Grieche Canoris, kampferfahren im griechischen Bürgerkrieg, scheint der Ruhigste und Härteste. Es gibt außerdem noch den nicht als Attentäter identifizierten Jean, der bei dem Attentat fliehen konnte und nur unter Beobachtung der Miliz steht. Insofern richtet sich eine Schranke auf zwischen den auf ihren Tod Wartenden und dem noch nicht als Untergrundkämpfer Festgehaltenen. Der aber will sich bis zur Selbstfolterung als ebenbürtig im Schmerz beweisen. François, der Knabe, spricht voller Angst das Wort »Hass« als erster aus. Es gilt Jean, dem vom Schicksal Begünstigten. Lucie, die junge Frau, die dem nicht aufhörenden Gespräch über Folterpraxis widerstrebend zuhört, sagt schließlich: »Ich will euch nicht hören, weil ich Angst habe, daß ich euch verachte. Braucht ihr all diese Wörter, um euch Mut zu machen? Ich habe Tiere sterben sehen, und ich möchte sterben wie sie, nämlich still.«[672] Henri ist der nach außen Beherrschteste, der das grausame Verhör stoisch durchsteht und besonders lakonisch auf den Selbstmord Sorbiers reagiert, der sich während des Verhörs aus dem Fenster stürzt und mit zerschmettertem Kopf im Hof liegt.

Die kritischen Selbsterforschungen, der Beschluss, den Jüngsten zu töten, aus Angst, dass er wahrscheinlich sprechen wird, der Mord – das sind Motive, die jenseits der heroischen Thematik der späteren Filme über die Résistance liegen. Da die Folterer und Henker Franzosen sind und nicht, wie in diesen Filmen, die deutsche SS oder Wehrmacht, kann sich die Darstellung auf die emotional komplexen internen Beziehungen der Personen untereinander konzentrieren. So wird etwa der Entschluss zum Mord an dem Knaben einem spezifischen »Stolz« von Henri

671 Jean-Paul Sartre, *Tote ohne Begräbnis*. Übersetzt von Traugott König. In: ders., *Gesammelte Werke*. Hrsg. v. Traugott König, S. 21.
672 Ebd., S. 18.

zugerechnet,[673] der die gemeinsam beschlossene Tat allein aus-
führt: einem Stolz, den man aber auch das Reinheitsprinzip der
Untergrundkämpfer nennen könnte. Das gilt ebenso für Jean,
den Geliebten Lucies, der sich die eigenen Knochen zerschlägt,
um seine Zugehörigkeit zu den gefolterten Kameraden zu de-
monstrieren. Nachdem Lucie vom Verhör durch die Miliz zurückgekommen ist, bei dem sie, wie später zu erfahren, in sadistischer
Weise vergewaltigt wurde, gibt sie Jean, ihrem Geliebten, nur
kalte Antworten. Sie spricht von ihrem Hass auf die Folterer,
denen sie sich jetzt aber näher fühle als ihm, Jean: »Komm,
das ist doch eine Komödie. Du hast nichts gespürt, du stellst
dir alles nur vor.«[674] Darauf reagiert Jean in aggressivster Form:
»Zerquetschte Knöchel ... Ha! Wenn das alles ist, was ihr verlangt, damit ich zu euch gehöre!«[675] Jean legt seine linke Hand
auf ein Brett und schlägt auf das Handgelenk mit einem Holz-
klotz. In dem daraufhin entstehenden Dialog – offenbar ohne
Bezug zum offensichtlichen Schmerz – sagt Jean: »Ich habe es
satt, euch mit den Augen eines Bettlers ansehen zu müssen. Was
sie euch angetan haben, kann ich mir auch antun; das kann jeder.« Und darauf Lucie (lacht laut): »Eben nicht, eben nicht!
Du kannst dir die Knochen brechen, du kannst dir die Augen
ausstechen; *du, du* entscheidest doch selbst über deinen Schmerz.
Unser Schmerz ist eine Vergewaltigung, weil andere Menschen
ihn uns zugefügt haben. Du gehörst nicht zu uns.«[676]
    Sind dieser Dialog und diese Handlung psychologisch glaub-
würdig? Sie sind eher »gedacht«, die Veranschaulichung eines
Problems. Danach wird Jean von einer Wache abgeholt: Es gebe
etwas anderes für ihn. Während Lucie auf den »Hochmut« des
einstigen Geliebten Jean kalt reagiert hatte, antwortet sie auf die
Frage Henris, ob sie ihn wegen der Tötung des Jungen »hasse«:

673 Ebd., S. 62f.
674 Ebd., S. 67.
675 Ebd.
676 Ebd.

»Ich hasse dich nicht.«[677] Der Knabe war, wie Jean gesagt hatte, »in Wut und Angst gestorben«,[678] weshalb Jean Henri als Mörder bezeichnet hatte.[679] Die Tötungsszene wirkt schrecklicher als die Beschreibung der Folterungen.

Welche Signifikanz hat die Hass-Rede in diesem Stück? Im Roman *Der Ekel* diente sie zur Charakterisierung einer sinnentleerten Welt, im Drama *Bei geschlossenen Türen* war sie der Ausdruck von verstörten und narzisstischen, ihres Selbstbewusstseins ungewissen Charakteren. In beiden Fällen markierte das Wort »Hass« einen Grenzübertritt. Und hier? Gäbe es nur die politische Motivation, dann hätte die Reverenz dem Hass gegenüber keine solche Signifikanz: Er wäre die zu erwartende Emotion gegen den Feind. Und es versteht sich, dass die zynisch-obszöne Sprache der verhörenden Miliz – ohne dass das Wort »Hass« zu fallen braucht – voller Hass ist. Die Intensität der polemischen oder gar aggressiven Gespräche der noch lebenden Gefangenen untereinander gilt jedoch nicht ihren Wächtern geschweige dem deutschen Feind, sie gilt letztlich auch nicht der zu verfolgenden Taktik. Sie gilt dem eigenen Zustand zwischen Angst, Hoffnung und dem zu bewahrenden Ethos: Sie gilt ihrem Beieinander unter den ihnen auferlegten extremen mentalen Bedingungen.

Wenn das nicht häufig vorkommende Wort »Hass« oder »ich hasse« fällt, dann ist es durch die elektrisch aufgeladene Stimmung über seinen üblichen Sinn hinaus verschärft und wird zur Formel einer fundamentalen Entscheidungssituation. Kurz bevor die noch Anwesenden – der Junge und Sorbier sind tot, Jean ist abgeführt worden – entgegen der Absicht des Chefs der Miliz erschossen werden, gibt Lucie vor den Überlebenden eine Erklärung ab, in der das Hass-Wort als Parole der Grenzüberschreitung deutlich wird. An Canoris gerichtet, sagt sie: »Idiot!

---

677 Ebd., S. 62.
678 Ebd., S. 61.
679 Ebd., S. 62.

Reines Herz! Du kannst gut leben, du hast ein ruhiges Gewissen. Sie haben dich ein bißchen herumgestoßen, das ist alles. *Mich* haben sie erniedrigt, jeder Zoll meiner Haut widert mich an. Und du, der du dich aufspielst, weil du ein Kind erwürgt hast, denk mal dran, daß dieses Kind mein Bruder war und daß ich nichts gesagt habe. Ich habe alles Übel auf mich genommen; man kann mich nur noch auslöschen und alles Übel mit mir. Haut doch ab! Geht und lebt, da ihr euch ja akzeptieren könnt. *Ich* hasse mich, und ich möchte, daß nach meinem Tod alles so ist, als wenn ich nie existiert hätte.«[680]

4

Die 1943 auf dem Höhepunkt des Zweiten Weltkriegs uraufgeführte Tragödie *Die Fliegen (Les Mouches)* ist von anderer Façon als die genannten Dramen. Schon allein deshalb, weil Sartre Aischylos' Atriden-Trilogie (458 v. Chr.), vornehmlich deren zweiten Teil, aktualisierte. Zugrunde liegt also der altgriechische Mythos, der die Wörter »Hass« und »Atriden« zu synonymen Begriffen hat werden lassen. Wie aus Sartres Vorwort für die deutsche Ausgabe hervorgeht, lag seiner Entscheidung, die griechische Tragödie von Agamemnon, Klytämnestra, Ägist, Orest und Elektra aufzurufen, eine patriotische Absicht, also ein politisches Motiv zugrunde. Es wird auch hier zu fragen sein, ob die Hass-Rede wegen dieser politischen Motivation an imaginärer Kraft verliert.

Natürlich hat man in Sartres Klytämnestra 1943 eine jener den Siegern sich an den Hals Werfenden zu erkennen geglaubt und in Ägist, ihrem Liebhaber, den neuen zynisch-kriminellen Kollaborateur. Aber weit führen solche Identifikationen nicht!

680 Ebd., S. 81f.

Dagegen steht die Sonne – eine mythische Sonne! Aischylos'
Klytämnestra hatte sich ihres Mordes an dem aus Troja zurück-
gekehrten Agamemnon vor den Ältesten der Stadt gerühmt.
Gründe für die grässliche, mit dem Beil ausgeführte Tat im Bade
glaubte sie genügend zu haben. Hatte er nicht die geliebte Tochter Iphigenie auf dem Altar der Artemis geopfert, auf dass die
Winde endlich der griechischen Flotte die Fahrt nach Troja erlauben würden? Und wieviel Weiber hatte Agamemnon in diesen zehn Jahren der Abwesenheit gehabt?

In Sartres Drama aber steht Orest, der Sohn Klytämnestras
und Agamemnons, auf dem sonnendurchglühten Platz von Argos, das er vor vielen Jahren verlassen musste, nachdem die
Mutter den Vater getötet und sich mit Ägist eingelassen hatte.
Die *Orestie* des Aischylos und die *Elektra* des Sophokles zeigen die Konfrontation zwischen Mutter und Sohn; ihre Ermordung selbst ist nicht zu sehen, wohl aber nach vollbrachter Tat
die blutige Leiche Klytämnestras. Sartres Drama entwickelt die
Handlung, wie Orest zunächst den darauf vorbereiteten und
sich nicht wehrenden Ägist ersticht. Elektra hört Klytämnestras Schreie, als Orest die Mutter erschlägt. Die Morde als Rache für die Ermordung Agamemnons sind das einzige, was Sartres Stück mit den beiden altgriechischen Tragödien gemeinsam
hat. Statt um mythische Überlieferung und moralische Recht-
fertigung kreist Sartres Szenenfolge jedoch um zwei Begriffe,
die erstmals in *Der Ekel* auftauchen: den Begriff der »Tat« und
den Begriff der »Freiheit«.

Das Wort »Hass« ist das Bindemittel zwischen beiden. Es
häuft sich im Drama Sartres wie schon im zweiten Teil der
Orestie, aber nicht in Sophokles' *Elektra*, obwohl dessen Heldin vor hasserfüllter Rede strotzt. Sartre verfügte über diese
Motive, um dem Pariser Publikum eine Philosophie der Freiheit zu begründen, die sich auf das Subjekt jenseits der göttlichen Ordnung zubewegt. Insofern könnte man *Die Fliegen*
als einen Hochgesang auf das »Für-sich-Sein« lesen: Dass »frei«

zu sein auch immer heißt, »allein« zu sein. Die Hass-Rhetorik dient diesem Unterfangen. Elektras erster Auftritt vollzieht sich als Hass-Rede an die Adresse Jupiters, der in Gestalt einer Statue symbolisch anwesend ist: »weiße Augen« und ein »blutbeschmiertes Gesicht«.[681] Jupiter wird beleidigend angesprochen, denn er ist ein Pfeiler der herrschenden Ordnung. Unter den Verunglimpfungen fallen die von Sartre dem »Ekel« zugeschriebenen Erscheinungen des »Weichen« und »Weißen« auf. Elektra möchte den Gott in seiner abstoßenden Statuenform anspucken und ruft ihm zu, ein anderer werde kommen und ihn mit dem Schwert in zwei Hälften zerschlagen.

Als Orest dann tatsächlich, zunächst noch unerkannt (wie bei Aischylos und Sophokles), die Szene betritt, wird das kommende Drama durch zwei Sätze Elektras angekündigt, den Satz »Ich warte auf etwas«[682] und sodann: sie sei »vom Haß« zerrüttet.[683] »Hass« ist das Medium der Verständigung Elektras, negativ bezogen vor allem auf Klytämnestra, die hässlich Gewordene – ebenfalls ein Kriterium des »Ekels« –, positiv bezogen auf Orest, den Elektra als doch so »schön« empfindet. Der Hass figuriert nicht bloß als Schlüssel für den Prozess, das Motiv der Handlung, die Tötung Ägists und Klytämnestras. Er ist vielmehr das Zeichen eines neuen Bewusstseins. Im boshaften Dialog zwischen Elektra und Klytämnestra häuft sich das Hass-Wort, erreicht über die psychologische Charakterisierung von Feindseligkeit hinaus den Grad eines absoluten Wertes.

Während in Aischylos' *Orestie* kein Zusammenstoß zwischen Elektra und Klytämnestra stattfindet und es der Chor ist, der des »Hasses« nachdrücklich gedenkt, hat Sartres Elektra – der Elektra im gleichnamigen Stück Sophokles' folgend –

---

681 Jean-Paul Sartre, *Die Fliegen*. Übersetzt von Traugott König. In: ders., *Gesammelte Werke. Theaterstücke*, Bde. 1-2. Hrsg. v. Traugott König. Reinbek bei Hamburg 1991, S. 103.
682 Ebd., S. 120.
683 Ebd., S. 121.

die Sprache des Hasses ganz für sich in Anspruch genommen. »Hass« ist auch das Erlösungswort der von Angst geschüttelten Volksmenge am Gedenktag von Agamemnons Ermordung, den beide Mörder, ebenfalls aus Angst, erfunden haben. Hass gegen die Lebenden ist schließlich das Potential der Toten, die der Oberpriester bei diesem paradoxen Ritual anruft. Und Hass ist es, der Elektra im weißen Gewand vor der angstzitternden Menge tanzen lässt.

Sartre gibt demjenigen, der in Kürze Ägist und die Mutter umbringen wird, kein Wort des Hasses zu sprechen auf. Orest wird es weder angesichts der von ihm Getöteten noch am Ende, wenn er die Stadt von den Fliegen erlöst, aussprechen. Seine Tat wird aber von Elektras Hass-Rede ausgezeichnet werden. Angesichts der Leiche Ägists spricht Elektra noch einmal, das letzte Mal, von ihrem Hass: »Hundertmal habe ich ihn im Traum an dieser Stelle liegen sehen, mit einem Schwert im Herzen. Seine Augen waren zu, er sah aus, als schliefe er. Wie ich ihn haßte, wie glücklich ich war, ihn zu hassen. Er sieht nicht aus, als ob er schliefe, und seine Augen sind offen, er sieht mich an. Er ist tot – und mein Haß ist mit ihm gestorben. Und ich bin da, und ich warte, und die andere lebt noch in ihrer Kammer, und gleich wird sie schreien. Schreien wie am Spieß. Oh! Ich kann diesen Blick nicht mehr ertragen.«[684]

Orests Schweigen ist dagegen ein Ausdruck dessen, was er kalt vollzieht. Elektra hört die Schreie der Mutter, die sie nicht mehr hören will. Während Sophokles’ Elektra die tödlichen Schwertstöße des Bruders, ohne selbst anwesend zu sein, anfeuert, sagt Sartres Elektra nach dem Tod der Mutter den erstaunlichen, an den Bruder gerichteten Satz: »Ich hasse dich.«[685] Eine sich schon auf die Rache für den Muttermord vorbereitende Erinnye hat Elektra eingeflüstert, wie oft Orest zugeschlagen

684 Ebd., S. 165.
685 Ebd., S. 175.

und wie sehr die Mutter sterbend gelitten habe. Elektra hat den Mord gewünscht. Jetzt wird sie von ihm überwältigt.

Warum dieser Rollentausch? Der zuerst zögernde Orest, der dann unerbittlich, ohne zu zögern, Mutter und Geliebten umbringt. Die zuerst von Hass-Evokationen geschüttelte Elektra, der nunmehr der Mord die Fassung raubt, so dass sie ihr letztes Hass-Wort an den Bruder richtet. Sartre wollte offensichtlich die Tat von jedem missverständlichen Gefühlsanfall abtrennen. Die Verwandlung Orests, des unbeschwerten Jünglings aus Korinth, zum Täter hatte unmerklich begonnen: Nachdem er den wohlmeinenden Ratschlag Jupiters verworfen hat, der ihm das sogenannte »Gute« anrät, nämlich nach Korinth zurückzugehen, verändert sich Orest. Selbst seine Stimme verändert sich, so dass Elektra erschrickt.[686] In der »Erstarrung eines Sommertags« auf die Stadt Argos blickend, erkennend, wie sie ihn mit »ihren Mauern«, mit »ihren verschlossenen Türen« zurückstößt, bricht Orest in diese Sätze aus: »Ich werde ein Beil sein und diese hartnäckigen Mauern spalten, ich werde diesen bigotten Häusern den Bauch aufschlitzen, aus ihren klaffenden Wunden wird ein Geruch von Fraß und Weihrauch strömen, ich werde eine Axt sein und werde mich in das Herz dieser Stadt schlagen wie die Axt ins Herz einer Eiche.«[687]

Der Hass ist also von der Rede Elektras übergegangen auf die Tat Orests, die dieser, von Hass beseelt, begangen hat. Im Augenblick nach vollbrachter Tat, als sich Elektra ihm noch in die Arme wirft, erklärt er: »Ich bin frei, Elektra; die Freiheit hat mich getroffen wie ein Blitz.«[688] Schon Jupiter, Sartres Instanz als Hüter der Unfreiheit, hatte auf Ägists Frage, ob Orest gefährlich sei, die Antwort gegeben: »Orest weiß, daß er frei ist«,[689] und den Satz hinzugefügt: »Wenn erst einmal die Frei-

686 Ebd., S. 149.
687 Ebd., S. 150f.
688 Ebd., S. 167.
689 Ebd., S. 163.

heit in einer Menschenseele aufgebrochen ist, vermögen die Götter nichts mehr gegen diesen Menschen.«[690]

Das unmittelbar mit dem Wort »Freiheit« verbundene andere Wort heißt, wie schon angedeutet, »Tat«. Sie ist der Freiheit Ausdruck: »Ich habe *meine* Tat vollbracht, Elektra, und diese Tat war gut.«[691] Es ist die Tat, von der Orest zu Beginn gesprochen hatte, ohne zu wissen, welche Tat er begehen würde. Aber: Dass eine Tat auf ihn wartete, das wusste er.[692] So wie auch Elektra wusste, dass sie »auf etwas« wartet.[693] Man hat hier die zentralen Indizien des »Ereignisses« vor Augen, an das der Held von *Der Ekel* trotz seiner Verfallenheit an die elende »Existenz« bis zum Schluss glaubte. Nicht mehr als reflexiven Akt, sondern als dezisionistischen. Bevor Orest die beiden Morde begeht, hat Elektra zum ersten Mal seinen Namen ausgesprochen: »Orest«.[694] Ihr Hass ist während der Tat zerfallen. Orests Hass hat zum Argument der Freiheit das der Gerechtigkeit gewonnen, einer Gerechtigkeit wider Gott: Dem sterbenden Ägist, der ihn an die Gerechtigkeit im Namen Jupiters erinnern wollte, hatte Orest geantwortet: »Was kümmert mich Jupiter? Gerechtigkeit ist Menschensache, und ich brauche keinen Gott, der sie mich lehrt. Es ist gerecht, dich zu erschlagen, widerlicher Schurke, und deine Herrschaft über die Einwohner von Argos zu zerstören; es ist gerecht, ihnen das Gefühl für ihre Würde wiederzugeben.«[695] Sartre entledigt Orest der herkömmlichen Sittlichkeit. Er lässt ihn den sterbenden Ägist zurückstoßen, er lässt Elektra sagen, wie hässlich ein Mensch sei, der stirbt.[696] Als Ägist den Satz ausstößt: »Seid verflucht, beide!«, lautet Orests krasse Re-

---

690 Ebd.
691 Ebd., S. 167.
692 Ebd., S. 114.
693 Ebd., S. 120.
694 Ebd., S. 152.
695 Ebd., S. 164.
696 Ebd.

aktion, indem er noch einmal zuschlägt: »Bist du denn immer noch nicht tot?«[697]

Aischylos hat Orest – in der Dialogform der Stichomythie – in ein langes Streitgespräch mit der Mutter gezogen, bevor dieser sie in den Palast zwingt und dort tötet. Im krassen Gegensatz zu Sartres Orest sagt der Orest des Aischylos: »Nicht ich, du selber bist es, die den Tod dir bringt.«[698] Für Sartres Orest ist die Täterschaft als solche das Entscheidende. Entscheidend für Sartres Version ist, dass die Götter keinen Anteil an der Tat haben. Aischylos und Sophokles betonen dagegen gerade, dass die Tat des Orest gemäß dem Willen Apolls geschieht. Orest beruft sich in Sophokles' *Elektra* nachdrücklich darauf. Dazu gehört schließlich, dass Aischylos' *Orestie* im dritten Teil, *Die Eumeniden*, den Muttermörder und die Stadt der Pallas Athene sich mit den Erinnyen versöhnen lässt. Auch hierin zeigt sich Sartres entscheidende Differenz, die aus der Subjektivität der Tat zur Freiheit folgt: Nicht göttliche Macht, sondern Orest befreit in Sartres Version am Ende die Stadt von den Fliegen (»Erinnyen«). Aber er befreit auch sich selbst von der Stadt. Wenn man ihn zwänge, noch eine Stunde länger zu bleiben, denkt er, fielen ihm die hässlichen gelblichen Gesichter der Bürger wieder ins Auge, die den Ekel auslösen, von dem auch Roquentin erneut überkommen worden wäre, hätte er Bouville nicht endlich verlassen. Wer allein geht, braucht nicht zu hassen. Die schließliche Differenz zwischen Elektra und Orest ist also auch Ausdruck der Einsamkeit, die von Orest gesucht wird.

Als im Sommer 1943 das Theater am Montmartre *Die Fliegen* uraufführte, applaudierten die jungen Pariser dem »Freiheits«-Bekenntnis des Orest, applaudierten der Ermordung des Gewaltherrschers, dem, was sie als die politische Symbolik des Stücks verstanden. Mehr bedurfte es nicht, um das Stück als Wegwei-

697 Ebd.
698 Aischylos, *Die Orestie. Agamemnon, Die Totenspende, Die Eumeniden*. Deutsch vom Emil Staiger. Stuttgart 1987, S. 98.

ser durch das sittliche und politische Chaos des noch immer be-
setzten Paris zu feiern, ohne dass die deutschen Besatzungsbe-
hörden davon richtig Wind bekamen. Es ging ja um klassische
Griechen, und die wurden auch im »Dritten Reich«, wenngleich
in anderer Absicht, aufgeführt und gefeiert. Sartres Drama *Die
Fliegen* hat das Pariser Selbstgefühl 1943 erstmals wieder artiku-
liert, so wie zwei Jahre später Carnés Film *Les Enfants du Pa-
radis* das Pariser Nachkriegsglück. Das Publikum hat sich also
die Hass-Rede vor der anstehenden blutigen Begleichung politischer Rechnungen zwischen Kollaboration und Résistance in
richtiger Erwartung der Zukunft angehört: als Codewort seiner Zeit.

Aber wie gezeigt, transzendiert diese Rede in Sartres Sprache
ein solch einfaches politisches Verständnis. Vor allem der Begriff »Freiheit«, der sich so eingängig anhörte, hatte in der exi-
stentialistischen Münzung das Subjektverständnis verändert.
Das Wort »Hass« machte zusammen mit den Worten »Freiheit«
und »Tat« aus dem Mythos der Atriden den Mythos des neuen
Ich.

Hassen nur Österreicher auf deutsch?

Bernhard, Handke und Jelinek versus Goetz und Brinkmann

Was Céline, Sartre und auch Strindberg im Unterschied zu den Klassikern des 16., 17. und 19. Jahrhunderts gemeinsam haben: Ihr Hass gilt dem banalen Leben, nicht Ideen, nicht politischen Vorstellungen oder Repräsentanten der Macht, die im Falle Céline lediglich als »ausführende Organe« in Erscheinung treten. Vielmehr fand sozusagen eine Säkularisierung der Hassobjekte statt. Dieser Umschlag in die Moderne des 20. Jahrhunderts hatte nach dem Zweiten Weltkrieg noch einmal eine Wendung einerseits ins Gemeine des Alltags und des ganz Privaten, andererseits in die große Politik genommen. Dabei haben sich österreichische Schriftsteller besonders hervorgetan.

Waren sie darauf vorbereitet durch einen geradezu angeborenen böse-melancholischen Blick seit jeher? Von Nestroy bis Karl Kraus und Joseph Roth waren blitzende Ironie, bitterer Witz und sarkastische Polemik dem österreichischen Idiom eigen. Die Objekte ihrer satirischen Fürsorge wurden entwaffnet. Aber geschah es aus Hass? Wir sahen am Beispiel Swifts, inwiefern Satire und Hass-Rede nicht gut miteinander auskommen und warum das so ist. Selbst Kraus, der Aggressivste der Wiener Autoren, mag zwar jemanden und etwas hassen, doch erblüht aus seinem Stil nicht die Hass-Rede im imaginativen Verständnis. Elias Canetti, der von einem »Ätna an Hass« – einer Selbstcharakterisierung Kraus' folgend – gesprochen hatte, erkannte den Grund für dieses aus dem Stil erwachsene Defizit: Kraus' Gleichmaß der puren Attacke gegen alles und jeden.

Wie sprachmächtig Kraus auch gewesen ist und dementsprechend rezipiert wurde, um so eindeutiger funktionalisierte er den Hass im Namen einer höheren Gewissheit und entzog ihm dadurch das Element des Unheimlichen. Nichtsdestoweniger ist er als der Vater nachfolgender österreichischer Dichter mit polemischem Instinkt zu erkennen. Man ist bei der Lektüre seiner Sprache nicht überrascht, dass es nach dem Zweiten Weltkrieg vor allem zwei österreichische Dichter waren, die wie keine anderen deutschsprachigen Schriftsteller eine vom Hass-Diskurs geführte, den Hass sublimierende Sprache in unterschiedlicher Form zum Ausdruck brachten: Thomas Bernhard und Peter Handke. Elfriede Jelineks Hass-Rede entfernt sich in ihrem polemisch eindeutigen Tonfall und ihrer gesellschaftspolitisch geraden Zielrichtung von der imaginären Version, obwohl sie so überraschende wie groteske und aggressionsgeladene Szenen erfindet, worauf zurückzukommen ist.

Der Stil des existentiellen Hasses, der in Célines *Reise bis ans Ende der Nacht* und in Sartres *Der Ekel* seine klassisch moderne Form fand, hat sich bei den beiden österreichischen Nachkriegsautoren wiederum epochenspezifisch ausgedrückt. Dabei tritt die Verwerfung dessen, was man sieht und hört, mit einer stärkeren, ich-bezogenen Radikalität auf, während Célines und Sartres negatives Urteil über Welt und Menschen sich immer noch auf einen historischen und anthropologischen Generalnenner beruft. Selbst der Subjektivismus der existentiellen Hass-Geste Baudelaires stützt sich auf philosophisch-intellektuelles Wissen aus Lektüre und Gesprächen. Dagegen wird das Hass-Motiv der österreichischen Dichter trotz der introvertierten Perspektive durch objektive Wahrnehmungen und intellektuelle Referenzen beglaubigt.

Für die deutsche bzw. westdeutsche Literatur liegt der Fall anders. Ihre eminenten und vielgelesenen Autoren haben keinen Hass-Diskurs entwickelt. Das gilt sowohl für den späten Bertolt Brecht als auch für den jungen Hans Magnus Enzensberger, die beide zwar den aggressiv-ironischen Tonfall bis zum Zynismus beherrschten, nicht aber dem Potential des Hasses Ausdruck verliehen. Unter den jüngeren Schriftstellern sind indes zwei zu nennen, die dem existentiellen Hass eine intensive Stimme gegeben haben: Rolf Dieter Brinkmann und Rainald Goetz. Zu untersuchen bliebe, ob diese Stimme der objektiven Intensität von Bernhards und Handkes Sprache gleichkommt oder ob sie – und das gilt vornehmlich für Brinkmann – in eine allzu expressionistische Vehemenz verfällt. Die Schuldlast des Holocaust drängt die westdeutsche Literatur generell dazu, eine politisch-moralische Tendenz zu suchen. Das erschwert – wie sich am Beispiel der politischen Satire gezeigt hat – eine imaginative, geschweige denn subjektiv-existentielle Hass-Rede.

I

Man suche nicht Bernhards Gesamtwerk nach Hass ab. Man nehme sich nur das Drama *Heldenplatz* vor: Das politische Thema wird sprachlich von einer individuellen Rede überholt. Immer schon bestand der Verdacht, dass der österreichische Nazismus – oder der Austrofaschismus, wie die Wiener ja vorziehen zu sagen – extrem gewesen sei. Und, entscheidend für die Handlung von Bernhards Stück, immer noch nachdämmert. Das war ein Thema gewesen, etwa auch in der Wiener Zeitschrift »Forum«. Hilde Spiel, die ihre langjährige Zeit in der Londoner Emigration aufgab und nach Wien zurückkehrte – wie der selbstmörderische Professor in Bernhards Stück –, hat darüber schon in den sechziger Jahren offen gesprochen und geschrieben. Der bekannte niederländische Historiker Loe de Jong hat 1964 während einer Konferenz in Hannover über die nationalsozialistische Besatzungspolitik in den Niederlanden den anwesenden sich links und unschuldig gebärdenden Wiener Kollegen ins Gesicht gesagt, dass die Österreicher unter Seyß-Inquart in den Niederlanden die schlimmsten aller Besatzer gewesen seien und kein Anlass dafür bestehe, als Opfernation aufzutreten. Aber ein solcher gelegentlicher Hinweis aus besserem historischem Wissen (das andererseits dem deutschen Schuldgefühl aufhalf) hatte keinen Effekt in Wien hinterlassen. Erst die Aufführung von Bernhards Exzess der Abrechnung, das Drama *Heldenplatz*, erzeugte diesen Effekt. Ausgerechnet durch den westdeutschen Regisseur Claus Peymann am Burgtheater inszeniert, explodierte das Thema wie eine unter Trümmern verborgene, verspätete Kriegsbombe.

Heldenplatz ist Bernhards Spätwerk, 1988, ein Jahr vor seinem Tod uraufgeführt. Bernhard bedurfte nicht des Jubels angesichts des Österreichers Hitler auf dem Heldenplatz durch einen Teil der Wiener Bevölkerung, um seinen Hass-Diskurs inszenieren zu können. Sein vorangegangenes Werk ist davon bereits übervoll: seit *Amras* (1964), *Das Kalkwerk* (1970), *Der Keller. Eine Entziehung* (1976) und vor allem seit *Auslöschung. Ein Zerfall* (1986). Während die frühen Romane schon die archaischen Motive einer schwarzen, vom Tod aus perspektivierten Wahrnehmung der Gesellschaft entfalteten, hat sich die Hass-Affinität nun noch verstärkt. So im Vorläufer von *Heldenplatz*, der Abrechnung des Ich-Erzählers mit seinen Eltern und Geschwistern im Roman *Auslöschung*, publiziert zwei Jahre vor *Heldenplatz*. Es ist dies eine Abrechnung mit den Eltern als politischen Opportunisten während der Nazizeit und der Zeit der amerikanischen Besatzung bis in die Gegenwart der verhassten Provinzidylle und zugleich eine Abrechnung mit den beiden Schwestern und dem konventionellen, einschlägig anpasserischen Bruder. Wie in *Heldenplatz* bildet eine Beerdigung (die der verunglückten Eltern und des Bruders) für den in Rom lebenden Erzähler den Anlass, mit Abscheu für einige Tage nach Wolfsegg in die Familienvilla zurückzukehren. Die von Hass durchtränkte Vorbereitung auf diese Reise im Gespräch mit einem ehemaligen römischen Schüler und Freund sowie die schließliche Fahrt von Italien nach Österreich enthalten fortlaufend Hinweise auf zentrale Motive und Themen der österreichischen Version des noch schwärenden Nazismus. Die katholisch-nationalsozialistische Gesinnung ist demnach immer noch vorherrschend, die Repräsentanten der professionellen Elite – Gelehrte, Rechtsanwälte, Universitätsprofessoren, Ärzte, Kunsthistoriker – erscheinen ausschließlich als vom alten Geist geprägte Figuren. Am Wochenende verpestet dieser Typus des »Kulturmenschen« aus Salzburg oder Linz noch immer die Luft.

Der Hass des Erzählers richtet sich nicht bloß gegen das Milieu der Eltern und ihrer Umgebung. Der Hass hat sich schon früh in seinem soeben verunglückten anpasserischen Bruder gezeigt, gerichtet gegen den Erzähler selbst, den Aufwiegler und Tunichtgut in der Familie. Auslösend hierfür sind nicht die politischen Ansichten des Bruders, sondern dessen Verharren in braver Gesinnung. Interessant für die Beurteilung des Triumphgesangs, der Litanei des Hasses in *Heldenplatz*, ist Bernhards ausdrückliche Reverenz gegenüber dem Stilmittel der »Übertreibung«, das der Roman *Auslöschung* zeigt. Der Erzähler gibt nämlich, als sein römischer Schüler Gambetti ob der Charakterisierung von Wolfsegg als »unmenschlich, ja grauenhaft« in Gelächter ausbricht und den Erzähler als »maßlosen Übertreiber«, als »österreichischen Schwarzmaler« bezeichnet, zur Antwort, seine »*Über*treibungen« seien doch in »Wahrheit und in Wirklichkeit maßlose *Unter*treibungen«.[699] Bernhard hat den Vorwurf aufgenommen, aber gewendet. Es geht ihm nicht um die Unterscheidung zwischen Wahrheit und Unwahrheit, sondern um die Differenz einer Darstellungsform: Er hat seinen Stil der Darstellung und dabei das Dargestellte qualifiziert als etwas, das nur durch eine sogenannte Übertreibung überhaupt in seiner hassenswerten Negativität erkennbar werde. Das Bewusstsein der »Übertreibung« als Mittel der angemessenen Dar-

---

699 Thomas Bernhard, *Auslöschung. Ein Zerfall*. Frankfurt am Main 1986, S. 123f.

stellung der Wirklichkeit unterscheidet Bernhard vom Expressionismus. Der Hass ist hier nicht einfach Ausdruck der politischen Reaktion, sondern ein Anfall der Sprache sui generis. Der symmetrisch kalkulierende Stil des Dramas *Heldenplatz* bietet hierfür das herausragende Beispiel: wie die Hass-Rede durch die Summierung ihrer negativen Erkenntnisse den verführerischen, einem fast den Atem verschlagenden Ausdruck gewinnt.

Wer von den Wutausbrüchen, der Empörung in der Wiener Öffentlichkeit 1988 (Politiker, Publizisten, Theaterbesucher) erstmals hörte, kam fast nicht umhin, sich Bernhards Drama ebenfalls als einen Exzess der Wut vorzustellen. Statt dessen handelt es sich aber um die Darstellung eines subtilen Hasses, der über die Wahrnehmung einer reaktionären Mentalität hinausgeht. Die hilflos-neurotische Reaktion der Opfer in Gestalt des selbstmörderischen Professors bietet dazu das zentrale Mittel. Einem Teil der Öffentlichkeit ist diese Subtilität der Darstellungsform entgangen. In seiner Begriffsstutzigkeit lieferte das Publikum vielmehr zusätzliche Belege für Bernhards erschreckendes, beleidigendes Österreich-Porträt. Die Wirkung des Theaterstücks gründet also nicht einfach in der Gewalt eines schwarzen Szenarios. Sie gründet vielmehr in einer ausgesucht befremdlichen Motivik und Dialogführung sowie in den durchkalkulierten Erscheinungsformen seiner Charaktere.

Die Moderation unmittelbarer Hass-Expression ist allein schon sichergestellt durch die indirekte Wiedergabe der Rede der Hauptperson, des jüdischen Professors Joseph Schuster, der Selbstmord begangen hat. Dessen Rede wird von seiner Wirtschafterin Zittel im Gespräch mit dem Hausmädchen ständig erinnert. Der gerade erfolgte Selbstmord ist – das wird in den Worten der Wirtschafterin allmählich deutlich – der Erinnerung des Professors an das Wien von 1938 und seiner Wahrnehmung des Wiens von 1988 geschuldet, das sich von jener Epoche, als Österreich nationalsozialistisch wurde, nur dadurch unterscheidet, dass »Jetzt […] alles noch viel schlimmer als vor fünfzig Jahren« ist.[700] So hat es auch Professor Schuster empfunden und ist deshalb aus dem Fenster seiner Wohnung in einem schönen Haus gesprungen, das direkt am Heldenplatz liegt, wohin er mit seiner Frau nach dem Krieg aus Oxford zurückgekehrt war. Ein weiteres Mittel der indirekten Information über die Schrecken von damals und heute ist das Stellungsspiel im Dialog zwischen der Wirtschafterin und dem Dienstmädchen, der den ersten Teil beherrscht: Beide stehen immer wieder am selben Fenster über dem Heldenplatz und schauen auf die Straße hinunter.[701] Der Zuschauer versteht bald, worauf die Geste verweist. Sie ist von symbolischer Signifikanz nicht nur für die *Form* des Selbstmords, den Fenstersturz, sondern ebenso für das *Motiv*, bezeichnet durch ebendiesen Ort, den Heldenplatz, mit dessen Namen die Katastrophe von 1938 unlösbar verbunden bleibt. Der unheilvollen Kontinuität von Ort und Geschehen gilt denn auch der letzte Gedanke des Professors.

Das Gespräch der beiden Hausangestellten bringt ans Licht, was Professor Schuster wusste: Er hätte nie wieder aus Oxford, wohin er nach dem Anschluss Österreichs durch die Nazis mit seiner Frau geflüchtet war, nach Österreich zurückkommen dürfen. Doch hatte er nach zwanzig Jahren Abwesenheit in England geglaubt, einer drängend-liebenswürdigen Einladung des Rektors der Wiener Universität Folge leisten zu müssen, um aber bald zu erkennen, an welch falschen und politisch noch immer vergifteten Ort er geraten war. Nach Oxford zurückzugehen, dazu hat er sich nie wirklich entschließen können. Hier fällt nun das Hass-Wort. Der Hass des Professors auf die Stadt, in der er wieder lebt, auf die Wiener Universität und ihre Professoren ist – wie seine Haushälterin sich erinnert – ein Hass von existentieller Tiefe und Wucht. Es ergibt einen besonders intensiv wirkenden stilistischen Effekt, dass die Worte zum

---

700 Thomas Bernhard, *Heldenplatz*. Frankfurt am Main 1988, S. 11.
701 Ebd., S. 11, 18, 23, 27, 45, 60.

Thema des Hasses sich im Munde der Frau Zittel nur sehr langsam entwickeln, aber wie Worte aus der Ewigkeit klingen und sich allmählich herniedersenken. Zum einen handelt es sich um Merksätze wie: »in Oxford gibt es keinen Heldenplatz / in Oxford ist Hitler nie gewesen / in Oxford gibt es keine Wiener / in Oxford schreien die Massen nicht«.[702] Zum andern vernehmen wir ein dramatisches Leitmotiv. Seit einiger Zeit glaubt nämlich die Frau des Professors, wie 1938 die Schreie der Hitler zujubelnden Menge auf dem Heldenplatz zu hören, und ist darüber krank geworden. Auch dies wird indirekt vermittelt, denn erst in Frau Zittels Erinnerung stellt sich die Verzweiflung des Professors mit den Sätzen wieder ein: »Frau Zittel Frau Zittel schrie er und lief ans Fenster / Sehen Sie den Heldenplatz schrie er sehen Sie den Heldenplatz / den ganzen Tag hört sie das Schreien vom Heldenplatz / den ganzen Tag fortwährend / fortwährend fortwährend Frau Zittel / das ist zum Verrücktwerden zum Verrücktwerden ist das Frau Zittel / ich werde noch verrückt davon verrückt davon«.[703] Diese erinnerte Rede des Professors ergänzt die Wirtschafterin: »Seit zehn elf Jahren / hört die Frau Professor das Geschrei vom Heldenplatz / niemand hört es sie hört es«.[704] Die Reden des Professors waren eingelassen in Frau Zittels Zusammenlegen seiner Hemden, ein Vorgang, auf den sich beide, der Professor und seine Vertraute, konzentrierten. Gerade das Nebeneinander von hohem und niederem Bild beschleunigt den Prozess in Richtung der Katastrophe, denn deren Vorschein hat auch die Sphäre des einfachen Alltags erreicht.

Die Frau des Professors hat »Wien immer gehaßt«,[705] aber in der Provinz, in »Neustadt«, hält sie es auch nicht aus, sie ist »Stadtmensch«. Vor allem aber hat der Professor, wie Frau Zit-

702 Ebd., S. 13.
703 Ebd., S. 27.
704 Ebd., S. 27f.
705 Ebd., S. 12.

tel sich erinnert, »Graz gehaßt«,[706] wo der »Stumpfsinn zu-
hause« sei.[707] Bernhards Evokation der nazistischen Vergangenheit und Gegenwart Wiens ist geprägt von einem generellen zi-
vilisatorischen Verdikt. Der Hass, der ursprünglich den Hitler
zujubelnden Wienern galt, ist in Frau Zittels Wiedergabe nun
ein Hass gegen jeden und alles geworden, seien es taillierte Hemden, die Unordnung der Krawatten, die Seide, nicht zuletzt auch
ein Hass gegen die eigenen Töchter und den Sohn Lukas, der als
ein »abstoßendes Ungeheuer«[708] bezeichnet wird. Hier werden
der Familie ähnliche Attribute zugeordnet wie den Abkömm-
lingen der Familie von »Wolfsegg« im Roman *Auslöschung*,
obwohl es sich im ersten Fall um Mitglieder einer jüdischen
Familie, im letzteren um Mitglieder einer reaktionären, nichtjü-
dischen Familie handelt. Diese Form der Darstellung ruft den
Hass als eine zum omnipotenten Zustand gewordene Reaktion
des sich vom Ressentiment umkreist fühlenden Opfers auf,
ohne dass Bernhard zu einer näheren psychologischen Erklärung des Hasses ansetzen würde: »das einzige das die Menschheit wirklich fürchtet / ist der menschliche Geist«.[709] Eigentlich
hätte man erwarten können, die Angst vor dem Geist werde als
charakteristische Eigenschaft den österreichischen Nazisympa-
thisanten zugeschrieben werden. Diese sind für Bernhard aber
nur das abstoßendste Symptom einer Gesellschaft, die sein Professor generell als abstoßend empfindet.

Bezeichnenderweise finden sich für den so entfalteten und
begründeten Hass-Affekt im erinnernden Gespräch zwischen
Wirtschafterin und Dienstmädchen keine politischen Motive.
Der Hass ist zunächst nicht als Meinungsäußerung gefasst, sondern als Stimmung, als psychisches Phänomen. Es hatte, nach-

706 Ebd., S. 18.
707 Ebd., S. 20.
708 Ebd., S. 36.
709 Ebd., S. 40.

dem die Entscheidung des Professors für den Selbstmord gefallen war, weiterhin alles so ausgesehen, als stünde etwas Entscheidendes noch bevor: Die mit Oxford-Aufklebern beschrifteten Koffer sind ein Zeichen für die nicht gelungene Rückkehr nach England. Sie formieren sich zum Stilleben eines Unglücks, das jahrelang gewachsen ist, dargestellt im ersten Teil des Dramas. Hier vernehmen wir die wiederholten Dicta des Professors über seine Frau und deren qualvolle Bedrängnis durch die Schreie vom Heldenplatz. Frau Zittel erinnert sich an die Rede des Professors so: »Wenn ich erst in Oxford bin / kann ich aufatmen hat der Professor gesagt / jetzt ist es hier in Wien ja schlimmer / als vor fünfzig Jahren Frau Zittel / Meine Tochter haben sie angespuckt Frau Zittel / Jeden Tag Angst haben Frau Zittel / das halte ich nicht mehr aus / für Österreich bin ich zu alt und zu schwach / In Wien zu existieren ist eine Unmenschlichkeit / Schon wegen der Geisteskrankheit meiner Frau / muß ich aus Wien weg / sie hört ja jetzt auch schon in der Nacht / das Heldenplatzgeschrei / Ich hätte die englische Staatsbürgerschaft / nicht zurückgeben sollen das war der Fehler«.[710] Zum anderen begegnen wir den wiederholten Blicken der Bediensteten aus dem Fenster. Frau Zittels Sätze an das Hausmädchen Herta – »Du kannst doch nicht den ganzen Vormittag / auf die Straße hinunterschauen«[711] oder: »Die ganze Woche stehst du schon da / und schaust auf die Straße hinunter«[712] – stilisieren die erzählten Ereignisse zum ewiggleichen Panorama einer Katastrophe. Aus der Gemengelage banaler Verrichtungen zweier Wiener Hausangestellten, die selbst keinen Kommentar zum Unglück und Hass ihres jüdischen, keineswegs immer nur sympathischen Dienstherrn ausdrücken, treten diese als Wegweiser durch das psychische Chaos auf, das von zwei sich wiederholenden Bil-

710 Ebd., S. 43f.
711 Ebd., S. 18.
712 Ebd., S. 22.

dern geordnet wird: dem generellen Hass-Ausdruck des Selbstmörders und den Stimmen vom Heldenplatz im Ohr seiner
Frau.

Im zweiten Teil des Dramas wird aus dem Munde bisher
nicht aufgetretener Personen – Professor Robert, der Bruder
des Toten, sowie Anna und Olga, die Töchter des Selbstmörders – das politisch-gesellschaftliche Thema entwickelt, das bisher nur angedeutet wurde, wodurch die Symbolik des Unglücks
und des Hasses um so tiefer wirkt. Auch hier bestätigt sich die
Einsicht, dass Hass in Form von politisch-ideologischer Meinung an Ausdruck drastisch verliert. Wenn dies hier nicht geschieht, dann deshalb, weil Bernhard die Hass-Reden des Bruders und der Töchter mit ironischer Distanz wiedergibt oder
weil er zeigt, dass sie zwar zu Allgemeinplätzen werden, in ihrer
Übertreibung aber etwas bisher Verdecktes benennen.

Nach dem Begräbnis des Professors entwickelt sich zwischen
dem Bruder und den Töchtern des Toten ein Dialog, in dem sich
die Verächtlichmachung Wiens und Österreichs zum Exzess
einer politischen Polemik steigert, die zu heftigen Reaktionen
aus den Kreisen österreichischer, aber auch offiziöser deutscher
Kreise Anlass gab. Anna setzt gleich zu Beginn den entsprechenden Ton: »Oxford ist mir ein Alptraum / aber Wien ist mir jeden
Tag / der viel größere Alptraum / ich kann hier nicht mehr existieren / ich wache auf und habe es mit der Angst zu tun / die
Zustände sind ja wirklich heute so / wie sie achtunddreißig gewesen sind / es gibt jetzt mehr Nazis in Wien / als achtunddrei
ßig / du wirst sehen / alles wird schlimm enden / dazu braucht es
ja nicht einmal / einen geschärften Verstand / jetzt kommen sie
wieder / aus allen Löchern heraus / die über vierzig Jahre zugestopft gewesen sind / du brauchst dich ja nur mit irgend
einem unterhalten / schon nach kurzer Zeit stellt sich heraus /
es ist ein Nazi / gleich ob du zum Bäcker gehst / oder in die
Putzerei in die Apotheke / oder auf den Markt / in der Nationalbibliothek glaube ich / ich bin unter lauter Nazis / sie warten

alle nur auf das Signal / um ganz offen gegen uns vorgehen zu können«.[713]

Anna treibt das auf die Spitze: Man müsse »hundertprozentig katholisch / und hundertprozentig nationalsozialistisch« sein.[714] Hier lässt sich das Stilprinzip der Übertreibung, zu dem sich Bernhards Held in *Auslöschung* bekennt, als eine wohlkalkulierte Intensivierung der Ausdrucksmittel verstehen, wobei erst durch das Mittel der sogenannten Übertreibung ein zunächst noch verdecktes Phänomen erfasst wird. Anders gesagt: Erst durch die extrem subjektive Rede erreicht das politische Urteil das den wahren Hass-Impuls auszeichnende Pathos und seine Intensität. Das zeigt sich auch daran, dass ähnliche Behauptungen im Roman *Auslöschung*, sobald sie zur bloßen gesellschaftspolitischen Unterrichtung werden, hinter Bernhards vorangegangene abgründige Prosa zurückfallen. Sie sind wohlverstanden nicht als falsche Einsichten in die Nachkriegsmentalität eines bestimmten österreichischen Milieus zu kritisieren. Vielmehr zeigt sich bei solcher Art politischer Identifikation abermals, wie diese an imaginärer Kraft verliert und eingeht in das schiere politische Argument.

Tritt diese Schwäche oder Schwächung der zitierten Hass-Rede im zweiten Teil von *Heldenplatz* ein? Nein, und zwar deshalb nicht, weil Annas Suada, wie oben schon angedeutet, gerade den spezifischen Zug der Übertreibung erreicht. Auch ihre Sottisen über die »blödsinnigen« Beamten der Nationalbibliothek, besonders wenn sie »Salzburger« oder »Tiroler« sind, über die »Idioten« der Universität, kurz: über die »einzige stumpfsinnige Niederträchtigkeit« der Stadt Wien,[715] all solche Ausfälle sind eben nicht bloß bestreitbare Behauptungen. Es sind nicht bestreitbare Empfindungen, denen man um so mehr nachhört, als sie nur von Menschen wie Anna geäußert werden kön-

713 Ebd., S. 62f.
714 Ebd., S. 64.
715 Ebd., S. 66.

nen. Anna taucht sogar dann, wenn sie in ihrer aggressivsten Exaltation nachlässt, um so tiefer in den Hass-Diskurs ein. Ihr Onkel Robert quittiert das mit den jovial-beruhigenden Empfehlungen: »Ich verstehe dich ja / aber du sollst dich nicht aufregen wegen etwas / das nicht zu ändern ist / die Wiener sind Judenhasser / und sie werden Judenhasser bleiben / in alle Ewigkeit / das weiß ich auch / aber du glaubst doch nicht / daß ich mir deswegen mein Leben vergrause / das kannst du von mir nicht verlangen / ich lebe in Neuhaus und fahre wöchentlich in den Musikverein in die Stadt / ich will meine Ruhe haben / die Jugend hat sich immer den Kopf zerbrochen«.[716]

Doch formuliert ausgerechnet dieser joviale Onkel schließlich das definitive Urteil über Österreich, das nicht bloß in dessen nationalsozialistischer Vergangenheit und Gegenwart begründet ist, sondern in der »Häßlichkeit« der Zeit überall und gerade hier. Der »Stumpfsinn«, ein Schlüsselwort des Zivilisationskritikers Bernhard, der den »Architekten«, den »Intellektuellen« angehängt wird, aber natürlich auch dem »Volk« selbst und der »Kirche«,[717] ist nicht eingesäumt von politischen Kategorien, also nicht mit Wörtern wie »nationalsozialistisch« oder »katholisch« belegt. Die Hässlichkeit erscheint im Blick des Onkels als ein österreichisches »Unglück« seit jeher.[718] Der Stil der Übertreibung wird so zum Mittel, Tabula rasa zu machen: »Jetzt hat alles den Tiefpunkt erreicht / nicht nur politisch gesehen alles / die Menschen die Kultur alles / in ein paar Jahrzehnten ist alles verspielt worden / das ist in Jahrhunderten nicht mehr gutzumachen / wenn man bedenkt was dieses Österreich / einmal gewesen ist / daran darf nicht gedacht werden / das forderte ja den Selbstmord geradezu heraus / Ich war nie ein Anhänger der Monarchie / das ist ganz klar / das waren wir alle nicht / aber was *diese* Leute aus Österreich gemacht haben / ist unbeschreib-

716 Ebd., S. 83f.
717 Ebd., S. 87f.
718 Ebd., S. 88.

lich / eine geist- und kulturlose Kloake / die in ganz Europa ihren penetranten Gestank verbreitet«.[719]

Es zeigt sich, wie nur der Aplomb des verzweifelten Sprechens die Indizien des Hassenswerten findet. Wer spricht sonst so? Wer sonst kann nicht aufhören, so zu sprechen? Am Ende des Stücks überbietet sich die Polemik (»in jedem Wiener steckt ein Massenmörder«[720]), gipfelt auf in einer sich überschlagenden Akklamation von Österreichs Verkommenheit. Vergliche man die hier vorwaltende Diagnose mit den Urteilen des jungen Enzensberger in seinen *Einzelheiten* (1962), dann fände sich kein detailliertes Argument, sondern immer wieder nur Bernhards riesenhaftes Verdikt von »Unrat«, »Lügen«, »Dreck« und »Schweineställen«, in denen sich Österreichs Regierungen ebenso wie die Zeitungsredaktionen suhlen.[721]

Wenn sich im dritten Teil alle zum Abendessen mit Gästen versammelt haben, kommt kein neuer Hass-Gedanke auf den Tisch des Hauses. Im zweiten Teil hatte Robert noch behauptet – um alles schon Gesagte in den Schatten zu stellen –, die »Österreicher« seien »ein musikalisches Volk / aber eines Tages / werden sie auch kein musikalisches Volk mehr sein«.[722] Es ist, als wolle Onkel Robert allmählich die Tragödie der Hass-Rede in die Tragikomödie entgleiten lassen. Und auch wieder nicht. Wie in der griechischen Tragödie der Chor das zu Sagende noch einmal sagt, beruft Robert noch einmal all das, was sein selbstmörderischer Bruder gehasst hat: die Blumen, die akademischen Debatten, die Verehrer, die Kollegen. Es sind Bernhardsche Stichworte aus dem Off, die erneut besagen, was man schon vorher gehört hat. Man muss es einfach noch einmal hören. Und man will es.

Dass auch Lessing mit seinem in Deutschland so berühmten

719 Ebd., S. 96f.
720 Ebd., S. 118.
721 Ebd., S. 120f.
722 Ebd., S. 116.

und beliebten Drama *Minna von Barnhelm* durch den Sohn des toten Professors, Lukas, sein Fett wegbekommt, nämlich als ein Theaterdichter der »Ablenkung«, das ist die nicht zu missende Pointe.[723] Sie wäre Onkel Robert nicht eingefallen. Lukas darf diesen Einfall Bernhards sogar noch giftiger begründen. Der tote Vater habe gedacht: »Lessing ist der typisch deutsche Zeigefinger als Dichter / *pathetisch sentimental humorlos* hat er gesagt / An Lessing klammern sich die Deutschen / die von Goethe genug haben / wie an einen Rettungsanker für ihre Verlogenheit«.[724] Keine falschen Schlüsse, deutsche Zuschauer, wenn ihr dieses österreichische Trauerspiel mit heimlicher Freude verfolgt – diese Botschaft will Bernhard doch noch unterbringen.

Das Komödienelement wird von Onkel Robert selbst erwogen, wenn er beim Abschluss des Abendessens versichert, die Wiener Professorenschaft werde am nächsten Tag zwar vom Tod ihres Kollegen plötzlich unterrichtet, aber nicht davon, dass er Selbstmord begangen habe. Wenn Frau Professor Schuster ihrem Schwager entgegnet, der Tod solle nach dem Wunsch ihres Mannes erst eine Woche nach dem Begräbnis bekanntgemacht werden, meint Robert: »Das kann ruhig schon morgen mitgeteilt werden / das stört ja jetzt niemanden mehr / schließlich ist ja jetzt wirklich alles vorbei«.[725]

Während das Gespräch nunmehr über Belanglosigkeiten weitergeht – abgesehen von der Witwe, die stumm ihre Suppe löffelt –, schwillt laut Szenenanweisung plötzlich das Geschrei der Massen vom Heldenplatz mehr und mehr an: »*Langsam anschwellender Aufschrei der Massen bei Hitlers Ankunft auf dem Heldenplatz neunzehnhundertachtunddreißig, der nur von Frau Professor Schuster gehört wird*«.[726] Schließlich hört man

723 Ebd., S. 151.
724 Ebd., S. 158.
725 Ebd., S. 159.
726 Ebd.

es auch bei geschlossenen Jalousien: Es »*hört nicht mehr auf*«.[727] Die Witwe reagiert darauf, indem sie starr dasitzt. Bernhards Einfall, die irreale Imagination theatralisch zu inszenieren – außer der Witwe hören ja nur die Zuschauer die Ursache für das Erstarren der Frau Professor –, ist unheimlich. Der Schwager wiederholt im Einklang mit einem Gast die Verdammung dieses »fürchterlichsten aller Staaten«, des »unerträglichen Gestank[s]«, der von der Hofburg und vom Ballhausplatz aufsteige. Aber nunmehr klingen seine Sätze gegenüber dem Massengeschrei, das vom »*Heldenplatz herauf bis an die Grenze des Erträglichen anschwillt*«,[728] so abermals die Szenenanweisung, endgültig wie eine Phrase. Frau Schuster fällt mit dem Gesicht auf die Tischplatte. Sie ist tot.

Es war Bernhards grandioser Einfall, seiner Idee von der Präsenz der Nazis im Wien von 1988 eine solche Macht an unheimlicher Evidenz zu geben, indem er das historische Ereignis imaginär wiederholte. Die Hass-Reden waren bloß die Vorbereitung zu dieser Einsetzung des historisch vergessenen Heldenplatzes in eine symbolische Erscheinung. Sie werden jetzt auch zum Ausdruck der Einsicht, dass keine Reden darüber an die Wirklichkeit von damals herankommen. Die imaginäre Wiederkehr einer Ortschaft des Faschismus ist Bernhards phantastischem Sinn für den Effekt der Verräumlichung als einer Metapher für Gefahr und Tod geschuldet. Wie schon in *Amras*, in *Das Kalkwerk* und in *Der Keller*! Der Hass-Rede, indirekt und direkt inszeniert, hat Bernhard analog zum theatralischen Symbol des Heldenplatzes das Stilmittel der gezielten Übertreibung eingezogen. Die Einwände erlöschen, wenn das Objekt des Hasses aus der Erinnerung in die Imagination des Jetzt übertritt. Im Wechsel der von der Haushälterin zitierten Hass-Affekte ihres selbstmörderischen Herrn und mit den unmittelbar sich aus-

727 Ebd., S. 163.
728 Ebd., S. 165 f.

sprechenden Hass-Reden seines Bruders tritt auch die Differenz zwischen existentiellem und diskursivem Hass so hervor, als wenn Bernhard eine Studie über die beiden unterschiedlichen Affekte hinterlassen wollte: Die dem Selbstmörder zugeschriebenen Hass-Gefühle sind nicht thematisch-politisch begrenzt, sie sind nicht rational kontrolliert. Sie bilden ein Lebensgefühl ab, das seiner dem Judentum geschuldeten Entfremdung entwachsen ist und keine Entlastung mehr findet. So kann der Professor sogar sagen, er hasse auch »Oxford«, während sein Unglück doch von den Schreien vom Heldenplatz herrührt, die zwar nur seine Frau zu hören vermeint, die er selbst in anderer Form aber nicht vergessen hat.

Wenn Bernhard im Falle des Professors Schuster das Potential des Hasses und seine Zielrichtung inhaltlich so komplex darstellt, gibt ihm das um so mehr die Möglichkeit, die Hass-Reden von dessen Bruder, unabhängig von ihrer Angemessenheit und Treffsicherheit, auch als politische Tageskommentare quasi naturalistisch wirken zu lassen. Nicht am Stammtisch, aber doch als Exzesse eines Rhetorikers, die sich wiederholen. Psychologisch betrachtet, ist eine solche Redeform diesem Charakter angemessen. Aber sie fällt eben hinter die imaginative Hass-Rede, die man vor allem aus dem Munde des Selbstmörders hört, weit zurück. Existentiell wird sie im Munde von dessen Bruder ohnehin nicht, der ein viel zu gutes Auskommen mit sich und der Welt hat.

Dass existentieller Hass und die weltanschaulich-politische Polemik sich in Bernhards Stück nicht die Hand geben, aber unvermittelt ineinander übergehen und sich beide mit der Alltagsbanalität mischen, das ist die Bernhardsche Strategie, der scheinbar maßlosen Anklage das Maß psychologischer Eingängigkeit zu geben. Die Anklage steht so, dass sie unwiderlegbar wird, auch wenn die meisten die Schreie vom *Heldenplatz* nicht mehr hören – abgesehen vom Publikum.

2

Während man bei der Hass-Thematik unmittelbar an Thomas Bernhard zu denken veranlasst ist, zögert man zunächst, sie mit Peter Handkes Werk in Verbindung zu bringen. Gewiss, der junge Unbekannte aus Kärnten trat 1966 auf dem Treffen der Gruppe 47 in der amerikanischen Universität Princeton mit einer polemischen Rede den dort versammelten Größen der westdeutschen Nachkriegsliteratur entgegen, indem er ihr Stilverständnis auseinandernahm und mit Gusto ein vorbereitetes Sakrileg gegen die gefeierte Institution ausführte. Die Erinnerung an das frühe Stück *Publikumsbeschimpfung* (1966) stellt sich sofort ein, wenn man sich Handke als aggressiv-sardonischen Schriftsteller vorstellt. Auch die Erinnerung in *Wunschloses Unglück* (1972) an den leiblichen deutschen Vater, an den Jubel österreichischer Massen beim Einmarsch deutscher Truppen, an die »Ekel« erregenden Haushalte seiner Kindheit – solche Wahrnehmungen rufen Bilder auf, in denen man ein Hass-Element vermuten kann oder zu suchen sich veranlasst fühlt.

Dagegen jedoch steht – und das lässt sich bei Bernhard nicht entdecken – eine die Natur, die Kunst und das eigene Gefühl umarmende Prosa. Eine Prosa, als wollte sie Pindars Verständnis der Dichtung als ein Rühmen der Welt einholen, doch alltäglicher, ohne Mythos: bis hin zu *Mein Jahr in der Niemandsbucht* (1994) und *Ein Jahr aus der Nacht gesprochen* (2010). Das scheint kein Kontext, der zur Hass-Rede führt. Dennoch: Handkes spezifischer Stil der Selbst- und Fremdwahrnehmung hat es in dieser Hinsicht in sich! Wie er den anderen durch die eigene Isolation gegenüber dem anderen auf Abstand hält. Es bedarf nur eines Blicks in das Prosastück *Die Stunde der wahren Empfindung* von 1975, um zu erkennen, wie selbst im Versuch einer Poetologie – vor dem Hintergrund der Gemälde Cézannes in *Die Lehre der Sainte-Victoire* –, wie selbst auf dem Wege ins Wahrnehmungsglück der Hass lauern kann!

Da ist zunächst das »Erlebnis« mit einem Hund in der provenzalischen Landschaft bei dem Dorf Puyloubier, nahe einer Kaserne – vorbereitet durch die Mitteilung, dass der Erzähler als Jugendlicher Zeuge wurde, wie eine »schwarze Dogge« und ein »schwarzer Dobermann« über einen weißen Pudel herfielen und ihn in Stücke rissen.[729] Der Erzähler ist also auf die Begegnung mit der Bestie vorbereitet, und tatsächlich erblickt er im Finstern einen zunächst bewegungslos verharrenden Hund, der dann näher kommt. Aber erst auf dem Rückweg ins Dorf, vorbei an der Kaserne der Fremdenlegion, wird der Erzähler einer wirklichen Drohung gewahr, die ihm als Erscheinung rätselhaft bleibt: »Ein Grollen kam dazu, eher ein fernes Raunen im Luftraum, und fast zugleich empfand ich hautnah ein Gebrüll: den bösesten aller Laute, Todes- und Kriegsschrei zugleich, ohne Ansatz das Herz anspringend, das sich in der Phantasie kurz als Katze buckelte. Ende der Farben und Formen in der Landschaft: Nur noch ein Gebißweiß, und dahinter bläuliches Fleischpurpur.«[730] Der Erzähler nimmt nun keinen Umweg aus Angst oder Vorsicht. Handke gebraucht eines seiner Kennworte, »Feind«: »Ja, vor mir, hinter dem Zaun, stand ein großer Hund, eine Doggenart, in dem ich sofort meinen Feind wiedererkannte.«[731] Eine ungewöhnliche Charakterisierung. Sie verweist darauf, dass der Erzähler sich auf diesen Begriff jederzeit beziehen könnte, dass er einen »Adversarius« als selbstverständliches, permanentes Gegenüber voraussetzt. Hier bekommt diese Vorstellung einen imaginativen Ausdruck, eröffnet durch den Satz: »›Sieh dir das Böse an‹, dachte ich«,[732] sogar eine

729 Peter Handke, *Die Lehre der Sainte-Victoire*. Frankfurt am Main 1980 (suhrkamp taschenbuch 1070), S. 43.
730 Ebd., S. 44.
731 Ebd.
732 Ebd., S. 45.

Stilisierung ins Metaphysische. Handke beschreibt das Tier, als sei es leibhaftig der Apokalypse entsprungen, nicht bloß wie einen gefährlichen Hund: »Der Schädel des Hundes war breit und erschien trotz der hängenden Lefzen verkürzt; die Dreiecksohren gezückt wie kleine Dolche. Ich suchte die Augen und traf auf ein Glimmen. In einer Brüllpause, während er um Atem rang, geschah nur das lautlose Tropfen von Geifer. Dafür bellten die übrigen, was sich freilich eher temperamentlos und rhetorisch anhörte. Sein Leib war kurzhaarig, glatt und gelbgestromt; der After markiert von einem papierbleichen Kreis; die Rute fahnenlos. Als der böse Lärm wieder einsetzte, verschwand die Landschaft in einem einzigen Strudel aus Bombentrichtern und Granatlöchern.«[733]

Und dann fällt das Hass-Wort: »Im Blick zurück auf den Hund sah ich, daß ich gehaßt wurde.«[734] Und wie der Erzähler diesen Hass erwidert! Die folgende Darstellung des Gegenübers zweier »Feinde«, voneinander getrennt nur durch den Draht des Kasernenhofs, wird zur Identifizierung einer »Mordlust«, die das bloß Tierische transzendiert zum Typus des Henkers, den man auf dem Territorium der Fremdenlegion, dem Territorium des Kriegsrechts, zu erwarten hat. Der Blutdurst des Tiers galt nicht dem Erzähler im besonderen, sondern dem Unbewaffneten ohne Uniform, der *bloß war, der er war*.[735] Der Hund ist Repräsentant der Gewalt schlechthin, der menschlich nicht mehr beizukommen ist: »Undenkbar, vor solch bewußtlosem Willen zum Bösen, ein gutes Zureden (überhaupt jedes Reden); so hockte ich mich entschlossen hin, und die Dogge der Fremdenlegion verstummte. (Es war ein eher bloßes Stutzen.) Dann kamen unsere Gesichter einander ganz nah und verschwanden wie in einer gemeinsamen Wolke. Der Blick des Hundes verlor sein Glimmen, und der dunkle Kopf

733 Ebd.
734 Ebd.
735 Ebd., S. 46.

nahm ein zusätzliches Florschwarz an. Unsere Augen trafen sich – jedoch nur ein einzelnes Auge das andere: einäugig, sah ich ihm in das eine Auge; und dann wussten wir voneinander, wer wir waren, und konnten nur noch auf ewig Todfeinde sein; und zugleich erkannte ich, daß das Tier schon seit langem wahnsinnig war.«[736]

Der Hund trachtete ihm, so der Erzähler, nach dem Leben, und er wollte den Hund auch »tot und weg haben«. Der abschließende Satz der Konfrontation lautet: »Sprachlos vor Haß verließ ich das Terrain; und zugleich schuldbewußt: ›Für das, was ich vorhabe, darf ich nicht hassen.‹ Vergessen die Dankbarkeit über den bisherigen Weg; die Schönheit des Berges wurde nichtig; nur noch das Böse war wirklich.«[737]

Die Beobachtung einer Welle sanfter Erscheinungen setzt später ein, wobei der Erzähler Adalbert Stifters Worte vom »Wehen der Luft« und »Rieseln des Wassers«, also sein »sanftes Gesetz«, zitiert und als sein Kunstgesetz adaptiert. Dem Frieden der Seele folgt unmittelbar der Aufruhr des Herzens. Bezeichnenderweise ist Handke an Stifters Erzählungen eines nachdrücklich auffällig: dass sie »fast regelmäßig zu Katastrophen ausarten«.[738] Soll man dies, die Katastrophe in der Idylle, als Vorbild, als ein poetologisches Paradigma für Handke verstehen? Ausgerechnet nach dieser Reflexion des Poetischen dringt noch einmal der Hass-Diskurs ein, die böse, in sich versteinerte Bundesrepublik, als ein Abweichen in die diskursive Hass-Erklärung, als politisches Urteil. Im Unterschied zu Bernhards *Heldenplatz*-Wissen erwächst Handkes politisches Hassgefühl aber ausschließlich aus der Beobachtung: »Die Vorbeigehenden, gleich welchen Alters, wirkten verlebt; *ohne Augenfarben.*«[739] Gewiss, darin liegt auch ein generalisierendes Urteil über die

736 Ebd., S. 47f.
737 Ebd., S. 48.
738 Ebd., S. 59.
739 Ebd., S. 71.

Deutschen, aber es gibt sich als sehr individuelle, subjektivistische, subtile Wahrnehmung.

Abermals – wie anlässlich des Hundes auf dem Gelände der Fremdenlegion – wird die Gewalt thematisiert. Dieses Westdeutschland wird verworfen: »Vielleicht war es woanders ähnlich, doch hier traf es mich nackt, und ich wollte jemand Beliebigen niederschlagen. Ich empfand Haß auf das Land, so enthusiastisch, wie ich ihn einst für den Stiefvater empfunden hatte, den in meiner Vorstellung oft ein Beilhieb traf. Auch in den Staatsmännern dort (wie in all den staatsmännischen ›Künstlern‹) sah ich nur noch schlechte Schauspieler – keine Äußerung, die aus einer Mitte kam –, und mein einziger Gedanke war der von der ›fehlenden Entsühnung‹.

In dieser Zeit verabscheute ich sogar die deutschen Erdformen: die Täler, Flüsse und Gebirge; ja, der Widerwille ging bis in den tiefen Untergrund.«[740]

In Konsequenz des Stils der alternierenden Wahrnehmung ufert die Beobachtung des eigenen Hasses letztlich nicht zu einem politisch-gesellschaftlichen Diskurs aus. Im Gegenteil: Am selben Land, vor allem in seiner Erde, nicht zuletzt in der Landschaft um Berlin herum, entdeckt der Erzähler Urhaftes, Archäologisch-Archaisches, eine die Phantasie anregende Vorzeit, eine Variante der geologischen Tiefe, die der Sucher nach der Lehre der Sainte-Victoire in der Provence findet: ein anderes Deutschland, nicht Westdeutschland und seine »Länder«, ein imaginiertes, mit Sehnsucht imaginiertes.

Handkes Stil der minutiösen Wahrnehmung: Es ist die Wahrnehmung eines emphatisch-absichtsvollen Einzelgängers. Wenn man von existentiellem Hass in der Literatur sprechen kann, dann ist Handkes Wahrnehmungsprosa im Journal *Das Gewicht der Welt* (1977) wahrscheinlich das vielsprechendste postmoderne Beispiel für diese Redeform. Hass wird hier zum zen-

---

740 Ebd., S. 72.

tralen Passwort der gereizten, der reflexiven Empfindung, die
an den Sätzen, der körperlichen Bewegung, dem Aussehen der
Menschen um ihn herum oder auch ganz Fremder Anstoß (oder
Beifall) einsammelt. Nicht Anstoß im Sinne des herkömmlichen negativen Urteilens anlässlich divergierenden Verhaltens,
wie man es in der Gesellschaft kennt. Das wäre selbst schon
keine Wahrnehmung mehr, sondern wieder die Herausforderung der Wahrnehmung in bestimmter Richtung, schlimmsten-
falls eine schiere Meinung. Handkes Journal vom November
1975 bis zum März 1977 enthält kontinuierliche Beobachtungen, welche die Distanz, die Aggressivität, auch den Ekel des
Beobachters gegenüber dem Beobachteten benennen, wobei
das Wort »Hass« häufig fällt. Auch wenn sich die negative Empfindung zuweilen gegen Österreich oder Deutschland richtet
– hierin den Bernhardschen Verdikten nicht fern –, also einem
diskursiven Urteil entspringt, ist die existentielle Reaktion, die
Wahrnehmung von das eigene Ich irritierenden Erscheinungen
der Rede und des Verhaltens der anderen das Entscheidende.
Dabei erreichen viele, zuweilen nur Ein- oder Zweisatzäuße-
rungen die Prägnanz eines Aphorismus.

Die erste Nennung des Hass-Wortes ist charakteristisch:
»Das Wichtigste: die Geschichte nicht für sich reklamieren,
sich nicht von ihr definieren lassen, sich nicht auf sie herausre-
den – sie verachten, in denen, die ihre persönliche Nichtigkeit
mit ihr kaschieren – und doch sie kennen, um die andern zu verstehen und vor allem zu durchschauen (mein Haß auf die Geschichte als Asyl für die Seins-Nichtse)«.[741] Die Distanzierung
des Selbstgefühls vom normativ gegebenen kulturell-histori-
schen Kontext mit seinen Slogans erinnert an Kafkas Tage-
buch-Distanzierung seiner »Zustände« gegenüber der »großen
Zukunft«, gegenüber der zur Identifikation einladenden Größe

741 Peter Handke, *Das Gewicht der Welt. Ein Journal (November 1975 bis
März 1977)* [1. Aufl. 1979]. 2. Aufl. Frankfurt am Main 1982 (suhrkamp
taschenbuch 500), S. 20.

und dem Karriereversprechen des kulturellen Diskurses, ohne dass erkennbar eine Beeinflussung stattgefunden hätte. Handkes Erklärungen gegen das sogenannte Geschichtsbewusstsein, das Innere des noch überlebenden Bildungsbürgers, stellen das ganz eigene Gegenwartsbewusstsein, eine »Wahrnehmungsgier«,[742] gegen das immer schon Gewusste, das kulturell Integrierte aus. Dem entspricht, dass auch der Mythos, nicht zuletzt die für die europäische Bildungsgeschichte so relevante griechische und römische Mythologie, ein für Handke verbotenes Gelände ist, geht es ihm doch darum, seine eigene Mythologie zu erfinden. So spricht Handke von seinem »Ekel vor geschichtlichen Tagen«[743] und vom »Bedürfnis, als Schriftsteller Mythen zu erfinden, zu finden, die mit den alten abendländischen Mythen gar nichts mehr zu tun haben«.[744] Bezeichnend in diesem Zusammenhang, dass Handke Goethes Unwillen gegenüber seinem italienischen Führer auf der Reise durch Italien erwähnt, weil dieser Goethe die Wahrnehmung des die Phantasie anregenden Ortes und der Landschaft mit historischen Erinnerungen vergällt.[745]

Man vergleiche einige Hass- und Ekelsätze, bevor die sie stützenden Erklärungen zur Aggressivität, inneren Abwesenheit und nicht zuletzt die komplexe Empfindung gegenüber Frauen erläutert seien: »Und plötzlich fange ich sie zu hassen an«[746] / »Meine Gereiztheit kommt nur daher, daß ich jemanden liebe, den ich nicht kenne, und daß ich mit jemandem zusammen bin, in den ich nicht verliebt bin und den ich kenne: allen Leuten einen Tritt versetzen wollen«[747] / »Plötzlich dachte ich: Ich möchte wirklich nicht mehr meinen edlen Schwanz in

---

742 Ebd., S. 124.
743 Ebd., S. 174.
744 Ebd., S. 160.
745 Ebd., S. 231.
746 Ebd., S. 36.
747 Ebd., S. 37.

so eine Frau hineinstecken!, und lächelte sie versonnen an, und sie lächelte zurück«[748] / »Wenn ich meinen Ekel vor Geräuschen loswerden könnte und meine Wut darauf! Ich denke an die Geräusche der Kindheit, die mir den Kopf sprengten: die Schluckgeräusche des trinkenden Familienoberhaupts«.[749] Der Hass-Anfall gegen den Stiefvater endet mit dem Satz: »überhaupt seine Stimme, ohne Nachdruck, ohne Überzeugung, eine sozusagen feige Stimme in allen Lebenslagen (so erschien sie mir damals in meinem Haß)«. / »Der Haß, den ich empfinde, ›gegen Unbekannt‹, als es an der Tür läutet«[750] / »Jemanden ruhig anschauen können, der mich haßt«[751] / »mein Haß auf Gerüche in meiner Umgebung, die nicht von mir stammen«[752] / »Eine schöne, strenge, üppige, kalte, schwingend sich bewegende, begeisterte Frau, die nun auch noch ein Revolutionslied anstimmt: wie ich sie hasse!«[753]

Hass gegen die Menschheit? Gewissermaßen ja. Aber nicht als »Menschheit«, sondern als Menschheit in ihren vielen Einzelteilen – vom besoffenen Vater über das sabbernde Kind bis hin zur unempfindsamen Frau in und außerhalb des Bettes. Das Wort »Menschheit« würde Handke nicht wählen, denn es hat etwas mit Geschichtsphilosophie zu tun. Vor allem aber: Man nimmt Menschen wahr, nicht die Menschheit. Die Hass-Erklärung gegen das historische Denken ist die aufschlussreichste. Dafür kommen nur der unmittelbare Hass oder Unwille oder die Irritation in Frage, denn erst die Form des unvorbereiteten und nicht eigentlich erklärten Wahrnehmungsereignisses gibt dem Hass die imaginative Ausstrahlung. Solche Sätze besitzen immer den wahrnehmenden Impuls eines für Handke charak-

748 Ebd.
749 Ebd., S. 39.
750 Ebd., S. 48.
751 Ebd., S. 49.
752 Ebd., S. 57.
753 Ebd., S. 62.

teristischen Satzes, ohne dass die Hass-Geste hineinkäme: »Eine Frau ging vorbei, und mir blieb das Herz stehen«.[754] Solche Sätze gibt es in der deutschen Literatur eigentlich nur noch bei Kafka. Aus ihnen lässt sich der Sinn der Charakteristik »intensiv« ausmachen. Der Hass-Satz ist immer durch das Darstellungsprinzip der Intensität begründet, einer noch stärkeren Intensität. Auch dies schließt nachdrücklich nach Weltanschauung schmekkende Sätze aus.

Feindseligkeit, das Apriori Handkes – wir sahen dies ja schon in der *Lehre der Sainte-Victoire* –, wird deshalb niemals anthropologisch oder ontologisch begründet. Sie ist einfach da. Sie lauert auch hinter scheinbar wohlwollendem Interesse: »Eine Frau sagt zu mir, sie hätte ›Mitleid‹ mit mir, und meinte das natürlich als Aggression«.[755] Religiöse Buchhandlungen, die ja mit Prinzipien handeln, sind »etwas zum Hassen«. Demgegenüber tritt aus dem Hass eines Kindes eine unerforschte existentielle Tiefe hervor: Es ist der Hass »auf das Draußen, wo es immer hingeschickt wird: in den Garten, in die ›frische Luft‹: ›Draußen ist es so schön, warum spielst du nicht draußen?‹«.[756] Handke taucht mit dieser Hass-Charakterisierung nicht nur in die Herkunft seines eigenen Hasses hinunter, sondern bekommt ihn wirklich als das unverwechselbare Ureigene zu fassen, das von außen bedroht ist. Insofern besitzt die Kategorie des »Feindes« etwas Notwendiges, etwas, das man akzeptieren will, denn der »Feind« setzt ja das Eigene unwidersprochen als das andere voraus, im Unterschied zur naiven Annäherung: »Einem Feind in die Augen schauen, damit er nicht einlenkt, nicht ablenkt, nicht verkleinert, nicht freundlich wird (›Persönlich mag ich dich ja‹ oder ähnliche Schweinereien)«.[757] Das ist

754 Ebd., S. 128.
755 Ebd., S. 41.
756 Ebd., S. 198.
757 Ebd., S. 41.

es! Oder: »Wie oft hatte ich das Gefühl, daß die Frauen Feinde seien – und doch fühle ich mich erhoben, unter ihnen, die ich nicht kenne, mich auf der Straße zu bewegen.«[758] Der permanent anwesenden Vorannahme einer »ewige[n] Entzweitheit zwischen einem und der Welt«[759] entspricht die Vorstellung, »daß man jeden Moment bereit ist, einen Pistolenlauf sofort zur Seite zu schlagen«.[760] Noch einmal: Hier spricht nicht die Angst oder der Mut gegenüber einer bedrohlichen Welt. Hier drückt sich die radikalste Wahrnehmung aus, tödlich allein zu sein: »Ich ging an dem Mann vorbei, der gerade vor der Bank aus dem Geldwagen stieg. Er zog seinen Revolver und schaute mir in die Augen; sein Blick war tief und weit, und ich war sicher, er war bereit, mich bei der ersten falschen Bewegung zu töten.«[761]

Die positive Einfärbung des Wortes »Feind« als emphatischste Bestätigung des isolierten Ich gipfelt in dem Satz: »Alte Idee, die allmählich zur gefühlten Vorstellung wird: daß ich meinen Mörder, ›wenn er die Treppe heraufkäme‹, wie einen Freund empfangen würde«.[762] Die literaturwissenschaftliche Lektüre könnte solche Sätze psychologisch oder autobiographisch angehen. Das würde aber ihren literarisch-stilistisch gewonnenen Imaginations-Charakter jenseits einer Realitätsmitteilung entwerten. Wenn Handke schreibt: »Feinde: kein Impuls mehr, sie zu beschimpfen, zu bekämpfen, zu vernichten – nur noch die Befürchtung, sie könnten mich überleben: die schändlichste Niederlage«[763], dann ist hier nicht ein neurotisches Symptom zu entdecken, sondern das Pathos des einsamen Verlierers oder Gewinners.

758 Ebd., S. 56.
759 Ebd., S. 105.
760 Ebd.
761 Ebd., S. 56.
762 Ebd., S. 244.
763 Ebd., S. 231.

Primär bei Handke ist die Selbstbeobachtung. Sie ist aber nicht zu isolieren vom Wahrnehmungskontext bezüglich der zu hassenden Phänomene. Denn – seien es Menschen oder Reden oder Situationen – es bleiben stets phänomenologisch präzis erfasste Erscheinungen. Nur dadurch wird das Wort »Hass« zu mehr als einer emotionalen Expression. Der scheinbar emotionale Sprachduktus zielt auf eine Bewusstseins-Tatsache, die dem Sprecher Distanz, innere Abwesenheit oder aber Umarmungsaffekt ermöglicht. Diese Wahrnehmungsprosa, zusammengesetzt aus einzelnen Sätzen und größeren Satzabschnitten, für ein psychologisches oder psychoanalytisches »Projekt« zu nehmen, führt also, so naheliegend es ist, in die Sackgasse. Dazu führt Handke selbst aus: »Der Psychoanalytiker wendete für jeden Satz von mir einen Code an, der aber nur Teil eines anderen sprachlichen Fertigsystems war; die Arbeit wäre es, alle sprachlichen Fertigsysteme zu entsystematisieren; nicht Codes zu finden, sondern die vorhandenen zu entkodifizieren.«[764]

Selbst die negativen Bemerkungen über die Frau und das sabbernde Kind sind nicht angemessen verstanden, wenn sie als autobiographisches Geständnis gelesen werden. Provokant sollen die Sätze über Frauen und Kinder wohl klingen. Provokant, weil sie die Isolation des Sprechenden sogar gegen eine besondere moralische Erwartung (Kindesliebe) artikulieren. (Nicht zu übersehen in diesem Zusammenhang, dass die Aggressivität sich neben den Frauen als speziellen Objekten der Distanzierung mit besonderem Nachdruck gegen Ärzte – so bei Céline, Brinkmann und Goetz – richten kann.)

Die eigentliche Mitteilung aber ist die, dass das Leben aus Sätzen besteht, die wir hören und die wir selbst aussprechen. Diese Sätze bleiben vage, komplex, widersprüchlich, phantastisch, ohne Telos auf eine Überzeugung hin gesprochen, immer auf

---

764 Ebd., S. 56.

einer Empfindung beruhend: Bruchstücke der Existenz. Handke nennt seine Aufzeichnungen in der Vornotiz eine »Reportage«. Es handelt sich nicht um eine Erzählung von einem Bewusstsein, sondern um die »unmittelbare, simultan festgehaltene Reportage davon«.[765] Nicht um »Momentaufnahmen« im Sinne Walter Benjamins. Denn dann würden tatsächliche, objektiv gegebene Erscheinungen, ein Gesichtsausdruck, eine Körperbewegung, ein Satz des Gegenübers adäquat wiedergegeben bzw. in der Absicht ausgesprochen werden, sie adäquat wiederzugeben. Handkes Beobachtungen erfinden zwar nichts. Sie sind aber entdeckende, subjektiv auslegende, um des gefundenen spezifischen Satzes willen niedergeschriebene Sätze! An einer Stelle bemerkt Handke, dass er bei Gesprächen dazu neige, nicht beim Thema zu bleiben, »während andre doch viel beharrlicher bei einer Sache bleiben«.[766] Handke kommentiert das nicht, zeigt sogar einen Anflug von Selbstkritik. Aber die verhüllte Pointe ist natürlich die, dass in der Verfolgung eines Themas eine naive Wahrheitssuche steckt, wie man sie besonders an ihrer niedrigsten Form, der Stammtischdiskussion, erkennen mag. Aber eben auch an nobleren Ausdrucksformen, akademische inbegriffen.

Die Beschreibungen des Wahrgenommenen sind gleichzeitig Beschreibungen des Wahrnehmenden – eigentlich eine Binsenweisheit. Aber im Fall von Handkes »Journal« wird das ausdrücklich zum Bewusstsein gebracht, nicht als thematischer Gedanke, sondern im Vollzug der einzelnen Sätze selbst. Dass dabei die ständige Gereiztheit, die Nähe zum Hass-Affekt die Gewöhnlichkeit des Gesehenen und Gehörten ausstellt, verändert nicht die eiserne Verweigerung interpretatorischer Identifikationen. Aus der Vorrangigkeit der Wörter, der Beschreibungskraft jedes einzelnen Wortes, gewinnt der Hass-Effekt

765 Ebd., S. 8.
766 Ebd., S. 151.

seine existentielle Wucht. Das Gefühl ist a priori da, es bedarf keiner Begründung. Hierin, in der Priorität der Wörter, ähneln sich Handkes und Bernhards Hass-Diskurs.

Wie steht dieser zu Célines und Sartres exzessiven Verunglimpfungen von Gesellschaft, Institutionen und Menschen? Sartres Wort »Ekel« wird zuweilen auch von beiden Österreichern ausgesprochen, ohne dass man dabei an eine Referenz denkt. Der Unterschied ist eindeutig: Célines und Sartres Hass spricht noch immer von der Warte einer Weltdeutung aus. Diese mag sich zuweilen bei Bernhard andeuten. Aber sie wird außerhalb des massiven Arsenals seiner Spracherfindungen nicht erkennbar, sie ist nicht fassbar außerhalb von Bernhards exzessiver Metaphorik. Weltdeutung bleibt bei ihm insofern reines Ausdrucks-Produkt. Für Handke gilt das ohnehin.

Elfriede Jelineks Prosa und Theaterstücke sind erfüllt von Hass, wird man ohne Zögern sagen können. Sie stecken auch voller Ironie und Sarkasmus. Das ruft unser bekanntes Argument auf den Plan, das lautet: Wenn die Hass-Rede in die Satire übergeht, um im Namen eines politischen Zieles dessen Abwesenheit zu beklagen bzw. anzuklagen, dann verliert der Hass an spezifischem Affekt und wird zum Mittel eines Ethos. In Jelineks Prosa und in ihren Dramen, für die sie den Literaturnobelpreis erhielt, verweist die Hass-Rede auf die historisch beglaubigte, anthropologisch begründete, noch immer herrschende Gewalt des Mannes über die Frau. Das notorisch Andauernde dieser Gewalt hat Jelinek – und hierin nimmt sie Motive Houellebecqs vorweg – am Beispiel einer grotesk geschilderten sexuellen Begegnung zwischen beiden Geschlechtern mit theatralisch-satirischem Effekt zum Ausdruck gebracht: die Kopulation als ein den Atem verschlagendes Theaterstück.

Damit hätten wir ein Wörtergefecht, das der Hass-Rede entspränge, also imaginative Bilder? Beispielhaft der Roman *Die Klavierspielerin*? Und doch geht es auch hier nicht zuletzt um Rachefeldzüge gegen den Mann, der – so samenstrotzend er sein mag – stets als Ikone der Banalität in Erscheinung tritt. Aber es ist ein Hass, der nicht – wie bei Handke oder Bernhard – einer reinen Innerlichkeit entwächst. Er ist provoziert durch eine abstoßende Weltordnung, in der das weibliche Opfer, sei es Erika, die Klavierspielerin, sei es Gerti, die Frau des Direktors, niemals zu ihrem Recht kommt. Unabhängig von einer literarischen oder poetischen Bewertung: Jelineks Hass-*Affekt* läuft auf einen anderen *Effekt* hinaus als den, der in diesem Kapitel erörtert wird.

3

Es ist eingangs angedeutet worden, dass und warum in der westdeutschen (und ostdeutschen) Nachkriegsliteratur eigentlich keine Hass-Rede vom Format der österreichischen Dichter geschrieben wurde. Eine Ausnahme wäre das provokative, mit beleidigenden Ausfällen vor allem gegen den Literaturbetrieb nicht sparende Buch *Rom, Blicke* (postum 1979) von Rolf Dieter Brinkmann. Und schließlich Rainald Goetz' *Hirn* (1986, neu 2003). An einer hervorgehobenen Stelle heißt es dort: »Nieder mit den Eltern. Nieder mit der Kleinfamilie, Großfamilie, Liberalfamilie. Nieder mit dem stupiden Kinderzeugen. Nieder mit den verwachsenen Erwachsenen. Nieder mit dem Staat. Nieder mit dem Frieden. Für Haß. Für Ausreißen. Für Denken und Haß.«[767] Das wäre ein Paradigma für eine Hass-Erklärung, die nach unserem Kriterium des rein imaginativen Impulses nicht funktioniert: Sie überrascht in der westdeutschen Prosa nicht, eine Vorwarnung, dass die deutsche Hass-Rede möglicherweise überhaupt nicht anders zu haben ist als in ihrem dis-

---

767 Rainald Goetz, *Hirn*. 2. Aufl. Berlin 2015 (suhrkamp taschenbuch 3491), S. 120.

kursiven Hass-Ausdruck. Goetz' Eingangstext *Subito* ist aber von anderer Sorte.

Brinkmanns Lyrik ist schon vor der Veröffentlichung des Prosabandes *Rom, Blicke* voll davon. Man liest die ersten Strophen des Gedichts *Rolltreppen im August* aus dem berühmt gewordenen Band *Westwärts 1 & 2. Gedichte* von 1975 und bekommt eine Witterung davon, in welche Richtung diese Sprache abheben kann: »Die Panik der vielen einzelnen Personen, die nie richtig / gefickt haben, nie geliebt worden sind, nicht irgendetwas / liebten, umarmt haben, immer haben sie die Mantelkragen // hochgeschlagen, ihre Kleider zugehalten, die Knie / aneinander gedrückt, in einem Gespräch. Die Panik / der Abteilungsleiter, die zwischen den Ständen gehen ...«[768]

Es fehlt das Hass-Wort, aber Panik, das Schlüsselwort einer Litanei über den öffentlichen Zustand der Bundesrepublik, ihre psychisch und physisch abstoßende Erscheinung, genügt. Oder nehmen wir das *Sonntags-Gedicht* über die Not, »diese toten Sonntage« zu »ertragen« – es braucht den Hass nicht buchstäblich auszusprechen. So evozieren auch die mit *Standphotos* betitelten Gedichte von 1962 bis 1970 im reflexiven Sprechton alltäglicher Wörter Stimmungsmomente des Glücks, der Glücklosigkeit oder einer paradoxalen Gewalt: »Drei oder vier Schläge / mit dem Hammer / auf den Kopf / genügen als Akt – / aus Liebe // oder nicht.«[769] Fast allen Gedichten dieser Phase erwächst aus dem einfachen Gegenstand der ekstatische Ton einer Sehnsucht nach etwas anderem, in der die Verachtung dessen, was ist, verborgen liegt und nur auf den Hass-Affekt wartet. Aber wo die polemische Wahrnehmung zuschlägt, da zeigt sich trotz der atmosphärischen Anmut und der reflexiven Bilder die Ursache dafür, dass die Hass-Rede – ähnlich wie im Falle der

768 Rolf Dieter Brinkmann, *Rolltreppen im August*. In: ders., *Westwärts 1 & 2. Gedichte*. Reinbek bei Hamburg 1975, S. 65.
769 Rolf Dieter Brinkmann, *Standphotos. Gedichte, 1962-1970*. Reinbek bei Hamburg 1980, S. 87.

zitierten Sätze von Goetz – sich zum gesellschaftskritischen Pathos versteift.

Dass Brinkmann den Hass nicht bloß als literarisches Motiv ausnutzte, sondern privat davon überkommen wurde und ihn so auch ausdrückte, ist ein Thema der Kommentatoren: An seine Frau gerichtet heißt es in einem Brief vom 24. Dezember 1972: »wieder so ein wilder Haß auf diese Umwelt!« Diese Umwelt hatte er ja in den zitierten Gedichtbänden zweideutig bedacht. Jetzt im Brief möchte er aber unmittelbar mit »einer Brechstange« in »die kleinkrämerischen Zweifel und unsinnigen Mythen reinschlagen, rein in diese Visagen, die immer im Recht sind, immer rein in diese fetzenhafte Kulisse, in der Lebendiges weiter verstümmelt und massakriert wird – zuschlagen in diese lebendige Scheiße«.[770] Greif zitiert Brinkmanns Kriterien des Hasses, deren poetische Relevanz seine Generation nicht verstanden habe: »Sie können nicht einmal Schmerz darstellen, sie können weder Freude noch Lust, noch Wut, noch Haß, noch Verachtung darstellen, nichts, spüren sie das nicht mehr, erfahren sie das nicht? ... Und die Alten! Die hassen können, die Ich sagen konnten! /: Wie hat sich denn meine Generation bisher ausgedrückt / Bla, bla, bla, rhetorisch und ideologisch, und der Hintergrund? ... Ich scheiße auf euch von beträchtlicher Höhe.«[771]

Brinkmann hat also den Hass als ein entscheidendes Moment literarischer Sprache wohl erkannt. Hat er ihn aber selbst wirklich literarisch ausgedrückt? Der Brief an seine Frau, der mit der »Brechstange« droht, spricht dagegen. Anlässlich eines provokant geführten Fernsehdialogs mit Marcel Reich-Ranicki,

---

770 Zitiert bei Stefan Greif, »*Schlagwörter sind Wörter zum Schlagen, hast du das begriffen?*« *Sprache und Gewalt bei Rolf Dieter Brinkmann*. In: Robert Weninger (Hrsg.), *Gewalt und kulturelles Gedächtnis. Repräsentationsformen von Gewalt in Literatur und Film seit 1945*. Tübingen 2005, S. 139.
771 Zitiert bei Greif, S. 243.

den Brinkmann sich als Gesprächspartner nicht gewünscht hatte, verfiel er auf die Metapher vom »Maschinengewehrfeuer«. Dieser häufig genannte Satz und die Sätze im Brief an seine Frau zeigen auch, dass die Frage, ob hier eine Vorbereitung zur existentiellen Hass-Rede vorliege, erst noch beantwortet werden muss. Existentieller Hass ist – wie wir an repräsentativen Dichtern deutlich gemacht haben – die immer latent anwesende spirituelle Vertiefung von Subjektivität aufgrund radikaler Isolation, nicht die unmittelbar expressive Reaktion auf gesellschaftliche oder individuelle Herausforderungen. Solche Expression impliziert häufig eine politische Aggressionssuada, die sich allerdings in Brinkmanns besten Gedichten nicht einmischt.

Wie aber verhält es sich damit in der Prosa von *Rom, Blicke*, dem hinsichtlich der Hass-Rede besonders bekannt gewordenen, postum erschienenen Spätwerk? Das Abgestoßensein von fast allem, was man sieht, markiert zweifellos eine Originalität des Blicks angesichts der berühmten Topoi zum Ruhm der Ewigen Stadt. Goethes emphatischer Ausruf »Auch ich in Arkadien!« wird jedenfalls umgekehrt in den Blick auf die »reinste Lumpenschau«, auf römische Männer, die charakterisiert sind als solche, »die sich ständig den Sack kratzen«. Solche gesuchten Umkehrungen der Erwartungen sind noch kein Hass-Ausdruck. Es drückt sich Brinkmanns grenzenlose Enttäuschung aus: Wo Schönes erwartet wurde, fällt ihm anlässlich der sich kratzenden Italiener nur der Satz ein: »Die Häßlichkeit einer derartigen, bereits längst unbewußt und aller Scham entbehrend gewordenen Handlung ist kaum zu überbieten.«[772] Es ist nicht die von Roms »Häßlichkeit« aufgereizte kulturkritische Absicht, eine bildungsbürgerliche Ikone umzustürzen. Dann wäre man sofort in der ideologiekritischen Ecke, die ohnehin keine Hass-Imagination mehr ermöglicht.

772 Rolf Dieter Brinkmann, *Rom, Blicke*. Reinbek bei Hamburg 1979, S. 46.

Die gleiche Herabwürdigung gilt westdeutschen Literaten: auch sie ohne »Würde« und »Haltung« – ein entscheidendes Indiz für Brinkmann, der immer wieder für eine Ethik, eine Ästhetik der Noblesse, besonders im Kollektiv, spricht, die verschwunden sei. Wie steht diese Ästhetik zur angelsächsischen Pop-Gegenständlichkeit zwischen obszönen und technologischen Details, die Brinkmanns Phantasie angeregt hat wie bei keinem anderen zeitgenössischen westdeutschen Schriftsteller? Die Schärfe von Brinkmanns Weltsicht als eine jeweils in die Augen springende Herausforderung ist konzentriert auf das ganz Externe. Hierin unterscheidet sie sich von der Wahrnehmungsprosa Handkes, die ganz von innen geprägt ist. Und das hat Konsequenzen für den Hass-Affekt, worauf zurückzukommen ist.

Warum heißt das Buch eigentlich *Rom, Blicke*? Weil seine Beobachtungen vornehmlich der Medienwelt und der Sexualität gelten, und dies in möglichst vulgärer Sprache? Von dem Rom, wie es der italienische Film der Nachkriegsepoche gezeigt hat, kommt nichts darin vor. Statt dessen desillusionierende Fotografien vom Blick auf Sankt Peter, die Trajanssäule, den Ponte Sant'Angelo, die Piazza Navona, das Kapitol und die Engelsburg. Alle diese berühmten Gebäude oder Plätze oder Brücken ohne Bezeichnung mit ihren Namen in kleingedruckten, grauen Fotoausschnitten, durchmischt mit Aufnahmen fliegender Bomber, einer Lucky-Strike-Zigarettenschachtel, Motorrädern der Marke Kawasaki und nackten Schönheiten mit prallen »Titten«. Dazu der Satz: »Ansicht aus der Luft: die Basilika Santa Maria Maggiore ist mit einem kräftigen Frauenhintern verdeckt, er schwebt über dem Stadtteil ... ein rausgestreckter Frauenhintern«.[773] Brinkmanns *Rom, Blicke* erwies sich als prophetisch. Im Lichte heutigen Wissens liest sich seine Suada gegen Rom wie eine Ahnung vom Untergang der Stadt in illegalen Bebau-

773 Ebd.

ungspraktiken, im Chaos, das Marco d'Eramo kürzlich als ein System des langsamen Niedergangs beschrieben hat.[774] Roms Größe und Geschichte wird angemessen integriert in die Vulgarität der Gegenwart, wie Brinkmann sie sieht: »Und was nützen mir historische Ruinen?: Ich möchte mehr Gegenwart!«[775] Eine Gegenwart, die »Momente« enthält von »tiefem Erschrekken über die säuische Art, im Forum«.[776]

Die Gegenwart Roms, erst recht die Villa Massimo, wo die westdeutschen Stipendiaten und Brinkmann selber wohnen, versetzen den Beobachter in einen »Alptraum«, in dem sich die »verblödenden Mythen einer 10 Tausendjährigen Geschichte des Menschen« breitmachen.[777] Die Abneigung gegen fast alle anwesenden namhafteren Schriftsteller, sei es »Wondratschek«, »dieses Würstchen«, »Chotjewitz«, »Geschwätzig und banal«, oder der haltlos redselige Verleger »Wagenbach«. »Nicolas Born« ist durchweg der Seriöse, was auch immer die herablassende Charakterisierung bedeuten soll. Man hat die Namen in Anführungszeichen zu setzen, denn sie sind letztlich nur Erfindungen für das Gesamtgemälde eines Hexensabbats aus »Fotzen« und »Schwänzen«, zu denen die italienischen Spaziergänger und deutschen Touristen schrumpfen. Auch österreichische Literaten kriegen an einer Stelle ihr Fett ab, wenn auch in Maßen. Dem Kölner fällt ihr prätentiöses Idiom auf. Namen fallen in diesem Zusammenhang nicht. Oswald Wiener, den Brinkmann nicht erlebt hat, bekommt eine Plusnote: »gut und rabiat und stark«. Wieder zählt das Kriterium der »Haltung«, der »Einstellung«.[778] Dagegen wird die ganze Führungsriege der westdeutschen Literatur – von Andersch, Walser und Enzens-

---

774 Marco d'Eramo, *Das wahre Rom.* In: *Lettres Internationales*, Nr. 119, Winter 2017, S. 68-76.
775 Brinkmann, *Rom, Blicke*, S. 145.
776 Ebd.
777 Ebd., S. 172.
778 Ebd., S. 386.

berger über Grass, Hildesheimer, Wellershoff und Richter bis hin zum »dumme[n] humane[n]« Böll, die sich zu dieser Zeit aber sämtlich nicht in Rom aufhalten – ohne weitere Begründung als nicht »zu ertragen« abqualifiziert.[779] An ihnen nervt Brinkmann die moralisch-gesellschaftskritische Bemühtheit, ganz zu schweigen von den »Linken Brüdern«, die er insgesamt als »flau und flach« abtut.[780] Die große Ausnahme: Arno Schmidt!

Die Abneigung hat sich eingefressen in alle Urteile über die italienische Hauptstadt und ihre Menschen. Ein Urteil a priori, das von keiner Erscheinung des Interessanten oder Schönen erschüttert wird, weil nichts Brinkmann interessant oder schön erscheint. Die huldigende Bemerkung an seine Frau Maleen, welch noble Haltung sie auszeichne, findet sich als die einzige Akklamation in diesem abgründig pessimistischen Text! Sie markiert, wenn dies nicht durch die sich wiederholenden variierten Anwürfe gegen das Gemeine, das Obszöne, das Konventionelle ohnehin sehr bald klar würde, das Kriterium des Urteilens.

Gefiltert wird dieses Urteil – wie individuell es auch in vielen Fällen sein mag – durch eine nicht gerade neue Wesensbestimmung der Moderne: »Was ist der Schrecken des 20. Jahrhunderts?:Es ist die starke Automatisierung des Lebendigen:(Da Tiere sich schlecht automatisieren lassen, fallen sie der Technik und der technischen Ausrottung anheim wie die Pflanzen auch), ich habe es immer bezeichnend empfunden in Köln an der Ecke Ehrenstraße: ›Der Sprechende Automat‹ sobald man das Geld in den Zigarettenkasten geworfen hatte und automatisch kam heraus/: ›Vielen Dank!‹«[781] Erkennt Brinkmann auch an den Berufsgenossen eine Mechanisierung der Verhaltensweisen – das Immergleiche, Absehbare ihres Redens? Selbst »Göthe« knöpft

779 Ebd.
780 Ebd.
781 Ebd., S. 205.

er sich vor mit der Bemerkung: »ein blöder Kerl, fand alles gut, gewann jedem noch etwas Unverbindliches ab, eben Künstler?«.[782]

Negative Urteile. Verwerfen der ganzen Umgebung. Beleidigung aller Anwesenden. Aber es ist keine Hass-Rede! Es wird nichts Unbekanntes – wie im Falle Handkes – plötzlich wahrgenommen, sondern alles schon gewusst, als ein Bekanntes identifiziert. Es bleibt bei der gleichbleibenden Haltung, der schon etablierten Auffassung. Wohl brechen Affekte plötzlich hervor. Das starke Paradigma hierfür ist die Darstellung einer zärtlich-sexuellen Szene zwischen Brinkmann selbst und seiner Frau, die Evokation von Sinnlichkeit und Körperlichkeit. Bezeichnend, dass die einzige Erwähnung des Wortes »Haß« im Buch einer väterlichen Reaktion Brinkmanns gilt, die sich gegen die Behandlung richtet, die der hirngeschädigte Sohn Robert im Krankenhaus erfahren hat durch die »miesen, mittelmäßigen, hundsföttischen Krankenhausgehilfinnen«, durch inkompetente Ärzte: »mich schüttelt wahnsinnige, rasende Wut und ein irrwitziger Haß denke ich daran«.[783]

Es bedarf nicht des Vergleichs mit Célines Hass-Affekt gegen die behandelnden Ärzte im Lazarett des Ersten Weltkriegs, um zu sehen, inwiefern in Brinkmanns Prosa kein existentieller Hass nach Worten sucht. Die Polemik gründet sich in *Rom, Blicke* durchweg auf feste Überzeugungen, einem sicheren Zu-sich-selbst-Sein. Das aber produziert in der literarischen Rede keinen Hass, sondern allenfalls verächtliche Charakterisierungen. Wer durch eine moderne Vorhölle zu gehen glaubt und eine zweite Beatrice im Herzen hat, der erfindet keine Hass-Rede, sondern benennt das Hässliche, das Abstoßende nur. Das hat Brinkmann mit Bravour und Panache getan, ohne es, wie Bernhard, strategisch zu »übertreiben« oder, wie Handke, subjekti-

782 Ebd., S. 374.
783 Ebd., S. 387.

vistisch zu verinnerlichen, und dies natürlich ohne Célines selbstdenunzierenden Nihilismus. Brinkmanns Urteile, objektiviert als zeitgenössische Urteile, trafen oft ins Ziel. Das eben schließt den imaginären Hass-Diskurs aus.

Brinkmanns Gefühle, Stimmungen, Aussichten und Einsichten angesichts von Rom – täglich von ihnen überfallen – sind weniger von Hass als von Melancholie geprägt. Insofern, als viele seiner zivilisationskritischen Sätze über die polemische Spitze hinaus eine andere, »poetische« Wirkung in sich bergen, als sie der Hass-Effekt ausstrahlt. Ob sie nun banale hässliche Gegenständlichkeit beschreiben oder scheußliche Erscheinungen des Wetters oder der Tageszeit – Brinkmanns Inhalationstechnik atmet sie in einer kontemplativen Sprache wieder aus, welche die ganze Welt in Trauer hüllt. Während, wie man sehen wird, Houellebecqs und auch Goetz' Hass-Potential die Wirklichkeit effektvoll substituiert durch grammatische und metaphorische Erfindungen, ahmt Brinkmann die Wirklichkeit nach. In seiner expressiven Darstellung erreicht auch er Einsichten in zeitgenössische Symptome. Und erteilt ihnen zugleich seine melancholische Antwort.

4

Das gilt partiell auch für Rainald Goetz' Prosa im Sammelband *Hirn*. Bei genauem Hinsehen gehört nur das erste Stück, *Subito*, das 1983 durch die Vortragsinszenierung des Autors schon bekannt und berühmt geworden war, zur Gattung der imaginativen Hass-Rede. Vermutlich hätte Brinkmann Goetz' Auftritt beim Klagenfurter Wettbewerb um den Ingeborg-Bachmann-Preis lächerlich gefunden: sich mit einer Rasierklinge die Stirn aufzuschneiden und das Blut auf das Papier rinnen zu lassen! Was für ein kalkulierter Medienauftritt. Ein Fressen für Brink-

manns »Haltungs«-Pathos. Und Goetz hätte Brinkmanns Anklage der Moderne wahrscheinlich als »Weltverantwortungs-
denken«, als Ausdruck des naiven »Wackertum[s]« verhöhnen
können,[784] obwohl sie sich in dieser Sache auch hätten einig werden können. Eine Konkurrenz zwischen zwei Pop-Dichtern.
Früher Pop und später Pop. Die dem *Hirn*-Buch beigegebenen
Fotos mit obszön verunstalteten Körperteilen – Houellebecq
wartet schon hinter der Bühne –, mit politisch alarmierenden
Zeitungsausschnitten oder absurden Selbsterklärungen haben
mit den Fotos in *Rom, Blicke* nur das Montageverfahren ge-
mein; zu sehr überbietet Goetz' Provokation von 1983 Brinkmanns Einfälle der frühen siebziger Jahre.

Zwar läuft Brinkmanns spontan-naive Ironisierung von
Goethes Glück in Italien und Goetz' mit allen akademischen
Wassern gewaschene Frage, »ob Friedrich Schiller ein Klassiker
ist oder ein Arsch«,[785] ja auf das gleiche hinaus. Beide wissen
gegenwartsintim Bescheid, und fast alle Texte des *Hirn*-Bandes
beziehen ihre Aggression aus einem zivilisatorisch informier-
ten Wissen. Nur der *Subito*-Text enthält wirklich die eminent
sublime Version einer ins Imaginäre vertieften Hass-Rede. Das
Prinzip der »neue[n] Wut für die nächste neuerste Attacke«[786]
ist aus einer politologisch-gesellschaftlich kritischen Ecke her-
ausgelöst und in der *Subito*-Phantasie zu etwas anderem geworden.

Die hassenswerte Gegenwart kündigt sich in der ersten Szene von *Subito* an, in einer Klinik – offenbar ein von Autoren be-
vorzugter Ort, der den literarischen Hass zum Blühen bringt.
»Dr. Raspe«, so die Eröffnung des Textes *Subito*, wird gebeten,
den Direktor aufzusuchen, aber Raspe entscheidet sich, dieser
Aufforderung nicht Folge zu leisten: »Noch vor kurzem wäre
Raspe hingegangen, um dem Direktor voll in die Eier zu haun

---

784 Vgl. *Subito*. In: Rainald Goetz, *Hirn*, S. 19.
785 Rainald Goetz, *Was ist ein Klassiker?* In: *Hirn*, S. 23.
786 Ebd., S. 25.

und ihm die Maske der braun gebrannten Gesichtshaut samt schlohweiß weißem Haar herunterzureißen. Doch wozu, fragte Raspe sich jetzt, sollte er den Direktor enttarnen?«[787] Raspe wird ohnehin einen Roman schreiben, in den alles, was er sagen könnte, hineinkommt. Der sogenannte blutige Humor entlädt sich in obszön-aggressiven Bildern, die eigentlich nur eine Folge von erschreckenden Erscheinungen darstellen, ohne psychologische Erklärung: »so müßte es voll echt spritzen, am besten aus so einem fetten Direktor, das täte mir gefallen, in dem sein Fleisch hinein zumschneiden, den zumfoltern, und während er blutüberströmtmundig um Gnade winseln täte, täte er logisch gefilmt werden«.[788]

Die Grammatik und der Erzählzusammenhang drücken keine nachvollziehbare Geschichte aus, sondern die Psychopathologie klinischer Erfahrung. Extrem grässliche Bilder stehen für Realitätsdarstellungen ein: »das bleiche weiße fette Fleisch und das schöne rote Blut, alles blutig voll Blut, bis es enden täte, zum Schluß, er dauernd schon, Röchel Röchel«.[789] Das Bild wird zu folgender Vorstellung variiert: »Und der Direktor, weißfleischig fett blutüberströmt, röchelte so bis es enden täte mit einem saubernen Genickschuß, und dann täte er daliegen, voll tot, so ein toter fetter Direktorsack täte tot am Boden liegen. Das wäre schön. Raspe sah alles vor sich.«[790] Kein Wunder, dass Raspe nicht zu ihm geht. Brachialer als in diesen Vorstellungen kann sich Hass gar nicht mehr ausdrücken: »Weiß« und »fett« waren die hassenswerten Gestalten in Sartres *Der Ekel.* Und mit Folterbildern wird Houellebecq bald ebenfalls grässlich aufwarten, was Goetz' genuine Sprache nicht mindert, im Gegenteil: Der Bruch mit dem Satzbau und dem Stil des guten Essays oder Romans verschärft das brutale Thema der Abrechnung

787 *Subito,* S. 9.
788 Ebd., S. 10.
789 Ebd.
790 Ebd.

mit einer Institution und ihren Repräsentanten. Die Abgefeimt-heit der ausgearbeiteten sadistischen Vorstellungen wird inten-siviert, indem Landschaftsbilder von großer Schönheit vorbei-fliegen und der Mord-Phantast denken darf: »Wenn die Welt so eine schöne ist, da gehen mir die Augen auf.«[791]

Es kommt aber nicht dazu, sondern zu der Beschreibung einer schreckenerregend verkrüppelten Frau mit schönem Ge-sicht im Rollstuhl. Sie hat »keine Arme, rechts waren drei fin-gerartige Stummel neben dem Hals, links an der Schulter war ein Fleischerhaken festgemacht«.[792] Die weitere Schilderung des fast entmenschten Körpers mit dem freundlichen Blick bil-det die Fortsetzung der Absage an den Sinn der Schöpfung, die sich notwendigerweise im Hass-Affekt befreien muss. Dem hilft die Abfolge von inhaltlich ganz anderen Vorstellungen auf, die plötzliche Assoziation der im Selbstmord endenden Se-xualität Andreas Baaders, genauer: die Vorstellung von dessen Eindringungslust, die Goetz ähnlich wie der finstere Houelle-becq ins Groteske übersetzt: »… wenn er irgendwo irgendein geiles Gerät gesehen hat, die ficke ich in den Arsch, ha ha ha, bis daß es sie zerreißt, kruzifix kruzifix, so Baader ständig, jetzt brauche ich etwas zum Ficken«.[793]

Goetz' gnadenlos angewiderter Gestus wendet die Imagina-tion ausgerechnet zur obszönen Evokation Baaders, wenn er angesichts der verkrüppelten Frau scheinbar sachlich fragt: »Wie fickt so ein Krüppel?«[794] Aber in das Sardonische mischt sich doch auch die verkappte Empathie für ein fremdes Schicksal: »Kein Mensch, der kein Krüppel nicht ist, kennt die Gedanken des Krüppels«.[795]

Mittlerweile hat Goetz seine Imaginationskette von der zu-

791 Ebd., S. 11.
792 Ebd.
793 Ebd., S. 12.
794 Ebd.
795 Ebd.

rückliegenden Klagenfurter Vorlesung gelöst, was ihm, wie vorher schon Brinkmann, Gelegenheit gibt, Schriftstellerkollegen weidlich zu ridikülisieren, nicht zuletzt auch die mögliche Reaktion eines Kritikers auf den eigenen, zwischen tödlichen und obszönen Phantasmen oszillierenden Text. Und noch einmal bietet Goetz eine Variation von abstoßender Hässlichkeit auf, indem er sich die Widerwärtigkeit nackter Menschen am Isarufer bis ins Detail ihrer schamlosen Fleischlichkeit vergegenwärtigt und alles ins Obszön-Groteske transzendiert: »Es schreit: Ich bin eine Frau. Ich habe dicke Fladen vorne, und unten ist unter den schwarzen Haaren das Schrumpelige und ein rotes tiefes Loch. Da mag ich etwas hinein gesteckt kriegen. So schreit es mich an.«[796] Auch Brinkmann zeigt sich von solchen Eindrücken angewidert, aber seine Metaphorik bleibt innerhalb des psychisch geregelten Haushalts der Selbstgewissheit. Brinkmanns Metaphorik in *Rom, Blicke* ist deshalb nicht innovatorisch. Goetz dagegen bleibt – jedenfalls in *Subito* – zerrissen, und ob dieser noch nicht zur kritischen Theorie geronnenen Abscheubilder kann es zur imaginativen Hass-Rede kommen. Es ist bezeichnend für die Gemengelage dieser Bilder, dass sie als Hass-Attrappen gegen die Welt aufgestellt werden, damit diese erträglich wird. Als Regel gilt dabei, dass Folter- oder Mordbilder sich mit sexuell-obszönen Szenen abwechseln. Das wird sich bei Houellebecq zur Struktur steigern.

Und doch läuft Goetz' Hass-Imagination am Ende auf eine aporetische Sinnerklärung hinaus, die ohnehin in den weiteren Texten variiert wird: die Klage darüber, dass es keinen Sinn gäbe, dass aber ein neuer Sinn hermüsse, indem der alte weggetrieben werde. Die Klage klagt mit solchen Worten: »Die Welt ist tot. Keiner hilft. Meine Verzweiflung schreit. Sie schreit: Dich gibt es gar nicht. Du kannst das schwere Deutsch nicht. Da erbrennt mein Kopf vor Schmerz. Ich muß ihn aufschlagen an der

---

796 Ebd., S. 15 f.

Tischkante. Da fällt das Hirn heraus. Ihr könnts mein Hirn ha-ben. Ich schneide ein Loch in meinen Kopf, in die Stirne schnei-de ich das Loch. Mit meinem Blut soll mir mein Hirn auslaufen. Ich brauche kein Hirn nicht mehr, weil es eine solche Folter ist in meinem Kopf.«[797]

Einsichten der fortschrittlichen Gesinnung sind mit so schnel-lem Kick ins Bewusstsein des Lesers getreten, dass jede kontem-plative, nachstotternde Genehmigung ausbleibt. Im Unter-schied zu Brinkmann besitzt Goetz' Hass-Affekt, wenn er so überkandidelt oder sich noch nicht ganz genau erfassend, gleich-zeitig aber intellektuell gespielt daherkommt, eine existentielle Basis. Das negative Urteil über Menschen und Institutionen wird nicht ruhig erwogen, sondern vollzieht sich als Affekt-Ex-plosion. Ob es um Szenen im Arztzimmer geht, um die Lang-weiligkeit des Fernsehens, um Szenegrößen aus Universität und Verlagen – vielleicht hörte sich das alles 1983 anders, nämlich aufschlussreicher an als heute, da es zum Common sense der Kulturkritik gehört. Das eingangs zitierte Hass-Wort fällt nicht oft. Die Hass-Invektiven gegen Gudrun Landgrebe und Hanna Schygulla (der »die Dummheit noch grausig deutlicher ins Ge-sicht geschrieben ist«)[798] laufen letztlich auf Zeitkritik, Milieukri-tik, Kulturkritik hinaus: »Ich hasse dieses traurige Volksballett«.[799] Ähnlich wie bei Brinkmann gilt Goetz' Hass der zeitgeistigen Haltungslosigkeit, die ein Symptom von Bewusstlosigkeit sei. In der Grundsatzerklärung des Prosastücks *Der Attentäter*, welche die *Hirn*-Textbotschaften zusammenfasst, steht der Satz: »Es bleibt nichts, nur Haß, maßloser Haß, Haß auf alles Leben, Haß auf alles, Haß auf Leben und Tod.«[800] Der vage be-gründete Hass hat sich im Stück *Der Attentäter* sozusagen selbst in Form der beispielhaften Tat ausgestellt. Der Autor imaginiert,

797 Ebd., S. 20.
798 Rainald Goetz, *Fleisch*. In: *Hirn*, S. 65.
799 Ebd.
800 Rainald Goetz, *Der Attentäter*. In: *Hirn*, S. 132.

wie er den Kopf eines Kleinkindes an der Schreibtischkante zerschlägt, so dass es »nur noch ein blutiger triefender Fleischklumpen ist«.[801]

Definitiv stellt sich an dieser Stelle heraus, dass die von Goetz geschilderten Hass-Affekte – letztlich begründet im Erschrecken über den grausam dummen Zustand der Welt – sich nicht auch zum poetisch-literarischen Hass-Effekt entfalten können. Von einem solchen zeigt sich nur weniges im *Subito*-Stück. *Subito* ist der einzige Text von *Hirn*, der, wie sein Titel ankündigt, uns ideologisch voraussetzungslos mit plötzlichen Vorstellungen überfällt – bis auch diese von den kulturkritischen, aber eben auch perversen Ideen eingeholt werden.

---

801 Ebd., S. 156.

Hassen, um gehasst zu werden

Houellebecqs Version des Phantastischen

Am Sterbebett der Mutter fragt Bruno, der Sohn, sie, die nicht mehr sprechen kann: »Du willst eingeäschert werden?«[802] Um fortzufahren: »Sobald es soweit ist, wirst du eingeäschert. Was von dir übrigbleibt, kommt in einen Topf, und jeden Morgen, wenn ich aufwache, pisse ich auf deine Asche.« Jane war keine gute Mutter gewesen, wie der Leser über lange Strecken am Beispiel ihres vor allem auf Sex mit Jugendlichen im Alter ihrer beiden Söhne konzentrierten Geschlechtslebens erfährt. Aber die Sätze des Sohnes sind psychologisch nicht unmittelbar vorbereitet; sie gelten zwar jenen Jahren, aber der Hass bedarf nicht des Anlasses. Er nennt die Sterbende mit Lust an der Grausamkeit eine »Schlampe«, die es verdiene, zu »verrecken«.[803] An solchen Szenen gibt Houellebecqs neuer Roman *Serotonin* nichts her. Zwar sind darin das weibliche Geschlechtsorgan sowie die männliche und weibliche Lust, wie in den früheren Romanen – vornehmlich in den *Elementarteilchen* –, weidlich ausgestellt, doch ohne die existentiell-phantastische »Obszönität«, die

---

802 Michel Houellebecq, *Elementarteilchen*. Aus dem Französischen von Uli Wittmann. 2. Aufl. München 2001, S. 291.

803 Ebd. – Entgegen dem Prinzip, keine autobiographischen Erklärungen anzubieten, sei ein Satz aus Houellebecqs beleidigendem Brief an die eigene Mutter, die ähnlich wie »Jane« ein promiskuitives Leben geführt hatte, vom 11. Dezember 1992 zitiert: »als Mutter warst Du ekelhaft und schlimmer als alles; das Schlimmste ist, daß Du nicht einmal zu wissen scheinst, dass Du Dich wie ein egozentrisches Dreckstück benommen hast.« Zit. nach Iris Radisch, *Warum die Franzosen so gute Bücher schreiben. Von Sartre bis Houellebecq*. Reinbek bei Hamburg 2017, S. 196.

Houellebecqs früheres Werk kennzeichnet und auszeichnet. An ihre Stelle tritt eher erotische Sympathie, ja Zärtlichkeit.

Die zitierte Szene zwischen Sohn und Mutter ist eine der unzähligen in Houellebecqs Roman *Elementarteilchen* (1998), die entweder in ausgesuchten Beschreibungen sexueller Gier oder in ausgesuchten Mord- bzw. Zerstückelungsszenarien schwelgen. Die exzessiven Penetrations- und Ejakulationsdarstellungen, die detaillierte Bebilderung entblößter weiblicher und männlicher Geschlechtsorgane – zielen sie auf die Erregung pornografischer Lust mit Hilfe der stilistischen Präzision des Autors bei gleichbleibender zynischer Kälte? Hassen sich die auf die wiederholte Alternative vaginaler oder oraler Befriedigung Fixierten? Natürlich nicht. Allerdings lieben sie sich in den meisten Fällen auch nicht. Ihre einzige Begierde: permanent zu »vögeln«. Houellebecqs Projekt – wie man es nennen kann –, die menschliche Gattung, sei es im Sexualakt oder im Gewaltakt, dem Tierreich anzuschließen, entspringt nicht einfach einem moralischen Impuls, sondern einer anthropologisch-biologistischen Doktrin. Gleichzeitig zielt es darauf, in der Behauptung von Determiniertheit Sittlichkeitsnormen als Illusionen hinsichtlich unserer menschlichen Natur zu entlarven.

Nach seinem Eintritt ins Hass-Gebiet hat Houellebecq in weiteren Büchern – zuletzt im Roman *Unterwerfung* (2015) – vorgeführt, dass und warum er dem Hass-Diskurs, der sich dem Imaginär-Erhabenen annähert, eine radikal andere Wendung gegeben hat. Und zwar deshalb, weil die Entfaltung bösartiger und abstoßender Handlungen durchweg mit dem Paradox zusammengeht, dass ihre Darstellung nachdrücklich einem moralischen Urteilsverlangen entspringt: einerseits, um die biologistische Triebenergie der menschlichen Existenz gegen die »Lüge« von unserem angeblich edlen Erbteil anschaulich zu machen, andererseits, um den Schrecken der unsere Epoche beherrschenden Triebenergie auszudrücken.

Wenn das 1998 erschienene Buch den Titel »Elementarteil-chen« trägt – und die geschilderten Sex- und Mordorgien offen-bar von physischen Gesetzpartikeln beglaubigt werden sol-len –, dann läuft der Ehrgeiz des damals noch nicht bekannten Autors darauf hinaus, eine Epochen- und Zivilisationsgeschichte auf dem avanciertesten naturwissenschaftlichen Theorem im Schatten der Quantentheorie Niels Bohrs zu begründen, der Überbietung des bis dahin geltenden Planckschen Energiege-setzes. Demgegenüber treibt die im Buch geschilderten Mole-kularbiologen – einer von ihnen ist Michel, der Bruder des die sterbende Mutter mit Worten tötenden Bruno – keinerlei schöpferische Begabung. Beide Söhne von Jane figurieren vor allem als zentrale Figuren des vom Autor arrangierten sexuellen und kriminellen Biotops, das man auch als eine holistische Uto-pie verstehen kann, wie sie vor allem durch einen leitmotivisch geschilderten Lustpark ironisch konkretisiert wird. Ein utopi-scher, epochendiagnostischer Perspektivismus bildet auch die Achse des Romans *Unterwerfung*: Die Übernahme der Pariser Regierungsgewalt und der Universität durch muslimische Poli-tiker und Gelehrte ist das eine. Relevanter ist die Einschätzung der postmodernen westeuropäischen Tradition als eine intellek-tuell-philosophische Leere, so dass sich der dieser Leere über-drüssige Pariser Erzähler, ein Literaturhistoriker, nach einer dy-namischen Alternative sehnt.

Das Wort »Hass« fällt in *Elementarteilchen* immer wieder, aber ihm kommt kein emphatischer Sinn zu. Die Provokation der humanistischen Idee ist indes ein Treibsatz, der die morali-schen, religiösen und psychologischen Übereinkünfte des Le-sers wie in einem Poeschen Abgrund verschlingt, dabei aber für die herkömmliche moralische Identifikation ein Nachsehen aufbringt. Die permanente Darstellung des Geschlechtsakts, vor allem die genaue Schilderung des Eindringens des erigierten männlichen Glieds in die danach gierende Vagina, wird in die-ser Prosa zur Variante verschiedener Folterungsdarstellungen bis hin zum Mord. Die Analogie zwischen dem Lustgewinn im Sexualakt und dem Lustgewinn im Mordakt ist offensichtlich. In *Ausweitung der Kampfzone* (1994) werden der schiere Sexualakt und seine obszöne Imagination als Zerstörung der Liebesfähigkeit und deren Illusion zivilisationskritisch gebrandmarkt. Die Folterszene als Evokation hasserfüllter Aggression kommt hinzu. Triumphal die diagnostische Phantasie Houellebecqs in der Geschichte *Gespräche zwischen einem Schimpansen und einem Storch*, dem letzten Teil von *Ausweitung der Kampfzone*: Der von Störchen gefangengenommene und gefolterte Schimpanse erzählt diesen anlässlich der Entwicklung seines kritischen Theorems über den Kapitalismus vom letzten Augenblick Robespierres: Wie ihm der Verband von der schon verletzten Kinnlade gerissen wird, bevor der Henker seinen Kopf in die Öffnung der Guillotine schiebt, und was Robespierre im letzten Schmerz gedacht hat. Es folgt die Schilderung, wie qualvoll der Schimpanse unter den Schnäbeln der Störche verendet. Der Affe hatte nämlich unterstellt und dem emphatisch zugestimmt, Robespierre habe im letzten Moment das Gefühl gehabt, das getan zu haben, was er hatte tun müssen, womit er nach Ansicht der Störche die »Weltordnung in Frage« gestellt und seinen gewaltsamen Tod verdient hatte.[804]

Die Absicht des Ich-Erzählers, seinen *in eroticis* hoffnungslos erfolglosen, hässlichen Kollegen durch Einflüsterung eines Mordes am erfolgreichen Nebenbuhler von seiner Frustration zu erlösen, wird auch in einer phantastischen Handlung erklärt. In den finalen Albträumen des Erzählers am Ende des dritten Teils von *Ausweitung der Kampfzone* triefen die Mordinstrumente vor Blut, die von den jugendlichen Mördern an ihren Opfern, uralten Bauernfrauen, ausprobiert werden, und der aus dem Traum Aufwachende wird von der Idee überfallen, sich

---

804 Michel Houellebecq, *Ausweitung der Kampfzone. Roman.* Aus dem Französischen von Leopold Federmair. 5. Aufl. Berlin 2017, S. 140.

selbst den Penis abzuschneiden und sich ein Auge auszustechen;
dann nimmt er Beruhigungstabletten.[805] Solche Phantasmen –
der Erzähler nennt sie »magisch, abenteuerlich, anarchisch«[806] –
bilden den Kontrast zur beiläufig-lapidaren Schilderung der
Bürovorkommnisse zwischen den belanglosen Angestellten
und ihren Reden, die eigentlich kein Thema für eine Erzählung,
sondern allenfalls für eine Sozialtheorie abgeben. Damit ist das
Kriterium der Frage nach der imaginativen Qualität der Hass-
Rede bei Houellebecq benannt. Solange diese bloß eine zivilisa-
tionsdiagnostisch-gesellschaftskritische Darstellung liefert, bleibt
sie ausschließlich der aufklärerischen Absicht verhaftet. Erst
wenn sie in der Darstellung der Sexualität metaphorisch explodiert, wird das politische Pamphlet zur imaginativen Rede. Die
immer gleichen sozialen Motive von Handlung und Personen
reichen dazu nicht aus. Houellebecq kommt selbst auf diese
Problematik zu sprechen: Das zeitgenössische Leben liefere
keine Leidenschaften mehr, wie etwa für Emily Brontë in ihrem
berühmten Roman *Wuthering Heights* (1847). Die »Indifferenz
oder das Nichts«, welche die zeitgenössischen Beziehungen
zwischen Menschen kennzeichnen, seien für die Romanform
nicht geschaffen.[807] Unerträglich die Versuche von Schriftstellern, es dennoch mit dem Gefühl der Empathie zu versuchen!
Warum schreibt Houellebecq dann aber doch Romane statt sozialpsychologischer Studien? Weil eben diese Leere und ihre
Ausfüllung durch exzessive Sexualität und Schlimmeres den paradoxen Versuch wert sind, beides zu schildern. Doch stehen
die seitenlangen Schilderungen von Alltagsnichtigkeiten einem
Lexikon über die Mentalität von höheren und niedrigeren Angestellten besser an. Auch das reflektiert Houellebecq: Die Assi-
stentin des Chefarztes eines Sanatoriums wirft dem Ich-Erzähler als Patienten vor, dieser lasse sich zu sehr in soziologischen

805 Ebd., S. 159.
806 Ebd.
807 Ebd., S. 46.

460

Erklärungen aus, er solle mehr über sich selbst sprechen. Das Selbst soziologisch zu erklären, sei uninteressant.[808]

Jedenfalls scheinen die positiven Reaktionen auf die ersten Romane – und sei es nur auf ihre provokative Potenz – das angezeigte ästhetische Problem zu übersehen. Wie immer das Milieu wechselt – höhere Angestellte, Naturwissenschaftler, Künstler –, sind die sich daraus ergebenden neuen Beobachtungen der Leere des Alltags und des Berufs doch nur Variationen des Immergleichen. Die im Werk Houellebecqs sich extrem aussprechende radikale Zivilisationskritik wird in ihrer Originalität erst dann fassbar, wenn man sie auf die imaginative Qualität des Hass-Motivs hin liest. Dabei kann die Wesensart des an Céline und Sartre beobachteten Hass-Diskurses ein Kriterium bieten, das weiterführt.

I

Diese beiden französischen Dichter und Denker der klassischen Moderne haben den Hass gegen die Zeit und die Menschen in ihren Romanen dargestellt. Beide erfanden für diesen »Hass« Szenen, Bilder und Personen, die aus der realistischen Darstellung herausfielen. Ein spezifisches Pathos und unerwartete Darstellungsformen waren das Mittel hierfür. Setzt man hier ein, hat man den Schlüssel zu Houellebecqs Spannung zwischen Aggression und Langeweile und der imaginativen Qualität, die sich daraus ergibt: Houellebecq gewinnt Pathos gerade aus dem Verzicht auf Pathos. Es ist die Beiläufigkeit, das gleichbleibend Lapidare, das die Schilderung moralischer Ungeheuerlichkeiten prägt: das Unabänderliche oder seine Verharmlosung im Kitsch. Die Anklage richtet sich gegen den vorherrschenden

808 Ebd., S. 162.

»zynischen Realismus«, wie Houellebecq es im Vorwort zum Essayband *Interventionen* nennt.[809] Dieser Realismus sei allerdings seit »einigen Jahrhunderten in Mode«,[810] also kein Epochenphänomen. Diese Aussage ist interessant, denn sie unterscheidet sich von der herkömmlichen Zivilisationskritik, die seit Ende des 19. Jahrhunderts ausdrücklich ihre Pointe in der Polemik gegen die allerjüngste Moderne setzt.

Die völlig entgegengesetzte Kritik Houellebecqs zeigt sich auch in seiner bösartigen Lächerlichmachung von Jacques Préverts berühmten Gedichten, vor allem von dessen Drehbüchern zu den Filmen *Hafen im Nebel*, *Pforten der Nacht* und *Kinder des Olymp*, die jene Gegenwart nur poetisiert, nicht aber erfasst hätten.[811] Es ist dieser poetische Ansatz, die Moderne zu vermenschlichen, den Houellebecq so abgrundtief hasst. Er gehört zu einem »minderwertigen Genre«.[812] Solche Fehleinschätzungen wunderbarer Kunstwerke wirken abstoßend, zerfressen von Ressentiment. Wie doch der »Hass« verkennen kann!

Dieses Verwerfen richtet sich nicht vornehmlich gegen den Stil, sondern gegen den Gehalt einer angeblich platten, falschen Weltsicht.[813] Und Prévert, den die Überschrift als »Arschloch« bezeichnet, schießt unter den Verworfenen nur den Vogel ab. Die richtige Weltsicht hatte demgegenüber Karl Marx, und offenbar auch Robespierre, der am Schluss des Essays gewürdigt wird.

Wenn nicht nur das Chanson als banale Verschönerung des Lebens, sondern auch das Fest, das Feiern als ein Uns-vergessen-Machen abgetan wird, ein Vergessen-Machen, dass wir »einsam, elend und dem Tode geweiht sind«, dann wird das ästhe-

---

809 Michel Houellebecq, *Interventionen. Essays.* Aus dem Französischen von Hella Faust. 2. Aufl. Köln 2016, S. 9.
810 Ebd.
811 »Jacques Prévert ist ein Arschloch.« In: *Interventionen*, ebd., S. 11.
812 Ebd., S. 12.
813 Ebd., S. 13.

tische Prinzip, das hier Geltung beansprucht, deutlich: Literatur darf nicht mehr im Sinne Pindars oder Rilkes eine »Kunst des Rühmens« sein.[814] Deshalb wird auch Eric Rohmer mit wenigen Worten schneidend abgetan.[815] Man könnte des weiteren Hölderlin, Baudelaire oder Claude Simon nennen – eigentlich die gesamte Kultur und Kunst, soweit sie mit Nietzsches Satz, »Wir brauchen die Kunst, um nicht an der Welt zugrunde zu gehen«, ihre Produktion begründet. Die gegenüber ihrer Epoche möglichen Einwände hat Houellebecq für die Gegenwart aufgespart und akkumuliert. Wir werden beherrscht vom Amüsement, von Obszönität und von einer verlogenen Religiosität. In Konsequenz über das Erschrecken darob wäre als einzige Zukunftsperspektive eine Malerei à la Bosch das adäquate Kunstmittel, nicht Fragonard oder Manet, geschweige die amerikanische Moderne. Dem, der wie dieser Schriftsteller angesichts von New York und Rom von »Verfall und Todesstimmung« überkommen wird, bleibt, wenn er sich aus solcher Gestimmtheit nicht lösen kann, nichts anderes übrig, als die Gründe dieses Weltbildes zu benennen, indem er eine politisch, ja wissenschaftlich angeleitete Prosa schreibt. Céline und Sartre hatten demgegenüber angesichts vergleichbarer Wahrnehmungen noch immer die poetische Ausdrucksform gewählt.

Was bedeutet Houellebecqs davon unterschiedene Konsequenz für die Hass-Metapher als Imaginationspotenz? Trotz seiner aggressiven Distanz gegenüber romanhaften Verklärungen nimmt er doch »Augenblicke von großer Intensität«[816] als poetisches Thema wahr. Diese entbehrten aber sinnvoller Kontinuität, so dass ein Roman mit der traditionellen Entwicklung eines Helden verfehlt sei. Statt dessen, so Houellebecqs Lösung,

814 Hierzu Karl Heinz Bohrer, *Die Kunst des Rühmens*. In: ders., *Großer Stil. Form und Formlosigkeit in der Moderne*. München 2007, S. 80f.
815 Michel Houellebecq, *Fata Morgana*. In: ders., *Interventionen*, S. 20.
816 Michel Houellebecq, *Gespräche mit Valère Staraselski*. In: ders., *Interventionen*, S. 96.

sei eine soziologisch-historische Exemplifizierung notwendig, welche die Banalität unserer Gegenwart erkläre. Manche Kritiker sehen Houellebecqs *Essays* als ein Hauptwerk an, offensichtlich in Verkennung der partiell imaginativen Aura, des Exzesses, in fast allen seinen Romanen. Erklärbar wird dies aus den erwähnten seiten- und kapitellangen Aufreihungen sozialpsychologischer Beobachtungen der Romane ohne jeden Ansatz zu romanesker Inszenierung. Interessant sind auch die politischen Essays mit ihren aufrichtigen Bekenntnissen gegen die herrschende marktorientierte Politik und ihrer Sympathie für eine kommunistische Regierung nicht. Nicht minder uninteressant bis läppisch die Informationen über Kalifornien oder über Deutschland als Paradigmen des Verfalls.

Houellebecqs prinzipielle Distanz gegenüber der »schöngeistigen« Literatur ist vor dem Hintergrund seiner Prägung durch die romantische Lyrik als Jugendlicher, vornehmlich der Lyrik von Alphonse de Lamartine sowie durch die Surrealisten, zu verstehen. Diese haben eine Seelensprache erfunden, welche die heutige »Entfremdung« im Supermarkt um so stärker zu Bewusstsein bringt. Aber eine solche Seelensprache ist nicht mehr möglich. Dagegen die Gesellschaftsschilderungen des großen Balzac! Noch immer ein Vorbild! Im Gegensatz zu Robbe-Grillets Schilderungen, die Houellebecq ebensowenig etwas sagen wie die meisten schöngeistigen Autoren der Gegenwart.

Für die ästhetische Rettung eines nicht schöngeistigen, eines »wissenschaftlich-philosophischen« Romans aufschlussreich ist Houellebecqs Interesse, ja Faszination durch die Prosa der Science-fiction. Sie werde nicht nur auf avancierten naturwissenschaftlichen Spekulationen aufgebaut, sondern sie enthalte phantastische Elemente.[817] Das ist sein Argument! Houellebecq hat betont, seine Perspektive auf das Phantastische im Porno-

---

817 Vgl. Michel Houellebecq, *Dem zwanzigsten Jahrhundert entwachsen.* In: ders., *Intervention*en, S. 196f.

und im Kriminalroman sei ein neuer, die Literatur innovatorisch weiterbringender Zugang. Offenbar weiß er nicht, dass schon einmal, als die Zukunft der Literatur Ende der sechziger Jahre am Scheideweg stand, das Phantastische zu Hilfe gerufen wurde. Hatte jene Affinität zum Phantastischen eine Ähnlichkeit mit Houellebecqs literarischen und theoretischen Vorstellungen?

Damals war es Leslie A. Fiedler, der im Sommer 1968 eine neue Art mythologischer Literatur anempfahl, die ihre Stoffe aus Science-fiction, Pornografie und Indianer-Mythen beziehen sollte, um von führenden westdeutschen Literaten als literarischer Hochstapler benannt zu werden.[818] Fiedlers besonderes Verbrechen bestand darin, dass er von dem »Neo-Neo-Hegelianismus in Deutschland« und von den »Croce-Abkömmlingen in Italien«, also von zwei Versionen der Geschichtsphilosophie, herablassend gesprochen hatte. Charakteristischerweise war es Rolf Dieter Brinkmann, der unter den westdeutschen Kommentatoren Fiedlers Anregung enthusiastisch zustimmte, und es war Jürgen Becker, der sie interessant fand. Brinkmann publizierte, wie früher ausgeführt, zur gleichen Zeit den Band *Acid. Neue amerikanische Szene* mit Gedichten von Ed Sanders, Frank O'Hara und Robert Creeley. Houellebecqs Leitmotiv »Fikken« taucht in diesen Texten schon programmatisch auf, so im Titel des Vietnamdramas *Ficknam* von Tuli Kupferberg oder in John Cages Sex-Themen sowie in Harold Norse' monströser Science-fiction. Schon hier, Jahrzehnte vor Houellebecqs einschlägigen Phantasien, figurieren obszöne Bilder als phantastische Ansichten der Gegenwart, in einer Atmosphäre von Mord und Aggression inmitten des modernen Arbeitsprozesses.

Literaturtheoretisch und in der Literaturpraxis von größerem Belang für das Phantastische war aber der 1969 erschienene

818 Karl Heinz Bohrer, *Die gefährdete Phantasie oder Surrealismus und Terror.* 2. Aufl. München 1970, S. 49 f.

Essayband *Utopien* des schwedischen Dichters Lars Gustafsson, beginnend mit dem Aufsatz *Über das Phantastische in der Literatur*.[819] Wahrscheinlich kennt Houellebecq diese beiden Texte von Fiedler und Gustafsson nicht. Gustafssons Methode, anlässlich von Piranesis Gefängnisphantasien über das »Unerhörte« pragmatisch zu sprechen, kommt Houellebecqs Tonfall aber entgegen. Gustafsson qualifiziert die Atmosphäre von Piranesis Gefangenenlabyrinth als nicht »schreckenerregend in einem hergebrachten Sinne«, sondern als *undurchschaubar*«.[820] Dieser Eindruck werde vermittelt durch die »feierlich ernste Atmosphäre«, durch einen Ort, der nicht für uns konstruiert zu sein scheint, eine »Grausamkeit« ausstrahlend, die »sich nicht speziell gegen uns« richtet, aber dennoch über uns hereinfällt, angesichts der Gleichgültigkeit der Menschen, die in den Folterräumen umherirren, wie Marguerite Yourcenar es in ihrem Piranesi-Essay beschrieben hat.[821] In der Sachlichkeit der Darstellung erkennt Gustafsson das »Undurchdringliche« des phantastischen Stils.

In Reverenz gegenüber Roger Caillois' Bücher *Au cœur du fantastique* und *Images, images* betont Gustafsson die Differenz zwischen dem Phantastischen und dem Wunderbar-Sagenhaften: Das Phantastische offenbare, so Caillois, »einen Skandal, einen Riß, einen seltsamen Bruch, der in der wirklichen Welt fast unerträglich ist«.[822] Entscheidend beim Phantastischen, das Gustafsson so anzieht, ist, dass es nicht von etwas jenseits unserer Welt handelt. Er pointiert: »Das Phantastische in der Literatur existiert also nicht als eine Herausforderung an das Wahrscheinliche, sondern erst, wenn es zu einer Herausforderung an die Vernunft selbst gesteigert werden kann: Das Phantastische in der Literatur besteht letztlich darin, die Welt als

---

819   Lars Gustafsson, *Utopien. Essays*. München 1969.
820   Ebd., S. 12.
821   Ebd., S. 14.
822   Ebd., S. 17.

undurchsichtig, als der Vernunft prinzipiell unzugänglich darzustellen«.[823]

Auch Gustafssons Charakterisierung von Jules Vernes Romanen – dem unmittelbaren Übergang vom vollauf Realistischen zum Imaginären – ist im Kontext von Houellebecqs Vorstellungen des Phantastischen aufschlussreich – vor allem Gustafssons nachdrücklicher Hinweis auf »detaillierte Sachkenntnis«,[824] die »nicht selten in lange neunmalkluge naturwissenschaftliche […] mathematische Überlegungen mündet«.[825] Gustafsson sieht in der phantastischen Kunst einen »Gegenpol zu der ideologisch geprägten Kunst«,[826] denn die Konvention des »Phantastischen« sei eben, dass es »keine beruhigende Konvention« gebe.[827] Im Gegensatz dazu nennt Gustafsson zwei ideologische Positionen, die auch Houellebecq positiv und negativ besetzt: den klassischen Positivismus und den klassischen Marxismus.[828] Hier gibt es nichts Unbekanntes, das sich nicht auf etwas Bekanntes reduzieren ließe. Wie sieht dieses Verhältnis in Houellebecqs Inszenierung phantastischer Vorfälle und Szenarien aus? Welche Rolle spielt der Hass-Affekt dabei?

2

Aus der eingangs angedeuteten Hass-Szene zwischen Sohn und Mutter und aus den Hinweisen auf die prädominante sexuelle Thematik geht schon hervor, dass das Phantastische hier nicht – wie in Gustafssons *Utopien*-Entwurf – einer spekulativen

823 Ebd.
824 Ebd., S. 18.
825 Ebd.
826 Ebd., S. 20.
827 Ebd.
828 Ebd., S. 21.

oder erkenntnistheoretischen Absicht folgt. Das »Phantastische« stellt sich im Falle von Houellebecqs Prosa in Form sexueller oder mörderischer Szenarien dar, in ihrem Mittelpunkt ein oder mehrere Akteure mit Aggressionen unterschiedlichen Grades. Das Phantastische wird vorbereitet durch die Kontrastwirkung des nachdrücklich sachlich informierenden Romanbeginns, ob diese Akteure nun über naturwissenschaftlich-ökonomische Gesetzmäßigkeiten oder über die Verhaltensnormen von Angestellten und Wissenschaftlern im Büro sprechen. Dieser zu den folgenden emotional aufgeladenen Szenen so gegensätzliche diskursive Introitus impliziert aber auch, dass das Imaginäre der Sexual- und Mordthematik, der Ausschweifung zwischen Sperma und Blut, der realen Welt integriert bleibt. Es ließe sich auch so sagen: Die reale, konventionelle Welt steht erkennbar auf anderen Füßen, ergibt sich aus irreal anmutenden, chaotischen Vorgängen, die weder von der Psychoanalyse noch vom Surrealismus bekanntgemacht worden sind.

Das Phantastische ist also dem Alltäglichen angeschlossen, es hat nicht die Funktion, das Normale zu hinterfragen. Das sogenannte Normale ist nicht normal. Das Phantastische wird entweder kurzgehalten wie in *Ausweitung der Kampfzone* oder über eine lange Strecke hin ausgedehnt wie in *Elementarteilchen*, den beiden Romanen, die neben *Karte und Gebiet* (2010) für unser Thema die wichtigsten sind. Der Roman *Unterwerfung* (2015) – obwohl ohne das Phantastische in Form von Sexualität und Mord – ist für Houellebecqs Gebundenheit an das Phantastische dennoch aufschlussreich. Auch hier sehen wir zunächst den im Alltag geschlauchten, gelangweilten Fachmann, einen Pariser Literaturprofessor, der dann aber der nicht weltanschaulich-politischen, sondern »phantastischen« Verführung erliegt, die Regierungsgewalt der Muslime zu akzeptieren: Es ist die Lektüre des ästhetizistischen Romans *À rebours (Gegen den Strich)* von J. K. Huysmans, die zu dieser Sinnesänderung führt. Dessen Held, ein Sprössling aus alter Adelsfamilie, zieht sich in ein einsames Haus außerhalb von Paris zurück und vertieft sich in die Lektüre von Büchern mit phantastischen Motiven zwischen spätrömischer Dichtung und aktueller esoterisch gefärbter katholischer Theologie. Zudem ergeht er sich in Phantasien von sadistisch-mörderischen Handlungen. Der von Huysmans beschriebene symbolistisch-mystische Stil des Malers Gustav Moreau sowie die Auseinandersetzung mit dessen Bild »L'Apparition«, in dem der abgeschnittene, von einem Strahlenkranz umgebene Kopf Johannes' des Täufers in Erscheinung tritt, infizieren die Vorstellungskraft des vom Pariser Universitätsbetrieb gelangweilten Professors und lassen ihn, nach dem Vorbild des dekadenten Helden, sich nach einem ganz anderen, vergleichbar Mysteriösen umsehen und zum Islam übertreten: Das Phantastische wird zum Apriori geistiger Arbeit. Charakteristisch ist, dass Houellebecq seinem Roman ein Prosastück aus Huysmans' Roman *Unterwegs* als Motto vorangestellt hat, ein Motto, in dem der Ekel vor der eigenen geistigen Existenz der Erschütterung durch die Schönheit des katholischen Ritus konfrontiert wird. Zwar ist der katholische Ritus nicht phantastisch, sondern gibt theologischem Sinn eine Form, doch wird die Idee von Literatur als Phantasma durch den Bezug auf das Katholische unterstützt.

In *Elementarteilchen, Ausweitung der Kampfzone* und in *Karte und Gebiet* stellt sich der Widerspruch zwischen theoretischer Reflexion und Darstellung des Phantastischen konzeptionell dar. Der Kommentar zum theoretischen Bewusstsein der Biologen in *Elementarteilchen* setzt beträchtliche theoretische Phantasie voraus. Sie hat mit der bald einsetzenden Lustgeschichte Janines – der von ihrem Sohn im Alter misshandelten Mutter Jane – soviel zu tun, als sie ein elementarer Teil des wenn nicht physikalischen, so doch biologischen Kosmos ist. So wenn Michel, der Biologe, sich fragt, ob eine Kollegin in ihrem Auto sitzt und nicht losfährt, weil sie, Brahms hörend, onaniert. Oder wenn es von Janine heißt, dass sie manchmal einen Jungen, eventuell einen Freund der Söhne, mit sich ins Bett nahm: »Sie war jetzt schon fünfundvierzig; ihre Schamlippen waren dünner geworden und hingen etwas herab, aber ihre Züge waren immer noch hinreißend.«[829] Im unmittelbaren Anschluss folgt der Satz: »Bruno wichste dreimal am Tag«, als sei er durch die Scheide der Mutter dazu angeregt worden. Aber es sind die »Scheiden der jungen Frauen« am Meer, die auch beschrieben werden:[830] »manchmal waren sie nicht einmal einen Meter entfernt; aber Bruno begriff vollkommen, daß sie ihm verschlossen blieben«.[831] Was Janine dem Sohn nicht direkt gewährte, das gewährte sie ihrem dem Sohn gleichaltrigen Neffen, der am Ende des Romans als Menschenschlächter in einer kalifornischen Satanistensekte hervortritt. Die Charakterisierung der Schamlippen der Mutter ist verbunden mit dem Hinweis auf die ersten sexuellen Affekte junger Mädchen und Jünglinge – verstanden als intensive Zeichen des Bios. Schon die Verknüpfung des bestialischen Tierlebens zwischen Töten, Fressen, Verdauen einerseits mit den Grausamkeiten im Internat andererseits verweist auf das Konzept der Integration der sexuellen Aktion in das vorgesehene anonyme biologische Weltgeschehen. Die Ausschließlichkeit dieser Thematik hat zur Folge – und das erklärt ihren phantastischen Charakter –, dass man keine »realistische« Erzählung liest, sondern Szenen, so outriert in ihrer sexuellen Erscheinung, dass sie sich zu regelrechten Phantasmen steigern.

Wenn Janine zum ersten Mal die Freundin des Sohnes erblickt, taucht auch zum ersten Mal das Wort »Hass« auf. Man sollte es wohl nicht selbstverständlich finden, dass es zur Geschichte einer Jugend gehört, wie der grausame Sohn Bruno permanent die Selbstbefriedigung auszukosten. Warum findet Houellebecq es nötig, die onanistische Konzentration oder die Hoffnung auf oralen Sex so oft auszumalen? Als psycholo-

829 Houellebecq, *Elementarteilchen*, S. 67.
830 Ebd.
831 Ebd.

gisch-politisches Symptom? Angeblich ist die sexuelle Obsession charakteristisch für die Epoche seiner Jugend gewesen. Als ein Versager, im Unterschied zu seinem Bruder, mit einer »Trefferquote von null«, bleibt ihm nichts anderes übrig, als »seinen Schwanz einer Verkäuferin im Supermarkt«[832] oder zwei zwölfjährigen Mädchen im »Schwimmbad«[833] zu zeigen. Gewiss, es ist die Epoche der Filme *A Clockwork Orange*, *Phantom of the Paradise* und *Die Ausgebufften (Les Valseuses)*, mit Bildern einer Jugendkultur, die Houellebecqs angebliche Erinnerung evoziert. Das scheinbar zeithistorisch motivierte Interesse wird unterlaufen durch die im Text von Beginn an eingeschlagene Richtung, dem Sexuellen die Transgression zu entlocken. Aber nicht in Batailles Sinn als eine Kulturkritik der Konvention, als Erfindung des »Heiligen«. Es handelt sich vielmehr wiederum um die Funktionalisierung der sexuellen Überraschung als Phantasma in phantasieloser Zeit, also um eine ästhetische Substitution des Banalen.

Die »Schamlippen« der Mutter kommen bald wieder ins Spiel, als der achtzehnjährige Bruno seinem Psychiater erzählt: »In jenem Sommer schlief sie mit einem Kanadier, einem jungen, kräftigen Kerl mit der Statur eines Holzfällers. Am Morgen meiner Abreise bin ich sehr früh aufgewacht. Die Sonne war bereits heiß. Ich bin in ihr Zimmer gegangen, sie schliefen beide noch. Ich habe ein paar Sekunden gezögert, dann habe ich das Bettlaken zurückgezogen. Meine Mutter hat sich bewegt, einen Augenblick habe ich geglaubt, sie würde die Augen öffnen; sie hatte die Schenkel leicht gespreizt. Ich habe mich vor ihrer Scheide niedergekniet, habe meine Hand bis auf wenige Zentimeter herangeführt, doch ich habe nicht gewagt, sie zu berühren. Dann bin ich wieder hinausgegangen, um mir einen runterzuholen. Sie hatte zahlreiche, mehr oder weniger verwil-

832 Ebd., S. 72.
833 Ebd., S. 75.

derte Katzen in ihrem Haus aufgenommen. Ich habe mich einer jungen schwarzen Katze genähert, die sich auf einem Stein wärmte. Der Boden ringsum das Haus war steinig und sehr weiß, von geradezu erbarmungslosem Weiß. Die Katze hat mich mehrmals angesehen, während ich onanierte, aber sie hat die Augen geschlossen, bevor ich ejakulierte. Ich habe mich gebückt, einen großen Stein aufgehoben und den Schädel der Katze zertrümmert; Gehirnmasse spritzte auf. Ich habe den Kadaver mit Steinen zugedeckt, dann bin ich ins Haus zurückgekehrt; alle schliefen noch.«[834] Warum die Verknüpfung von sexuellem Akt und Tötungsakt? Offenbar, um die anthropologische Ähnlichkeit zu betonen, die Rückkehr zum Primitiven. Es wird deshalb ein Leitmotiv des Romans werden.

Während einer anschließenden Autofahrt erzählt Janine, um ihren Sohn auf sexuell bessere Zeiten vorzubereiten, wie sie den oben schon erwähnten Sohn ihres früheren Geliebten, David, sexuell initiiert habe. In primitiven Gesellschaften sei dies zum Besseren des Initiierten üblich. Und mit dem dreizehnjährigen David war es wie folgt geschehen: »Am ersten Nachmittag hatte sie sich vor ihm ausgezogen, ehe sie ihn zum Masturbieren ermunterte. Am zweiten Nachmittag hatte sie ihn selbst masturbiert und gelutscht. Am dritten Tag hatte er sie schließlich penetrieren können. Jane war das noch in angenehmer Erinnerung; der Schwanz des Jungen war steif und schien in seiner Steifheit unbegrenzt verfügbar zu sein, selbst nach mehreren Samenergüssen; von diesem Augenblick an hatte sie sich vermutlich endgültig für junge Männer entschieden. ›Allerdings‹, fügte sie hinzu, ›findet die Initiation immer außerhalb des direkten Familiensystems statt. Das ist unerläßlich, um die Öffnung zur Außenwelt zu ermöglichen.‹ Bruno zuckte zusammen und fragte sich, ob sie am selben Morgen, in dem Augenblick, als er ihre Scheide angestarrt hatte, vielleicht doch aufgewacht sei.

834 Ebd., S. 79f.

Doch die Bemerkung seiner Mutter war an sich nicht sonderlich überraschend; das Inzesttabu ist bereits bei Graugänsen und Backenfurchenpavianen bezeugt. Der Waage näherte sich Saint-Maxime.«[835]

Die Konzeption von *Elementarteilchen* läuft nach Ansicht der meisten Kommentatoren auf eine Diagnostik der Gesellschaft im Zeichen obszöner Sexualität hinaus. Angesichts der Darstellungsweise von intensiven Effekten, die der Pornografie abgesehen, aber nicht einfach »pornografisch« sind, erweist sich die Behauptung einer moralistischen Bemühung als nicht überzeugend. Vielmehr weisen die Leitmotive »Scheide« und »Penetration« in Richtung einer obsessiven Teleologie anderer Art, wenn auch einer utopischen. Das zeigt sich gerade auch dann, wenn die satirisch-kritische Perspektive unübersehbar ist. Als »konkrete Utopie« wird der Ort verstanden, an dem sich eine Gruppe ehemaliger Achtundsechziger zu möglichst permanenten Sexualakten mit verschiedenen »Partnern« trifft und an dem die Frauen, so heißt es, »Mindestgröße« erwarten. Dieses Pornopanorama, vermischt mit Kursen für exotische Mystik und Sensibilitätsmassagen, heißt »Ort der Wandlung«, ein Ort, wie gemacht für den frustrierten Bruno, der angeblich nicht über die Mindestgröße verfügt. Houellebecq hätte eine Dissertation oder Habilitation über die sexuelle Öffentlichkeit dieses Typs in den siebziger Jahren vorbereiten können. Vor Ermüdung bewahrt den Leser heute, dass die Darstellung der sexuellen Akte die Struktur eines phantastischen Motivs annimmt. Dieses kann – entgegen einem moralistischen Vorurteil – durchaus obszönpornografischen Bildern abgewonnen werden. So die sexuellen Praktiken von Brunos am »Ort der Wandlung« gefundener Freundin, die sich als Sexobjekt versteht. Kaum hatte der Vorgänger am Swimmingpool ein »Kondom von seinem Penis« gerollt,[836]

835 Ebd., S. 81.
836 Ebd., S. 155.

nahm Christiane den Neuen, eben Bruno, in sich auf. Die Beschreibung des Miteinanders im Wasser krönt Houellebecq mit seiner Lieblingsmetapher: dem »aufgerichteten Glied«, das aus dem Wasser ragt, die »Zunge der Frau auf der Spitze seiner Eichel«, die sie »ganz langsam in den Mund« nimmt, während Bruno ein »verzücktes Zittern« durchläuft.[837]

Wenn inzwischen bürgerliche Journalistinnen ihre Leserinnen in seriösen Zeitungen über die richtige Methode, den optimalen Orgasmus zu erreichen, prosaisch aufklären, dann klingen Houellebecqs Sätze, als wären sie von einem exotischen Buch angeregt worden. Jedenfalls, was das Auskosten sexueller Details betrifft. Entscheidend ist die Elephantiasis der sexuellen Motive. Das Pornografische schlägt um in eine Andachtsstunde, je länger Bruno und Christiane als Paar zusammenleben: »Für einen kurzen Moment sah er die dünne, faltige Scheide seiner Mutter wieder vor sich; dann verblaßte die Erinnerung, und er massierte weiter die Klitoris, immer schneller, und leckte zugleich die Schamlippen mit langen, wohlwollenden Zungenschlägen. Ihr Unterleib rötete sich, sie keuchte immer lauter. Sie war sehr feucht und angenehm salzig. Bruno machte eine kurze Pause, schob ihr einen Finger in den After, einen anderen in die Scheide und begann wieder, die Klitoris mit der Zungenspitze mit schnellen kleinen Stößen zu lecken. Sie kam sehr ruhig und zuckte dabei lange. Er blieb regungslos liegen, das Gesicht auf ihrer feuchten Scheide, und streckte ihr die Hände entgegen; er spürte, wie sich Christianes Finger um seine Hände schlossen. ›Danke‹, sagte sie. Dann stand sie auf, streifte sich das Sweatshirt über und füllte wieder die Gläser.«[838]

Das Urbild der sexuellen Phantasie des Buches, die Scheide der Mutter, sorgt für den in Houellebecqs Darstellungsform neben der Komik immer wieder auftauchenden Unheimlichkeits-

837 Ebd.
838 Ebd., S. 159.

faktor, der auch das phantastische Element enthält. Zweifellos wollte der Autor das überbieten, was sich die schöne Literatur an pornografisch-obszönen Themen bisher immer wieder hat einfallen lassen, wollte er die pornografische Szene zu einer neuen Höhe sexueller Einbildungskraft erheben, sie in Bildern zelebrieren wie eine mit überraschenden Ausblicken faszinierende Landschaftsmalerei und überhaupt die Lust des Lesers an dergleichen mit äußerster Intensität befriedigen. Das gelingt – ähnlich wie in der Kriminalgeschichte – durch den Überraschungseffekt. Um so mehr, als jeder Leser zu wissen meint, wovon die Rede ist. Von dem emphatischen Beginn zwischen Bruno und Christiane bis zu Christianes grausigem Ende – sie lässt sich von ihrer »phantasmagorischen Aktivität« getrieben, das heißt mit Pornografie im Kopf, von möglichst vielen Männern penetrieren – liegt zeitlich ein ziemlicher Abstand, nicht aber im Affekt der Vorgänge. Für die drastische Schilderung dieses grausigen Endes holt sich Houellebecq die Lizenz, die Zerstörung erotischer Verführung durch rein »körperliche Kriterien« als »Phantasma der offiziellen Kultur« anzuprangern. Das sei ein an de Sade orientiertes System. Aber de Sades Erfindungen sind selbst schon phantastisch, und Houellebecqs kulturkritische Beglaubigung wird überboten, überwuchert von Phantasmen, angeregt durch Pornografie.

Dann der »Unfall«: »Bruno lag auf einer Matratze im größten Raum, den Kopf auf mehrere Kissen gebettet, und ließ sich von Christiane lutschen; er hielt ihre Hand. Sie kniete mit weit gespreizten Beinen über ihm und präsentierte ihren Hintern den Männern, die hinter ihr vorbeigingen, ein Kondom überzogen und sie nacheinander nahmen. Fünf Männer hatten sich bereits abgelöst, ohne daß sie ihnen einen Blick zugeworfen hatte; mit halbgeschlossenen Augen ließ sie wie in einem Traum ihre Zunge über Brunos Glied gleiten und erforschte es Zentimeter um Zentimeter. Plötzlich stieß sie einen kurzen Schrei aus, einen einzigen. Der Typ hinter ihr, ein großer, starker Kerl mit lockigem Haar, penetrierte sie weiterhin gewissenhaft mit kräftigen Hüftbewegungen; sein Blick war leer und ziemlich unaufmerksam. ›Aufhören! Aufhören!‹, keuchte Bruno; er hatte den Eindruck, zu schreien, doch seine Stimme versagte, er hatte nur ein leises Röcheln von sich gegeben. Er sprang auf und stieß den Typen, der mit aufgerichtetem Glied und hängenden Armen verwirrt dastand, roh zurück. Christiane war mit schmerzverzerrtem Gesicht auf die Seite gesunken.«[839]

Wem noch irgendein Zweifel an der Substitution von sozialpsychologischer Aufklärung durch Phantasmen der Imagination geblieben wäre, der wird diesen nach Lektüre der »Unfall«-Schilderung nicht mehr haben. Wäre es eine tragische oder zivilisationsemblematische Geschichte, dann müsste man auf Christianes erlittene Verletzung, die ihre Beine für immer lähmt, und auf ihren deshalb erfolgenden Selbstmord in einem in die Tiefe stürzenden Rollstuhl eingehen. Soviel ist sicher: Der Selbstmord soll das moralisch verurteilende Zeichen setzen. Aber auch dieser Ereignis-Effekt gehört zum Phantasmaprojekt. Die Personen sind zwar keine Figurationen in einem soziopsychologischen Test, Bruno, Michel, Janine, Christiane, Annabelle haben Charakter. Aber sie wiederholen das Immergleiche, das sich nur im Überbietungsstil der phantastischen Sexualität verändert.

Abgesehen von der eingangs zitierten Sterbeszene zwischen Bruno und seiner Mutter Jane und deren Jahrzehnte zurückliegender Begegnung mit Michels Freundin Annabelle ist Houellebecqs Verwendung des Wortes »Hass« bisher nicht erwähnt worden. Das Wort ist sehr wohl an weiteren Stellen zu finden. Wichtig aber ist: Auf hintergründige Weise ist es permanent anwesend! Die dominierende sexuelle Thematik impliziert den Hass-Affekt in zweifacher Hinsicht: Zum einen als überdeckte Stimmung oder Haltung des Autors angesichts dessen, was er

839 Ebd., S. 279.

erzählen will, zum anderen als ein dem Sexualakt, wie er hier erscheint, notwendiges spezifisches Merkmal. Christianes Lust, oft von vielen Männern penetriert zu werden, entspricht die Lustaggression der Penetrierenden, an der sie schließlich stirbt. In dieser Lust steckt immer auch Hass, nicht geschildert als eine psychologische Einsicht, sondern dem Darstellungsstil entkommend als ein Potential, in dem sich vieles verbirgt.

Houellebecq hat, wie erwähnt, den Ort der Lust-Utopie mit de Sade konnotiert. Christiane, die sich an die Erfindung dieses Platzes erinnert, zu dem ihre Eltern und auch Jane gehörten, sagt rückblickend, dass sie diese Leute verachte, ja »hasse«.[840] Dieser »Hass« hat bei ihr, der sie selbst sich dort ausagieren konnte, nicht viel zu sagen. Aber wenn der Name »de Sade« fällt, dann ist der Hass-Diskurs aufgerufen, den Houellebecq sich anschickt, in grässlichen Details zu erzählen: die rituellen Mordpraktiken einer sadistischen Gruppe in Kalifornien. Sie werden unmittelbar zwischen den Darstellungen von Brunos und Christianes sexuellen Szenen erzählt. Aufschlussreich ist, dass einer der neurotischen Mörder jener David ist, den Janine einst »initiiert« hatte.

David wird die Leiche seines Vaters bei Rockmusik im Kreis von Hippiefreunden auf einem großen Scheiterhaufen verbrennen. Dabei kommt abermals die Rede auf primitive Riten, den Kannibalismus bei Naturvölkern, die ihre toten Führer verzehren, um das Zusammengehörigkeitsgefühl zu stärken.[841] Houellebecq findet es wichtig, dies von einem Teilnehmer erzählen zu lassen. Warum? Um die angemessene Stimmung für die weitere Entfaltung des neben dem Sex wichtigsten Phantasmas, des Mordes, zu erreichen. Christianes Erinnerung an den Scheiterhaufen geht über in die Erinnerung an den sexuellen Übergriff gegen sie durch einen der dort versammelten Männer. Das wird

840 Ebd., S. 230.
841 Ebd., S. 231.

zum Auftakt für Brunos Bericht über die kalifornische Zerstük-
kelungsszene an lebenden Opfern und deren Ermordung im Namen de Sades durch David und seine Freunde. Die Geschichte
von Davids Rockkarriere ins Verbrechen verschärft Houellebecq mit dem Gerücht, dass Davids großer Star Mick Jagger
seinen Rolling-Stones-Konkurrenten Brian Jones mehr oder
weniger ermordet, nämlich ertränkt habe, indem er ihn in den
Swimmingpool stieß. Houellebecq statuiert dies als Faktum,
um David dementsprechend in Szene setzen zu können. Dieser
sei über Jones' Tod nämlich nicht entsetzt gewesen: »Alles Große, das in dieser Welt errichtet wird, basiert ursprünglich auf
einem Mord«,[842] meint er und hätte ähnliches gern auch selbst
getan.

Die zentrale Mord-Passage lautet in Brunos Wiedergabe, der
von dem Geschehen wiederum aus *Paris Match* erfahren hatte,
folgendermaßen: »Auf der Kassette, die bei der Verhandlung gezeigt wurde, konnte man sehen, wie eine alte Frau, Mary Mac
Nallahan, und ihre Enkelin, ein kleines Baby, zu Tode gefoltert
wurden. Di Meola hat mit einer großen Kneifzange das Baby
vor den Augen der Großmutter zerstückelt, dann hat er der alten Frau mit den Fingern ein Auge ausgerissen, ehe er in ihre
blutende Augenhöhle onaniert hat; gleichzeitig hat er die Fern-
bedienung betätigt und mit dem Zoom ihr Gesicht näher her-
angeholt. Sie hockte in einem Raum, der wie eine Garage aus-
sah, auf dem Boden und war an die Wand gekettet. Gegen Ende
des Films lag sie in ihren Exkrementen; die Kassette dauerte
über eine Dreiviertelstunde, aber nur die Polizei hatte sie ganz
gesehen, die Geschworenen hatten nach zehn Minuten darum
gebeten, die Vorführung abzubrechen.«[843]

So unterschiedlich die letzte Penetration, die Christiane er-
duldete, und die letzte Tortur, welche die alte Frau erlitt, auch

---

842 Ebd., S. 235.
843 Ebd., S. 233.

sind, in der Darstellungsform und als moralische Causa bilden sie zwei einander berührende Gewaltakte. Houellebecq belässt es nicht bei Brunos Wiedergabe des Prozessberichts in *Paris Match*. Erzählt wird von einer noch grauenhafteren Filmaufnahme, in der David mit einer Motorsäge ein männliches Geschlechtsteil abtrennt: »Sehr erregt hatte er ein etwa zwölfjähriges Mädchen an sich gezogen, eine Freundin von der Tochter des Hausbesitzers, und hatte sie vor seinen Sitz geschoben. Erst hatte sich die Kleine etwas gewehrt, aber dann hatte sie begonnen, ihn zu lecken. Auf dem Bildschirm näherte er sich mit der Motorsäge einem etwa vierzigjährigen Mann und streifte langsam dessen Schenkel; der Mann war mit verschränkten Armen am ganzen Körper gefesselt und schrie vor Entsetzen. David kam im Mund des Mädchens, als die Sägekette das Geschlechtsteil abtrennte; er packte das Mädchen an den Haaren, drehte ihr brutal den Kopf um und zwang sie, die lange Großaufnahme des Stumpfes zu betrachten, aus dem das Blut hervorspritzte.«[844]

Diese Leute, so Houellebecq, seien »wie ihr Meister, der Marquis de Sade, absolute Materialisten, Genußmenschen auf der Suche nach immer stärkerem Nervenkitzel«.[845] Houellebecq bringt sogar die Wiener Aktionisten Nitsch, der »den Tieren die Organe und die Eingeweide« angeblich ausgerissen und zerstückelt hätte,[846] sowie Muehl und Schwarzkogler ins Argument, obwohl nur Nitsch mit Tieropfern aufgetreten war. Aber auch dies ist eine falsche Beschreibung dessen, was auf der Wiener Bühne damals an Blutrünstigem geschah. Erstaunlich, weil Houellebecq, der Erzähler dieser Untaten, sich selbst mit de Sade vergleichen könnte: De Sade hat wie Houellebecq die von ihm beschriebenen Taten nicht selbst begangen, sondern Gehörtes über phantastisch-sexuelle und mörderische Vorgänge kondensiert.

844 Ebd., S. 238.
845 Ebd.
846 Ebd., S. 239.

Die Pointe an Houellebecqs Erzählung von Sex und Mord besteht darin, wie er der perversen Zerstückelung und der perversen Penetration in seiner Art der Beschreibung Ähnlichkeiten zuordnet. Zunächst ist da die Gemeinsamkeit der Aggression, des verhüllten oder unverhüllten Hasses. Dann ist da aber auch die Gemeinsamkeit, unbedingt etwas Ungewöhnliches, Nichtalltägliches zu schildern angesichts einer von Innerlichkeit und psychischem Pathos entleerten Gesellschaft! Pornografie und Krimi hatte Houellebecq ja ausdrücklich als mögliche Substitute für die von ihm kritisierte Subjektzone des Romans genannt. Insofern sind seine Hinweise auf die aufklärerische Funktion seiner phantastischen Darstellungen mit einer gehörigen Portion Skepsis aufzunehmen. Gewiss, die infernalischen und grotesken Handlungen sollen nach der Rezeption durch die Kritik eine Definition des zeitgenössischen Menschen ohne Glauben und Telos sein. Aber die zitierten Passagen gewinnen eine autonome Anziehungskraft: nicht als eine Variation von obszönen Motiven einschlägiger Filme und Publikationen. Die lassen Houllebecqs Schilderungen gerade hinter sich, weil der Eintritt der Romanpersonen ins Phantastische uns in eine verbotene Zone versetzt, die uns jenseits des moralischen Abgestoßenseins gefangennimmt, auch wenn sie uns abstößt. Die autobiographische Motivation, die sich anbietet, wird vergessen gemacht. Ebensowenig tragen die naturwissenschaftlichen Mitteilungen, nicht zuletzt die Hinweise auf biologische Determination oder soziologische Einsichten, zu diesem Phantasiediskurs etwas bei.

3

Houellebecqs 1994 erschienener erster Roman *Ausweitung der Kampfzone* hatte sein Bild in der Öffentlichkeit schon geprägt. Sein 1998 erschienener zweiter Roman *Elementarteilchen* (1999 auf deutsch erschienen, kurz nachdem er den Essayband *Interventionen* publiziert hatte) trug ihm weltweites Interesse ein. Wir lesen zunächst, dass der Abteilungsleiter angesichts eines superkurzen Minirocks einen »Ständer« bekommt, dass der Ich-Erzähler, ein Informatiker, seinen Wagen nicht mehr finden kann und warum bei einer bretonischen Kuh sich das Muhen verändert, warum Frauen, die dem Erzähler »ihre Organe geöffnet hatten«, ihn ihren Widerwillen spüren ließen, dass er und sein Abteilungsleiter sich in »dumpfer Feindseligkeit« treffen und dessen »Mittelmäßigkeit« bei seinen Reden über Geldanlagen und Gewinn, Pfandbriefe und Bausparverträge immer die gleiche bleibt, dass der Erzähler am bürofreien Wochenende denkt, mit keinem Menschen etwas anfangen zu können, außer mit einem Jugendfreund, einem Pfarrer, mit dem er über die erschöpfte Kultur, ohne Eleganz und ohne Sexualität, spricht, dass die Konferenz mit dem Landwirtschaftsministerium einen ganzen Vormittag dauert und die dabei anwesende, nicht gerade attraktive Kollegin das auch nicht besser macht, ganz abgesehen von einem Kollegen aus der eigenen Firma, der ständig belanglose Einwände parat hat.

So weit, so gähnend langweilig, nicht nur für den Erzähler, sondern für den Leser! Langweilig ist das Was, das erzählt wird. Aber nicht die Art und Weise, wie erzählt wird. Warum nicht? Es bleibt dabei, dass jemand Informationen ohne Gewicht oder weltanschauliche Deutungen der Gegenwart von sich gibt. Und daran ändert sich auch nichts, wenn der Erzähler, der blitzgescheite Informatiker, auf Dienstreisen mit einem in jeder Hinsicht unsicheren Angestellten unterwegs ist: bis zum zehnten Kapitel des zweiten Teils, wenn viele Seiten vergangen sind. Die einzige unterhaltende Episode dieser vielen Seiten ist die Schilderung, wie und warum der Verwaltungsdirektor der Nationalversammlung am Kauf eines Bettes scheitert und sich eine Kugel in den Kopf schießt, inklusive der Informationen darüber, welche Eigenschaften solch ein Bett hinsichtlich des sexuellen Verhaltens seines Besitzers habe.[847] Das ist das einzige Ereignis bis zur Seite 111. Wenn die ereignislose Darstellung dennoch irgendwie anziehend bleibt, in ihrer Weise sogar spannend, dann nicht wegen der auch hier reihenweise variierten Reverenzen gegenüber »Brüsten« und »Vagina«, sondern deswegen, weil uns die geschilderte Leere des Büros und seiner Insassen auf eine noch unausgesprochene »Tiefe« hoffen lässt! Oder auch: Weil deren definitive Abwesenheit uns als ein Existential erscheint, das im beschriebenen Vakuum versteckt bleibt und verspricht, dass ein »Ereignis« zu erwarten sei.

Das geschieht schließlich in Form des Eintritts des Phantastischen: Der Ich-Erzähler inszeniert einen Mordplan. Während die satanischen Szenen in *Elementarteilchen* im unmittelbaren Kontext mit den sexuellen Szenen stehen, unterbricht dieser Mordplan im letzten Teil von *Ausweitung der Kampfzone* die Langeweile, die alle vorangegangenen Vorkommnisse verbreiten. Nun geschieht es: Wir werden nachträglich mit etwas Unheimlichem konfrontiert und darin bestärkt, dass sich im vermeintlich Harmlosen etwas ganz anderes vorbereiten kann. Der Erzähler kauft im Supermarkt ein Filetmesser, woran sich die Mitteilung anschließt, er sehe die »Umrisse eines Plans«.[848] Der Kauf ist also nicht für die Küchenarbeit vorgesehen. Wofür aber dann? Gleichzeitig lädt der Erzähler seinen Mitarbeiter, den Unglückswurm – der Heilige Abend steht bevor –,

847 Michel Houellebecq, *Ausweitung der Kampfzone*, S. 110f.
848 Ebd., S. 120.

482

in eine Kneipe mit hübschen Mädchen ein, die leicht zu haben seien.

Das ist die Vorbereitung zur Katastrophe, die der Erzähler konstruiert: Er nimmt das Filetmesser in einer Plastiktüte mit und legt es in seinen Wagen. Die Chancenlosigkeit des Unglückswurms mit Namen Tisserand bei den Fünfzehn- bis Zwanzigjährigen kulminiert in einer krassen Demütigung: Nachdem Tisserand bei zwei von ihm in Aussicht genommenen üppigen Mädchen nichts erreicht und es ihm schließlich gelingt, eine Fünfzehnjährige dazu zu bringen, mit ihm einen Rock ’n’ Roll zu tanzen, flieht diese sofort nach dem Tanz ob der tölpelhaften Zudringlichkeit Tisserands zu ihrem schwarzen Freund, und beide schütten sich dann über den Stehengelassenen vor Lachen aus. Diese Handlungsabfolge mit mehreren misslungenen Stationen, diese verunglückte Einfahrt in den Sex, ist selbst schon absichtsvoll als ein nicht realistisch geschildertes Unterfangen dargestellt. Intensiviert wird der postrealistische Stil zum einen dadurch, dass die jeweiligen Mädchen ausschließlich durch ihre körperlichen Eigenschaften als Sexualobjekte geschildert sind, zum anderen dadurch, dass der Erzähler sich selbst in einem erregten Zustand wiederfindet, den er auf der Toilette abreagieren muss: das Ergebnis sind Brechreiz und Masturbation.[849] Die Ejakulation, so schreibt der Erzähler, gab ihm Vertrauen und Sicherheit.

Dagegengesetzt ist auch hier das moralisch-kulturelle Kriterium wahrer Liebe, die den Hass, der den verhöhnten Kollegen des Erzählers erfasst hat, ausschließt: »Ein seltenes, künstliches und spätes Phänomen, blüht die Liebe nur unter besonderen geistigen Voraussetzungen, die selten zusammentreffen und in jeder Hinsicht der Sittenfreiheit, die das moderne Zeitalter charakterisiert, entgegengesetzt sind. Véronique hatte zu viele Diskotheken und Liebhaber kennengelernt. Eine solche Le-

849 Ebd., S. 125.

483

bensweise lässt das menschliche Wesen verarmen. Sie fügt ihm Schäden zu, die manchmal schwerwiegend und stets irreparabel sind. Die Liebe als Unschuld und Fähigkeit zur Illusion, als Gabe, die Gesamtheit des anderen Geschlechts auf ein einziges geliebtes Wesen zu beziehen, widersteht selten einem Jahr sexueller Herumtreiberei, niemals aber zwei.«[850] Man führe, so geht es weiter, ohne Fähigkeit zur romantischen Illusion, ein »Wischtuchleben«.[851] In diesem Zustand trete dann auch der Hass auf den Plan: »Man ist eifersüchtig auf die Jungen und hasst sie daher. Dieser Hass, der uneingestanden bleiben muss, wird bösartig und immer brennender.«[852] Das Schlimmste aber stelle sich ein, wenn man nicht einmal mehr die Kraft zum Hass habe: Man warte auf den Tod.

Nun hat Tisserand, der wegen seiner Unzulänglichkeit überall Abgewiesene und in diesem Bewusstsein durch den Erzähler absichtsvoll Bestärkte, wenn nicht die Kraft, so doch das Ressentiment, dem der Hass auch entspringen kann. Der Hass, das Ressentiment richten sich gegen den schwarzen Freund des Mädchens, das mit ihm getanzt und ihn dann stehengelassen hatte. Hier hakt der perfide Einfall des Erzählers ein: Er belehrt Tisserand, es gehe jetzt nicht mehr um die Schönheit, die Liebe oder den Körper derjenigen, die ihn abgewiesen hat. Es gehe vielmehr um ihr Leben, das er besitzen könne.[853] Houellebecq lässt sich folgende Sätze der Verführung zum Mord einfallen: »Noch heute Abend sollst du die Laufbahn des Mörders betreten; glaub mir, mein Freund, das ist die einzige Chance, die dir bleibt. Wenn du diese Frauen vor der Spitze deines Messers zittern und um ihre Jugend flehen siehst, wirst du wahrhaftig ihr Herr und Meister sein; du wirst ihren Leib und ihre Seele besitzen. Vielleicht kannst du sogar, bevor du sie opferst, ein paar

850 Ebd., S. 125 f.
851 Ebd., S. 126.
852 Ebd.
853 Ebd., S. 130.

schmackhafte Leckereien ergattern; ein Messer, Raphael, ist ein mächtiger Verbündeter.«[854]

Es kommt nicht zum Mord. Tisserand erhält zwar das Messer, Verführer und Verführter verfolgen auch das Paar auf dem Weg ins Liebeslager in die Dünen. Aber der scheinbar zur Tat entschlossene Tisserand kommt unverrichteter Dinge zurück. Er habe es nicht tun können: »Ich habe mir einen heruntergeholt. Ich hatte keine Lust, sie zu töten. Blut ändert auch nichts.«[855] Der Erzähler qualifiziert diese Erklärung mit den drei Wörtern »Überall ist Blut«, und Tisserand verlängert die Metapher zu Houellebecqs Lebenselixier-Idiom: »Ich weiß. Überall Blut, überall Sperma. Mir reicht's jetzt. Ich fahre zurück nach Paris.«[856]

Dort wird er nicht ankommen. Beim Zusammenstoß mit einem Laster stirbt Tisserand. Dass der Erzähler, noch am selben Platz, mitteilen muss, nach Tisserands Abfahrt »masturbiert« zu haben, dass alles »klebrig« gewesen sei und er bedauert habe, dass Tisserand den »Neger« nicht getötet hatte,[857] gehört zur Phantasiekette des Obszönen. Hier ist der Anlass gegeben, das permanent auftauchende Wort »masturbieren« auf seine offensichtliche Signalwirkung hin zu prüfen. Die onanistische Manipulation entspricht in ihrer hier unterstellten Häufigkeit nicht der tatsächlichen Praxis erwachsener Männer. Weder als alltägliche, ja allstündliche Gewohnheit oder – und dies ist für die Frage signifikant – als demonstrativer Akt, der eine besondere Situation, die Situation existentieller Einsamkeit, kennzeichnen soll. So der Erzähler in der Toilette während Tisserands vergeblichem Kontaktversuch in der Kneipe. So der Erzähler nach Kenntnisnahme von Tisserands tödlichem Unfall, so Tisserand selbst angesichts der nackten Liebenden am Strand.

Es zeigt sich, dass es sich nicht um eine zynische Reverenz

854 Ebd., S. 130.
855 Ebd., S. 133.
856 Ebd.
857 Ebd., S. 137.

gegenüber einem in der Öffentlichkeit verschwiegenen Verhalten handelt, so realistisch unter anderen Realien sich die vor allem von der katholischen Erziehung verpönte, dem männlichen Glied gegönnte Handreichung ausnehmen mag, so sehr gewinnt diese in Houellebecqs Darstellung den Aplomb eines besonderen Gestus: des Gestus, einerseits die Existenz in ihrer biologischen Bedingtheit zu betonen, andererseits aber das »Obszöne« daran nicht als das alltäglich Normale erscheinen zu lassen, sondern als ein Ereignis. Damit wird wiederum der Zugang zu einer Zone des Phantastischen gewonnen. Wie in *Elementarteilchen* tritt in ihr das sexuelle Motiv neben das kriminelle.

Dem entspricht am Ende von *Ausweitung der Kampfzone* die eingangs angedeutete sadistische Bilderreihe: die politische Meditation des unter den Storchenschnäbeln grässlich sterbenden Schimpansen, der seinerseits an das grässliche Ende Robespierres erinnert,[858] die Alpträume des Erzählers selbst, der sich über der Kathedrale von Chartres schweben sieht, aber nicht deren oft zitierte Erhabenheit wahrnimmt, sondern deren riesenhafte »unheilvolle« Türme, aus denen die »Schrecken des organischen Lebens« funkeln.[859] Der Alptraum lässt ihn zwischen den Türmen hinabfallen, beim Aufschlag ist seine Nase »ein klaffendes Loch, durch das die organische Materie eitert«.[860] Am Ende des Alptraums taucht ein Zeitschriftenbericht von 1900 über die schaurige Ermordung einer alten Bäuerin auf: Holzsäge und Handbohrer ließen die jungen Mörder als die Werkzeuge ihres Verbrechens zurück; in anderen Fällen sind die Tatwaffen Meißel, Gartenschere und Fuchsschwanz. Die Bilder vom zerstückelten Schimpansen, vom blutenden Robespierre, vom zerschellten Erzähler, von der zersägten Bäuerin geben Houellebecqs Prosa – wie schon seine Schilderung der satanischen Morde und Folterungen in *Elementarteilchen* – er-

858 Ebd., S. 140.
859 Ebd., S. 158.
860 Ebd.

neut phantastische Elemente bei. Schließlich fällt der ungeheuerliche Satz über die Tötungsinstrumente, mit denen die alte
Bäuerin massakriert wurde: »Und das alles ist magisch, abenteuerlich, anarchisch.« Wiederum transformiert Houellebecq
hier den pervers-kriminellen Akt in eine phantastische Handlung, ein eindrückliches Beispiel dafür, wie er das Phantastische
selbst dann noch beansprucht, wenn es um die abstoßende, die
Phantasie nicht gerade einladende Beschreibung der sadistischen Ermordung einer alten Frau geht.

Dem folgt die selbstbezogene Einlösung dieser Charakterisierung:

»Ich wache auf. Es ist kalt. Ich tauche zurück in den Traum.
Jedes Mal spüre ich vor diesen blutbefleckten Werkzeugen bis
in alle Einzelheiten die Schmerzen des Opfers. Bald habe ich
eine Erektion. Auf dem Tisch neben meinem Bett liegt eine
Schere. Der Gedanke drängt sich auf: mein Geschlecht abschneiden. Ich sehe mich mit der Schere in der Hand; dann der kurze
Widerstand des Fleisches und plötzlich der blutige Stumpf, die
wahrscheinliche Ohnmacht. Der Stumpf auf dem Teppichboden. Blutverklebt.

Gegen elf wache ich erneut auf. Ich habe zwei Scheren, eine
in jedem Zimmer. Ich nehme sie beide und lege sie unter ein paar
Bücher. Das ist eine Willensanstrengung, die wahrscheinlich
nicht ausreichen wird. Die Lust dauert an, wird größer, verwandelt sich. Diesmal ist es meine Absicht, eine Schere zu nehmen,
in meine Augen zu stechen, um sie auszureißen. Genauer, ins
linke Auge, an einer Stelle, die ich gut kenne, dort, wo es so tief
in der Höhle zu sitzen scheint. Dann nehme ich Beruhigungsmittel, und alles wird besser. Alles wird besser.«[861]

Das phantastische Motiv, die Motivation dazu, schließt den
Ich-Erzähler mit den erzählten Sadismen zusammen.

Es überrascht nicht, dass in Houellebecqs Künstlerroman

861 Ebd., S. 159.

Karte und Gebiet (2010) sich der Autor selbst schließlich als verwesende Leiche beschreibt, als Opfer eines besonders erschreckenden Mordes, das ohne Kopf gefunden wird. Um des Phantastischen willen wurde, wie man sah, die Lustschilderung mit der Schilderung des Grässlichen konfrontiert bzw. als ein und dasselbe identifiziert. Während in *Ausweitung der Kampfzone* der banale Alltag eines Informatikers ins Mörderische übergeht, in *Elementarteilchen* die Berufserfahrung zweier professionell arbeitender Brüder von extremen sexuellen Praktiken und Kenntnissen mystischer Folterungen begleitet ist, wird in *Karte und Gebiet* (2010) das Leben eines Avantgardekünstlers, Fotografen und Malers zwanglos von der Geschichte einer rituellen Menschenschlachtung und deren Aufklärung überdeckt, als deren Opfer Houellebecq sich selbst ausersehen hat. Wie um den Leser zu überraschen, sind die exuberanten sexuellen Szenen der beiden früheren Bücher in *Karte und Gebiet* ganz vermieden, um den Mordvorgang um so mehr vom phantastischen Grauen besetzt zu halten. Die Stimmung der Kriminalstory, die Houellebecq neben dem Porno ja als imaginative Literaturform erwähnt hat, soll dem Schriftsteller ermöglichen, jenseits der Schilderung sozialer Fakten Phantasmen zu installieren.

Abermals wird das Phantastische des Mordes mit der Einfachheit des künstlerischen Stils konfrontiert: Die Zelebrierung des Zustands der zerstückelten Leiche nach Maßgabe einer ornamentalen Ordnung steht dem von *Michelin*-Karten angeregten Stil des jungen Künstlers gegenüber, der sich vom Geschwätz des Kunstbetriebes fernhält, hingegen eine künstlerische Beziehung mit dem Schriftsteller Houellebecq beginnt, der ihm für einen Ausstellungskatalog das Vorwort schreiben soll. Im originellen Konzept der *Michelin*-Karten spiegelt sich Houellebecqs eigene materialistische, antisubjektivistische Romanidee wider. Aber nach dem in diesem Sinne geschriebenen Vorwort kommt es zu keinen weiteren Gesprächen zwischen beiden. Statt dessen übernimmt ein sensibler Polizeikommissar mit langsa-

mer Annäherung an den fliegenumschwirrten *locus terribilis*
die Führung des Lesers: »Der Kopf des Opfers war unverletzt.
Sauber abgetrennt ruhte er auf einem der Sessel vor dem Kamin,
eine kleine Blutlache hatte sich auf dem dunkelgrünen Samt gebildet; auf dem Sofa, ihm gegenüber, lag der Kopf eines großen
schwarzen Hundes, der ebenfalls sauber abgetrennt war. Der
Rest war ein einziges Blutbad, ein unglaubliches Gemetzel, der
Fußboden war mit Fleischbrocken und mit Hautfetzen über-
sät. Doch weder das Gesicht des Mannes noch das des Hundes
war in einem Ausdruck des Entsetzens erstarrt, sie spiegelten
eher Ungläubigkeit und Wut wider. Zwischen den vermischten
Fleischstücken des Mannes und des Hundes führte ein fünfzig
Zentimeter breiter sauberer Gang bis zum Kamin, in dem sich
Knochen stapelten, an denen noch Fleischreste hingen [...] Die
gesamte Oberfläche des Teppichs war mit Blutflecken überzogen, die an manchen Stellen komplexe Arabesken bildeten. Die
Fleischbrocken selbst, deren rote Farbe hier und dort schwärz-
liche Töne annahm, schienen nicht aufs Geradewohl hingelegt
worden zu sein, sondern einer schwer zu entziffernden Logik
zu gehorchen; er hatte den Eindruck, ein Puzzle vor sich zu haben.«[862]

Tatsächlich entpuppt sich der mit Hilfe des *Michelin*-Karten-
Künstlers gefundene Mörder als ein mit erlesenem Kunstge-
schmack ausgezeichneter Schönheitschirurg und Schmetter-
lingssammler aus Cannes, dessen einziges Motiv es gewesen war,
ein bei Houellebecq hängendes Bild des *Michelin*-Malers in seinen Besitz zu bringen. Die Ordnung, in der die Körperteile des
ermordeten Houellebecq und seines Hundes ausgelegt sind,
steht also im Gegensatz zum Motiv der Ermordung, dem bloßen Raub. Der Mörder kommt, bevor er gefasst wird, selbst in
einem Streit ums Leben. In seinem Haus findet man, in Glas-

---

862 Michel Houellebecq, *Karte und Gebiet.* Aus dem Französischen von
Uli Wittmann. Köln 2017 (6. Aufl.), S. 277f.

schränken gesammelt, konservierte menschliche Körperteile, die der Chirurg sich entweder beschafft oder den eigenen Patienten entnommen hatte.

Das normale Alltagsleben von Büroangestellten, Wissenschaftlern und Künstlern ist mit den Anomalien extremer sexueller oder extrem sadistischer Akte verbunden. Darin drückt sich ein besonderer Effekt des Phantastischen aus: Die Wirklichkeit enthält Unerklärtes, einen Skandal wider die Vernunft, wie Gustafsson es formuliert hat.

4

Es war im Verlauf dieser Untersuchung nicht notwendig, stets die einzelnen Situationen zu benennen, in denen das Wort »Hass« auftaucht. Es hat sich in den beiden genannten Romanen dem Leser als eine Stimmung, eine Wahrnehmung von Welt, Gesellschaft und einzelnen Personen aufgedrängt, die so negativ sind, dass das Wort »Hass« diese Negativität noch unterbieten würde, weil sich in ihm ein Widerstand ankündigt, das Gehasste zu ändern bzw. zu beseitigen. Dieser Widerstand war bei den bisher erörterten Hass-Ritualen von Marlowe bis Sartre zu erkennen, so unterschiedlich diese, durch Charakter und Epoche bedingt, auch ausfielen. Das gibt ihrem Hass ein anderes Pathos. Bei Houellebecq, wo kein Widerstand im Hass zu erkennen ist, tritt demgegenüber ein neues Pathos auf: das Pathos der phantastischen Existenz.

Houellebecqs Bücher haben gewiss einen starken, manchmal fulminanten gesellschaftskritischen Affekt, der nicht zu Unrecht von der Kritik herausgestellt wurde. Allerdings läuft bei dieser Betonung des gesellschaftskritischen Ziels die sexuelle und kriminelle Thematik Gefahr, in den Hintergrund zu treten; allzuleicht wird sie der Gesellschaftskritik lediglich als Beweisstücke für das verkommene Zeitalter zugeschlagen. Doch würden sie als bloße Dokumente einer theoretischen Grundlagenforschung über unsere Gesellschaft kein literarisches Korpus bilden. Dessen ist sich Houellebecq ja sehr bewusst, wenn er die traditionelle Innerlichkeitsprosa in den zitierten einschlägigen Aufsätzen beiseite schiebt und seine Außen-Ansichten in Szene setzt. Diese sind literarisch nur deswegen einnehmend, weil das Phantastische plötzlich aus ihnen hervorbricht: indem der Informatiker zum Mord verführt, der Naturwissenschaftler zum existentiell verurteilten Penetrierer wird, der trockene Autor selbst zum blutig zerfetzten Körper. Es ist, als ob die Sachlichkeit der »Karte« nachträglich aus der Tiefendimension des »Gebiets« heraus überschwemmt würde. So bekommen auch die buchstäblich unverblümten Geschehnisse zwischen Büro, Atelier und Experimentierraum, die banalen Gesprächstöne der höheren und niedrigen Angestellten, Beamten, Wissenschaftler etwas Unheimliches, gerade weil die Mord- und Lustphantasien, auf anderen Seiten geschildert, nachdrücklich ausgespart bleiben. Im alltäglich Normalen klingt dann etwas Unnormales nach. Ein Verdacht schleicht sich ein ob der scheinbaren Harmlosigkeit oder Absehbarkeit dieser Gespräche und Handlungen.

Das Wort »unheimlich« ist kein klassischer Terminus der Ästhetik. Zwar benutzt Sigmund Freud das Wort in seiner Lektüre von E. T. A. Hoffmanns Erzählung *Der Sandmann*, doch nicht in einem ästhetiktheoretischen Sinn, sondern einem psychoanalytischen. Blochs Ästhetik des Kriminalromans allerdings beginnt mit der Feststellung: »Alles ist unheimlich. So fängt alles an.« Für Houellebecqs Alltagsbeschreibung soll das Wort »unheimlich« ebenfalls ästhetisch gelten, weil die Abwesenheit des Ungewöhnlichen gerade, wie gezeigt wurde, an dessen unterirdische Anwesenheit denken lässt, die auf anderen Seiten so nachdrücklich ausgebreitet wird.

Das gilt namentlich für den Affekt und Effekt des »Hasses«.

Das Wort ist in einschlägigen Beispielen genannt worden, in anderen Fällen nicht. Dem Tonfall von Houellebecqs trockener Darstellung unseres Berufs- und Privatlebens eignet eine unterschwellige Ironie, deren Triebkraft aber Verachtung, Aggression und Melancholie sind. Wenn man dieses Gemisch von ähnlichen Gefühlsaffekten nicht unmittelbar »Hass« nennen möchte, dann deshalb, weil diesem der Houellebecqschen Prosa stets beigemischten Affekt damit eine zu emotionale Unmittelbarkeit zugesprochen würde, während der Hass sich doch hinter Kontemplation verborgen hält. Aber Effekt macht diese gemilderte Form des Affekts um so mehr. Allerdings: Nicht wie die Hass-Rede seiner unmittelbaren Vorgänger, geschweige die der Dichter des 16. und 17. Jahrhunderts. Céline wird von Houellebecq mehrfach erwähnt. Nimmt man dessen Aggression einmal für ein Paradigma des unmittelbar zur Sprache gebrachten klassisch modernen Hass-Ausdrucks, dann erscheinen Houellebecqs prosaisch-diagnostische Diskurse dagegen wie Maskeraden. Aber wie Maskeraden, die etwas erwarten lassen.

Houellebecqs sexuellen und sadistischen Bildern gehen die Noblesse und das Pathos der Hass-Rede ab, die in der klassischen und modernen Literatur zu entdecken waren. Das könnte dazu verführen – akzeptiert man Houellebecq als bedeutenden Schriftsteller –, eine von ihm perspektivierte absolute Epochengrenze anzunehmen, die uns von den früheren Epochen psychisch und kulturell trennt. Houellebecq wäre dann der Wächter an dieser Grenze. Er würde – so die Annahme – darüber wachen, dass keine Illusion über den emphatischen Hass mehr zulässig wäre. Aber diese Auffassung ist teleologisch: Dass wir an ein Ende gekommen wären, das der so aktuelle französische Schriftsteller beizeiten erkannt hätte.

Wenn mit ihm die Reihe der literarischen Hass-Reden abschließt, dann ist damit zwar sein zeitgenössischer Rang ausgedrückt, aber keine zeitgeschichtliche Diagnose. Wäre dem anders, dann hätten die Hass-Reden Shakespeares, Miltons, Kleists,

Baudelaires, Célines und Sartres nicht die Wirkung, die sie noch immer ausstrahlen. Houellebecqs Phantasien werde ich wohl nicht noch einmal lesen. Statt dessen lese ich zum abermaligsten Male *Hamlet*: wie Hamlet zu seiner Mutter geht. Nicht um mit ihr zu schlafen, wie Sigmund Freud dachte, sondern mit einer wie mit Dolchen bewaffneten Sprache.

Die Verklammerung sexueller und sadistischer Motive gab dem Hass-Effekt Houellebecqs große Intensität. Die Entwicklung zu dieser Verbindung begann mit Célines pornografischer Suada, die aber das Idiom des kulturkritischen Wüstlings vorgab und zwar nicht zur sexuellen Imagination vorstieß, wohl aber zu der des Hasses. Dennoch war eine Verbindung hergestellt, die es vorher nicht gab: Richards Lust auf Lady Anne war eine Affirmation der bösen Selbsterklärung des Helden Shakespeares. Baudelaires Beschreibung des lustumflorten Frauenmords gehört zum Vorspiel des ästhetizistischen Fin de Siècle. Und nach Céline kein Sex bei Sartre, auch nicht bei Bernhard und Handke (abgesehen von einem drastischen Bild), aber bei Jelinek, die den Hass-Affekt ablöscht in pornografischer Akrobatik. Obwohl die westdeutschen Dichter Brinkmann und Goetz den Hass-Effekt nur andeutungsweise artikulieren, werfen beide – Goetz inbrünstiger – mit sexuellen Sottisen um sich, denen Goetz auch extrem sadistische Bilder beifügt.

Im Blick auf Houellebecqs Imaginationen wird die Differenz zu seinen Vorläufern deutlicher: Houellebecq will vor allem erkennen, anthropologisch und soziologisch. Das sexuellsadistische Bild ist verankert in einer französischen Tradition, die Ende des 18. Jahrhunderts – vor allem in Diderots und de Sades Prosa – die Sinnlichkeitsnot der Körper benennt. Es ist somit kein Zufall, wenn die Reverenz gegenüber der Sexualität in der zeitgenössischen Literatur 1994 mit dem skandalmachenden Roman *Baise-moi* und der ihm 2000 folgenden Filmversion der Punk-Autorin Virginie Despentes einsetzte. Ihre soeben veröffentlichte Trilogie *Vernon Subutex* ist mit ihres Landsmanns Houellebecqs Passion für die sexuelle Phantasie verglichen worden. Aber abermals belegt der Vergleich, dass eine sozialpolitische Absicht – und diese regiert den Gehalt von *Vernon Subutex* – dem sexuellen Motiv, geschweige dem Hass-Diskurs, die ihm literarisch verbürgte Intensität und Unheimlichkeit nimmt.

Doch ist die Sex-Hass-Verknüpfung aktuell. Keine der weiblichen Gestalten der Hass-Rede hat bis dahin von Sex gesprochen: Nicht Aischylos' Elektra, nicht Shakespeares Lady Macbeth, selbst nicht Kleists Marquise von O., weder Wagners Brünnhilde noch Sartres Anny. Jelineks Klavierspielerin war die erste, aber auch sie mit gesellschaftspolitischer Rage.

Noch einmal Houellebecq: Warum ist ihm – wenn doch mit anthropologisch-psychologischem Tiefgang ausgezeichnet – nicht die Krönung des modernen Hass-Diskurses zuzusprechen? Das Bekenntnis zu Hamlet sagt alles: Weil sich bei Houellebecq die Ästhetik von Hass-Affekt und Hass-Effekt nicht entfalten, nicht entfalten kann und will. In seinem Hass ist der poetische Funken verstoben.